# 教学理论与实践

上册

苏成栋 ◎ 编著

贵州民族出版社

**图书在版编目(CIP)数据**

教学理论与实践：全2册／苏成栋编著．—贵阳：贵州民族出版社，2013.4
ISBN 978-7-5412-2029-6

Ⅰ．①教…　Ⅱ．①苏…　Ⅲ．①教学理论
Ⅳ．①G42

中国版本图书馆CIP数据核字(2013)第083036号

**教学理论与实践(上、下)**
**苏成栋　编著**

---

出版发行　贵州民族出版社
地　　址　贵阳市中华北路289号
印　　刷　北京建泰印刷有限公司
经　　销　新华书店
开　　本　690mm×960mm　1/16
印　　张　24.5
字　　数　400千字
版　　次　2013年5月第1版
印　　次　2013年5月第1次印刷
书　　号　ISBN 978-7-5412-2029-6
定　　价　51.80元

# 目 录

## 上 册

## 下　册

# 第一章　教学概述

## 一、教学的含义

教学就是由教师的教和学生的学所构成的双边整体活动过程。即教学是指以教学内容为中介，以促进学生身心发展为直接目的的，由教师的教和学生的学有机结合的双边整体活动过程。

## 二、教学的特征

### （一）教学过程是一种特殊的认识过程

教学是学生个体的认识过程，具有不同于人类一般认识的显著特点。其一，间接性。在教学过程中，学生主要任务是掌握人类长期积累起来的科学文化知识，而不是通过亲身的实践去认识现实世界。其二，交往性。教学活动是在学校情境下教师与学生双边交往的活动，这种交往是以言语为中介的。其三，简捷性。教学活动走的是一条认识的捷径，是一种科学文化知识的再生产。

### （二）教学过程是学生学习的活动过程

教学活动是学生把新学的知识提炼并融入自己已有的知识体系中，使其系统化，并形成意义的过程。这一过程不是由外部力量塑造而成的，而是学生通过自主的学习活动，在与外部世界相互作用的过程中能动地生成的。学生在教学过程中的意义构建有以下特点：其一，自主性。在教学活动中，学生对自己的活动具有支配和控制的能力。这主要表现在学生学习时具有独立的主体意识和明确的系统化的内容，从而能对自己的学习活动进行自我调控，主动地去学习和接受教育影响，积极把书本上的科学知识转化为自己的精神财富，并能够运用于实践。其二，能动性。学生能够主动运用自己已有的知识经验和认知结构去同化外部的教育影响，并加以加工、改造、吸收或排斥，使新、旧知识重新组合，有选择地把它们纳入到已有的认知结构中去。其三，创造性。学生在教学活动中不是简单地接受知识与技能，而是创造性地建构属于自己的意义。但这种创造性不仅与学生的学习活动及结果相联系，更重要的是与学生主体的人格相联系。

### （三）教学是学生在教师引导下进行意义建构的活动

首先，教师对学生的学习活动具有价值引导作用。教师通过精心设计各种教学活动，加强对学生学习活动的引导、组织和规范，为学生的学习活动和发展活动指明方向，起到应有的主导作用和“顾问”作用，并为学生主体性的发展提供机会、创造条件，从而发挥对学生主体性发展的主导作用。

其次，教师对学生的学习活动具有规划、组织、监控和评价的作用。学生尽管有了一定的自主性、独立性，但还不完善，其组织学习活动的能力还比较差。因此，学生在参加活动时需要教师对其行为活动进行有效的规划、组织、监控和评价。只有这样才能使学生的学习活动不至于偏离正确的轨道。教学过程是教师与学生双边活动的一种特殊形式，它是教师依据学习的原理，运用适当的方法、技术，引导学生主动学习、掌握知识技能，发展学生的智能、个性和能力，并形成一定的思想品德的过程。教学过程的监控是对教学全过程的监控，监控是否到位直接关系到教学质量的好坏及培养目标的实现与否。

## 三、教学的地位

学校教育是培养人的，培养人主要是通过教学来进行的。学校工作包括很多方面。有教育工作、管理工作、后勤工作；就教育工作来说，有教学工作、思想政治工作、党团队工作。其中，教学是最基本的工作。这是因为它所产生的教育作用最全面、最深刻、最系统，占的时间最多。一个学校的教育质量如何，主要就是由它的各科教学质量来决定的。正是在这种意义上，教学工作被视为学校的中心工作，其他各项工作均应围绕它来展开并为它服务。“以教学为中心”，“反映了学校工作的一条重要规律。

## 四、教学的价值

教学在学校教育工作中的中心地位是由它对社会发展和个体发展的作用即价值决定的。

在教学的社会意义上，其作用表现为：传递社会经验和文化科学体系以及社会伦理道德规范；贯彻教育方针，实现教育目的。

在教学的个体意义上，其作用主要表现为：促进个体社会化和个体身心全面和谐发展。

在教学的教育学意义上，学校教育的根本任务是育人。学校教育所要完成的任务是多方面的，包括传授和掌握系统的文化科学知识、训练技能技巧、发展智力和各种能力、形成科学的世界观、培养良好的思想品德和行为习惯、养成健康高尚的审美情趣、完善个性人格、促进体质体能的正常健康发展。这些都属于教学所应完成的任务。因此，教学的作用是非常重要的。

综上所述，正因为教学具有上述重要作用，所以才被置于学校教育工作的中心地位。教学的中心地位只能加强而不能有丝毫动摇和削弱，否则就会影响到整个教育任务的完成，影响到育人目的的实现。

## 五、教学的意义

教学是对学生进行教育的基本途径，具有教育活动的共同属性，主要是根据国家教育目的，由师生在一起通过有计划地传递教学内容中包含的系统文化科学基础知识，帮助学生认识客观世界，从而使学生得到发展，受到教育。以传授系统知识为媒体和桥梁，使学生得到满足社会和自身需要的发展并受到教育，教学是在国家教育目的规范下，由教师的教和学生的学共同组成的一种教育活动。这种教育活动合理的核心，是学生通过教师有目的、有计划地积极引导和培养，主动掌握系统的文化科学知识和技能，从而促进他们自身全面发展的过程。

从社会需要来看，教学是促进社会和人发展的必要手段。组成社会的个人，尽管在禀赋、兴趣爱好、实践机会以及才能等方面有种种差异，但总需要在认识客观世界、接受前人积累的知识经验的基础上，获得适应社会、改造社会的本领，个人的发展才是有意义的和有效的。随着现代社会生产力和科技进步加快，积累的知识经验越来越多，客观上更需要下一代通过学校系统的教学活动去接受这些知识经验。

从学校教育工作来看，通过教学传递前人积累的知识经验仍是基本途径。要使学生在不长的时间内，打好达到当代社会认识水平的基础，需要学校把主要时间用来安排在这些课程的教学上，也需要教师和学生把主要时间和精力用在教课与学习上。教学活动传递的知识经验，内容丰富、全面而且系统化，是学生发展的基础，是学校实施全面发展教育的基本途径。

# 第二章　教学资源

## 一、教学资源的内涵

教学资源就是教学设计、实施及评价过程中可利用的一切资源，包括教学的素材和条件，即指一切具有教育价值并能被纳入教学体系、有利于实现教学目的的校内外各种人力、物力、环境和精神等因素。教学活动中可以开发和利用的资源很多，但并不是所有的资源都是教学资源，只有那些真正进入课程，为教育教学活动所用的资源，才是现实的教学资源。

## 二、教学资源的类型

### （一）素材性资源

素材性资源的特点是作用于课程并且能够成为课程内容的材料，比如知识、技能、经验、活动方式与方法、情感态度与价值观以及培养目标等因素。

### （二）条件性资源

条件性资源不是直接构成课程内容的材料，但也作用于课程并且在很大程度上决定和影响着课程实施的范围及其水平的因素，比如与课程运行有关的人力、物力、财力、时间、场地、媒介、设备、设施和环境等因素。

### （三）知识性课程资源

知识性课程资源包括传统的教学科目及教科书、教学参考书、教学辅助材料、师生个人生活经验及其通过读书学习、参观访问、野外考察、实验测定、实践活动、公益服务等途径和方式从校内外各种渠道所获得的信息以及文字、图片、表格、录像、软件、网络等所提供的信息等，其中教科书是其核心和主要组成部分。

### （四）环境性课程资源

环境性课程资源指校园及其周边的自然、文化环境及其在其中开展的各

种教育教学活动。学校课程资源中的条件性课程资源又分为物力资源和人力资源两部分，学校的图书馆、实验室、专用教室、运动场及各类教学设施和实践基地等都是物力课程资源；教师、学生、图书资料员及实验员等教辅人员、学校领导及各职能机构行政管理人员、后勤人员都是人力课程资源。现代教学环境逐渐呈现出一种趋势，即越来越忽略其物理特征，而越来越注重师与生、生与生、生与教学材料、生与支持系统之间实现的有意义的交流。

### （五）条件性课程资源

条件性课程资源包括学生家长及亲属、科研院所专家学者、社区机构人员、企业界人士、离退休人员以及社会各界的先进人物、知名人士等课程活动所涉及的人力资源。

### （六）网络课程资源

网络课程资源包括以网络技术为载体开发的校内外各种信息资源，如信息技术的开发利用、广泛的网上教育课程以及其他网络信息等。网络技术的发展开始逐渐打破了学校与社会资源的划分界限，初步实现了各类课程资源的开放、共享、多元、整合，从而使校内外课程资源相互转化变成了现实，极大地拓展了课程实施的时空范围，拓宽了教学活动的途径。网络教学资源具有信息容量大、智能化、网络化等特点，对于提高教育教学效果具有重要作用，是其他教学资源无法替代的。

### （七）主观性教学资源

主观性教学资源主要是指在教学过程中，影响教学活动的依存于教学活动主体自身的特征。在教学过程中，师生不仅是教学资源的利用者，而且师生自身就是教学资源的重要构成者和开发者。

1. 教师。教师的知识观、知识经验、智力水平、个性、教学观、学生观、教学能力、教学风格、教学态度、教学效能感、教学准备状态、与学生的关系以及教师期望等都是依存于教师身上的影响教学活动的主观因素。教师在教学过程中，通过开放式的问题、情境、活动，要求学生联系自己的经验、体验、问题、想法或预习时收集的信息，进行多种形式的交流，开发学生的资源，实现课堂教学过程中的资源利用。

2. 学生。学生已有知识经验、学习兴趣、学习态度、学习方法、学习习惯、在班级中的地位、期望、与教师的关系、与同学的关系、个性、学习准备状态和班风等都是依存于学生身上的影响教学活动的主观因素。总之，学生学习的起始状态、在课堂活动中的状态和教学结束后呈现出的状态，都是可资利用的主观性教学资源。

（八）客观性教学资源

客观性教学资源是在教学过程中，影响教学活动的作为认识对象的教学材料和支持系统。

1. 教学材料。教学材料指符合一定教学目标和教学要求、经筛选可用于教学、促进学习的一切信息及其组织。教学材料作为意义的载体，是师生教学活动中认识的对象，是认识教学资源的对象性视角。教学材料包括书本、教科书、挂图、教学器具、CAI 课件、教学电视等。凡是符合特定的教学目标和要求，符合学习规律，都可以用作教学材料。

2. 支持系统。支持系统主要指支持教学活动的内外条件，包括教学设施、信息、人员等。支持系统作为教学资源的内容对象与师生沟通的途径，起着媒介的作用，是认识教学资源的结构性视角。它侧重于信息的支持和人力资源的投入，如师资、专业人员以及其他学习者对教学活动的指导和帮助、网络信息对教学内容的补充等。支持系统经过教育化以后就成为教学材料。

## 三、教学资源的价值

（一）影响教学实施

教学资源对课程实施的影响主要表现在：首先，课程资源为课程实施提供了基础和前提，缺乏课程资源，课程实施只能是“纸上谈兵”。其次，课程实施的范围和水平也受制于课程资源的丰富程度以及对课程资源的开发和运用水平。再次，一般说来，课程资源越丰富，课程实施的水平就越高，但当教育物资水平达到一定程度之后，真正决定课程实施水平的还是课程实施的主体，即教师与学生。

（二）改变教学内容观念

过去，人们简单地将教学资源及其内容狭隘地理解为教学计划中规定的学校所开设的科目（课程）及其教科书中的知识，课程资源开发的主体仅限于课程教材的少数编制专家而学校师生尤其是学生被排斥于其外，课程实施即教学的范围被限制在学校课堂这个狭小的空间范围内，教学方式被片面地

理解为学校师生之间的授受“主—从”式活动，而教学活动必然涉及的各种资源、人员、事物、场景因素缺乏应有的课程性认识，从而对课程资源的广泛性、开放性及其开发利用价值认识不够。第一，自然、社会中各种有教育意义的人的、物的和意识的资源均未被纳入教育资源范畴，其教育的功能和意义没有被充分地认识和利用。第二，课程活动被认为只是学校及其人员尤其是教师的责任，教学主体仅限于学校师生尤其是课程教材的编制人员，不仅学生处于被动接受的地位，而且广大家长和社区相关机构及其实践活动人员也认为课程活动与己无关。第三，教师、学生和家长不知道从哪里找到自己所需要的资源，或者是不知道如何利用这些资源来对学生进行有效的教育。由于学校教育体系的封闭性及其与社会的隔膜，社会的课程资源拥有者缺乏为学生、为教育服务的意识，不了解学生的需求，不支持学校的活动，造成各种校外教育资源闲置浪费现象十分突出。

现在，人们认识到，与传统教科书相比，课程资源应当是丰富的、多元的、具有开放性的，同时也是能够根据某种教育目的或需要进行整合的，它们以其具体形象、生动活泼、丰富多样和学生能够亲自参与等特点，给学生多方面的信息刺激，调动学生多种感官参与活动，激发学生兴趣，使学生身临其境，在愉悦中增长知识，培养能力，在体验中陶冶情操、发展个性，对学生的全面和谐发展具有独特的价值。课程主体包括学校师生、学生家长、社区人员，他们既应该是课程资源的重要组成部分，又应当成为课程资源开发的重要力量，教学计划中规定的科目及其教科书不应该也不可能是唯一的课程资源。从本次课程改革的目标来看，就是要改变过于注重教科书、机械训练的倾向，加强学校与现代社会、课程内容与现实生活、科技发展与学生生活的联系，倡导学生主动参与、探究发现、交流合作，就必须开发利用校内外一切课程资源，为实施新课程提供广阔的空间环境。

## 四、教学资源开发与利用的原则

教学资源是非常丰富的，在众多的资源中选择有价值的资源从课程论的角度来讲，一般要考虑如下三个因素：一是教学资源要有利于实现教育的理想和办学的宗旨，反映社会的发展需要和进步的方向；二是教学资源要符合学生身心发展特点，满足学生的兴趣爱好和发展要求；三是教学资源要与教师教育教学修养的现实水平相适应。教学资源开发利用应当坚持价值优先、因地制宜、资源共享、低本高效、凸显特色等原则。

（一）价值优先原则

学生需要学习的东西很多，学校教育不可能包揽一切，因而必须在可能的教学范围内，在充分考虑课程成本的前提下突出重点，精选那些对学生终身发展具有决定性作用的课程资源，使之优先得到开发利用。

（二）因地制宜原则，即本土化原则

由于各地农村自然环境的千差万别和经济文化发展不平衡，城镇和乡村、先进地区和落后地区、平原地区和山地丘陵地区的学校课程资源拥有量各不相同，因此课程资源开发利用要根据各地各校的实际，重点开发乡土资源、自然环境、民族风俗、乡土文化以及特色鲜明的生产活动等。教学资源的开发和利用不仅要考虑典型或普通学生的共性情况，更要考虑特定对象的具体特殊情况，也要考虑教师的具体情况，这样才能有效地发挥教学资源的价值。

（三）整合共享原则

新课改要求各地各校结合地方课程、校本课程开发的需要建立课程资源库，做到资源整合与资源共享。

资源整合包括学校与社会资源、常规资源与网络资源、学校与学校之间的资源以及不同类别资源的整合，以发挥资源的综合效应和最大价值。

资源共享包括校际间、地区间甚至国际间的资源共享，以缓解教育资源短缺的矛盾，减少重复开发所导致的浪费现象，降低资源开发成本，提高资源利用效率。有条件的地方，应当充分运用网络技术构建共享资源数据库，形成集成化的学习资源中心。共享资源数据库包括数据型专题资源库、演示型或交互型学习软件库、课程案例库和知识素材库以及指导导师库等。实践证明，各地、各校建立网络课程资源管理数据库，可拓宽农村学校课程资源开发成果的分享渠道，降低开发成本，提高开发效率。农村学校应把握教育部实施“校校通”工程的大好机遇，建好用好网站，学会利用网络资源来建设好地方课程与校本课程。随着时间推移和教育技术的进步，地方课程和校本课程的开发将更多地转移到互联网上进行。

（四）低耗高效原则

农村学校课程资源开发必须坚持“低成本高效益原则”。一些地方的具体做法：一是把国防、环境、计生、普法、旅游、土特产等有关单位组织起来，

编写综合性地方课程和校本课程，这不仅比各地各校独立开发节约了不少开支，而且质量也高了；二是用新课程观、课程资源观改造原有乡土教材，这样既节省经费，也节约时间；三是做好挖潜工作，充分利用原有人员和设备，就地取材，不舍近求远和好高骛远。

（五）凸显特色原则

各地各校由于历史、生源、教师素质等不同，其办学特色、校风等会有很大的差异。因此，农村学校开发课程资源时，要注意分析自身情况，找出自己的优势、文化特色。课程资源开发既要依托其现有优势，又能使本地本校特色得到进一步凸显和发展。

## 五、教学资源开发与利用的策略

（一）充分发挥各类课程开发主体的作用

首先，要充分发挥教师和学生主体的作用。在综合实践活动课程资源开发利用中，必须改变将教师视为课程计划的忠实执行者、将学生视为课程知识的被动接受者的传统课程主体观，确立教师和学生不仅是课程的落实者、实施者，而且是课程的开发、设计者的新型课程主体观。

教师不仅是课程计划的执行者、教科书知识的传授者，而且应当是课程资源的开发者。教师应当成为学生利用课程资源的引导者。教师围绕学生的学习，引导帮助学生走出教科书，走出课堂和学校，走向社会，走进生活。教师充分利用校外各种资源，在自然和社会的大环境里参与实践，自主活动，动手操作，大胆探索。教师还应当指导学生为解决问题而采用各种手段和形式从各种渠道和环境搜集、整理、研究信息。在分析思考和实践探究的基础上，又可能提出新的问题。学生不仅应当接受人类传承下来的丰富系统的文化知识，而且应当自主参与、积极反应和主动创造，成为课程资源的主体和学习的真正主人，应当学会主动地、有创造性地利用一切可用资源，为自身的学习、实践、探索性活动服务。

其次，要充分发挥家长和社区机构人员的作用。课程改革是一项系统工程，不仅仅是学校师生的事，还需要全社会的支持、帮助和积极参与。社会各界都应当树立为学校教育服务、为学生发展服务的意识。社区课程资源的拥有者即学生家长和社区机构人员不仅应当提高为教育发展、课程改革服务的责任意识，而且应当树立本身就是课程资源的开发者意识，积极参与课程资源开发利用的进程。应当建立一套社会广泛参与课程资源开发与利用的运行机制。各类社会资源只有与学校教育特别是学校课程与学生学习有机地结合在一起，才能实现其育人的功能与价值。

### （二）加强各科各领域各种课程资源的整合，实现课程资源的序列化

所谓整合，就是根据综合实践活动课程目标进行整体设计，使校内外各种教育资源在教师与学生、学科理论知识与实践活动技能、学习活动过程与方法、情感态度与价值观、各指定活动领域等方面实现融合与统整，这既是综合实践活动课程性质的要求，更是社会协调发展、学生全面和谐发展的需要。

首先，必须加强各科各领域各种课程资源的整合。内容领域及其主题范围既要注意学科知识的综合，又要注意加强综合实践活动各领域内容主题的贯通；既要体现学科知识的综合运用，又要保持本领域活动的实践特色；还要将校内外各种课程资源整合成一个有机整体，共同为学校教学和学生发展服务。通过课程资源及其主题的整合，使学生的综合素质得到培养和提高。内容的选择可从各学科知识出发但不受学科知识体系的局限而有利于综合地运用各学科知识于实践活动中，充分发掘和发挥各种社会课程资源的价值并将其纳入学校的课程体系中；提供的内容应有助于学生形成对周围世界、对社会、对人生的完整认识和全面体验。在本门课程目标导引下，可从其他相关学科领域中选取有利于实现目标的内容加以重组、综合和拓展，从而实现各门学科知识的综合和学科与实践的融合。

其次，应当重视课程资源的积累提升，实现课程资源的序列化。综合实践活动课程是学校的教师和学生共同学习、参与合作、成果分享和将所学理论知识综合运用于社会实践活动的过程，也是社会相关人员参与协作、成果分享、共建社区文化和社会文化资源融进学校教育活动的过程。学校在其内容资源开发利用过程中，要从实际出发，做好课程资源的积累和提升工作，建立课程资源库，分类分层管理，形成纵横序列，逐渐深入提升，使之与不同类型学校的办学特色、不同年级学生的发展水平、不同类型学生的个性特点以及不断提高的教育要求相适应。

再次，开发设计可直接从综合实践活动的某一指定领域的人，但在设计与实施中不宜仅仅局限于某一领域，要把社区服务与社会实践、研究性学习、劳

动与技术教育以及信息技术教育四大指定领域的内容融合起来加以设计和实施，以便充分体现综合实践活动课程的性质和促进学生综合素质和谐发展的宗旨。

（三）提倡因地制宜，开发社区课程资源

学生和学校以及社区的现实生活中蕴藏着丰富的素材，这是综合实践活动课程取之不尽的课程资源。不同地区不同类型学校在综合实践活动实施过程中均有着自身的优势，不仅条件优越的城市学校而且条件相对缺乏的农村学校都可以而且应当开展综合实践活动。比如，农村地区、边远落后地区、少数民族地区的学校以及城市薄弱学校相对来说可供选择利用的社会信息资源较少、师资力量不足、教学设施缺乏，但自然资源十分丰富、与生产生活联系紧密、民族传统文化资源优厚，这些地区的学校完全可以将综合实践活动课程的开展同当地的社会经济建设、生产劳动技术、科学技术应用以及民族传统文化等活动结合起来进行，努力开发社区的课程资源。如何发挥优势，扬长避短，因地制宜地利用一切可利用的资源来开展综合实践活动，是学校开发设计课程资源、确定内容主题时必须面对和研究解决的课题。

因地制宜地开发利用课程资源，必须充分反映学生特长、学校特色、社区特点及其要求。每所学校、每个地区尽管发展水平存在差异，但都有自己的优势和特色，都有开展综合实践活动取之不尽、用之不竭的课程资源。选择和确定课程内容时，应根据课程目标，尽可能就地取材发挥优势，把握特色，注重发掘和利用学校和社区资源，一方面有助于激发学生的课程活动兴趣，发展学生的特长，另一方面又能够使学校有特色、地区有特点地发展。

课程资源开发应考虑中小学生的年龄特点、原有知识水平、能力发展状况、兴趣与爱好、文化教育背景及其实际生活经验等实际情况，重视那些来自中小学生现实生活并对他们自身、家庭、学校以及所在地区的发展具有实际价值的主题。主题设计应符合中小学生的心理特征，力求语言生动、格调清新、形式活泼、内容丰富、方法多样，有助于调动学生参与活动的积极性和提高他们活动的兴趣，做到课程资源开发的个性化；活动展开应充分发挥学生的自主性，鼓励学生自己参与设计、自己选择主题、自己组织实施、自己进行评价，将活动内容的设计与实施过程作为学生改变学习方式、学会学习、主动发展的过程。

学校可根据课程目标及课程实施指南所提供的内容领域，按照《学习包》所提供的范例，根据自身特色与条件自行选择适当内容，确定合适主题，并可与校本课程的开发与建设结合起来进行。

社区机构应积极主动参与学校课程资源开发，选择内容应当尽量就地取材，根据社区发展的实际需要，尽量就地取材，体现活动的地方特点，并可与地方课程的开发与建设结合起来考虑，充分开发和利用社区和地方蕴藏的巨大课程资源，如人口、能源、生态、环保、经济、交通、城建、消费、历史、文化等都是活动主题的源泉。

（四）提倡资源共享，凸显差异特色

建立课程资源库的目的，在于使不同学校、教师和学生在不同的时空范围内实现资源共享，提高课程资源的利用率，降低课程资源开发利用的成本，避免由于重复开发所造成的不必要浪费。在课程资源开发与资源库建设过程中，应当提倡学校之间、教师之间、学校与社会相关机构（如各级教研部门）之间密切合作，相互交流经验，共同探讨问题；同时又要尽量避免重蹈统一课程内容和教学模式的覆辙，学校、教师、学生在目标定位、内容选择、主题确定等方面应各有侧重和特点，突出不同类型不同水平学校的办学特色，反映指导教师的教学风格，体现综合实践活动课程的个性化、自主化特征。

要充分考虑课程资源的特点、学校现有师资、设备、场所以及当地社区的其他条件，充分利用和调动社会各界的力量，学校、家庭和社会协同行动，共同开发与实施，以达成综合实践活动课程的目的。

# 第三章　教学艺术

教学是一门科学，也是一门艺术。从某种意义上说，教学是科学与艺术的综合体，是一种综合科学与艺术为一体的特殊而又复杂的创造性活动。教学艺术可以看做是教学美学的通俗化、具体化和操作化，它是理解和把握教学的艺术化的独特方式，也是教学的一种审美境界。

## 一、教学艺术的含义

教学艺术是指教师达到最佳教学效果的知识、方法、技巧和创造能力于教学活动中达到最佳教学效果的综合表现。是教师教学内在素养的外在表现形态，指教师在教学中综合运用各种教学原则、教学方法手段、教学技能技巧而构成的有机整体并达到自如、娴熟的状态和境界。

教学艺术，一方面，表现在教师不仅传播知识，还能通过自己的语言艺术和激情，激发学生的求知欲、学习兴趣和思维的积极性，把形与理、知与情结合起来，使学生的知识、能力、情感、意志和思想品德得到和谐发展。另一方面，表现在教师运用教学方法的灵活性和创造性上。在对教材的深刻领会和对学生观察了解的基础上，运用教学机智，灵活选择不同教学形式、方法，形成不同的教学风格，全面地顺利地实现教学的多方面目的。

要全面理解和把握教学艺术的含义，必须从以下两方面入手。一是教学艺术是教师在教学过程中所力求达到的一种教学境界，这是对教学艺术在“艺术”层面上的理解，它是一种最高的境界，因为达到这一境界的教学，不仅有利于学生身心的和谐发展，而且像是一件艺术品一样，可以给予人美的享受，让听课者回味无穷，更能够让教师本人深刻体会到人生价值所在和自我价值实现所带来的喜悦。二是教学艺术是按照美的规律，从艺术的角度所进行的教学活动，这是对教学艺术在“教学”实践层面上的理解。

## 二、教学艺术的基本特征

### （一）形象性

形象性是艺术的基本特征，艺术是以具体的形象来反映社会的现实生活，表现情感。艺术如果没有以形象性为依托，也就不是艺术了。在教学活动中，与教学的科学性相比较，教学艺术更具有形象性特点。教学的科学性更多地体现在运用严密的逻辑来达到教学的目的；而教学艺术则主要运用生动、鲜明、具体的形象，如生动的语言、鲜明的图表、具体的模型与实验等，为实现教学目标服务。

同时，教学艺术以它丰富、灵活甚至立体化的形象为表现手段和方法，运用形象化的语言、形象化的板书、影视和多媒体技术，给学生以可听、可视、可感的生动明快的形象美感与和谐的效果。优秀教师的形象演讲，本身就是独具魅力的教学艺术家的表演。

### （二）情感性

以情感人，以情动人，是艺术的力量之所在。没有丰富的情感，不能运用情感打动观众，艺术也就失去了本身的魅力，也就没有了艺术。与教学的科学性相比较，教学的艺术性有着更为突出的情感性特点。如果说教学的科学性主要表现在运用理性，以理服人；那么教学的艺术美则是体现在运用情感，以情感人，以情动人。

情感因素在今天的教学思想体系中，它既是教学的目标，又是教学信息传递的手段。教学过程中的情感性表现在师生情感的相互交流和相互激荡，使师生不断产生情感的共鸣，教学活动形成一种和谐、明快、向上的氛围和情境。心理学与教学研究的理论与实践结果都表明，情感因素在教学活动中有着很强烈的动机作用，充满情感的教学艺术会不断地发挥出学生思维敏捷灵活的潜力，激活学生的创造欲望。真正的优秀教学活动不能缺少情感，缺少情感的教学活动也一定不是优秀的艺术。优秀的教师不仅对教学的内容有着深刻的情感体验，而且对学生有着深刻的关爱之情，也只有这样的教师才能在教学过程中产生“移情”的效果。

### （三）独创性

独特的创造性是艺术的生命源泉之所在。如果没有独具匠心、独具特性

的创造，艺术也就失去了它自身存在的价值。由于是独创，所以它是不可完全复制的；重复就等于结束了艺术的生命。教学的艺术性与创造性是密不可分的。从教学艺术的本质与内涵来看，教学艺术本身就是独特的创造表现形态，教学过程中教学艺术的展现是教学艺术创作的完成。也就是说，教学艺术有了创造性，才形成了许多独具特色的教学艺术风格。教学的科学性包含的创造主要是创造性的智力活动，如发散性的创造性思维活动等；而教学艺术性的创造更多的是靠创造性的情感、气质、个性活动，教学艺术活动的最终目标是要培养完善人格、健康发展的人才。

教学过程有它自身的规律，从这个意义上说教学活动有章可循，可以“复制”；但是教师教学活动实施的过程，他所面对的是不同的年级、不同的班级、千差万别的天真活泼的少年儿童，他就不可能在教学过程中完全按照事先准备好的模式（当然这些模式设计过程中就包含着教师的创造成果），机械教条地“照本宣科”。实际教学中无论哪一个环节、哪一项操作活动，都为教师发挥自己的创造性留下了机会和可能。而这些灵活的充满个性行为的教学艺术创造，一般来说是不可复制的。“教学有法，教无定法”，说的就是教学活动既有其固有的客观规律，同时也为教师的艺术创造提供了广阔的天地。

（四）个性化

从宏观上说，个性化特征构成了不同种类的艺术表现形式；从微观角度看，个性化特征从每个表演者独具个性的表演艺术中充分显现出艺术的魅力。同样，个性化也是教学艺术的突出特点之一。教学中成熟的教学艺术都是富有个性的，都形成了个人所具有的独特风格，它是教学艺术创造者的个性特征在教学活动中的典型表现和物化结晶。这种教学艺术个性化的特征在教学过程中具体表现为：教学过程与教学活动设计的独创性，教学信息与教学材料运用的独创性，教学方法与教学手段运用的独创性，教学技能与教学语言风格的独创性，教学风度和教学气质的独特性，等等。这种个性化的教学艺术特征只属于创造者自己独有，他人难以复制，而只能在观摩学习的基础上，结合自身个性特点进行再创造。

（五）实践性

一切艺术都是人们千锤百炼的实践结晶，离开实践，艺术之花就会萎缩、凋谢。“台上一分钟，台下十年功”，就是人们总结艺术实践的体验。教学艺术发展过程与教师的学科教学实践过程是密不可分的；教学艺术水平的提高也是随着教师教学实践的不断深入而实现的，离开了具体的教学实践，教学艺术就成了无源之水、无本之木。但是，教学艺术的形成并不是单纯的教学实践活动，还需要教师在教学实践过程中不断进行反思，进行艺术提炼和加工，才能升华成为教学艺术。

## 三、几种常见的教学艺术

课堂是教学实施的主要活动场所，人们在长时间的教学实践中，逐步建构起了许许多多的教学艺术，这对于广大教师来说，是非常具有参考和应用价值的。

### （一）艺术导入

课堂导入是一节课的开始，俗话说“万事开头难”，这正说明课堂导入对于课堂教学来说，它的重要性是不言而喻的，它不仅是课堂教学的开始，也是课堂教学的关键。因此，在课堂教学实践过程中，许多教师都特别注意精心设计和组织课堂的导入环节，同时也创造和积累了较为丰富的导入经验，总结起来主要有以下几方面。

1. 情境导入。是指教师根据教材的具体特点，创设一定的教学情境，渲染课堂气氛的一种导入新课学习的方式。通过创设情境导入新课可以让学生置身于特定的教学情境之中，自然从情绪上过渡到新课上来。创设的情境一定要精要恰当，要真切感人，能够触动学生的心灵深处，启发他们的想象。因此，这一方法对教师素养的要求比较高，需要教师具备编剧的本领、导演的才能和演员的素养，才能比较成功地导入教学。这种方法，是新课改中比较常用的方法。通常的做法是，结合教材中的主题画，创设相应的教学情境，导入教学。

2. 复习导入。是指教师通过复习旧知识，引出新内容的一种新课导入方式。采用这种方式导入新课的好处是，可以把以前所学的知识和新的内容有机地联系起来，更重要的是能使学生对新的内容有一种亲切感，很快就能把注意力集中到新内容的学习上来。这种方法比较适用于前后知识有密切联系的教学内容。

3. 故事导入。是指教师根据教学内容的具体特点，利用寓意深刻又幽默轻松的故事导入新课。这种方式导入新课，往往能够将抽象的内容以形象趣

味的形式引出，使抽象的问题具体化、形象化和趣味化。在采用故事导入时，所选用的故事宜短不宜长，故事要能够说明问题。同时，要求教师在讲述故事时，要明确目的，要注意引导，不能使学生的注意力仅仅局限于故事情节本身。

4. 设疑导入。是指教师通过精心设计悬念，诱发学生的探究心理，调动学生学习积极性的一种新课导入方式。这种方法主要是利用学生思维对问题的敏感性，因此关键在于设置问题，一般要求所设置的问题必须要能够引起学生的注意、激发他们进行思考，然后产生疑问，这就要求教师应该在课前充分做好准备，根据具体的教学内容，结合学生的生活经验，构思设计相应的问题，这样导入新课的效果才会好。比如，在教学“圆的初步认识”时，有经验的教师就会设计这样的问题：“同学们，你们知道车轮为什么是圆的吗”

5. 释题导入。是指教师通过解释课题导入新课的一种方式。有些课题很有吸引力，教师通过解释课题，就能够很好地吸引学生的注意力，调动学生学习的积极性，这就为新课的教学作了很好的铺垫。但是，必须值得注意的是，并不是任何学科的所有课题都能用释题导入的方法，只有那些能够引发学生思考、吸引学生注意的课题，才能取得较好的效果。

6. 激情导入。是指教师用生动的、极富感情色彩的语言，营造一种情绪氛围，从感情上叩击学生的心弦，使学生自觉地进入学习状态的一种新课导入方式。这一方式的应用主要取决于教师的情感表达能力和教学内容的情感性。特别要注意的是，此方法如果使用不当，可能会适得其反，导致虚张声势、夸大或弱化情感，使学生反感。

7. 幽默导入。是指教师根据教学内容的特点和需要，使用一定幽默手段导入新课。采用这种方式导入新课，能够增强教学的趣味性，吸引学生的注意力，激发学生的学习兴趣。但是，使用这种方式导入新课，是否能够产生好的效果，跟教师的个性有关。一般情况下，教师必须是乐观开朗，语言表达能力要好，而且要富有幽默感。

8. 随机导入。是指教师在课堂教学之前，根据突然发生或出现的事件或情景导入新课。利用这种方式导入新课，必须要求教师具有较高的随机应变能力，对突发的事件或情景要有判断能力，能够及时把握时机、因势利导，即兴导入。

### （二）幽默艺术

在教学中若能增加适当的幽默，不仅可以给学生带来一些轻松和笑声，而且可以给教学带来一些欢快有趣的元素，然而在现代学校课堂教学中，这种轻松和笑声是越来越少了。因此，对于现代的教师来说，加强教学幽默艺术的修养，掌握一些教学幽默艺术的基本技法，是有益于增进教师教学艺术的情趣和魅力的，还可以收到更好的教学效果。下面介绍几种常见的幽默艺术技法。

1. 巧用笑典法。是指在教学中根据内容需要，精心设计或引用幽默诣趣的典故插曲，即可达到内容与笑典相映成趣的效果，又对课堂气氛的活跃或调节起到了重要的作用。

2. 行为乖谬法。是指教师在教学中针对具体情境采取有悖常理的奇怪举动，以极其夸张荒谬的形式为一普通常理服务，往往能收到出奇制胜的幽默效果。

3. 轻言拨重法。就是以极轻松极平常的语言事例漫不经心地拨倒本来极紧张极重大的难题而轻易走出困境，亦使人因“历惊无险”而释然畅怀。

4. 刻意精细法。就是在教学中教师通常将模糊定性论述的东西，刻意地加以精细定量描述，可产生喜剧性的幽默效果。如有位教师在提醒学生要珍惜时间，将主要精力用于学习时，教师引用西方统计专家的数据：假如一个人的寿命为60岁，那么他一生时间的用途分别为：睡觉20年；吃饭6年；穿衣和梳洗5年；上下班和旅行5年；娱乐8年；生病3年；等待3年；打电话1年。最后只剩下3205天，即9年左右的时间用来做有用的事情。统计数据的“精细”程度，教师引证的良苦用心，不是很令同学们听后既享乐又受益吗？

5. 直落反差法。就是在教学中教师将事情的进展与结果的大距离反差猛然抖落，可以使学生在意料之外的惊异后禁不住发笑，往往是落差越大、效果越强烈。

6. 逻辑归谬法。就是对错误的言行并不正面指出，而是以此作为前提进一步演绎，得出一个不说自明的荒谬结论，从而暗示错误言行的错误之处。这种教学幽默艺术因教师用幽默掩去直接批评的锋芒，会使教师的观点更易为学生接受。

7. 自我调侃法。就是教师在教学时自己开自己一个玩笑没有什么不好的，

倒是常常能使自己放松、学生自在，师生间心理距离迅速拉近，为教师教学艺术发挥最高效能铺平道路。据说著名学者胡适曾应邀到某大学讲演，他引用了孔子、孟子、孙中山的话，并在黑板上写下："孔说""孟说"和"孙说"。最后，他在发表自己的见解时，紧接着郑重其事地写下"胡说"二字，使学生在笑中分享他的自我调侃式幽默，并牢牢记住了他的"胡说"内容。师生的心灵得到了初步沟通，课堂教学随即在宽松欢悦的气氛中顺利地进行。

（三）结束艺术

课堂教学的结束和课堂教学的导入，都是课堂教学的重要组成部分。开课时，可开门见山、单刀直入；结束时，当止则止，该收则收。但有些内容，最好有一个恰当、适量的结尾，这不是画蛇添足，而是与学生沟通感情的需要，可以增加讲课的感染力，课堂结束要帮助和引导学生概括、归纳知识；要对学生进行鼓励、启发；要帮助学生消除疲劳而且保持精神饱满；要为课后以及下次的学习做些准备。有经验的教师都很重视设计课堂教学的结束部分，使它像一台文艺节目的"压台戏"一样，为课堂教学锦上添花，这就能够很好将课堂延伸到课后，让学生回味无穷，取得更好的效果。

1. 归纳式结束。就是教师通过引导学生以简练、准确的语言，对本堂课的教学内容进行总结、概括和归纳，让学生对所学内容有一个完整、清晰的印象，形成一定的知识网络，以达到归纳和巩固所学知识的目的。

2. 回应式结束。就是教师在课堂教学结束时，回答开课时提出的问题，使学生豁然开朗，起到首尾呼应的效果，使教学过程浑然一体。通常回应的内容有两个方面：一是预习中遇到的疑问；二是开课时设置的悬念。

3. 启导式结束。就是教师在课堂教学结束时，对有一定难度的疑问、思考题或作业，在兴趣上与解题思路上给予一定的指点、暗示和启发，以唤起学生新的求知欲和新的思维高潮。

4. 引趣式结束。就是教师在课堂教学结束时，提出一些新奇而有趣的问题，引起学生注意，培养学生的学习兴趣。

5. 推测式结束。就是教师在课堂教学结束时，引导学生对一些未解之疑及一些言已尽而意无穷的内容进行推测、猜想或想象。

6. 迁移式结束。就是教师在课堂教学结束时，适度地向学生提供一些与所学教学内容相仿的材料，让学生能举一反三、触类旁通，在新的训练中运用和巩固新知识，以促进知识向新的知识领域或能力转化。

7. 续后式结束。就是教师在课堂教学结束时，针对下一次新课的中心内容，给学生提出一些未知的、难易适度的课题，引导学生先思考、后预习。这不仅可以很好架起学生进一步学习新知的“桥梁”和“阶梯”，而且对发展学生思维能力和自学能力有兼顾双收之效。

8. 伏笔式结束。就是教师在课堂教学结束时，有意留一个“尾巴”或“悬念”，使学生感到言犹未尽，或者使用简短而又意味深长的语言，使听者“欲罢不能”，从而引起学生探索答案的好奇心，为今后的教学埋下伏笔。

9. 激励式结束。就是教师在课堂教学结束时，以充满激情、意味深长的话语寄厚望于学生，打动学生的心扉，给学生一个深刻的印象。

10. 游戏式结束。就是教师在课堂教学结束时，为了使结束更为生动活泼，增强教学的效果，根据教学内容和学生特点设计一些游戏来检验和巩固所学的内容。

# 第四章　教学风格

## 一、教学风格的含义

教学风格，就是教师在一定的理论指导下和在长期的教学实践中逐步形成的独具个性的教学思想、教学模式、教学技巧、教学风度、教学特色的稳定的外在表征。这就是说，教学风格是在一定的理论指导下形成的，不管教师本人是否意识到，他的教学风格总是有一定的理论作为基础的。如有的教师以启发式教学理论为指导，由此形成了以启发式为特色的积极的教学风格；有的追求说理、明理，形成理智型风格；有的追求情感、情境，形成情境型风格；有的善于根据青少年学生的特点，把思想教育和知识教育融为一体，从而对学生思想、情操、道德、品质等方面有潜移默化的作用，是一种“细”“润”的教学风格；等等。所以，任何一种教学风格，都是教师独具个性的一贯教学思想、教学技能技巧和教学风度的稳定性表现。

## 二、教学风格的特点

### （一）独特性

教学风格的独特性是它的基本标志，因为每个教师都有与众不同的师承、教育、个性、学识、习惯以及生活背景等，这种主体自身的独特性，就决定了教学风格的独特性。教学风格总是打上教师独特的印记而显示自我风采。

教学风格的独特性，使许多教师在炉火纯青的基础上形成了鲜明的自我个性特点。因此，即使在执教同一课本时，也表现出不同的特色来。教学风格的多侧面发展，表现了教学内涵的丰富性，同时也增强了教学风格的适应性。只有教学风格显现出千姿百态、万紫千红的情景，才能使教师辛勤耕耘的教学园地中出现争奇斗艳、各领风骚、百花齐放之势，更有异曲同工之妙。

### （二）稳定性

教学风格是教师在教学过程中自然表现出来的一种稳定的教学风貌，它往往能够体现出一位教师独特的审美情趣、思想倾向、思维特点乃至气质、性格、能力、修养等诸多的个性因素。教学风格是教学观念和教学技巧等因素构成的格调系统，它总是在各种教学情境中，自觉不自觉地调节着各种要素之间的内在联系，从而维系着结构的整体稳定性。因此教学风格的形成，需要一种稳定的心理定势去支配教学过程中各种因素的协调。这种稳定性表现为教师教学思想的基本完善，教学方法的富有成效，以及教学个性的定型成熟。一般说来，教师在教学艺术的追求上，目标确定得越早，其表现就越鲜明充分，特点就越稳定统一，也就越证明他的风格已臻于成熟。

学生的学习要求、教师的教学方法既不断创新，又有相对稳定性。教师面对千差万别的学生，不能用一套刻板的程式，而要根据不同学生的不同特点，创造性地设计各种教学方案，在自己整体教学风貌的基础上显示出不同的特点，也就是“不离其宗而万变”。稳定并不意味着固守，教学风格的“稳定”是总体格调的稳定，“变化”则是具体方法的变化。优秀教师正是在这种“变化中求稳定，稳定中求变化”的教学全过程中，留下稳定持久的自我痕迹，也只有这时才能迈向教学艺术风格的自由王国。

（三）发展性

教学风格一经成为固定的模式，如因此就不能突破自己反为其所束缚，便失去其生命力了。如果说，独创是教学艺术风格的生命，那么，发展恰是其长寿的内在动力。故此教师的教学风格，应注意在稳定中求发展。然而，往往是突破自己比突破别人更难。因为一个教师的教学一旦形成某种艺术风格后，其稳定性往往成为一种保守的惰性。这种惰性就会窒息教学艺术的生命。

教学风格的发展性，既可以是“精益求精”，也可以是风格的转换。为了在教学风格上“精益求精”和实现风格的转换，需要对各家教学特色及风格进行潜心体验，广采博取、不断求索，才能与时代要求达到高度统一，才能使已形成的教学艺术风格沿着一条向上的曲线升华。在教育教学方面，陶行知提倡“真善美合一”。真善美合一的创造是艺术的最高境界，也是教学风格的最高境界。

## 三、教学风格的形成

教学艺术风格实际上就是教师的教学艺术的个性化，因此教学艺术风格

的重要特点就是它的独特性。教师要经历一个较为长期努力的教学艺术活动的实践过程，才能最后形成独具特色的教学艺术风格。一般来说，教师教学艺术风格的形成大致要经历四个阶段。

（一）模仿套用阶段

模仿是教师进行教学艺术活动的最初萌芽阶段，也是教师教学艺术实践活动的起点。开始从事教学工作的新教师，一般来说由于缺乏实际的教学经验和独立教学工作的能力，所以习惯于模仿自己所敬佩的老师或周围同事的教学设计方式、具体的教学方法。教学活动往往是从搬用或套用他人成功的教学模式、教学经验开始。这就是模仿性教学阶段，是教师教学风格形成的初始阶段。

（二）独立探索阶段

伴随教学经验的积累和教师教学自立意识与自立能力的增强，教师的课堂教学逐步由模仿性教学进入到独立性工作阶段。独立性教学是教师教学艺术形成与发展过程的关键阶段，它是教师形成教学风格的前提条件。

在这一阶段，教师开始逐步摆脱他人教学模式对自己独立的影响和束缚，自己对教学的主观能动性开始占据主导地位。教师教学的独立性体现在能够独立地设计教学活动，能够独立地完成教学过程中各个环节的任务，能够成功地把他人的教学经验吸收并转变为适合自己特点的行动策略。独立性教学阶段是教师教学风格形成的关键阶段。

（三）创造建构阶段

在这一阶段，比较扎实的独立教学能力、比较独立的教学个性特征，使得教师教学的自信心增强，在教学实践中呈现出比较强烈的创造性劳动意向和行为。教师已经具备较强的能力，因此，能够从自己的个性特征出发，有意识、有目的地进行教学艺术的创新，显现出教学艺术的独创性特色，这时教师的教学艺术就开始进入到个性化阶段。

（四）艺术升华阶段

随着教师对教学艺术的刻意追求，当这种追求达到一种最高境界时，教师在课堂教学过程的各个环节中都会有独特、尤其是稳定的表现，教师的教学艺术就呈现出浓厚的个性风格色彩，并且锤炼成为一种在教学中经常反复表现出来的个性化教学模式，这就标志着教师的教学风格已经形成。

## 四、教学艺术与教学风格的关系

教学风格与教学艺术之间存在着密切的联系。教师娴熟自如的高超教学艺术是形成个性化的稳定的教学风格的基础。教学艺术个性化定型以后，就可以演变并升华为教学风格，也就是说，教学风格是个性化、定型化的教学艺术。一般情况下，教师只有经历一个较长时期对教学艺术的追求与实践过程，才能逐步形成富有个性特点的稳定的教学风格。如果教师没有经历对教学艺术的长期追求与实践探索和创新，那么他是不可能形成自己独特的教学风格的。相反，教师如果在教学实践中形成了自己独特稳定的教学风格，他的课堂教学艺术就会显示出相对稳定、富有个性的特点，并日臻完善。

# 第五章　教学原则

## 一、教学原则概述

教学原则在教学活动中处于十分重要的地位。它是主观见诸客观、理论见诸实践的中介。教师要顺利地进行教学工作，把教学的基本原理运用到实际的教学工作中去，其间必经的环节就是教学原则。

### （一）教学原则的含义

教学原则是根据一定的教学目的、任务，遵循教学过程的规律制定的对教学的基本要求。它既指导教师的教，也指导学生的学，它贯彻于教学过程的各个方面和始终。

教学原则不同于教学规律，教学规律是第一性的东西，是始终存在于教学过程中的客观的、必然的、稳定的联系。教学规律是客观存在于人们意识之外的东西，无论它是否在人们意识中得到了反映，如何反映，这种反应如何表达，它都是客观地存在着的。人们只能发现它、掌握它、利用它，不能违背它、改变它。教学原则是第二性的东西，它是人们根据对教学规律的认识而提出的教学活动实施的行动性要求。由于教学原则是主观对客观的反映，因而有正确和错误之分，它可以随着教学实践的发展变化而发展变化。只有教学原则正确地反映了教学规律，教师在教学中又很好地贯彻了教学原则，教学才能取得成效。

### （二）教学原则的特征

1. 依附性。从上述制订教学原则的依据中，我们知道教学原则的提出首先受到教学目的的影响，同时又依赖于对教学规律的认识。这些都清楚地表明教学原则具有依附性，它只具有相对的独立性。

2. 时代性。制约人们制订教学原则的各项因素都既与一定社会背景、一定时代背景有关，又与当时的认识水平有关。任何人的活动都是在特定的历史前提下进行的，因此，不同的时代背景及认识水平就会导致人们提出不同的教学原则。

3. 规范性。教学原则的作用就是对教师开展教学活动进行指导和调节，它直接或间接指出教师该怎么做，指出一些基本的关系如何处理，采取一些什么样的策略，按照什么标准去行动等。因此，教学原则必然运用规范性语言，如“必须”“一定”“不能”……从而表现出很强的规范性特征。

4. 中介性。相对于教学规律、教学目的来说，教学原则靠教学实践更近；相对于教学方法、教学手段的运用，教学原则又明显地带有理论色彩，又是距离教学实践稍远的原理、原则。实践表明这种中间形态的东西是受教师欢迎的。因教学规律距他们较远，教学方法因距离较近而不一定适合于自己，倒是教学原则更为适合，它既反映了理论，又比理论更易于理解和把握；既能指点方法的选择和改进，又比具体的方法更灵活，更便于自己在教学实践中的创造。

5. 多样性。教学原则体系的制订一般出自教育家、教育理论工作者、教学理论工作者的创造。由于这些理论工作者的经历不同、教育观念不同，他们所持的教育目标、教学目的观点不同，他们对教学规律的理解不同，对哲学、心理学的研究与运用也不相同（也可能在某些方面相同，但也很难各方面都相同），所以他们提出的教学原则很难是一样的，几乎所有教育家各自提出的教学原则体系没有雷同的，甚至各自体系所包含的原则条文的数目多少也大不一样。

### （三）教学原则的作用

教学原则能够为教师的科学活动提供正确的依据，能够对教学过程的有效进行发挥指导作用和调节作用。教师可以根据教学原则，对不同的教学环境做出有利于教学活动顺利有效实施的决策。在教学原则指导下，教师可以有效地设计实现教学过程最优化的途径、方法、手段和组织形式，调控学生进入学习的最佳状态。教学原则可以在教学活动中指导教师调节和处理教学过程中各个要素的关系，为教学过程的协调进行提供保障，以提高教学的质量和效率。

教学原则发挥的作用，不是某个原则所能单独完成的，而是需要一个教学原则体系，使之发挥整体功能。所谓教学原则体系，是指提出的教学原则之间不是各自孤立的，而是具有一定的关系和联系，每一条教学原则在整个

原则体系中的地位应是确定的。只有建立一个科学的、完整的教学原则体系，才能发挥各个教学原则对教学活动的各个基本环节的指导作用。

### （四）制订教学原则的依据

1. 教学目的任务。教学总是为完成一定教学任务，实现一定教学目的服务的，制订教学原则也不例外，也必须依据于一定的教学目的任务。如果教学目的是使学生牢固地掌握系统、丰富的科学知识，那么必然根据教学过程中学生掌握知识的规律特点和经验，提出一系列教学原则；如果教学目的是为了加强思想政治教育，使学生形成一定的思想政治观点，那么便提出另外一些教学原则。

2. 教学过程的规律。教学原则虽然是人们主观制订的，但是反映了教学过程的规律。然而，由于受主观和客观条件的制约，人们对于教学规律的认识是有差异的，反映在教学原则体系上，就出现了不同的原则体系。例如，如果认为教学过程就是认识过程，那么教学原则则基本上以认识规律为依据，而一般不注意非认知心理的发展，在教学原则中就没有非认知心理发展的地位。如果认为教学过程就是学生发展能力、形成个性的过程，那么教学原则就会突出非认知心理的发展，弱化甚至忽视认知心理的地位。

教学原则要依据教学规律，两者却不一定是一一对应的关系，即是说，并非有一条教学规律就有一条教学原则，或一条原则只反映一条教学规律。由于教学原则是一个体系，既有一定的包容性，又有一定的概括性，有时一条教学原则能反映多条教学规律的要求。

3. 教学实践经验。教学原则是教学经验的概括和总结。人们在长期从事教学实践的活动中，不断探索出一些成功的经验或失败的教训。对于这些经验和教训反复认识，不断深化，感性认识上升为理性认识，经过抽象概括，对教学规律有所认识，从而制订出了相应的教学原则。例如人们有了学习知识必须要经常温习的经验，便有了巩固性原则。教学实践经验对教学原则的制订永远具有重要意义，教学实践经验不仅是制订教学原则的依据，而且是检验教学原则的标准。教学原则的正确性唯有通过教学实践来检验、修正和完善。

### （五）教学原则科学性的条件

由于教学原则具有多样性特征，这就必然使我们面对眼花缭乱的众多教学原则体系。因此，无论是教学工作者还是教学理论工作者，对它们的科学性和实用性做出鉴别是必然的，其中，判定教学原则体系是否具有科学性的条件是更为基本的问题。

1. 相容性条件。所谓教学原则体系的相容性条件，包含两种含义：一是指这一体系中任何一条都不能与其他任何一条相冲突、相矛盾；二是指任何一条自身也不能包含矛盾。这是一项基本的科学性条件。

2. 完备性条件。教学原则体系的完备性是指教学过程或活动中一些基本要素都应当在体系中得到反映，或者都不同程度地在体系中得到反映。

3. 独立性条件。教学原则体系的独立性，是指体系中各条原则彼此相对独立，不重复、不重叠，任何一条不为其他一条或几条所包含、所替代。

例如，有的教学原则体系既有“理论联系实际”的原则，又有“直观性”原则，这两条原则就不是相对独立的。所谓直观性原则就是要求对于较为抽象的、理论性较强的知识尽可能运用直观的、比较接近实际的材料来加以阐释，然而这基本上是理论联系实际的一种具体形态。也就是说，直观性原则含于理论联系实际的原则之中。因而，为达到独立性条件，必须对这两条作适当调整。

4. 简练性条件。简练性条件，指的是过于一般化的要求不宜列入体系之中，过于具体化的要求也不宜列入其中，即过于宽泛与过于狭窄者不宜列入。过于宽泛或过于狭窄往往导致独立性的破坏，或者出现相容性问题。因此，教学原则体系的科学性问题的关键条件虽是相容性、完备性与独立性，但简练性条件对于保障它们的科学性也有重要作用。

## 二、教学原则的种类

教学原则是为了保证教师教和学生学取得良好效果，要教师在教学中必须遵循的基本要求。教学原则是根据教学过程中的客观规律提出的，是教学实践经验和理论探讨的总结。贯彻教学原则，是提高教学质量的重要保证。

### （一）科学性原则

教学应该具有科学性。教学中传授的知识应该是科学的、从实践中经过科学总结的知识，教学过程本身也应该是科学的。教学中传授给学生的知识，应该保证正确和准确。教学中讲的每个概念、定理、法则、定律，都应当讲对、讲清、讲准，并且要求学生能用准确的科学术语表述它们。教学中还应

该发展学生从事科学探索的初步技巧，介绍科学的认识方法和学习方法。如在教学中有计划地穿插一些问题研究因素或研究性的实验活动和实践活动，培养学生观察现象和分析观察结果的能力，开展一定的科学讨论，培养学生论证自己的观点和合理使用参考书的能力。也可以结合教材内容，介绍一点科学家的创造活动或科学发明史，帮助学生了解一些科学的思维方法。

（二）直观性原则

直观性教学的目的，除了给学生一定的感性经验外，更重要的是通过建立学生的感性经验，为学生学好理论知识服务。教学受学生心理发展水平和认识特点制约，从青少年学生心理发展特点来看，学生年龄越小，越是形象思维占优势，抽象思维能力较差，就需要一定的直观感性经验作为支持学习的基础。从学生在教学中的认识特点看，学习内容以间接经验为主，绝大多数不是学生能够亲身经历到的，对一些难度较大的知识很难理解，这也需要一定的直接经验为基础。形象直观的教学，能够通过学生的多种感官，特别是视听感官的结合，使学生获得鲜明、生动、深刻的印象，不但能帮助学生提高学习兴趣理解知识，也有利于巩固知识。在教学中让学生通过对直观事物的观察、思考，达到理解的目的，这对发展学生的观察力和思维能力也是有益的。

贯彻直观性原则的要求如下：

1. 进行直观教学要有明确的目的性和典型性。教学中要不要进行直观教学，要根据教材特点、教学任务和学生情况来确定。具体地说，大致包括以下几种情况。

（1）所教内容是教材的重点部分，有典型的意义，希望有感性经验来支持，使学生获得生动直观的印象，以加深学生对这部分知识的理解和巩固。

（2）所教的知识比较抽象难懂，或认识对象结构复杂，不容易直接理解，学生又缺少这方面的感性经验，需要通过直观教学的桥梁帮助学生理解。

（3）所教理论知识和学生的常识或经验不一致，这种常识或经验，在学生脑子中地位又很牢固，深信不疑，需要通过直观演示帮助学生突破不全面的经验，达到理解和相信结论的目的。

2. 要充分发挥教和学两个方面的积极性。直观教学和理论教学结合，通常有三种做法：教师先引导学生对直观材料观察，启发学生思考，导出结论；随着讲授的需要，提出直观材料，让学生观察，帮助学生理解教材中所说的内容；讲完理论，再通过演示或实验去验证理论，使学生得到较完整的认识。无论哪种做法，都不是让学生去随便“知觉”，而是包括教师的积极启发指导和学生的注意观察、细致思考两个方面的活动。即使是演示最简单的教具，也是有师生共同的积极活动才能有好的效果。复杂一点的直观教学，更需要教师有计划地指导学生积极观察和思考，要指导学生观察要点、顺序，突出能说明教材的特征，要吸引全班学生进入观察思考状态，经过师生共同比较对照、分析、综合、抽象概括、归纳演绎等活动得出结论。有时，也可指导学生在课下自己动手，制作简单教具，或绘制具有直观教学意义的智力游戏图形，帮助教学。

3. 恰当地选择直观手段。在教学过程中，教师要根据不同的教学内容，不同的学生需要选择不同的直观手段。教学中采用直观手段很多，如实物、标本、幻灯、图片、语言描述等。在信息社会的今天，多媒体更是成为教师选择直观的重要手段。不论什么样的直观手段，选择的关键在于是否能满足学生发展的需要。

4. 直观和讲解结合起来。通过直观展示给学生的只是实物的表面，想要学生对事物有更深入的了解，教师还必须结合直观展示进行讲解。

5. 关注直观形象展示的目的。直观展示只是帮助学生理解事物问题的手段，教学中不能为了直观而直观。在教学中，我们展示直规形象的目的在于使学生摆脱直观，最终进行抽象的思维活动。

6. 直观性与抽象性相统一。直观性与抽象性相统一，指教师在教学过程中通过直观性形象的方式，引导学生形成清晰的表象，在感性认识的基础上对材料进行分析、综合等，发展学生的理性思维。

人们认识事物总是从感性直观开始，然后经过分析综合形成抽象的概念。从一定意义上说，学生的学习活动也是认识活动。同其他认识活动相比，学生认识的对象主要是间接经验。这些间接经验要想转化为学生自己的经验，教师就必须要通过一定客观情景展示，使学生在直观基础上建构学习经验，加深对事物的理解和认识。

在教学中，教师如果善于用生动、形象的言语，利用学生已有经验，引起学生的想象，也能给学生以感性认识，帮助学生理解教材。为了能做到这一点，教师平时不但要锻炼自己的言语，也要锻炼自己的想象力，要能做到在教学中根据教材的需要，用形象的言语，把自己的想象表现出来，带动学

生去想象。

（三）理论联系实际原则

1. 理论联系实际原则的内涵。所谓理论联系实际原则，就是教师在教学过程中，既重视理论知识的传授，保证知识的系统性，又要注意和生活实际相联系，善于引导学生了解实践是人们认识的基础，是知识的源泉，使学生从理论与实际的联系中去理解掌握知识。同时，还要引导学生运用所掌握的知识，去解决理论问题与实际问题，培养学生运用知识分析和解决问题的能力。

2. 理论联系实际原则提出的依据。

（1）我国的教育目的。我国教育目的主要是培养全面和谐发展的人。全面和谐发展的人的理念既包含人的理论知识素养，也包含人在现实生活中应用知识解决问题能力的要求。因此，在教学中，教师要注意引导学生把理论知识和实践结合起来。

（2）学生发展的需要。在教学活动中，学生主要是从书本上获取间接知识。这些间接经验为学生获取知识提供一个捷径，由于学生没有亲身经验和感受，学生很难理解和消化这些知识。教学内容脱离学生的生活，已经成为制约教学效果的一个重要因素。因此，在教学过程中，教师要尽量把教学内容和学生生活实际相结合，保证学生能很好地理解、吸收知识。在新课程改革中，理论联系实际已经成为对教学的要求的一个重要的标志。

（3）教学规律的需要。教学中传授知识，目的是使学生得到发展，是让学生通过学习，不仅掌握知识能去指导将来的实践，还要培养学生运用知识解决实际问题的能力，培养学生的道德品质能力和道德品质的形成，最重要的是在实践中锻炼，由于学生认识活动的特点，决定了以学习间接经验为主，因此，教学中的理论联系实际的形式，是为了运用实际来论证和说明理论，弥补学生感性经验的不足。它或者揭示理论的来源和归宿，或者论证理论的准确性和可靠性，或是为了掌握运用理论于实践的技能和本领。所以我们也不能片面强调联系实际而削弱理论的学习。

3. 贯彻理论联系实际原则的基本要求。

（1）重视教材中系统理论知识的教学。教师要按照课程标准和学科教学内容的具体要求，把理论知识教授给学生，保证学生掌握必要的基本理论知识和基本技能。学生的发展离不开一定的理论知识储备，它是促进学生发展的基础，任何脱离理论知识盲目联系实际的教学是不利于教学的。没有理论指导的实践，容易陷入盲目性，注意在学生学习阶段打好理论基础，要抓好基础知识与基本技术的学习与训练。防止片面地只为追求升学率，争统考名次而讲课，把大量时间花费在复习、做练习题上，挤掉了讲授和学习新知识的时间，导致妨碍对基础理论知识的掌握。

（2）培养学生运用知识于实际的能力。在教学实践中运用是学生运用知识的基本途径。教学中经常采用练习、实践、实习作业等方法，给予学生运用知识解决问题的机会。也可以提出实际问题，让学生提不同的解决方案，并比较这些方案的优劣，选定较好的方案。还可以通过运用同一知识，变换所给条件，搞多题一解；更可以搞一题多解，找最简便解法等练习；文科教学，也要编制一些与社会实际有关的问题，要求学生运用所学理论去说明解决问题，也可以让学生在已有知识的基础上，自己钻研理解某些新知识。新课程改革中倡导的研究性学习实际上就是教学中理论联系实际最好的形式。

另一方面，是在课外活动和社会实践中运用知识。在教学中联系社会实践中运用所教知识的例证，或选实践中的问题，编入习题；或从学生过去社会实践中获得的感性经验中引出对所学知识的需要，引导学生用新学知识去解决过去还不懂、留而未决的问题；通过实际运用验证学生学习理论知识的价值，调动学生的学习积极性；密切联系学生的生活经验。教学内容和学生生活经验的联系，有助于学生很好地理解和学习知识。

4. 注意讲和练的结合。

（1）重点突出学生已懂的或自己能看懂的，可以少讲或不讲，节省出课堂教学时间，让学生进行自学或作当时就运用所学知识的练习，帮助学生及时形成技能、技巧，发展运用知识的能力。

（2）注意练习的数量与质量的关系。反对花大量时间去练超出学科课程标准的难题、偏题、怪题。

（3）运用知识的练习，不要只局限在某些局部的技能技巧上，要提到培养学生运用知识，解决问题的能力的高度，来选择习题组织练习。

### （四）循序渐进原则

1. 循序渐进原则的内涵。循序渐进原则主要是指教学要按照一定的逻辑系统，根据学生认识发展的顺序，持续、连贯系统地进行，使学生掌握系统的知识和技能，培养学生严密的逻辑思维能力。

2. 循序渐进原则的基本依据。循序渐进原则要求教学要按照学科逻辑系统和学生的认识发展的顺序进行，使学生系统地掌握基础知识和基本技能，养成系统周密的思维能力，为学生各方面素质的发展奠定基础。学校设置的各门学科，都是以相应科学的体系为基础，并考虑到教学中学生的认识特点、心理发展水平，编制各级教材。教材的每一部分与其他部分都有逻辑联系，后面的内容建立在前面内容的基础上，并为学习新的内容做好准备。从学生认识规律来看，它是在教师的指导下，以教材中系统的间接经验为主要认识对象，从不知到知，从初步的知到新的未知，由简单的知到复杂的知，是一个逐步深入渐进的过程，因而只有循序渐进地进行教学，学生才能顺利地进行学习。违背了这个原则，将会给学生造成学习上的困难，影响教学质量。

3. 贯彻循序渐进原则的基本要求。

（1）按照教材的系统性进行教学。一般而言，教材系统性主要表现在：各个教育阶段内容的系统性；同一学科内容的系统性；各个学科之间的联系；每一堂课教授内容的系统性。教材和教学的这种系统性要求我们在教学过程中要注意知识结构之间的有序性。教师应该在教学时，研究和了解课程标准和教科书的知识体系，了解每段知识与前后知识的衔接关系及与相邻学科的配合关系，注意教学的前后连贯、新旧衔接，尽量使新教材与学生已学的知识联系起来，逐步扩大和加深学生的知识。一般而言，教学都是按照一定顺序进行的。尽管教师在教学中也可以进行某些必要的调整，但调整的基本原则依旧是保持教学内容的系统连贯性。

（2）关注新旧知识之间的联系。循序渐进并非意味着在教学过程中平均注重主次，而是应区分主次，突出重点，突出难点。

（3）注意教学的有序性。讲授的内容要按照由浅入深、由易到难、由简到繁的顺序进行。

（4）组织学生学习的有序性。教师应经常有计划地布置学生负担合理的作业，教会学生合理安排自己的学习时间，计划自己的课外学习和其他活动，学会把自己学到的知识技能条理化、系统化。培养学生系统学习的习惯。

（5）教学中要处理好“渐进”和“骤进”的关系。教学循序渐进主张教学活动按照一定顺序进行，但它不否认一定情况下的“骤进”，“骤进”是在渐进基础上逐渐积累而形成的。因此只要能力允许，也可以采用“骤进”的方式。

（五）巩固性原则

从学生认识特点来看，学生学习知识的获得主要是间接经验，不是也不可能是学生亲身反复实践获得的。学生学习时间集中，数量大，门类多，如果没有反复的巩固，容易遗忘。从学生学习的需要来看，科学知识系统性很强，新知识常需已学的旧知识作为基础才能理解。如果把所学的知识都忘了，学习过程就将无法进行。而且没有知识的巩固和积累，发展能力也就没有了知识内容，从学生实践的需要来看，掌握知识形成思想信念、发展智力等个性品质，都是为了将来运用于实践。学生年龄越小，可塑性也越大，如果不加以巩固，已学得的基础知识遗忘了，形成的好的心理品质削弱或消失了，将对学生以后参加社会实践产生严重的影响，会使教学不能取得实际效果。

1. 努力改进教学方法，提高教课水平。要使教学取得良好而巩固的效果，首先要致力于改进教学方法，提高教课水平，使所教的课生动、清楚，使学生在大脑皮层中留下深刻的记忆痕迹，然后在理解的基础上，使学生常作联想和思考，并在教学中经常做到把知识条理化。此外，在教学中，技能的训练，熟练地运用知识解决问题，发展学生的能力，建立和巩固良好的习惯。

2. 组织好复习工作。明确复习目的，分清主次，把重点知识系统化。复习的时间应该符合记忆的规律，时间分配合理，逐步巩固，复习的方式方法，要注意使不同形式、不同内容的复习交替进行，尽量调动学生各种感官，做到复习中增加学习新的心得，避免单调地重复。平时，还要注意指导学生的记忆方法，培养学生的记忆力。

（六）因材施教原则

1. 因材施教原则的内涵。因材施教原则是教师从学生情况出发，根据学生的特点、年龄特征和教学内容的难易程度，有针对性地采用不同方法进行教学，使每个学生都能获得发展。

2. 因材施教原则提出的依据。因材施教原则的基本依据是学生身心发展规律。不同年龄阶段的学生在生理、心理上具有不同的特点，他们的认识和能力水平不同，这决定教师必须根据学生特点进行教学。同时，相同年龄阶段学生的个人的兴趣、爱好、主观努力、生理条件、环境教育和习惯等也是不相同的，教师在教学中应充分考虑学生的不同需要。教学既适合学生的身心发展的共同特点，又能针对个人特点，就易于收到理想的效果。因材施教

原则也是面向全体学生教学思想的体现。现代教育一个重要的理念就是促进所有学生都得到发展，因材施教是实现这个理想的途径。

3. 贯彻因材施教原则的基本要求。

（1）教师要深入细致地了解学生的实际情况。对全班而言，就是要对班级上的学生的一般发展水平、已学基础知识情况、接受能力、学习风气、学习态度等做到心中有数；对个人来说，应该掌握学生的兴趣、爱好、能力、性格、知识水平、学习方法、学习态度等个人特点。

（2）正确对待个别差异。中学阶段学生，发展一般尚未定型，以后的发展，往往会随实践条件而有很大的变化。某些方面才能发展的早晚，不一定能决定学生此后才能发展的方向和最后发展水平的高低。童年的爱迪生被教师认为“笨”，爱因斯坦，童年时也被认为是反应迟钝的学生。但他们后来都成了世界著名科学家。

（3）教师要针对不同学生选择不同的方法。既要照顾学生个别特点又要面向学生大多数，使所有的学生都得到发展。重视对尖子生的培养。对于优秀生需要破格培养，允许并帮助他们在学习上加餐，甚至允许跳级和提前参加升学选拔。但是，“尖子生”相对于全体学生来说是少数。教改的根本目的是要提高民族素质，多出人才、出好人才。教师更要照顾到占大多数的“一般”学生。对弱点较多的后进生进行帮助，要从关怀、爱护、鼓励出发，首先要帮助他们在学习上赶上一般的水平。

（4）教师要区分不同的教学内容，以适应不同学生学习的需要。在确定教学内容的重点、深度、选择教学方法、组织上课和课外辅导时，要注意适合学生由这些特点决定的接受可能性，并使不同特点的学生得到应有的发展。

（5）注意不同年龄段学生的衔接问题。

### （七）启发诱导原则

1. 启发诱导原则的内涵。启发诱导原则是教师在教学过程中，善于启发诱导学生，调动学生学习的积极性和主动性，使学生掌握知识，提高他们分析问题和解决问题的能力。

“启发诱导”的实质，是通过教学中师生的双向活动，发挥学生在学习中主体作用，调动学生的学习主动性、积极性，从而帮助学生掌握知识，发展能力，以至形成正确的观点信念。启发诱导式要求的师生双方活动，不在于形式上师生讲授、问答的比例占多少，而在于教学中是否尊重和发挥了学生的学习主体作用。因此，它应该包含着教师对学生思路的开启、引发工作和学生受启发引起的“开窍”、联想、顿悟等反应，最后达到在课上产生带有一定创见的认识或在课下的预习、复习、作业等自学活动中发现新问题，提出新见解、新办法的程度。

学生是学习的主体，教学过程归根到底是学生的认识活动，没有学生自己的自觉性、积极性是不行的；学生的认识活动又是在教师指导下进行的，学生的自觉性、积极性也常是教师引导得法的结果，需要教师的主导作用，掌握启发诱导的主动权。从能力培养的需要来看，教学中教师应经常注意启发学生积极思考，自己分析问题、解决问题。这也有助于学生认识问题、解决问题的能力得到发展。

2. 启发诱导原则提出的依据。

（1）启发诱导原则符合学生的认识规律。在教学活动中，教师的教固然重要，但学生的学习是依靠学生的自主学习来完成的。学生认识事物的过程是自己思考的过程，这种思考是教师代替不了的。因此，教师要在教学过程中，启发引导学生，促使学生自主地积极主动思考，解决问题。

（2）启发诱导原则符合我国教学目的的要求。现代社会需要的是能独立思考、创造性地解决问题的劳动者。启发的根本目的也在于引导学生自主、独立地思考，提高他们自己分析问题和解决问题的能力。因此，启发诱导原则与我国的教学目的是一致的。

3. 贯彻启发诱导原则的基本要求。

（1）教师要掌握和运用好“启发诱导”的条件和关键。学生学习的主动性积极性常常是在教师兴趣盎然、富于启发性的教学中形成的。启发诱导性教学的目的是要落实到引起学生的积极思考和发现上，通过学生的发现，去主动积极地掌握知识，发展能力。

教师在启发诱导学生思考时，要善于利用学生已有知识经验。难度也要适合学生的能力，如果学生对所学问题缺少基础知识经验，教师可通过直观教学手段，建立需要的感性经验，或是预先补好学习新知识所需的准备知识。好的“启发诱导”，是教师能以最少的课堂时间消耗，诱导学生发现问题，解决问题，并且享受到探求知识成功的愉快，增强学习积极性。为了做到这一点，教师就应该在启发有方上下工夫，研究和抓好启发诱导的关键。

①首先要研究教材中的“启发诱导点”。教师所“启发诱导”的问题，

应该是知识体系中的重点或难点，通过对这些难点的启发，帮助学生有效地掌握系统知识，锻炼发现问题、解决问题的能力。

②注意研究在运用不同教学方法时的不同启发诱导手段。教师系统地讲授，可以在讲授的开头，提出一些学生没有想过或与学生熟知的某些理论、经验、常识悖谬的问题，引起学生的疑问，想要解答而又一时说不出，产生期待心情，然后开讲。讲到一定程度，或留结论，请学生解答，请学生总结。

可以把教学的重点难点，编成几个有启发性的、难点分散的、环环相连的问题，组成谈话的主干。有些问题不是科学上已有的定论，也应该允许甚至提倡学生作出与教师原来设想不同的答案。教师如通过演示实验进行启发教学，就往往提示学生进行有计划的观察，提出观察问题和思考问题，边讲、边看、边谈话，层层深入，引导学生理解结论。

③要研究学生个性。这就需要对所教学生的水平和个人特点有了解，才能确定哪些问题学生一般能答，哪些问题优秀生能答，哪些学生对哪些问题经过诱导能够解答。让不同类型的学生始终跟上教师的启发。

（2）教师要激发学生的学习动机和愿望。学习动机中最现实最活跃的成分是认识兴趣，是学生积极学习的重要因素。一般说，学习的内容新奇，教材中有科学上新发明或生活中的新事例，教学中包含着游戏和竞争的成分，讲课生动，引人入胜，容易使学生有较高的兴趣。但更重要的是学生通过运用知识解决问题，体验到成功的乐趣，产生进一步钻研的愿望。教师应该善于给学生动口、动手等主动活动机会，并通过指导，增加学生在各种学习活动中成功的机会。学生在学习中，有时成功，有时失败，有时成功中包含着缺点和错误。教师要重视通过检查、评定、集体舆论等及时反馈活动，表扬学生的成功，并在鼓励性的指导中，帮助学生认识和改进学习上的不足，使学生在体验到逐渐进步的过程中产生想要学习的内在动机。尊重学生思维的独立性，鼓励学生对教材、对讲课提出问题或提出不同意见，鼓励他们发现问题和运用自己的判断去解决问题，不仅是激发学生学习积极性的有效措施，还具有培养学生良好品质的作用。

（3）调动学生学习的主动性。在教学过程中教师首先要阐明所学知识的价值，这是调动学生学习主动性的前提条件；其次要善于提出启发诱导性的问题；最后要把握启发的时机，应在学生积极思考时给予启发。

（4）教师要组织学生积极投入教学活动，并且帮助学生掌握思考方法。

教师应根据教材、学生特点，尽量使教学方法多样化，把各类型的学生都吸引到学习活动中来。教学中要设计出一定的“问题情境”或通过谈话把学生引导到问题讨论中去。最重要的是教会学生在思考过程中，通过对现象、事件的比较，舍弃次要的非本质的因素，找出共同的本质因素的抽象方法和有根据地进行判断、推理活动。要引导学生观察事物，从中发现独特的事物。再次要鼓励学生敢于提问，鼓励学生大胆质疑。在教学过程中，教师要对学生提出的问题积极鼓励。要鼓励学生经常对自己的学习进行反思，不断总结经验教训。

(5) 建立新型的尊师爱生关系。教师要爱护学生、理解学生、善于鼓励和帮助学生。这样学生就会在感情上跟教师亲密无间，减轻在学习上的心理压力。学生学习时就会欢迎老师提问自己，乐于表现自己理解了老师讲的、问的问题。学生平时有话乐于跟老师谈，有利于老师了解学生的学习思想、知识基础、接受能力、兴趣爱好。教师对学生应在严格要求的同时，又宽厚安详，处处从关心爱护出发，诱导学生积极性。融洽的师生关系是推动学生学习和促进学生积极思维的重要条件。融洽的师生关系，包含了教师对学生的主体地位的充分尊重。如教师在教学过程中能够积极鼓励学生敢于提出问题，自主地思考问题，解答问题，以确保启发教学顺利进行。

### (八) 补救教学的指导原则

1. 针对性。补救教学不同于当前流行的大面积补课。大面积补课往往没有针对学生的特殊困难，占去了学生的宝贵时间，效率也不高。补救教学是在通过对学生诊断测验并分析了学生学习落后的特殊原因的基础上进行的，做到“对症下药”，费时不多，但效率很高。针对性的补救教学不限于学生的知识技能，还应包括学生的学习态度，如自信心、学习习惯和学习方法等。

2. 及时。目标导向教学设计要求教师在每堂课针对每个教学目标进行检查测验，及时了解学生学习情况，及时发现学生学习或教师教学上的缺陷，及时采取补救措施。

3. 改变教法。由于有些学生学习的失败是由于教师的教学方法不当造成的，所以在补救教学时，教师不能重复使用导致学生失败的方法。如对在班集体教学中阅读成绩不良的学生采用互惠式教学。先由教师示范阅读方法，然后再由学生相互示范并讨论阅读方法。如七年级学生原先只有三年级水平，经过短时补救教学，达到七年级平均水平。

4. 采用学生之间互帮互教。学生学习成绩差异大是很正常的。一个教师很难对众多程度差异很大的学生进行有针对性的补救教学。但可以组织学生互帮互学，学习成绩好的学生帮差的学生。学生间的互帮互教，不仅使差生受益，优等生也能得到提高。

（九）整体优化原则

整体优化原则，是指在教学过程中，对教学效果起制约作用的各种因素，应该从整体效果出发，实行综合控制，以它们尽可能合理的结合，花费尽可能少的时间、精力和经济消耗，在全面完成教学任务方面，取得可能得到的优良教学效果。

教学是个复杂的系统，教学中每个因素或每种关系的作用，互相渗透、交叉影响。评价这些作用的优劣，不只是看局部效果，而是要看是否达到了总的目的，取得多大的总体效果。如果这些因素或因素间的关系，调控配合得合理，总体效果就可以“优化”；配合得不好，即使是充分加强了某些局部因素的作用，也往往会事倍而功半，使整体效果劣化。我们所要求的是：每一个局部因素的作用，应该综合到教学整体中，为取得教学的整体效果的优化服务。教学任务的多样性，学生的多样性，要求教师使用多种教学方法。每一节课可以侧重一种教学方法，也可以综合使用几种教学方法，但任何一种被认为最有效的方法，都不能一篇一律地在任何课上适用。教师应根据教学总体效果的需要，对各种教学方法做通盘的计划，决定什么时候、什么对象、什么课用哪一种或几种教学方法，为很好地完成教学、教育任务服务。

1. 创设优良的精神心理教学条件。精神心理条件，包括师生双方教学中的工作，互相协调配合，热爱学生、满腔热情，耐心、公正；对学生教学中的应答、作题的评价富于鼓舞性而又有分寸；对学生要求严格而又合情合理，调动学生学习积极性；教会同学互相帮助，互相评价，形成良好的学习气氛，等等。教师应该设法创设这些条件为争取优良教学效果而努力。

2. 综合考虑教学原则的要求。所有的教学原则，都是为了取得教学的总体效果服务的。教师在教学中不但应该注意每个原则所反映的局部关系，也应该注意这些原则之间的关系，看到它们之间的相互依赖、相互补充和相互促进作用，在教学中以整体优化的原则来贯彻它们的要求。

# 第六章　教学目标

## 一、教学目标概述

教学目标是教师将国家和地区的教育宗旨以及学校教育计划分解到具体的教学单元和课时的过程中产生的课堂教学目标，是指教师对学生在接受教学之后将产生哪些认知、技能或态度变化的理性预期。即教学目标是预期学生通过在接受教学活动之后，学生应该在自己的行为和能力上表现出来的预期成绩或者进步。教学目标是教学实施的出发点和依据，反映的是教学活动的价值取向。教学目标制约教学过程、方法和师生的课堂活动方式。所以在教学设计时，教师首先要关注教学目标的设置。也就是说，教师在从事教学设计时，首先要使自己的教学目标定位适当，然后尽可能用可以观察和测量的行为术语清晰地陈述目标。这对其教学行为的科学化具有决定性的意义。教师的教学设计在许多方面决定了学生将要学什么、怎么学。教师通过教学设计将课程转变成学生的活动、作业和任务。教师一旦设置好了一个教学计划，就试图把它贯穿在所有的学习材料和活动之中。当然这并不意味着教学设计一旦制订，就控制着课堂中的每一个环节，实际上，有经验的教师往往把自己的计划看做是指导课堂行为的可变性框架。

教学目标作为规定教学活动方向的重要指标体系，它对教学活动发挥着导向、激励、检测的作用，是教学活动的出发点和归宿。好的教学目标应该能区分什么是学生要学的内容；教师在制订和确定这些目标时，一般要求教师必须以可测量的方式明确学习内容。应尽量避免教学目标陈述的模糊性和抽象性，力求用一定的数据、行为或情景表示学生在接受教学之后所产生的学习经验的发展水平，以此来衡量学生学习的质量及教师教学的水平。对于一些简单的、可以照本宣科的教学目标，就很容易确定；但是，对于一些属于高级思维技能的教学目标，如创造某种具有独创性的事物，作出某种决策，以及综合某些研究，等等，都不能够给出比较确切的界定。

（一）教学目标的含义

教学目标是教学活动所要达到的基本要求，是课程和教学活动的实施标准和最后要达到的质量规格。是教学的设计、实施和开发过程的依据和出发点，也是教学活动过程的归宿。

教学目标是为完成课程目标，通过教学来达到的基本要求，是课程目标的具体化，反映在教学中就是师生的教学活动预期所要达到的标准和结果。在各个学科具体教学中，教学目标一般分为学科目标、单元目标和课时目标三种。学科目标是一门学科在教学上所要达到的基本要求；单元目标是一门学科按单元组织，各单元结构所要达到的具体要求；课时目标是指每个课时所要达到的具体要求。

教学目标是人们对教学活动结果的一种预期，是对学习者应达到的教学要求的阐述。它通过教学活动完成课程目标提出的要求，以期在学生身上引起相应的行为变化。教学目标对教学活动的设计、实施起着指导作用，为教学评价提供标准和依据。

（二）教学目标的特点

1. 客观性与主观性的统一。教学目标是由实施者设计的，反映的是实施者的知识、思想和价值观，带有实施者的主观色彩，在形式上是主观的。但任何目标的设计都不能脱离学科知识的实际，不能脱离学生发展的实际，其设计不能脱离客观实际。因此，教学目标在内容上是客观的。教学目标源于课程与教学实践，指导课程与教学实践，并接受课程与教学实践的检验。

2. 继承性与发展性的统一。由于人类社会的高度发展、学生身心的不断变化和科学知识的迅速增加，不同历史发展时期和学生成长的不同阶段也就具有不同的教学目标，但不同历史发展时期和学生成长的不同阶段的教学目标是相互联系的，具有一定连续性和前后继承性。另外，教学目标会随着社会历史和时代的发展而不断创新，同时对未来一定时期内教学实践活动起着指导和预知作用，体现出教学目标的发展性。

3. 整体性与层次性的统一。教学目标既要反映时代、社会和学校的要求，又要反映学生的发展要求，还要反映教师进行课程与教学活动的要求，也就必然分成宏观、中观、微观目标和学科、单元、课时目标等各种类别和多个层次。即使在同一类别里，由于学生发展的规律和知识内在的逻辑要求不同，在实施教学目标时也必须分成若干层次分步进行。因此，层次性是教学目标的重要特点。整体性是指所有这些类别和层次目标之间不是彼此毫无联系的，而是相互关联的，形成一个有机的整体。它们有机结合，整体地实现国家的教育目的和学校的培养目标，分步完成国家、社会、学校和学生提出的要求。全面、完整地设计教学目标，可以避免育人上的畸形片面，顾此失彼。把握其整体性，有助于从宏观上把握教学活动的努力方向；认识其层次性，有利于将教学目标具体化和操作化，便于实施和评价。

4. 预设性与生成性的统一。作为学生学习结果的教学目标是可以预设的，一方面是因为学生的身心发展存在一定的规律，我们可以根据学生发展的要求去设计；另一方面是因为教学活动是有意识、有目的的行为，在教学活动之前，课程设计、开发和实施者都会有一个基本的规范和规划，确定学生可能获得哪些结果。预设性是教学目标得以实现的保证。但是由于人类认识的局限性，对于学生身心发展的规律的认识并不是那么准确，而且学生的发展也受学生所处的环境和教学情境的影响，加之学生的发展潜能也有差异，因此，在教学过程中会产生一些新的、令人意想不到的课程与教学目标，生成多种形式的课程与教学目标。教学目标的预设性反映的是对学生共同的基本要求，体现了教学实施者对国家、社会、学校和学生发展要求的把握；教学目标的生成性则反映出不同学生的发展差异，体现出教学实施者的教育教学智慧。

5. 显性与隐性的统一。显性目标是由教师根据培养目标明确计划的课程与教学目标；隐性目标指依附于显性目标，需要融会于教学活动过程中，体现在师生交际双方的关系里，使学生在潜移默化中受到人文熏陶的教学目标。隐性目标在课堂上一般不直接指出，教师也不必点明学生应该或必须如何如何。但在教学目标的实施过程中隐性目标也是必须有的，否则就是见“物”不见“人”，不利于学生成长。显性目标与隐性目标必须二者兼顾，其中也包含了既要使学生学会言语交际，也要学会做人这一层意思。因此，二者必须统一。

6. 质量与数量的统一。科学地制订教学目标，必须要有质量和数量两方面的规定和要求。质量是教学活动所应达到的培养人的基本规格和要求，数量是质量可操作和实施的具体化、数量化描述。质量和数量是课程与教学目标的同一体的两个方面，是目标的两种不同的表征形式。教学目标的设计如

果只有质量上的要求，目标就会显得抽象和难以落到实处；而如果只有数量上的要求，目标就会忽视育人的本质而显得表层化和失去实质，造成只见树木，不见森林之后果。

（三）教学目标的结构

教学目标的结构是教学目标内在的水平、层次以及它们之间的相互关系。教学目标的结构决定教学活动结构。只有把握住教学目标结构，才能更好地开展教学活动。教学目标分为纵向层次结构和横向水平结构。

1. 纵向层次结构。

纵向层次结构，根据课程与教学目标的概括性、调控性及作用大小，可分为宏观、中观和微观三个层次目标体系。

（1）宏观目标体系。作为总体的教学目的反映在宏观的目标体系中。宏观目标体系由国家教学目标、地方教学目标、学校教学目标所构成。

国家教学目标主要是一个国家对未来人才培养的总体的普遍要求，具有统一性特征。它反映时代、国家、社会对学生成长发展的总体要求，反映一个国家在一定时期的教育价值追求及其对公民素质的总体要求，存在于国家制订的课程方案之中。它的制订需要依据公民所应达到的共同基本素质，依据不同阶段教育的性质与基本任务。

地方教学目标主要反映某地区（地方）的发展实际对学生发展的素质要求。它是对国家课程与教学目标的有益补充，主要反映地方发展的实际对人才培养的基本要求。它的制订需要依据地方经济和社会发展情况，依据地方的现实和当地学生的实际情况。它存在于地方制订的各种课程规定和教学要求之中。它的制订是为了密切学生与社会生活的联系，注重培养学生的动手能力、探究能力、实践能力与创新能力。

学校教学目标主要是学校根据其性质和任务确立的培养人的总要求。它体现的是不同性质、不同阶段的教育和不同类型的学校的价值追求。其制订主要依据学校具体的性质、特点、优势和条件，依据学生的需要和发展实际以及教师需要和发展实际。它存在于学校的课程计划之中。学校教学目标的确立有利于学校进行校本课程开发，是对国家、地方课程与教学目标的有益补充。

国家、地方、学校课程与教学目标是一个整体。国家的要求是地方与学校必须遵循的基本要求，是课程与教学目标的主要方面，是不可违背的；地方与学校的要求只是教学目标的补充与发展，是其次要方面，是对学生某方面发展的局部要求和特别强调的方面。这三个层次都统一地反映在作为总体的国家课程与教学目的之中。

（2）中观目标体系。中观教学目标主要由学科教学目标和学年教学目标所构成。学科教学目标是学科课程经过实施后所要实现的目标，它是学科教学所要完成的基本任务，是学生学科学习所要达到的基本要求。它期望学生在一定阶段在知识、技能、品德、智力、体质、素养等方面应达到的程度。

学年教学目标是课程目标的进一步分年具体化，是教师与学生为完成课程目标而确立的年度教学的目标，体现于教学过程中。它是教学活动在一定年度内所要达到的标准或质量规格。

宏观的教学目标与中观的教学目标都是从观念层面（反映总体要求）对教学的目标提出的要求。不同的是宏观目标具有较大的抽象性与概括性，它们往往反映在学校的课程计划或方案之中，而中观目标是对宏观目标的解读，是对宏观目标得以实现提出的明确的指导性和规定性要求，是对宏观目标的说明、注解和落实。

（3）微观目标体系。微观教学目标是学科课程经过实施后所要实现的行为操作目标，它是学科教学所要完成的具体任务，是学生学科学习所要达到的具体要求。它期望在一定阶段学生在品德、智力、体质、素养等方面应达到的行为变化。微观课程目标主要由单元教学目标、课时教学目标、知识点教学目标所构成。单元教学目标是一个学习单元所要完成的目标；课时教学目标是一个学习时间段（某节课）所要完成的目标；知识点教学目标是在教学某知识点时应达到的目标要求。

2. 横向水平结构。

教学目标的横向水平结构，是指教学目标所涉及的内容标准及其领域。由于对知识的理解不同，对横向水平结构的分类方法也就大不相同。

（1）学习领域分类法。布卢姆等人把教学目标分为认知领域、情感领域、动作技能领域三个部分，并进一步将每一个领域细化为几个不同的层次。如布卢姆把认知领域目标分为知识、理解、应用、分析、综合、评价六个层次。布卢姆等人的教育目标分类，一直被国际上公认为最有权威的教学目标分类。

（2）学习结果分类法。加涅根据学习的结果，把课程与教学目标分为态度、动作技能、言语信息、智力技能、认知策略五类。

（3）有意义学习分类法。奥苏伯尔按学习的有意义性与机械性两个维度把课程与教学目标分为抽象符号学习、概念学习、命题学习、概念与命题的运用、解决问题与创造五种。

（4）我国教学论工作者的分类方法。每一方面又可以分为多个层次。①知力训练：使学生掌握科学文化的系统知识和丰富的社会生活经验，形成合理的知识结构，让学生更富有。② 智力训练：发展学生的智力和技能，形成完善的认知结构，让学生更聪明、更能干。③ 体力训练：发展学生的体质体能，形成健壮的身体结构，让学生更健壮。④ 德力训练：发展学生的思想品德，养成学生的个性品质，形成良好的道德和个性结构，让学生更高尚、更完美。

### （四）教学目标的功能

教学目标的功能是指通过确立教学活动目标的预期结果，以指导教学的开发、设计、实施，并且成为评价教学活动结果的一种标准。它的作用主要表现为以下几个方面。

1. 定向功能。定向功能是指教学目标对教学活动的指导与方向性意义。教学目标是国家教育目的和学校培养目标的具体体现，它就像是一种指导思想和办学理念，指导办学行为，规定办学方向，使学校教学活动有计划、有目的、有组织、有针对性地进行。教学目标的设定，使教学围绕目标一步步地进行，有利于把握教学的总体进程，实现最终预期的结果。

2. 选择功能。选择功能是指教学目标对确定教学活动内容、规定教与学行为标准的作用。在教学中，为达到预期结果，目标起着选择标准的作用。教学目标确定之后，学生的行为变化已经胸有成竹。学校就可以根据目标选择能引起学生预期变化的条件、环境、内容、方式方法和组织形式，这时目标就成为选择的依据和标准。从教学的角度讲，教师也就可以据此目标选择教学内容和方法，以引起学生的预期变化，学生也可以在领会、理解教育要求与自身发展状况的情况下，在一定的条件、环境中自我发展。

3. 指导功能。在教学目标实施过程中，由于教育情境的复杂性、教育对象的主体性和实施者本身的水平差异，总会出现这样或那样的偏差，教学目标就能起到警醒作用，调节过失行为，纠正偏差行为，控制实施进程与方向。教师只要先解决好确定教学目标的“开头难”问题，其后选择与目标相适应的方法、技术和媒体就“顺理成章”了。当然，教师需要经验和理性的支持，才能判断哪些教学方法、技术和媒体是与教学目标相适应的。比如，如果教学目标侧重知识或结果，则宜于选择接受学习，与之相应的教学方法是教师的讲授法。如果教学目标侧重于过程或探索知识的经验，则宜于选择发现学习，与之相应的教学方法是教师指导下的学生发现法。讲授法适于传递信息，讨论法适于改变人的信念或观念，实验操作和演示法有助于矫正学生的认知偏差。所以，离开了目标，就很难比较教学方法的优劣。

4. 评价功能。评价是依据一定的标准对事物进行定量与定性分析。评价功能是指教学目标在检查教学活动是否达到预期结果中所起的作用。教学活动质量的高低有许多评价标准，如内容标准、方法标准、组织行为标准，甚至还可以量化为许多细小指标，但最终必须归结到是否达到预期的目的上来、具体的学生行为变化上来。教学目标就是评价一切课程与教学活动的根本标准。通过教学目标在学生行为与内容上的具体要求，教育者可以观察、把握学生行为变化的结果，并反馈到课程与教学中去，检查、调节教学活动的效果与效率，提高教育教学质量。

目标导向的教学评价也会给学生提供他们应如何学习的重要信息。一节课、一个教学课题或一个教学单元结束后，为考察教学效果，教师通常需要通过自评、自查或他评反馈，以口头提问或编题测查的形式获得评价信息。相对于课程标准所提出的教学目的和任务的模糊性和抽象性，作为对学生学习结果的具体描述，教学目标是唯一最可靠和最客观的评价依据。教师只要紧密围绕教学目标提问和编制测验，就足以保证评价的效度。而其他需要考虑的因素，如教学内容的科学性与新颖度、教学语言和媒体的直观性、教学监控的适宜度、学生参与的广度与深度等只能充当辅助指标。

教学目标有利于指导学习结果的教学评价。是评价教学结果的最客观和可靠的标准，教学结果的评价必须针对教学目标。每一节课里，教师都要评价学生成绩。事实上，所有的评价都包含着学习目标。即使一个教师从来没有确定过教学目标，学生们也能通过他对测验和作业的评级中逐渐意识到。如果教师在教学结束后的自编测验没有针对目标，那么，就没有测量到所想要测量的教学结果。如果教师事先提供了教学目标，对于学生，知道了学习标准，其学习将变得更容易、效率更高；对于教师，准备测验就显得是一个比较简单的工作了，并能很容易地根据这种测验的结果，评价学生的成绩和教学的有效性。

当教师或学校领导听完某位教师的一节课后，可能要对所听的课作出评价。教学结果的测量必须是针对目标的测量。如果试卷上的测验题没有针对目标，则测验缺乏效度。

同样，领导或同行在听课以后进行评课，也必须首先考虑课的目标。例如，有些经过精心准备的公开课，看上去学生思维很活跃，参与程度也很高，对教师的问题学生都能顺利回答。如果我们发现学生在课上并未习得新的知识或技能，那么此类课充其量只能算是练习课或表演课。

5. 指引学生学习的功能。

学生的学习一般是目标指导性学习，教学目标对学生学习的指引作用主要体现在三个方面。

（1）教学目标有利于学生明确学习的意义、要求和价值，激发学习动机，增强学习热情。在开始上课时，教师若能将学习的类型（知识、技能、态度）和掌握要求清晰地告知学生，则可把学生的注意吸引到当前的学习课题上，对所教内容产生预期，使其在正确学习意念的支持下，接受新的学习任务。

（2）教学目标有利于学生抓住学习的主要内容，减少盲目性。以学生上课做笔记为例，不明确学习目标的学生把握不住教师讲授的重点，很可能全盘记录，表现出明显的学习盲目性。

（3）依据学生个别差异所设置的教学目标可指导学生使用自我调控学习，增强教师教学的针对性，激发学生学习的主动性。优秀教师习惯于在设置一个适合全体学生（通常是以中等生为假想对象）的普遍教学目标外，还为基础较好和较差的学生设计分层目标，从而指导这些学生自行调整学习条件和掌握要求。

关于如何向学生呈现目标，教师应根据学生年龄、学科内容特点，灵活采用不同的方式方法。例如，对小学低年级学生，教师不要生硬地在上课开始时宣布预先写好的几条目标，而应以生动的语言告诉学生，某个课题或某个教学单元学完以后，他们将要获得什么新本领，获得哪些新知识，以鼓励他们努力完成学习任务。对于中学生，教师可以直接向他们宣布教学目标，明确告诉他们，当学完某个课题或某个教学单元之后，他们应表现哪些技能，会做什么事，或会分析、说明什么问题；而且应使学生逐步认识到，教师宣布的目标在课程或单元完成之后是一定要检查的，如果不能达标，还要补教与补学的。时间一长，学生养成按时完成学习任务的习惯，养成学习的自觉性。

6. 促进课堂行为和交流的功能。课堂教学是教师有效监控条件下的多向互动、互促的活动过程。教学目标为教师指引课堂行为和交流提供了方向。如果没有教学目标的约束和规定，教师的言语和行为容易出现模糊、盲目性和失控情况。相反，如果明确了教学目标，教师在课前就可大致预测课堂上会出现什么样的情况，从而选择和创造那些能帮助学生掌握重要目标的活动，在讲授过程中也会有意识地监控自己的教学行为，使自己的行为和交流朝这一方向去努力，这不仅使预期的变化更容易达到，而且会增进师生之间的交流。

7. 指导教学策略选用的功能。教学目标确定后，教师就可以根据教学目标选用适当的教学策略。例如，如果教学目标侧重于过程或探索知识的经验，则宜于选择发现学习，与之相应的教学策略有指导的发现教学；如果教学目标侧重知识或结果，则宜于选择接受学习，与之相应的教学策略是讲授教学。

### （五）教学目标的价值取向

教学目标是一定的教育价值观念在课程和教学实践中的体现，是教育目的或一般教育宗旨在教学领域的具体化。教育价值观念不同，教育的价值取向不同，教学目标的取向就会有所不同。因此，讨论教学目标必须弄清楚课程与教学目标的价值取向。

教育价值是教育活动对其他事物或活动所具有或起到或产生的积极作用或影响。具体表现为对社会发展和个体发展所具有或可能产生的积极作用。教育的社会价值表现为对政治、经济、科学文化等方面发展的积极作用；教育的个体价值表现为实现个体社会化和促进个体身心健康和谐发展的积极作用。教育价值观，就是人们对教育的价值即积极作用的看法或观点，它是基于对社会发展、学生身心发展变化、科学文化发展以及教育自身发展的认识而形成的教育观念。

教育价值观也呈现出明显区别，因而对教育价值的选择就不同，确定的教育目的观也就不同。比如，把教育侧重于适应和满足社会发展的需要，以社会发展为前提，就可以视教育以实现社会价值为自己的目的；把教育侧重于适应和满足个体发展的需要，以个体发展为前提，就可以视教育以实现个体价值为自己的目的；把教育侧重于适应和满足科学文化发展的需要，以科学文化发展为前提，就可以视教育以实现文化价值为自己的目的。从这个角

度，教育价值决定教育目的，教育价值观决定教育目的观，从而决定着不同的课程与教学目的价值取向。由于教育具有多重价值，而人们对教育价值的看法又各不相同，因而对教育价值的选择具有主观倾向性，因此教育目的观也呈现出多样性。如果从社会政治经济发展需要的角度出发，就会有“社会本位”的教育目的观；如果从个体身心发展需要的角度出发，就会有“个体本位”的教育目的观；如果从科学文化发展需要的角度出发，就会有“文化本位”的教育目的观；如果把几方面的发展需要兼顾起来加以整体考虑，就会有科学、完整、全面的教育目的观。

教学目标的价值取向是指在一定教育价值观指导下，人们对教学目标的价值追求。教学的价值取向也可以看成人们确立教学目标的具体指导思想。它表明人们为什么确定这样的目标以及这些目标的具体内容。教育价值观不一样，人们对教育的结果就会有不同的追求，就形成了不同的课程与教学目标价值取向。如果从教学的服务方向及其价值选择不同来看，就有社会本位的课程与教学目标价值取向、个体本位的教学目标价值取向、文化本位的教学目标价值取向。如果从教学目标的所采用的形式来说，主要有“普遍性目标”“行为性目标”“生成性目标”“表现性目标”四种课程与教学目标价值取向。

1. 普遍性目标取向。普遍性目标是教育的基本指导思想和方针。它是把一般的教育宗旨和原则等同于课程与教学目标，就像我们把国家的教育方针、教育目的直接用做课程与教学目标一样。

持这种观念的人认为，任何学校的教育活动都必须以教育的基本指导思想为出发点和依据，教育目的或教育方针本身就是一切教育活动的目标。学校的培养目标也只是教育目标的具体化。教育目的才是教育活动的根本出发点和归宿。持这种观念的人尽管也顾及学校培养目标，但在设计与开发课程、实施教学时，仍倾向于以一般教育宗旨为指导，注重的是一般的教育宗旨和原则，如“让学生全面和谐发展”“培养创新精神和实践能力的人”等。在课程设置与教学过程中也相应的注重全面性，注重创新与实践，适当淡化学校的培养目标和课程与教学的具体目标，这种课程与教学目标因含义较宽泛，外延较丰富，而显得模糊不彻底，在执行过程中灵活性较大，随意性较强，有较大的自主空间。

教育的根本任务在于充分发展人的自然禀赋。教育的目的在于按照自然的法则全面、和谐地发展儿童的一切天赋力量。他们强调在教学的实施过程中，不要用成人设计的内容与方法束缚儿童的发展。在整个西方教育史上，这种以人为本，以儿童的发展为中心的教育理念根植于所有教育者的思想和行为中，极大地推动了西方教育的发展。过去曾有相当长的一段时间我国的课程与教学目标大多属于"普遍性目标"价值取向。以后，随着我国教育改革包括基础教育课程改革的不断深入，这种状况已逐渐发生着改变。

"普遍性目标"由于宏观性较强，在教学过程中实施较困难，不易操作，因此，它往往只能作为一种指导思想或理念，渗透在教学的实践中。

2. 行为性目标取向。行为性目标是以个体具体可观察、可测量的行为作为课程与教学的目标。它通过在目标中规定教学实施后学生的具体行为、行为产生的条件及符合要求的作业标准来克服"普遍性"教学目标的含糊性。教学目标越具体就越易操作，实施起来就更容易，从而使目标完成的可能性更大。

行为性目标的优点是它的具体性和可操作性，这种具体性和精确性、可操作性克服了普遍目标的含糊性、不确定性，使教学目标向科学化迈出了重要一步。教师和学生在教育活动中更易操作和控制自己的行为，教学技能水平更高。但教育情境是复杂多变的，有些内在的启动机作用的东西不一定能观察和测量，因此也很难具体化。如果以行为性目标为取向，势必会忽视目标体系中一些重要的不易发掘的因素（如情感、态度、价值观等），使教学无法全面实现教育目的。而且有些课程，特别是潜在课程，它本身隐藏在教育情境之中，是无法具体化和无法预测的。但是它对学生的影响又是巨大的、明显的。另外，预先就设计与控制教与学的行为，易限制教师和学生的主体性、创造性发挥，也给课程开发和人的发展的主动性设置了障碍。

3. 生成性目标取向。生成性目标是指在教育情境中师生共同活动而自然产生的教学目标。教育情境是复杂多变的，教育活动是人的活动，它不能像机器生产一样按严格的程序，按预定的模子刻出产品。师生的活动是主体活动，他们在教育情境中会随机应变，会油然而生一些他们认为有用的东西，会抓住瞬间相互促进与发展，这也就是教育具有随机性、创造性、灵活性的原因。"生成性目标"强调不要用外在事先预设的目标来束缚师生的行为，应该创造条件让师生在课程与教学的进程中自动生成。如教学中学生突然病倒了，教师表现出的关爱，同学表现出的友情，感染和激励每个学生的人间真

情与友爱。这是教学前无法预设的，这种道德感目标是教学情境中自然生成的。再如教师在传授知识中不经意发掘的新含义，却对学生价值观造成巨大的震撼与影响，在学生思想上引起了强烈共鸣等，这些都是“行为性目标”所无法描述、预设的，是师生在课程与教学实施过程中自然生成的。教育应该充分利用教学的交流过程，促进师生的共同成长。“生成性目标”注重的是教学过程，强调在教育情境和问题解决中形成教学目标。

“生成性目标”的优点是强调师生在教育情境中，通过相互交流与合作，产生自己的目标，通过共同解决，达到目的。它既不是社会强加的，也不是书本预设的。在这里，教师是一位研究者，是一位艺术家，学生有权自己选择自己的学习目标与内容，师生的主动性与积极性得到了极好的发挥，学生的主体地位也得到实现。但这一目标也有不足之处。首先是对教师的教学能力和水平要求较高。没有相应的能力和水平，很难在课程与教学活动中通过与学生对话进行交流与引导，促进学生发展；而且由于教师的能力、水平不同，可能造成学生发展的差异性很大。其次，如果完全抛开预设的教学目标，随机生成课程与教学目标，对教师的教学方法选择、教学时间控制、教学过程的组织都提出了严峻的挑战，对教学任务的完成也没有把握，很可能一无是处。再次，在漫无目标的教育情境中，由于学生之间的差异性，学生究竟学到的是什么也很难预料，有时与初衷相去甚远，甚至会适得其反，阻碍学生发展。

4. 表现性目标取向。表现性目标是指每个学生在具体的教育情境中通过师生之间、生生之间的相互作用所产生的个性化表现目标。在具体的教育情境中，学生在与同学、与教师、与管理人员和服务人员、与各种教育影响进行着交互作用。在这种交互作用中，他们的表现是千差万别的，有主动有被动、有深刻有肤浅、有全面有狭窄等，这种不同的表现使学生的发展各不一样，教育者所关注的这一目标就是表现性目标。因此“表现性目标”所追求的不是在同一要求下学生的共同反应与发展，而是在不同的交流与相互作用中学生的个别反应与发展。它也不是预设的目标实现，而是在某种实践活动过程中获得的结果。如：学校的运动，有的学生积极主动，经常锻炼，体育与健康方面成长快；有的不感兴趣，发展较差。如学生的各种文化学习团体，有的学生主动参加并积极活动，有的学生不愿参加且自行一套。学生的表现不一样，发展就千差万别。“表现性目标”所关注的就是学生在多种活动与相互作用中所获得的发展，强调在课程与教学过程中，激励学生张扬个性、充分展示自己的才干与价值。他们认为这些方面的发展目标也是学生成长的重要目标之一。

"表现性目标"的优点在于强调学生的个性发展，强调学生通过对生活的实践、体验与领悟，展现自己的思想、知识、技能与水平，实现自己的价值和追求。他们特别重视学生主体作用的发挥。但这一目标是无法表述、无法预知与控制的，学生的相互作用也是盲目与任性的，他们在各种活动中自由地表现是否就获得了他们发展所需要的东西也难以预料。而且这种依靠学生的兴趣、需要任由学生发展的方式，也不利于学生系统知识的获得与快速成长。更为难的是在班级授课的情况下，不能保证每个学生都得到充分地发展并完成课程与教学的基本要求。

通过对以上四种价值取向的目标分析可以看到，"普遍性目标"与"行为性目标"强调社会与教师的预设目标，强调对课程与教学的控制，是社会本位和教师中心式的；"生成性目标"与"表现性目标"强调学生个体发展和积极主动性的发挥，是个人本位和学生中心式的。前者适合正式教学，后者适合非正式、潜在的教学，各有利弊。教育情境不一样，适应的条件就不一样。我们只能说它们从不同的角度揭示了不同的教育价值目标，都是有益的探索，都对我们提供了有益启示与经验。我们应根据具体的课程与教学情境，做出选择。而且这几种教育价值目标取向相互之间也并不矛盾，它们可以统一于具体的课程与教学活动中。作为实施者往往视不同的具体情况，在不同的要求和条件下，采取以一个方面为主，兼顾其他的做法，以此收到良好的效果。

## 二、教学目标表述

明确了教学目标后，要解决如何科学表述这些教学目标以保证所制订的教学目标是明确的、具体的、有效的。

### （一）教学目标陈述的基本原则

1. 目标应陈述预期学生学习的结果。目标要描述通过教学后学生在知识、技能、学习方法和情感态度方面的变化。根据学习的定义，如果学生的行为或心理没有变化，就不能作出学习发生了的结论。根据这一原则，教学目标不应该描述教师做什么，如"帮助学生学习……"，"通过……使……"，"培养……能力"等。这类陈述说的是教师做什么，不是学生学习的结果。目标

也不应该陈述学生学习什么，如“学习雷锋为人民服务的精神”。这样的陈述不表示学生学习的结果，也不符合目标陈述的要求。既然学习过程不能作目标，那么如“让学生经历由……过程”之类的说法不能称作目标。由于我国的教学论主要是哲学和经验取向的，很少有人认真研究如何通过目标的科学陈述，促使教学科学化和教师的教学行为规范化。用这一原则相对照，我国当前作为范例供人模仿的教学案例中的目标陈述大多数是不合格的，包括特级教师的目标陈述也是这样。

2. 目标的陈述应有助于导学、导教、导测评。所谓“导学”就是目标能够明确告诉学生，通过学习他应该学会做什么；所谓“导教”，就是目标中应暗含要教会学生的知识、技能、认知策略是什么；所谓“导测评”，就是目标应暗含观察学生学习结果的条件。

（二）教学目标的表述要求

1. 目标应描述经由教学后学生所达到的学习结果而非教师的教学过程。从教的方面看，教学目标是教师对学生在接受教学之后应该产生哪些认知、技能或态度变化的理性预期。因此，教师在陈述教学目标时，应重点描述经过一定的教学活动之后，学生在言语信息、心智技能、认知策略、动作技能和情意态度上所产生的学习结果的类型与层次，应避免用描述教学过程、教学要求或具体教学行为的术语代替对学生学习结果的表述。

2. 目标要反映学生的发展水平。从学的方面看，教学目标又是教师对学生在接受教学之后能够产生哪些认知、技能或态度变化的估计和陈述。因此，教师所陈述的教学目标还应是对学生学习经验变化的适宜预期（在规定学生“该干些什么”的同时，准确表述学生“能干什么”），即阐明学生在不同层次或难度水平上要完成的心智和行为操作。只是，教师应结合学生特点及基础、具体的教学内容和情境，准确表述学生在认知、情感和动作技能等领域产生内在能力或情感变化的条件和标准。

3. 陈述目标必须明确、具体、可以观测，尽量避免用含糊的和华而不实的语言描述教学目标。要发挥教学目标的导教、促学和检测功能，就必须增强教学目标的明确性和可测程度。

4. 目标行为主体必须是学生而不是教师。因为判断教学是否有效的直接依据是学生有没有获得具体的进步，而不是教师有没有完成教学任务。

5. 行为条件是影响学生产生学习结果的特定限制或范围，应该能够为教学评价提供参照的依据。如“通过这节课的学习，了解‘环保要从我做起’的道理”，“在10分钟内，能够完成15道简单的计算题”等等，这里“通过这节课的学习”和“在10分钟内”等就是以上相应教学目标的行为条件，它们都能够为教学评价提供参照性的依据，因此以上这些教学目标的表述是合理科学的。

6. 行为表现程度是学生学习之后预期达到的最低表现水准，主要用来评量学习表现或者学习结果所达到的程度。如“通过这堂课的学习，学生至少能够记住6个单词”等等，在这些教学目标的表述中，表述的是基本的、共同的、可达到的教学水准，而不是无法实现的最高的理想要求。因此，这些表述是规范合理的。

（三）教学目标表述的类别

1. 行为目标表述。行为目标是指用可观察和可测量的行为陈述的教学目标，教学设计中的教学目标必须是行为目标。

（1）行为的表述。行为的表述要求以可观察和可测量的具体行为来描述教学目标，使教师能了解学生达到目标的情况。说明通过教学后学生能做什么，用行为动词描述学生通过教学形成的可观察、可测量的具体行为，如“写出”、“列出”、“解答”等，旨在说明“做什么”。尽量避免使用“知道”、“理解”、“掌握”、“赞赏”之类描述内部心理过程的语词。表述的基本模式是用一个动宾结构的短语、动词说明学习的类型，宾语说明学习的内容。这里，关键是动词的使用，那些能够描述可观察行为的动词较为理想。

（2）条件的表述。条件的表述要求指出学习者在什么情况下应表现出所要求的行为，即明确应该在何种情况下去评定学习者是否达到了教学目标。例如，要求学生操作计算机，是在教师或说明书的指导下进行操作还是学生独立操作这一行为条件。此类条件大体有以下几种：①环境因素，包括空间、室内外、安静程度等；②人的因素，包括独立进行、小组进行、在教师指导下进行等；③设备因素，包括工具、计算器、说明书等；④信息因素，包括笔记、词典、资料、教科书等；⑤时间因素，包括时间长短、速度快慢等；⑥问题明确性因素，即提供什么刺激来引起行为的产生。在描述行为产生的条件时，要注意区分学习过程与学习结果产生的条件。如“通过一个月的训练，学生能……”，这里的“通过一个月的训练”指的是学习的过程，而非学习结果产生的条件。所谓的条件是用以评定学习结果的约束因素，说明在何

种情况下来评定学习结果。

（3）标准的表述。标准的表述规定了符合行为要求的具体行为标准，或者规定了作为学习结果的行为的最低要求。使教学目标具有可测量的特点。标准的表述一般含有“正确到何种程度”、“完整性怎样”之类的意思。通常是规定行为在熟练性、精确性、准确性、完整性、优质性、时间性限制等方面的标准。

行为观的表述能使教学目标变得具体、明确，便于落实和评定。三方面表述中，行为表述最基本，另两方面有时可视对象和内容情况予以省略。当然，行为的表述也不可过于琐细，以免使教学变得机械刻板。

从教学目标指导测量和评价的功能来看，固然行为目标有其独到的优点，将学习结果的检测方式和评价标准蕴涵于目标之内，但它只强调了行为的结果而未注意内在的心理过程，教师因此可能只专注于繁琐的教学目标，留意学生表面的行为变化，而忽视学生内在的能力与态度品德方面的变化（内在实质），使教学显得机械、呆板，甚至误入歧途。

在实际教学中，教师不一定要完全机械地按行为目标标准设计和表述教学目标。一般来说，行为表述是基本的部分，不能缺少，而行为产生的条件和标准则可据教学对象或内容，省略其一或两者全省。

行为目标表述法强调要对学生的最终行为作非常清楚的表述。这种努力是有价值的，如果给学生提供了表述清楚的目标，学生一般能自己教自己。行为观的表述使教学目标变得具体、明确、可测量。

（4）表述的内容

①知觉。知觉是指学生通过感官获得信息，指学生运用感官以指导动作。它包括刺激辨别、线索选择和动作转换，主要了解某动作技能的有关知识、性质和功用等。

②模仿。模仿是指学生按提示要求行动或重复被显示的动作的能力，但学生的模仿性行为经常是缺乏控制的（如表演动作是冲动的、不完善的）。例如在示范者的指导下进行练习，直至形成正确的动作。是学生在教师的引导下作出反应。

③操作。操作是指学生按提示要求行动的能力，但不是模仿性的观察（如按照提示表演或练习动作等）。这就是说，学生要能进行独立的操作。学习者的反应已成为习惯，能以某种熟练和自信水平完成动作。这一阶段的学

习结果涉及各种形式的操作技能，但动作模式并不复杂。

④准确。准确是指学生的练习能力或全面完成复杂作业的能力。学生通过练习，可以把错误减少到最低限度（如有控制地、正确地、准确地再现某些动作）。

⑤连贯。连贯是指学生按规定顺序和协调要求，去调整行为、动作等能力。如，能够由起式开始，行云流水般地打出太极拳的全部套路。

⑥习惯化。习惯化是指学生自发或自觉地行动的能力（如经常性的、自然和稳定的行为就是习惯化的行为）。也就是学生能下意识地、有效率地各部分协调一致地操作。例如，在乒乓球比赛中，面对各种情况，抽球还击的比率达到90%。

⑦定向。定向是指学生对稳定的活动的准备，包括心理定向（心理准备）、生理定向（生理准备）和情绪准备（愿意活动）。知觉是其先决条件。

⑧适应。适应是指技能的高度发展水平，学生能修正自己的动作模式以适应特殊的装置或满足具体情境的需要。

⑨创新。创新是指个人的动作技能达到熟练程度之后，能够从事超个人经验的创新设计，即技能达到创造性发挥的地步，这是动作技能形成的最高境界。

学生达到了行为目标，就意味着发展出了某种特定的表现能力。教育者可以通过这样两种方式来评价学生的表现。第一种方式是要求学生演示该种行为，以观察其效率。当学生进行实际表现时，需要制订一份核查记分单，一个核查记分单通常是从几个维度来测量学生的表现，每个维度留出一系列的空间供教师描述自己的判断和打分，或者提供划分等级的标准，在舞蹈比赛和体操比赛中，裁判们就常常使用这样的方法。第二种方式是评价学生的产品。在某些情况下，学生表现一项行为就会产生出一个产品，因此，对产品的评价可以替代对实际表现的观察。例如，通过对书法、绘画作品的分析鉴赏，可以评价学生的相应技能。

2. 认知目标表述法。认知领域的教学目标分为知识、领会、应用、分析、综合和评价六个层次，形成由低到高的阶梯。认知领域中的教学目标是要学习者参与智力任务。例如，给学习者提供某种信息，并要求学习者对这些信息进行记忆、理解、应用、分解、重组，或者对之进行判断与评价。认知目标包含由低级到高级、由简单到复杂的六级水平。

（1）知识。知识是指对所学材料的记忆，包括对具体事实、方法、过程、概念和原理的回忆。强调材料本身的特性以及对材料的复述、加工和提取过程，其所要求的心理过程是记忆。这是最低水平的认知学习结果。例如，背诵单词。

（2）领会。领会是指学生领悟教材、观念、事实和理论的能力。主要是指对传达内容的理解，可以借助一种形式来表明对材料的领会。一是转换，即用自己的话或用不同于原先表达方式的方法表达自己的思想；二是解释，即对一项信息加以说明或概述；三是推断，即对事物之间的逻辑关系进行推理。领会超越了单纯的记忆，代表最低水平的理解。比如，能够用自己的语言描述一个概念的定义或原理。

（3）应用。应用是指学生运用所学原理或观点的能力。他们要能在特殊的、具体的情境中应用所学概念、规则、方法、规律和理论的应用。应用代表较高水平的理解。例如，用某一个数学公式来解数学试题。运用代表较高水平的理解。

（4）分析。分析是指学生进行分类或把教材分解成若干成分的能力，以及理解各成分间的关系并认识构成该系统或组织的原理的能力。包括对要素的分析（如一篇论文由几个部分构成）、关系的分析（如因果关系分析）和组织原理的分析（如语法结构分析）。分析代表了比应用更高的水平，因为它既要理解材料的内容，又要理解其结构。例如，让学习者区分一篇报道中的事实和观点。

（5）综合。综合是指学生集合部分以构成整体的能力，它既需要对已知的要素、部分进行操作，也需要对未知的要素和部分进行操作。综合，主要包括创作新产品的能力、融合多种观点形成新理论的能力、超越现有认识水平的能力、提出新见解的能力、独创交流成果的能力等。例如，给定一些事实材料，学生要能写出一篇报道。综合所强调的是创造能力，需要产生新的模式或结构。

（6）评价。评价是指对所学材料作价值判断的能力。包括按材料的内在标准或外在标准。评价目标是最高水平的认知学习结果。因为它要求学生超越原先的学习内容，并需要按明确的目的创造性地对客观事物进行判断、权衡、检验和分析。学生对所学材料的评价可能会按材料内在的标准（如组织）或外在的标准（如与目的适当性）进行。

以上六级目标由简单到复杂，构成金字塔式的排列。较高水平的目标包含并依赖于较低水平的认知技能，这样，评价水平的目标比起认知水平的目标，所要求的心理操作就要更高水平的认知技能。同时，较高水平的目标比较低水平的目标更真实，因为它们更可能代表学习者的现实世界所要求的行为类型。

当然，我们不可能要求所有教学都达到上述所有目标，具体教学常常根据学科要求、学生特点达到其中某一层次即可。但是，我们的教学应该不满足于停留在传授或讲解知识的水平上，还应重视创新能力与价值判断能力的培养。

在实际教学中，对于每一种教学内容，都可以设置这些目标，甚至可以同时设置各级水平的目标。我国在实践中对小学的教学目标提出了记忆、理解、应用三个层次，对中学的教学目标提出了记忆、理解、应用、创新四个层次。

上述认知领域教学目标分类是个层级系统，每一项技能都建立在其下级的技能的基础之上。当然，实际情况并不是百分之百的如此，很难将智力技能划分成一个在另一个之上的独立的技能。并且，金字塔中的各级水平似乎不适合某些领域如数学中的知识结构。但是，布卢姆的分类学确实鼓励教育工作者系统地思考目标，并且扩大了我们对教学结果的视野。它揭示个体学习和教师教学的目标应该是逐一递进的过程，即前一等级目标为后一等级目标的发展创造了条件，后一等级目标需要以前面等级的发展为基础。

在评价中等水平的目标时，可以选择不同的方法，但在评价最高水平和最低水平的目标时，教师一定要注意评价方法是否适于这些目标。

3. 情感目标。教学中，不仅要设置认知方面的目标，还要考虑情感方面的目标。情感领域的教育目标主要与学习者的态度目标、感情目标及价值目标有关。依据价值内化的程度，情感领域的目标可细分为接受、反应、价值化、组织和价值体系个性化五级目标。

（1）接受。接受是指学生愿意注意特殊的现象或刺激（如课堂活动、教科书、文体活动等）。从教学的角度看，它与教师指引和维持学生的注意有关。它是低级的价值的内化水平。

（2）反应。反应是指学生主动参与学习活动，以某种方式作出反应并从参与中获得满足。处于这一水平的学生，不仅注意某种现象，而且以某种方式对它做出反应，以及反应的满足。这类目标与教师通常所说的“兴趣”类似，强调对特殊活动的选择与满足。如，学生自愿阅读课文范围外，且与所学内容相关的材料，并且愿意将其所学知识与人分享。反应可分为默认的反

应（如阅读指定教材）、自愿反应（如自愿阅读未指定的教材）和满足的反应（如为满足兴趣或享受而阅读）三个层次。

（3）形成价值观念。形成价值观念是指学生将特殊对象、现象或行为与一定的价值标准相联系，对所学内容在信念和态度上表示正面肯定。包括三个水平：接受某种价值标准（如愿意改进与团体交往的技能）；偏爱某种价值标准（如喜爱所学内容）；为某种价值标准做奉献（如为发挥集体的有效作用而承担义务）。这一水平的学习结果是将对所涉及的行为表现出一致性，对所学内容的价值变成为一种稳定性的追求，使得这种价值标准清晰可辨。它与"态度"和"欣赏"类似。

（4）组织价值观念系统。组织价值观念系统是指学生在面临多种价值观念同现的复杂情景时，将许多不同的价值标准进行比较、关联和系统化，组合在一致的价值体系内，对各种价值观加以比较，克服它们之间的矛盾、冲突，接受自己认为重要的价值观，形成个人的价值观体系。包括两个方面：价值概念化，即对所学内容的价值在含义上予以抽象化，形成个人对同类内容的一致看法；组成价值系统，即将所学的价值观汇集整合，加以系统化。与人生哲学有关的教学目标属于这一级水平。

（5）价值体系个性化。价值体系个性化是指个体通过学习，经由前四个阶段的内化之后，用新的价值标准长时期控制自己的行为，并融入性格结构之中。包括两个方面：概念化心向，即对同类情境表现出一般的心向；性格化，即指心理与行为内外一致，持久不变。达到这一阶段后的行为是普遍的、一致的和可以预期的。这一水平的学习结果包括范围广泛的活动，但强调学生行为的典型性和性格化。这阶段的教学目标着重针对学生的一般适应模式（包括个人的、社会的和情绪的）。

在设置一个具体的目标时，教师必须表述学生在接受和反应时学会了什么。在对情感目标进行评价时，可以在上课之前，先将这些目标用做诊断的标准，看学生把什么价值体系带到了课堂，那么，课后的评价就可以帮助估量自己在多大程度上成功地使学生的态度或价值朝意想的方向变化了。

4. 结合性目标表述。先用描述内部心理过程的术语（如欣赏、理解、记忆、创造、热爱或尊重等）来表述基本的教学目标，然后用一些可观察的样例行为来使这一目标进一步明确和具体。如"培养学生的爱国主义精神"是教学目标的概括陈述，但它描述的是内部心理变化，难以直接观察和测量，所以还需列举反映这种内在变化的若干行为样例，如“上完本节课后，学生能写一篇赞美祖国的文章”。如果没有行为样例，教师也就失去了评价教学目标究竟是否达到的依据。这样的样例行为可以用来判断学生是否达到了基本的教学目标。

5. 表现性目标表述。表现性目标只要求教师明确规定学生必须参加的活动，而不必精确规定每个学生应从这些活动中习得什么。例如，爱国主义教育方面的一个表现性目标可以这样陈述：“学生能认真观看学校组织的反映爱国主义的影片，并在小组会上谈自己的观后感。”当然，表现性目标只能作为教学目标具体化的补充，教师切不可完全依赖这样的目标。

不管采用什么方法表述教学目标，教师都要尽量采用简洁明了的语言，使学生明白教师的意图；其次确保测试与目标有关，在表述目标的同时写出测验草稿，并根据各目标的重要性以及在每个目标上所花的时间来加权测验；另外使学习活动适于目标，比如，对于词汇记忆目标，就要给学生提供有关记忆的辅助方法和实践练习；对于发展学生深思熟虑的见解，可考虑采用撰写论文和展开辩论等教学手段。

## 三、教学目标分析

### （一）教学目标分析的含义

目标分析是指将教学目标逐级细分成彼此相连的各种子目标和子技能的过程。进行目标分析时，教学设计者应该从教学的最终目标开始，确定最终目标的从属目标，再对每一个从属目标分析确定下一级的子目标，直到这些目标对学习者的学习行为直接起作用。通过目标分析，教师能够确定出学生的起始状态；能够分析出从起始状态到最终目标之间必须掌握的知识、技能或行为倾向；能够确定出为实现最终目标而逐级实现各种子目标的逻辑顺序。

教师所要做的目标分析：①通过对教材与学生的分析，确定单元或单课的具体教学目标；②对教学目标中的学习结果进行分类；③根据对不同类型的学习的条件分析，揭示实现教学目标所需要的先行条件，即使能目标及其顺序关系；④确定与教学目标有关的学生起点状态。

在教学设计中，设置教学目标与分析教学目标（或学习目标）这两件事是难以严格分开的。因为一节课的目标达到以后，该目标便成了下一节课的起点，下一节课的目标则是更长远一些目标的子目标。

（二）教学目标分析的内容

一般来讲，目标分析主要涉及三方面：确定学生的原有基础、分析使能目标和分析支持性条件。

1. 确定学生的原有基础。在进入新的学习单元或新的学习课题时，学生原有的学习习惯、学习方法、相关知识和技能对新知识的学习起着决定性作用。同时，由于学生某些习得的知识或技能有严格的先后层次关系，也即高一级知识或技能的学习常常以较低一级知识或技能的学习为基础，所以教师需要了解学生在学习新知识时的原有知识状况。教师可以运用作业、小测验，或课堂提问并观察学生的反应等方法，来了解学生的原有基础。而一旦发现学生缺乏必要的原有知识或技能，就应及时进行补救性教学。

2. 分析使能目标。从原有知识基础到教学目标之间，学生还有许多知识或技能尚未掌握，而掌握这些知识、技能又是达到教学目标的前提条件。这些前提性知识或技能被称为子技能，以它们的掌握为目标的教学目标被称为使能目标。从起点到终点之间所需学习的知识、技能越多，则使能目标越多。分析使能目标的方法，可以采用递推法，即从终点目标（教学目标）出发，一步一步揭示其必要条件（即使能目标），如反复提出这样的问题："学生要完成这一目标，他预先必须具备哪些能力"一直追问到学生的起点状态，即原有知识基础为止。

3. 分析支持性条件。支持性条件与使能目标（必要条件）的区别在于：使能目标是构成高一级能力的组成部分，而支持性条件不是，但它有点像化学中的"催化剂"一样，有助于加快或减缓新能力的出现。一般来讲，支持性条件分为两类：其一是学生的注意或学习动机；其二是学生的学习策略或方法。这两类条件都有助于加速新知识的获得或新能力的形成。

（三）教学目标分析的方法

1. 程序分析。程序分析也称为信息加工分析，它主要描述完成某一目标的具体步骤。程序分析的对象可以是外显动作，也可以是内隐智力活动。这类分析旨在揭示正确完成某一目标的行为阶段或内隐过程，进而确定哪一步是学生掌握的，哪一步是学生没有掌握的，哪一步骤是难点。程序分析的优点是能揭示学生解决某一问题时的外显或内部操作过程，可较直观地反映一个问题解决或目标完成的步骤。

2. 能力成分分析。能力成分分析技术是从能力构成的角度，揭示所完成目标的子能力及相关的能力或倾向，它有助于明了所要教授内容与其他知识、技能间的关系；同时也可明确完成这一目标哪些能力是学生已经掌握的，哪些是学生要学习的。

通过目标分析，教师能搞清实现最终目标的各个步骤的逻辑顺序。这将有助于教师在给学生布置作业前确保学生具有必需的技能。此外，当学生有困难时，教师能一针见血地指出问题在哪儿，如果对刚才所举的例子作了目标分析的话，就能为学生写出几个不同的目标。

通过对学生所犯错误的分析，可以了解到学生要成功完成目标需要具备的某项技能。教师可以利用从学生的错误中得来的信息进一步分析整个目标，给下一年级做准备。每年积累经验将使教学变得越来越好。

（四）教学目标分析在课堂教学中的作用

1. 目标分析可以起沟通教师的教学行为和学生学习的桥梁作用。进行目标分析的首要条件是将教学目标陈述得具体。传统的教学目标描述的是内在的心理过程，所使用的词语是“理解、知道、领会、掌握、热爱、欣赏”等。具体的目标需要运用行为术语，如陈述、指出、找出、演示、写作、解释等，使内部过程外显。陈述合格的教学目标要求教学设计者既要懂认知心理学，也要懂行为心理学。

目标分析的第二项工作是将教学目标分类。因为教学目标是预期的学生学习的结果，一旦要求教学设计者对教学目标分类，他们便自然会联想到学习的结果和学习的分类。所以对教学目标分类，需要设计者具有学习分类的知识。学习分为认知、情感和动作技能三个领域。在认知领域又分为知识（陈述性知识）、技能（程序性知识）和认知策略（一种特殊的对内调控的程序性知识）三类知识。

2. 目标分析可作为教学目标的学生学习结果出现的先行条件。学习的条件包括内部条件（学生自身的条件）和外部条件（学生自身之外的条件）。内部条件又分必要条件和支持性条件。教学是为有效学习创设适当条件，或人与物的环境。如果教学设计者通过目标分析找到每类学习的适当条件，那么教学方法的选择、教学材料的设计等问题便迎刃而解了。

由于通过目标分析得出的学习的先行内部条件都是教学的子目标，若许多子目标同时出现在一个单元或一篇文章中，设计者必须对子目标进行排序，

并确定优先的目标。如一篇语文课文的学习也许包括“文”与“道”两方面的学习。“文”的学习又可分字、词、句、段、篇的知识学习、技能学习或策略学习。在这样的条件下，确定目标的优先权和各子目标实现的顺序是一项复杂的目标，需要教师作出适当的决策。教师的决策要么依据学习心理，要么模仿其他教师的行为。教师一旦掌握了目标分析的理论与技术，他会寻求学习论的指导，而不致简单模仿他人的实践。

目标分析的终点是学生的起点能力。所以目标分析要求教师备课时不仅要备教材而且要备学生。目标分析把我们平时所说的备课要吃透两头（学生和教材）的主张落到实处。

3. 有利于教师领会和贯彻新课程标准的精神。为了克服传统教学中学生记住了大量知识而不能转化为分析与解决问题的能力的弊端，新课程标准十分强调学生自主建构知识的过程，并专门将“过程与方法”作为教育目标分类的一个方面。

从知识分类学习论的观点看，不同类型的学习结果（教学目标）有不同的过程和内外条件。例如，外语单词学习属于有意义言语学习分类中的符号表征学习，既有机械学习的一面，也有意义学习的一面。幼儿学习区分你、我、他和左、右，属于具体概念学习，其过程是在实践中逐渐感悟。小学生学习用正确句型造句，其过程是句子图式的建立与逐渐分化的过程，其语法规则是内隐的。小学数学中的分数概念也是一个具体概念，其学习过程是一个从例子到归纳其基本特征的发现过程。而在分数概念建立以后学习百分数，百分数是一个定义性概念，其学习不需要发现，可以通过接受的方式进行。小学四、五年级学生学习语文课文的分段，其过程是分析若干篇适合他们年级的作文范例，逐步感悟或发现分段规则（或作者的构思逻辑）。所感悟的规则属于启发式规则。这种规则有助于人们解决问题，但不能保证解决问题成功。而且这种学习不是短期内有效的，必须经过长期训练，才可达到迁移的程度。

教学设计中引入目标分析这个环节的目的，就是要求教师依据学习规律进行教学。也就是说，依据不同类的学习结果的学习过程和条件来进行教学。如果在教学设计中引进了目标分析思想，而且能用目标分析的思想指导教学过程设计，那么，不论教学目标中是否列出过程目标，教师都会根据学习的规律进行教学。反之，如果教师不具备目标分析思想，很可能只会照搬别人的教学设计或教案，而不会自主进行创造性教学设计。而且任何教材或教学参考书不可能把一切教学内容的学习过程作为目标都列出来。所以本书不主张将过程作为目标单列出来。学习与教学过程的科学化问题，只有通过对教师进行现代心理学与教学设计培训才能比较合理地解决。

## 四、教学目标的制订

教学目标是教学的出发点、依据与标准，对教学活动起着指导、调节、评价的作用。如果它的制订失去了科学性与客观性，整个教学的实施、设计等都会偏离轨道。

### （一）教学目标制订的基本依据

教学目标的制订从属于教育目的和教育目标的制订。实际上，教育目的与培养目标要在教学过程中得以体现，首先要体现于教学目标之中，要通过教学目标转化到实际的教育实践中去。从这个意义上讲，教学目标就是教育目的与培养目标在教育实践中的具体化。因此，教育目的与培养目标的制订依据就是教学目标的制订依据。它包括学生和社会的需要。又由于教学目标的实现是以知识为中介的，因而还必须考虑学科的发展。这样，制订教学目标的基本依据是学生身心发展特点、社会的需要和学科的发展。

1. 学生身心发展的特点。教育是培养人的实践活动，学生的成长与发展是一切教育活动的出发点。教学作为实现学生成长与发展的基本途径，必须首先要研究学生的需要，了解学生的发展特点与规律，方能很好地促进学生的成长与发展。

对学生身心发展特点的认识，要弄清不同年龄阶段学生的不同特点与要求。学生年龄阶段不一样，其需要不一样，发展任务也不相同。教师要很好地研究与探讨，特别是在课程改革的今天，强调学生学习的自主性，强调学习过程的“体验”“领悟”，如果没有对学生主观能动性的认识与调动，学生的主体性就发挥不出来，教学效率就不高。因此，在教学目标的制订过程中，必须首先对学生的特点、兴趣、需要进行研究，以学生的身心发展特点作为制订教学目标的依据。

2. 社会发展的实际需要。学校教育的重要任务就是将学生社会化，使学生成为社会所需要的人，所以在确定教学目标时，理所当然地应将社会需要作为重要依据。社会是复杂的，其需求也是纷繁多样的。要想教学目标“有

法可依”，必须对社会生活进行研究。

在把社会生活的需求作为教学目标时，要注意把社会需求与个人需求、整个人类自然的需求相统一，把人的发展放到科学的、可持续的发展的高度去要求；其次要注意社会需求的代表性、典型性，从一个公民的角度去要求；再次要关注未来社会，不能仅停留于今天，而要放眼未来。

3. 学科发展的客观要求。教学是通过学科知识的传递而进行的，因此，学科知识及其发展水平应成为确定课程目标的重要依据。

总之，在确定教学目标时，我们要以学生的身心发展特点、社会需求和学科知识的发展为三个基本依据，并且要处理好它们三者之间的相互关系。这三个依据是交叉融合的，共同构成教学目标的来源，我们不能片面地过分强调任何一方，而应把它们整合起来，统一起来。

### （二）教学目标制订的基本流程

教学目标的制订依目标层次的不同而不同。宏观目标的制订往往政策性强、指导性强、抽象性高；微观目标的制订主要是教师与学生在教学实施过程中制订或生成的；中观的目标层次，是在培养目标指导下的教学目标层次。

教学目标的制订是一个非常复杂的过程。因为它必须为教学规划一个蓝图，设计一个规范，提供一个标准。要使这种标准更合理、更科学，就应该弄清培养对象的特点、社会对他们的要求以及学校自身应完成的任务，得出较为准确的参照标准。教学目标确定的基本流程，主要包括以下基本环节。

1. 明确教育目的，落实培养目标。教育目的是一切教育活动的出发点和归宿，它是一切教育活动的总的指导思想和要完成的根本任务，任何目标的制订必须以它为准绳。在它的指导下，各级各类学校根据自身的性质与特点确定自己的培养目标。教学目标的制订首先必须以教育目的为指导，明确学校的培养目标，并在教学活动中贯彻教育目的，落实培养目标。

2. 分析教育需要，确立目标基点。把握准了学校的培养目标后，接下来就应该分析学生的身心发展规律与特点、社会的要求及各学科知识的情况，确定教学的基点。基点是制订目标的关键，它决定了教学的功能发展方向：是以学生需要满足为主，还是以社会需求的适应为主；是以知识的传授为主，强调学科的知识体系，还是以社会适应为主，强调生存技能。不同的教学基点，决定了不同的目标价值选择。

3. 选择价值取向，决定目标形式。教学目标的价值取向是指目标的表现形式。制订教学目标时，需要在前述的“普遍性目标”“行为性目标”“生成性目标”“表现性目标”四种形式中做出选择。如果选择了某一种取向为主导目标，也就决定了教学目标的内容编排、选择以及目标的陈述方式等。

4. 确定具体目标，形成目标体系。在前三个环节的基础上，就可以确定具体目标，形成目标体系了。目标体系是与目标层次相对应的。培养目标的对象不一样，一定社会的要求不一样，目标达到的层次、程度也不一样，目标体系从而也就呈现出有先有后、有轻有重、有近景有远景的多元化体系。教学目标的确定，为教学实施中要采取的方法、手段、形式打下了基础。

## 五、传统教学目标存在的问题

### （一）教师是教学目标的主体

多数教师已经接受并习惯了沿袭下来的教学目标的设计模式，即依据教学大纲确定教学目标。多采用“使学生……”“让学生……”“提高学生……”等含混不清、难以把握、达到和测评的动词来陈述，目标局限于“基础知识掌握、能力培养和思想教育”三个方面，存在着成人化、绝对化和抽象化的问题，很难操作和落实。目标的行为主体确定是教师，而把学生排斥在目标行为主体之外，这样就严重地束缚了学生的个性发展。

### （二）注重培养学生的共性，忽视学生的个性需求

在过去长期的教学活动中，忽视发展学生个性的要求；对于学生的主体性缺乏足够的认识，有的教师以为将教学目标复制到学生身上，就完成了教学的任务，不考虑学生的个性需求。学校成了加工厂，学生成了被加工的物品，教师则成了依据图纸进行加工的操作者。其结果是，学生千篇一律，毫无个性而言。对于这种情况，近年来，广大教育工作者和教师开展了有针对性的教学改革与革新，突出学生的主体性，注重学生自主的学习和发展学生的个性，积累了不少丰富的经验。

### （三）过于注重“双基”教学，影响学生的全面发展目标的实现

传统的教学在教学目标设计与实施的过程中，都存在注重一部分目标，而忽视另一部分目标的现象。例如存在强调认知领域的目标（陈述性目标和知识类的目标），不重视情感领域的目标。虽然以前的教学大纲也有情感领域的内容，但是对学生自身的情感体验很少提到；对过程与方法领域或程序性

知识往往采取一种忽视的态度，过分重视知识结论的积累和记忆学习，忽视学生主动参与、交流、合作与探究等多种形式的学习；不强调学生创新意识和创新能力的培养。

（四）关注表层的、显性的目标，忽视隐性目标和拓展性目标

在教学活动过程中，不少教师经常为了完成既定的教学任务，忠实地执行课程标准和教学大纲的要求，往往只关注到了表层的、显性的目标，而忽视了隐性的目标和表现性目标。其实，人的内心活动及其过程只是部分地通过行为表现出来，而如果把那些不能转化为外显行为的内容排除在教学目标之外，或从教学目标中丢失，这样的教育就有违背人的发展实质。人的情感、态度、审美情趣、价值观等在人的发展过程中是极其重要的，没有这些因素，人的行为就会迷失方向，成为冰冷、机械的动物。而这些潜在的内心活动和意识是不可能完全用可观察的、外显的行为预先具体化的。

（五）关注预设目标，忽视目标的生成

在教学目标的实现过程中，很多教师关注预设量化了的教学目标，而没有意识到在实施的过程中，教学目标会发生变化，或者增值，或者有了新的发展，而是继续机械地灌输预设目标，以为这样就完成了教学任务，完成了对学生的培养。事实上，在实际的教学活动过程中，往往有很多不确定的因素时时刻刻发生着，比如当儿童出现“错误”的回答和兴趣的转移时，许多教师习惯于按照预先设计的、固定的、看似完美的教学目标，去指导教育过程的每一个步骤，并竭力剔除教育中的不确定因素，以便有效地控制儿童，最终实现预定的教学目标。这种做法实际上是一种对儿童权利的忽视，对学生创造性的打击，从而忽视了学生主体精神的培养。

## 六、新课程背景下的教学目标

（一）新课程背景下教学目标的特点

1. 学生是教学目标的主体。新课标最终要检验的是学生是否达到了预期的学习结果，而不是教师有没有完成某一任务或是否达到了某一目标。因此，新课程下的教学目标设计是以学生为出发点，目标的行为主体应是学生，而不是教师。教师角色由绝对权威者变为平等参与者、由控制者变为启发者、由灌输者变为引导者的真正转变。

2. 共性与个性的统一。新课程的教学目标既要体现出对学生共同的基本的要求，也要反映出不同学生的发展情况。教学目标既要规定出学生能够达到的教学结果的最低要求，也要规定出不同层次的要求。这样在教学中才能够根据学生不同的需要选择相应水平的教学目标，而不是一个模子。

3. 全面与具体的统一。教学目标是依据教育目的和培养目标设计的，这一目标应贯穿和体现于教学目标之中，因此，教学目标的内容范围与教育目的和培养目标应该是一致的。学校的教学目标具体可分为三个领域：知识与技能、过程与方法、情感态度与价值观。

“知识与技能”是指学科的基础知识和基本技能，其中“知识”是指概念、原理、规律等，“技能”主要指各种具体的能力，如地理中就是指地图绘制技能、地图分析技能、地理图表技能、地理观察与调查技能、地理统计与计算技能。

“过程与方法”是指了解科学探究的过程和方法，学会发现问题、思考问题、解决问题的方法，学会学习，形成创新精神和实践能力等。特别是强调在教学中把重点放在揭示知识形成的过程上，突出知识的思维过程，让学生通过“感知概括——应用”的思维过程去发现真理，掌握规律；一改以往片面注重结果、关心结论的做法，对学生探索、体验的学习过程和获取知识与技能的过程给予高度的重视与肯定，因此，过程与方法是组织教学内容的主导目标。

“情感态度与价值观”一般包括对己、对人、对国家、对世界、对自然及其相互关系的情感、态度、价值判断以及科学态度、科学精神。这个目标的内涵在新课程中不仅有了扩展，而且从“好奇心”“兴趣”“审美情趣”“关心”“热爱”“尊重”“全球意识”“可持续发展观念”“行为”“养成”等方面充分涉及学生丰富的人格世界，这是教育观念的一大飞跃。

在确定教学目标的内容和范围时，一定要全面考虑上述三个领域的目标，不可有所偏废。同时，要特别强调正确处理好这三者之间的关系。而在具体的每节课中，教学目标又要有不同的侧重点。

### （二）新课程背景下教学目标的确定

1. 确定的依据。教学目标是教学活动的出发点、依据和归宿，对教学的实施具有重要的指导意义。一个好的教学活动必定会在实施之前对教学目标进行预设，不预先设定教学目标的活动是难以想象的。

（1）正确把握教学目标的价值取向。在教学目标的价值取向方面，一方面要继续完善行为目标，另一方面也要充分利用表现性和生成性的目标，尤其是生成性的目标，对于学生创新能力、探究能力的发展具有重要的意义，不可忽视。

行为性目标、表现性目标、生成性目标都有其长处，也都有其固有的短处。行为目标具体、明确，便于操作和评价，然而学校教育中的一些很重要的工作（如思想品德的培养和个性的形成），很难用外显行为的方式来表述。生成性目标考虑到学生的兴趣的变化、能力的形成和个性的发展等方面，但在班级授课的教学实践中，面对几十个不同的学生很难实施。表现性目标考虑到学生的独特性和首创性，但很难保证所有的学生都达到课程计划的最低标准。可以把生成性目标和表现性目标作为行为目标的补充形式，而不是作为其对立面。

就一般而言，若重点放在基础知识和基本技能上，行为目标的形式比较有效；若放在培养学生解决问题的能力上，生成性目标的形式比较有用；若要培养学生的创造性精神，表现性目标的形式较为合适。

（2）关注学习者的需要。在以前的教学目标确定的过程中，过分注重学科知识，过分注重为学生未来的社会生活做准备，忽视了学生的需要和学生当前的现实生活，导致教学目标成为强加给学生的任务，而不是学生自己意愿的事。学生的学习是自主的过程，强加给学生的任务，学生并不能真正的接受。教学目标必须基于学生的兴趣，基于学生的现实生长。不考虑学生的需要和兴趣，单纯从外面强加给教育活动的目的，是固定的、呆板的；这种目的不能在特定的情境下激发智慧。

（3）全面落实“三维”目标。确定教学目标时，必须要注意“三维”目标的实现。很长一段时间以来，教学目标虽然涉及了知识、品德、情感等方面，但更多的侧重学生知识的获取，导致在教学活动中的知识灌输和填鸭式教学，而教学中有可能会出现的体验性的生成目标就更不在考虑之列了。为此，新课程改革提出教学目标包括：知识与技能、过程与方法、情感态度与价值观等，尤其是过程与方法、情感态度与价值观这些生成性目标也必须予以把握，不能忽视。

2. 确定的环节。

（1）深入研究课程标准。国家课程标准是教材编写、教学评估与考试命题的依据，是国家管理和评价课程的基础。它规定了各门课程的性质、目标、内容框架，提出教学建设和评价建议，体现了国家对不同阶段学生在知识与技能、过程与方法、情感态度与价值观等方面的基本要求。

基础教育课程标准是国家制订的某一学段共同的统一的基本要求，是一个"最低标准"，它是绝大多数儿童经过努力能够达到的。课程标准等文件是教师开展学科教学的重要依据和准绳。对课程标准的学习和研究不是开学之初，一次就能完成的事情，要做到常学习，常研究，常对照。

（2）全面了解学生。教师要深入了解自己的教学对象——学生情况，了解他们已有的知识经验、能力、身心发展状况、学习风格、思维习惯等，使教学目标的设立具有针对性、实践性、实效性，努力做到因材施教。

（3）确立每节课的教学目标点。在明确教学目标的总体要求和学生实际情况的基础上，教师要反复钻研教材，研究本节课的教学内容，确立本节课的一个个具体教学目标点，搞清各个目标点的内容范围，如属知识范围的，要分清是公理、原理、概念，还是方法、程序、公式，以便选用适当的行为动词，确定具体的行为条件等。目标既要全面，又要突出重点，分解难点。

（4）确定目标点的掌握程度。确立教学目标点以后，就要确立每一个目标点的掌握程度。掌握程度主要取决于教学目标和学生实际两个因素，对学有余力的学生可以要求其达到教学目标的较高要求，对学习有一定困难的学生要求其达到教学目标的最低下限即可。掌握程度的表述应尽可能是可测量、可评价的，以便教师、学生或他人对本节课的目标达成程度进行评判。

3. 教学目标确定的方法。

（1）ABCD 法。这种方法包含了四个要素：教学对象、行为、条件和标准。

教学对象：学习目标是针对学生的行为而写的，所以描述学习目标时应指明特定的教学对象。有时候如果教学对象已经明确了，就可以从目标中省去这个要素。

行为：行为是学习目标中必不可少的要素，它表明学生经过学习以后能做什么和应该达到的能力水平，这样教师才能从学生的行为变化中了解到学习目标是否已经实现了。

条件：这个要素说明了上述行为是在什么样的条件下产生的，所以在评价学生的学习结果时，也应以这个条件来衡量。条件一般包括下列因素：环

境、设备、时间、信息以及同学或老师等有关人的因素。

标准：这个要素表明了行为合格的最低要求，教师可以用它不定期衡量学生的行为是否合格，学生也能够以此来检查自己的行为与学习目标之间是否还有差距。标准是对每一个学生的行为质量的最起码的要求，它也从一个侧面反映了教师所要达到的教学效果。但是在编写学习目标时，一定要从学生的行为出发，而不能以教师的教学行为为标准。

当我们把四个要素综合在一起的时候，就可以写出一个完整的学习目标了。例如："小学二年级上学期的学生（教学对象），能在5分钟内（条件），完成10道简单加法运算题（行为），准确率达95%（标准）。"

其实采用ABCD法，并不意味着四个要素必须一应俱全。其中只有行为要素不能省略，而其他三个要素都可以根据具体情况适当省略。

有时学习目标中的条件与标准是很难区分的，如上例中的"在5分钟内"既可以看成是表明时间限制的条件，又可以理解为表明行为速度的标准。遇到这种情况，我们可以不去细分它到底是条件还是标准，而是应该考虑学习目标是否能够用来指导教学及其评价。

（2）内外结合的表述方法。如果学生经过学习后能力的改变能反映到学生的行为中来，用ABCD法描述是非常适合的；但有些变化却不能反映到行为中来，对于这一部分变化可以采用内外结合的表述方法来描述。用这种方法陈述的学习目标由两部分构成。

第一部分为一般学习目标，用一个动词描述学生通过教学所产生的内部变化，如记忆、知觉、理解、创造、欣赏等。

第二部分为具体学习目标，列出具体行为样例，即学生通过教学所产生的能反映内在心理变化的外显行为。

例如，学习目标是"培养学生关心班集体的态度"。态度本身是无法观察的，但是通过列举一些学生的具体行为变化可以反映出他们的态度是否已经改变，学习结果也就能够观察出来了。

4. 教学目标确定的原则。

（1）不能以课程的具体内容标准代替教学目标。课程的具体内容标准是课程目标的具体化，但它不是详细、具体的教学目标，因此，不能以具体内容标准来直接代替相应的教学目标，而应依据课程目标、课程具体内容标准和教学实际来设计教学目标。

（2）目标要具有层次性。教学目标设计涉及目标的层次问题。一般来说，教学目标的设计主要有两个层次：一是最高教学目标；二是最低教学目标。教学目标设计究竟以最高目标为准，还是以最低目标为准呢？

教学目标作为学生学习后的预期结果，具有一定的理想性，教学目标设计本应以最高目标为准。但最高目标往往不仅不易达到，而且会制约教学活动的开展。而且，每个学生的基础和能力不同，兴趣也不同，在实际中的发展也是不同的，如果设计最高的目标，必然会导致用一个模子来复制学生，致使有些学生产生厌学的情绪。因此，在实际中最好不要设计最高的目标。

但是不能因此而只设计最低目标，而应该根据活动的情况和学生的特性设计多样化的不同层次的目标，切不可一个模式。这样才能对教学活动起导向、调控和评价作用，才能培养出多层次、多类型的人才。

（3）目标表述的主体必须是学生，而不能只是教师。教学目标主要是针对学生提出的，主要是学生应该掌握的目标，其目标的主体应该是学生，而不能只是教师或教育工作者，因此目标表述的时候要注意不能把目标表述为诸如“培养学生的创造能力”这样的目标。因为它的行为主体并不是学生。但是如果我们把目标用教师或教育工作者的行为来界定的话，那么，只要教师或教育工作者开展了这些活动，这个目标就算达成了。比如，“培养学生的搜集和获取信息的能力”这一目标，只要教师把学生带进计算机房或者图书馆，组织学生进行了有关活动，这一目标就算达成了。至于学生在搜集和获取信息的能力方面究竟有多少提高，如果按上述目标来衡量的话，那是无关紧要的。因此，目标的表述要注意以学生为主体，那么上面所提到的目标应该表述为：学生能够掌握搜集和获取信息的能力。

5. 关注新目标的生成。

（1）合理利用教学实施过程中出现的突发事件。教学实施过程中出现突发事件是很正常的事，这些突发事件会扰乱正常的教学秩序，教师如果为了教学纪律而简单地管理学生，不一定有好效果。优秀的教师应该发挥自己的教育机智，把学生带到新的事物上去，很好地利用教学实施过程中的突发事件，生成新的课程目标。

突发事件是课堂危机中的一种。小学生天性好奇，别说是遇到异常的天气，就算是一阵脚步声，一只小飞虫也常常激起他们的兴趣，吸引他们的注意力，干扰正常的教学。面对危机，有的教师为了维护课堂纪律，压制学生，

这常常激起学生的逆反心理，得不偿失。有经验的教师往往巧妙地把学生引回课堂，完成教学任务。把突发事件当做一种资源利用，顺应小孩的好奇心。

（2）抓住学生的非标准化思路。学生的学习是自主建构的过程，在自主建构的过程中，学生的学习思维与教师的思维不一定是一致的，学生的回答可能在预料之外，学生关注的重点并不是预设的教学目标。作为教师对于与自己不一致的答案应予以关注，以促成新目标的生成。

当然学生的非标准思路并不都有可以利用的价值，而且学生非标准思路的方向也很广，这个时候，教师要有敏锐的洞察力对学生的思路进行筛选从而合理利用学生有价值的思路。

（3）开展综合实践探究活动。综合实践探究活动是学生在教师引导下，学生自主进行的综合性学习活动，是基于学生的经验，密切联系学生自身和社会实际，体现对知识的综合应用的实践性活动。综合的实践探究活动改变了学生在教育中的生活方式或生存方式，把学生的探究发现、大胆质疑、调查研究、实验论证、合作交流、社会参与、社区服务以及劳动和技术教育等作为重要的发展性教学活动。这种活动的主体是学生，从探究主题的确定，到方案的设计，到探究活动的展开，再到活动的总结和评价都是学生确定和实施的，教师只是给予学生指导性的建议。因此这种活动对于生成新的课程目标具有重要意义。

（4）形成师生互动的开放式教学。在教学活动的实施过程中，教师要处理好教学目标的预设与生成的关系，要充分利用自己的教育智慧，引导学生积极主动地建构知识，对教学内容进行主动体验、探究，提出自己的观点和意见。教师要善于与学生进行思想、观念、道德、知识的碰撞，在教师与学生、学生与学生的交流和互动中，促进学生成长。换言之，教学实施进程中的互动开放的教学模式必然使教学突破预期的目标和既定计划的限制而走向创新、开放的广阔天地。新的教学目标也就在这一过程中应运而生了。

（5）开发和充分利用课程资源。随着新课程改革的逐步推进，课程资源的内涵越来越清晰，课程资源是指可能进入课程活动，直接成为课程活动内容或支持课程活动进行的物质和非物质的一切。课程资源为学生的发展提供了多种发展机会、发展条件、发展时空和发展途径。在开发和利用多种课程资源的过程中，学生也就具有选择多种发展可能的机会，获得了充分而完善的发展。有效地开发一切可能的课程资源对于生成新的教学目标也具有重要价值。

# 第七章 教学内容

## 一、教学内容概述

### （一）教学内容的内涵及其特点

1. 教学内容的内涵。教学内容是为了实现学校培养目标而专门规定的知识技能、思想观念体系及各项实践活动等的总称，是学校教育活动中所使用的教学基本材料的系统。

2. 教学内容的特点。

（1）目的性。教育活动的目的性决定教学内容的目的性。教学内容是按照一定的要求为实现一定的目的而经过选择和组织起来的。学校的教育目的、培养目标必须通过一定的教学内容才能体现出来并得以实现。所以，教学内容是实现教育目的的基本保证。

（2）对象性。教学内容是教学主体认识、掌握、利用的对象，也是连接教与学活动的中介。没有教学内容，教学活动就无法进行。教育活动中，教学内容被两个处于同等地位、具有不同特点的主体共同利用。教师虽然对教学内容是已知或知之较多的、系统的，但他还必须从教的角度即从如何使学生掌握、运用并转化为学生个人成长的角度重新研究、掌握和运用它，以实现教育目的。学生对教学内容是未知或知之甚少的、不系统的，他对教学内容的掌握是为了认识世界，促进自身的成长。因此，学校教学内容的组织与结构必须兼顾教与学两个方面的可能与需要。

（3）主观性。教育活动的主要任务是人类文化的传承。人类文化是人类在长期的生产生活实践活动中积累起来的，是人类认识、改造自然、社会和人类自身的思维的产物和精神成果，虽然其内容是客观的，但其形式是以主观的、意识的形式存在着。这种主观的知识形态是教学内容的最主要的部分，占据着主导的地位。

（4）选择性。课程内容的确定，一方面，必须考虑全体学生的发展要求，

保证全体学生都应达到一定水平和全体国民都应具备的素质标准；另一方面，针对学生的个性差异、各地发展的区域差异和各校的办学差异，教学内容的安排必须考虑因人、因地、因校制宜，具有一定选择性和弹性，做到必修课程与选修课程、国家课程与地方课程、科学课程与人文课程、普通课程与职业课程、学科课程与活动课程相结合。

（5）基础性。基础教育乃至整个教育都是为提高全体国民素质打基础的，面对未来社会的需要和知识世界的迅猛变化，再加上教学内容容量的有限性，不可能把社会文化科学知识的全部都纳入其中，只能经过精选将其中一部分纳入教学内容体系。因此，教学内容应当而且只能是反映各门学科最基础的、社会生活必需的、学生发展必须掌握的那些知识、技能、经验和价值体系。布鲁纳将这种知识称之为“结构性知识”。

（6）全面性。从范围来说，教学内容涉及人类知识的各个方面、各个学科，涉及个体身心发展需要的各个方面。从目的来讲，教学的目的是要指向学生的全面发展，学生的发展不是某些方面的特殊发展，而是包括德、智、体、美、劳等方面的和谐发展。

（7）科学性。教育的目的不仅是要促进学生身心的全面和谐发展，而且要培养他们正确科学的世界观、价值观、人生观。因此教学内容应当把那些反映人类前进方向、事物发展规律和被实践证明是正确的知识纳入其中，只有这样才能保证其科学性。尤其基础教育阶段的教学内容选择确定，更应该保证知识的准确性和科学性。

### （二）教学内容的组成要素

在教育活动中，从课程、教学与内容的关系来看，课程是内容组成形式及其结构体系；教学即课程实施，是内容的传承途径和方式。课程探讨的是课程的设计和编制问题，教学探讨的是教学的过程和方法手段问题。综合人们对教学内容的理解，不难发现，知识、技能、科目才是组成教学内容的基本要素。

1. 教学内容的知识。知识是人们在改造世界的实践中所获得的认识和经验的总和。知识的构成要素，从人类认识的对象和服务范围划分，有关认识自然的自然科学与技术知识，有关认识社会的社会科学知识，有关认识人自我的人文科学知识。从每类知识的构成成分来说，都包括基本事实、基本概念、规则、原理及其方法（活动方式）等部分。

从认识和反映对象的不同，可将知识划分为自然科学知识、社会科学知识和人文科学知识；根据知识的形态不同，可将知识划分为理论知识和经验知识，前者是系统的，而后者是零散的；根据教育目的的要求和知识的功能性质，可将知识分成普通知识和职业知识。普通知识是反映自然、社会和人的发展一般规律的普遍性知识，服从于进行素质教育和为升学与学习技术知识打基础的需要，是知识中的主要部分；职业知识是对学生参加社会生产和生活有实用价值的知识，服从于社会生产和生活的需要，为学生就业作准备。

知识教学是教师教授学生获取知识、发展能力的活动过程。知识的获得必须符合学生的认知规律，并借助学生已有的经验对知识进行自主性地构建。知识教学不是一个机械的灌输过程，学生靠被动接受难以很好地掌握知识。知识教学本身就是一种活动，是师生之间的交往互动。在这种互动活动中，学生可以有锻炼的机会以形成技能、发展能力，身心得以和谐发展。教师与学生之间也不应仅仅有知识信息的交流，而且也应该有情感、态度等方面的交流与碰撞，这样，师生双方的体验才能有机会表达从而达到相互理解。在这种交往互动的活动中，师生之间不再是简单的主客体关系，而是主体间相互交往的关系。

知识教学是学校教育的核心，知识学习是学生发展的基础，是教育活动的基本载体和前提。

知识是个体通过与环境相互作用后获得的信息及其组织。按照认知心理学的观点，知识可以分为陈述性知识、程序性知识和策略性知识等三类。陈述性知识指个体具有的有关世界是什么的知识，主要用于区别、辨别事物，是一种静态的知识，是描述客观事物的特点及关系的知识。程序性知识是一套关于办事的操作步骤和过程的知识，主要用来解决“做什么”和“如何做”的问题，是关于如何实现从已知状态向目标状态转化的知识，包括传统的动作技能和智力技能，是一种动态的知识。策略性知识是一种较为特殊的程序性知识。一般程序性知识所处理的对象是客观事物，而策略性知识所处理的对象是个人自身的认知活动，是关于认识活动的方法和技巧的知识。

知识学习是指个体形成科学文化知识的过程，亦即个体运用已有的知识同化、理解新知识，使其在头脑中得到表征并用于解决有关问题的过程。有关知识学习的过程，现代信息加工心理学把知识学习的过程分为习得阶段、巩固阶段和提取与应用阶段。在习得阶段，新的知识信息进入短时记忆，与

长时记忆中被激活的相关知识建立联系，从而出现新意义的建构。在巩固阶段，新建构的意义储存于长时记忆中，如果没有复习或新的学习，这些意义会随时间的流逝而出现遗忘现象。在提取与应用阶段，人们运用所获得的知识回答“是什么”或“为什么”的问题，并应用这些知识解决同类或类似问题，使所学知识产生迁移。

（1）陈述性知识的教学。陈述性知识是关于世界“是什么”的知识。它有以下三种：一是关于事物的名称或符号的知识，如关于“DNA”的知识；二是简单的命题知识或事实知识，如“北京是中国的首都”；三是有意义命题的组合知识。

针对陈述性知识的教学内容的组织应该做到：首先，明确判定教学效果的依据是学生能否回答“是什么”的问题，学生能否有效地储存和及时提取所学的东西；其次，教学内容应按上述顺序予以安排，且在安排时注意新旧知识的联系；再次，组织教学时应该从学生的原有知识状况出发，既要确保用于同化新知识的原有知识的巩固，又要找准新旧知识的联系点，还要考虑寻求新知识的生长点；最后，要注意选择符合学生学习方式和习惯的媒介，并提供及时反馈。

陈述性知识的掌握状况制约着学生活动的定向调节能力，制约着学生解决问题的水平，制约着学生学习能力的发展。陈述性知识的有效教学：

①激发学习兴趣。注意是掌握知识的门户，注意与兴趣密切联系。注意可分为有意注意和无意注意。无意注意受外界的刺激特征和个体自身的状态两方面因素的影响，与直接兴趣相联系。为了使学生在学习过程中不受外部无关刺激的干扰，应该创造一个安静、整洁的教学环境。客观刺激物的强度、对比、新颖性和活动性是引起无意注意的重要因素。因此在讲课过程中，教师应该音量适中，语音、语调抑扬顿挫，遇到重点、难点还要加强语气，伴以适当的手势和表情。板书应该做到运用有度、重点突出、清晰醒目，必要时还要用彩色粉笔和图、表格加以强调。合理使用教具可以激发学生的直接兴趣，吸引学生的无意注意。教具应该新颖直观，能够很好地说明问题。个体的知识经验是影响无意注意产生的因素，学生更愿意关注与自己知识经验有联系的事物。这就需要教师找出教学内容与学生知识结构的结合点，提供具体的实例，引起学生的直接兴趣，维持学生的注意。另外，教师应该运用多种教学方法和灵活多样的教学手段，调动学生饱满的情绪状态和学习积极

性，如教师在讲解和板书之外，还应穿插使用教具演示、个别提问、角色扮演、集体讨论以及动手操作等教学形式。有意注意主要受个体间接兴趣的影响。间接兴趣是对活动的结果感兴趣。提高学生对知识的间接兴趣是保持有意注意的关键。在教学活动中，教师应提出具体的目的、要求、内容及具体方法，让学生切实地感受到集中注意对完成活动的重要性并懂得如何正确地集中自己的注意。此外，在教学活动中，教师要适当地运用无意注意和有意注意转换的规律，让有意注意和无意注意交融在每一个认识活动中。如，一节课中教学内容安排应该有难有易，教学方式应稳中有变，使学生的注意有张有弛。

②激活原有知识。新知识要获得意义，学生的认知结构不仅应具备相应的原有知识，而且原有知识必须处于激活状态。奥苏伯尔的研究表明，在学习新知识时，有时在学生认知结构中尽管存在某些可用于同化新知识的原有知识，但学生不能适当利用，为此他提出采用设计先行组织者的教学策略以促进对原有知识的利用。教师要以通俗的语言呈现先行组织者，使其与新知识中的有关观念清晰地关联，从而促进学生对新材料的掌握。在课堂教学中，教师常用与新课有关的知识提问学生，就是一种激活学生原有知识的方法。提问既可以了解学生掌握原有知识的情况，也可以做一些概要的复习，为新知识的讲授做好准备，起到“组织者”的作用。

③促进选择性知觉。学生在课堂学习中主要通过视听两个渠道获取信息。教师无论采取何种渠道传输信息，要使信息便于学生接受就必须精心加以组织和设计。从视觉渠道呈现的材料看，教师可采取如下方式促进学生的选择性知觉：其一，在教材中采用符号标志技术。如要求学生把重要的概念用下划线突出、把要阐明的观点用小标题列出等方式使材料的结构清晰，一目了然，便于学生选择适当的信息，并将信息组成一个彼此关联的整体形成概念框架。其二，注重对板书和直观材料的设计。设计得好的板书可以突出新授知识的组织结构，可以弥补学生从听觉渠道接受信息的缺陷，如短时记忆容量的限制；直观材料的呈现要突出新知识的关键特征，便于学生去选择知觉，促进对知识的掌握。从听觉渠道呈现材料看，教师能吸引学生注意的技巧也适用于促进选择知觉新信息。教师的讲课与板书相结合、多媒体与直观材料的呈现相结合，其效果会更好。

④促进新旧知识相互作用。在教学中恰当运用组织者，可以促进新旧知

识的相互作用。组织者分陈述性组织者和比较性组织者。前者适用的情境是：学生学习新材料时，其认知结构缺乏适当的、包容范围较广的上位观念，设计一个陈述性组织者为其同化新的下位观念提供一个认知框架。比较性组织者适用的情境是：学生的认知结构已具有同化新材料的适当观念，但不能自发应用，设计比较组织者的目的是指出新学习材料与学生认知结构中原有的适当观念之间的异同。在课堂教学中，教师还可以用多种方式来促进新旧知识的相互作用，如讲到异分母加减法时，可以提问异分母加减法与同分母加减法有什么相同和不同。

⑤促进认知结构的重组。现代教学心理学认为，掌握知识不仅是要保持知识，而且要经过认知结构的改组和重建，达到简约与减轻记忆负担的目的。为了防止知识的混淆和有用观念的遗忘，在教学中应采取的策略是促进学生认知结构在纵向上由上而下不断分化，在横向上综合贯通。在这方面，教师可指导学生掌握并运用多种复习与记忆的方法、精细加工和组织材料的方法，对已有知识进行进一步的加工和改造，从而促进认知结构的改组与重建。

（2）程序性知识的教学。程序性知识是关于“怎么办”的知识。如要求学生论证一个错误的命题、要求他们从各种动物中挑出哺乳动物。这种知识在头脑中是以产生式为表征的，其形式是“如果……则……”。比如，如果动物是胎生且哺乳的，则一定属于哺乳动物。程序性知识在人的大脑中是以产生式及产生式系统的方式储存的。一个产生式的应用结果是一个信息的转化。产生式与产生式系统之间是通过系列控制相关联的，当一个产生式的行为成为另一产生式行为发生所需的条件时，就构成了产生式系统。在产生式系统中，即在一系列的相关产生式中，因一个产生式的应用而导致的信息转化结果提供了另一产生式的应用所需要的条件，因此，一系列相关行为就自动地发生。经过一定的练习，产生式系统的活动也能自动发生，这时程序性知识就达到了自动化程度。

针对程序性知识的教学内容的组织应该采取以下步骤：第一，明确判定教学效果的依据是看学生能否运用概念和原理去解决问题。第二，把作为教学内容的概念和原理组织到相应的知识网络中进行讲解和练习，让学生把握与所学内容平行的、上位的、下位的东西。第三，概念的教学组织要重视运用正例和反例，使用正例有助于概括概念和原理具有的共同属性，使用反例有助于辨别非本质属性。第四，规则的教学组织要重视把它们运用于各种新情境，做到面对适当条件（“如果……”）就能立即作出反应（“则……”）。第五，对于由一系列产生式组成的较长的程序性知识，组织教学时应注意把握分散与集中、局部与整体的关系。程序性知识的有效教学：

①促进技能的程序化。在知识转化之初，个体结合习得的陈述性知识，将任务分解成一系列子目标。在知识转化过程中陈述性知识会在相关的子目标之下反复出现，由此而形成了新的产生式规则：陈述性知识转化为产生式的条件部分，所执行的操作成为产生式的行动部分。程序化，就是指在执行程序时逐渐摆脱对陈述性知识的依赖，而出现自动执行一定操作步骤的状况。一旦技能具有程序化的特征，执行时就不再需要停下来考虑下一步该做什么。相反，自动的匹配过程将取代对下一个执行步骤的有意识的搜索过程。所有这些转化及各子成分之间联系的逐渐加强，最终会使得操作步骤的执行更为迅速、更加精确，也更少需要有意识的努力。

②促进技能的组合。组合就是将一系列个别的产生式汇编成一个程序。教师要给学生提供将一些小程序组合成大程序的机会。最初形成的仅是一些小的产生式，一旦形成了一些小的产生式，它们之间的组合将有可能出现。通过组合，若干个单个的产生式将按照一定的顺序有机地组合在一起。这样，其中一个部分的产生式一旦被激活，就能为激活程序中的下一个部分的产生式创造条件，而后者的激活又能为激活再下一个部分的产生式创造条件。如此进行下去，会形成一个前后连贯的操作程序。在成功地执行了这样一种行动序列之后，各个产生式之间的联系便会得到进一步增强，整个技能也会逐渐具有程序化的特征。

③促进技能的自动化。一旦学生在一些小的产生式上达到了自动化的程度，并开始将这些小的产生式组合成大的产生式时，教师为学生实现整个技能自动化所需做的工作是，保证让学生练习整个程序中所含的一系列产生式步骤，而不再是单独练习部分的产生式。随着一次次成功地执行这种动作序列，整个程序中各个步骤的联系将会以前后步骤的匹配来替代有意识的思考或搜索过程。在实现某一组合技能的程序化的同时，教师还需考虑的另一个问题是，怎样使学生学会识别与特定的行动相联系的条件图式，了解各子技能的关系及合成的技能与总目标的关系，这一问题的解决通常采用变式策略。如在教各种运算时要给学生提供含有混合运算的实际应用情境，以帮助学生认识到在使用这些方法时，应确认与这些方法相适宜的条件。因为混合练习

的情境有助于学生了解应当把计算方法与某种特定的目标联系起来，如果在练习中不把计算方法同目标联系起来，学生可能只是学会了正确地执行某种程序，但并没有学会如何适当地使用它们，因为他们还不了解特定的程序只适用于特定的情境。

（3）策略性知识的教学。策略性知识是关于“如何学习、如何思维”的知识。策略性知识是调节自己的注意、记忆、思维的能力的知识。策略性知识在本质上是程序性知识，但有其自身的特殊规定性。它是运用陈述性知识和程序性知识的技能，是控制自己的学习与认知过程的知识。如果说陈述性知识和程序性知识涉及的对象是客观事物，那么策略性知识处理的是学习者自身的认知活动。

针对策略性知识的教学内容的组织应该采取以下步骤：首先，要明确判断教学效果的依据是学生是否“会学习”的情况。其次，教学中要突出有关学习的方法，对此可以专门组织学习方法的教学，如怎样复习、做笔记、进行反思等，更要重视学习中的内部心理活动，在陈述性和程序性两种知识的教学中要渗透对记忆、想象、思维等心理过程的感悟。最后，教师要善于将自己内隐的思维等各种活动的监控和调节过程展示给学生，使学生能加以仿效。策略性知识的有效教学：

①合理选择教学内容。策略性知识的教学内容要考虑学生的知识基础和发展水平。学生策略性知识的学习不是一学就懂、一学就会，而是要在具体的解题过程中结合学生自身的特点，不断强化、不断思考、不断体验，最后“异化”为自己的解题知识块。策略性知识的学习也受到学生的发展水平，尤其是无认知监控能力发展水平的制约。

②有效实施策略辅导。A. 复述策略，复述是为了保持信息而采取的信息重复过程，它包括重复、朗读、抄写、做笔记、自问自答或尝试背诵等，它们将影响信息加工系统对信息的注意和编码。具体的复述策略有及时复习，过度学习，集中复习和分散复习相结合，反复阅读和试图回忆相结合，整体识记法、部分识记法和综合识记法相结合，防止前摄抑制和倒摄抑制，排除干扰，注意首位和近位效应（或系列位置效应），注意情境相似性和情绪生理状态相似性的影响，注意心向、态度和兴趣的影响等。在进行复述策略指导时，教师应注意以下几点：第一，经常要求学生复述，培养复述习惯；第二，通过多种方式提高学生的复述能力，如要求复述新内容、要求学生用自己的

话复述材料的主要内容等；第三，对学生进行具体的复述策略指导，不能把复述搞成简单的死记硬背；第四，对复述的要求应逐步提高。B. 组织策略，组织，就是对材料进行加工，按照材料的特征或类别进行整理、归类或编码。组织策略包括找要点、列提纲、作关系图等。例如要学生背诵全国各个省份的名称，就可以利用组织策略，把它们按地理区域如东北、西北、西南、中南、东南、华东、华北等加以组织。列提纲是以简要的语词写下主要和次要的观点，也就是以金字塔的形式呈现材料的要点。作关系图是运用图示或连线、箭头等手段表示知识之间内在联系的方法。它包括重要概念的确定和概念之间相互关系的说明。C. 精细加工策略，精细加工，就是通过把所学的新信息和已有的知识联系起来，以此来增加新信息的意义的加工，也就是说我们应用已有的图式和已有的知识使新信息合理化。它和组织策略一样都属于深加工范畴，但组织策略的关键是构建或突出新知识点之间的内在联系，使信息易于编码；而精细加工策略则是使新知识与已有知识取得联系，增进对新知识的理解。精细加工策略具体运用时有许多种，其中有些被人们称之为记忆术，它能在新材料和视觉想象或语义知识之间建立联系，进而有助于将信息存储到长时记忆中去。

③合理选择训练方法。A. 示范法，示范法就是教师在监控的同时，用语言描绘自己自我监控时的思维过程，使得元认知过程中不可直接观察的心理过程能清楚地呈现于学生面前。示范法可使学生准确地认识和体会元认知监控过程，减少模糊的认识和猜测。B. 自我提问法，自我提问法就是在元认知策略训练中，通过提供一系列供学生自我观察、自我监控、自我评价的问题单，不断地促进学生自我反省而提高学习特别是问题解决的能力。例如，解决问题时，可提出一系列供学生自我提问的问题：这个问题是哪方面的问题该问题？要求我们干什么？它涉及哪方面的知识？这方面的知识学过吗？过去见过这种问题吗？若见过，它是否以稍许不同的方式出现的等等。C. 直接指导法，学生的元认知水平与其拥有的元认知知识有极大关系。因此，教师在教学中要自觉地传授元认知和学习策略方面的知识，引导学生把这些知识应用到各科学习中去，并在学习活动中不断强化这些知识的应用。

策略教学的一个重要目的，就是使学生在策略学习过程中领悟到什么是策略、策略运用的有效性，能有意识地去发现策略、总结策略，从而生成适合自己的新策略。学生自己能生成新策略也就标志着他们真正地“学会了学

习”。

2. 教学内容的技能。一般说来，技能是指个体掌握和运用某种专门技术的能力。技能是运用知识和经验去完成某种活动的方式，根据活动的性质和表现形式，技能可分成智力（认知、心智）技能和动作（操作）技能。

智力技能是运用技能去完成某种认知活动的方式，表现为感知、记忆、想象、思维（归纳、分析、综合、判断、假设、推理）等要素。动作技能是运用技能去完成某种操作活动的方式，表现为在相应神经活动参与下的由身体骨骼肌肉完成的一系列外部动作。写字、绘画、弹琴、运动、实验、测量、劳动等都是其表现形式。

智力技能和动作技能的关系既有联系又有区别。智力技能是在头脑中进行的内隐的活动，其对象是头脑中的映象，不是客观事物本身，具有主观性和抽象性。动作技能是通过骨骼肌肉进行的外显的活动，其对象是物质的、具体的。但是，动作技能是智力技能形成的前提。智力技能常常是在外部动作技能的基础上逐步脱离外部动作借助大脑内部语言形成和实现的，如小孩子学加法，开始必须依赖数小棍或手指等操作动作，随着联系的增多，才逐渐脱离外部动作和大脑表象，而主要依赖内部语言运算。智力技能又是外部动作技能的调节者和支配者。往往复杂的动作，不仅需要动手也需要动脑，需要智力技能的参与才能完成。在学习活动中，两种技能共同参与、相互联系、相互影响。

教学内容的技能应该是人类活动技能中那些最基本、最主要的部分，应该与学生所从事的各项实际活动相对应。考虑到学生的学习活动复杂多样、学习时间短暂有限等情况，应从学生的各项活动中选出最基本、最主要的活动，再找出与这些活动相对应的基本技能，然后把这些基本技能作为教学内容的主要成分规定下来，以此保证学生系统地获得完成实际活动的方式，促进学生身心的健康发展。

3. 教学内容的科目。在教育活动中，科目是有计划安排的学校教学活动项目的总称。由于学校的活动包括理论教学和实践训练两大方面，而理论教学主要以学科知识教学的形式存在，实践训练主要以活动技能操作的形式存在，因此学校教学科目可分为学术性科目（简称学科）和活动性科目（如劳动、体操、社会实践等）两大类。

首先，学科是科学知识体系的具体化，是由知识和技能按照一定的内在逻辑关系所构成的系统。

其次，由于人类对事物的认识都是分门别类地进行的，从而形成了一门门具体的学科，如自然科学的物理学、化学、生物学，社会科学的历史学、文学等等。

再次，教学内容中的学科是根据一定阶段学校的教学任务、一定年龄阶段学生的身心发展水平和一定时期人类认识及其成果——科学发展的水平以及教学活动展开的顺序，选择学生必须掌握的一定科学门类的基础知识、一定活动的基本技能所组成的教学活动项目的系统，如语文、数学、历史、地理等。

4. 知识、技能及科目之间的关系。首先，知识的获得是技能形成的前提。知识的性质、传递方式、学生实际活动多寡等都会影响技能的形成。一方面，知识的获得离不开知识经验的支持。人类在长期的社会实践中积累了一系列有关活动方式的知识经验。年青一代出于参加学习活动、社会交往活动以及基本生产活动的需要，必须掌握相关活动方式的知识经验，然后才能形成相应的技能。所以掌握这些知识经验是训练技能的前提。如只有首先掌握了字、词、句、篇等语文基本知识，才能从事阅读活动，获得阅读技能。只有具有加、减、乘、除等数学基本知识，才能从事计算活动，获得计算技能。

其次，技能形成有助于知识获得，影响到获取知识的速度、广度和深度。如有了较高的阅读技能，可以获取更多更广的知识；掌握了熟练的运算技能，便于学习数学、物理、化学等学科的知识。

再次，在教学活动中，知识、技能是构成科目的基本内容，科目是知识、技能展现的基本形式。由于知识有间接和直接之分，技能有智力技能与动作技能之别，因此教学活动中的科目也就有了学术性科目与活动性科目之分。知识、技能、科目以及学术性科目和活动性科目共同构成了学校的教学内容大厦。

## 二、教学内容的结构

我国教育的目的是提高全体公民的素质，发展人的个性，增强人的能力，使受教育者在德、智、体、美、劳等方面全面发展。因而我国的教学内容是由德育、智育、体育、美育和劳动教育组成。

德育、智育、体育、美育和劳动教育共同构成我国全面发展教育的教学内容，它们是相互依存、相互联系、相互渗透、相互促进的。任何一个方面

教学内容的存在和发展，都是以其他方面教学内容的存在和发展为条件，任何一个方面教学内容又都包含着其他教学内容的成分和内容，而且，任何一个方面的存在和发展对其他教学内容的存在和发展又都能起到积极的促进作用。反之，如果某一方面的教学内容受到损害，必然会影响或损害其他教学内容的进行。

（一）德　育

德育是教育工作者组织适合受教育者品德成长的价值环境，对受教育者进行思想政治和道德品质教育，促进他们在道德、思想、政治等方面不断建构和提升的教育活动。也就是把一定社会的思想准则和道德规范转化为受教育者个体的思想意识和道德品质的过程。

德育是形成学生一定思想品德的教育，它包含政治教育、思想教育和道德教育。德育在教学中具有以下重要意义。

1. 加强德育教育是促进“两个文明”建设的重要保证。德育在建设社会主义精神文明中担负着特别重大的责任。培养学生的优良道德风尚和品质，不仅可以保证学校教育的社会主义方向，而且对改变社会风气也会产生积极的影响，尤其对21世纪提高民族的政治素质，树立良好的道德风尚产生深远影响。

2. 德育为青少年的全面发展指明方向。德育在青少年的成长中起着灵魂的作用，它是青少年全面发展的动力。人的各方面发展都要有个精神动力，精神动力的大小将激励人发展的积极性的高低。精神动力来自于理想、信念。当青少年树立了振兴中华民族的坚定信念和实现共产主义的远大理想时，将帮助他们产生刻苦学习、努力工作和锻炼身体的精神动力。因此，对青少年进行德育教育，是实现培养目标的重要保证，是学校做好一切工作的原动力。

3. 德育对青少年的终生发展有奠基作用。人的政治思想和道德品质不是生来就有的，也不是自发形成的，而是在社会生活条件的影响下，特别是在学校教育影响下，在实践活动中逐步形成和发展起来的。青少年时期正是长知识长身体时期，也是为他们思想品德发展打基础时期。

青少年学生正处于独立性和依赖性、自觉性和幼稚性错综复杂的矛盾时期与激烈的转变时期。他们的自信心和自尊心在增强，如果抓好了德育，就能充分发挥青少年学生积极向上的进取精神，形成良好的道德品质。特别是青少年学生思想上远未成熟，缺少知识与经验，识别是非和抵御错误思想的能力不强，因而很容易接受不良影响。因此，从青少年学生的心理特点来看，加强德育，尤为必要。

（二）智　育

智育是教育者创设一定的情境以提升教育对象的智慧水平的教育，是有计划、有目的地向学生传授文化科学知识和技能，发展他们能力的教育。

智育，是向受教育者传授系统的文化科学知识、技能，发展受教育者智力的教育。智育是社会文明进化的必不可少的条件，是人的全面发展的重要组成部分。

1. 智育是人类社会进步的必要条件。

（1）智育是人类社会延续、发展的前提。人类社会在生产活动中，逐步积累了社会生产经验及生活经验，形成文化科学知识，发展了人们的智力。智育的职能就是要把千百年积累起来的知识及智力的成果、传递给下一代，转化为个体的知识和智力，并使下一代能在前人的基础上，进一步创造出新的科学和技术，推动社会生产不断发展，促使社会文明不断进化。

（2）智育在当代社会中的作用进一步加强。智育是促进生产力、科学技术发展的主要途径。当前，随着新技术的出现和发展，生产劳动中智力因素愈来愈增多。因此，加强智育，是适应现代化生产和科学技术发展的要求。此外，随着社会日益科学化，智育在社会生活中的作用也在日益加强。因此，加强智育，亦是适应现代社会生活之需要。

（3）加强智育是社会主义现代化建设之必需。为了实现我国的社会主义现代化建设，需要数以亿计的各行各业的有文化、懂技术的劳动者；需要数以千万计的掌握现代科学技术及管理知识的工程技术人员、管理人员；需要数以千万计适应现代科学文化发展和新技术革命要求的社会科学工作者及文化教育工作者。培养这些人才，必须加强智育，向学生传授系统的基础知识，进行基本的技能训练，并在此基础上，以现代化的科学技术知识、科学管理知识和丰富的社会科学知识武装学生，发展学生的智力。

2. 智育是人的全面发展的基础。人的全面发展教育中的德育、体育、美育、劳动技术教育都有其各自的观点、信念的体系，这些观点、信念的形成不仅要有相应的智力，而且要有相应的科学知识为其基础。智育是人的全面发展的基础。从这个意义上说，离开了智育，德育、体育、美育、劳动技术教育就难以进行。我国中小学智育的任务，就是向学生传授系统的文化科学

基础知识和基本技能，发展他们的智力，训练他们的能力，培养他们具有不断追求新知、实事求是、勇于创新的精神，为今后的进一步学习、工作和参加生产劳动打下坚实的基础。

智育的任务，在学校中主要通过各科教学和课外活动来实现，尤其是各科教学，是以智育为基础来进行全面发展教育的。

（三）体　育

体育是向学生传授体育知识，培养运动能力，以促进学生体质、体能提高的教育活动的教育。

1. 体育的意义。体育对培养人的全面发展具有重要作用，它的好坏关系到能否正确贯彻执行党的教育方针，关系到能否培养出人的德、智、体全面发展。

（1）体育为培养人的全面发展创造物质基础。体育在学生的全面发展中最主要的作用是增强学生的体质，也就是促进学生身体的生长发育，增强学生机体各器官系统的功能。通过学校体育活动，一是能促进机体形态的正常发展和机能的增强；二是促进机体的新陈代谢，促进机体生长发育；三是提高大脑神经系统的功能；四是提高机体适应环境的能力。体育活动经常在户外进行，使机体受阳光、空气、水和其他自然条件的刺激较多，有利于调节神经中枢和有关器官的功能的发展，从而提高机体适应环境的能力。

（2）体育是促进学生全面发展的重要条件。体育为智育发展提供了保证，体育促使学生体质的增强，为学生学习文化科学知识提供了前提条件，为青少年顺利完成学习任务奠定基础。

体育是向学生进行思想品德教育的重要手段。通过体育活动，可以激励学生的民族自尊心和民族自豪感，培养学生的爱国主义热情；可以引导学生，将参加体育活动的动机逐步从个人的兴趣、爱好转到为社会服务的需要上来，通过体育活动中对困难的克服，可以培养学生吃苦耐劳、坚韧不拔的意志。通过体育活动中的竞赛，可以培养学生勇敢顽强、灵活机智、奋发向上的进取精神。通过体育活动中的人际关系的正确处理，可以培养学生的团结友爱、互相帮助、互相合作等集体主义精神。通过体育活动还可以培养学生的组织性、纪律性等优良品质。

体育养成学生动作的准确、协调、优美和良好的坐立姿势，培养文明的举止习惯，推动社会主义精神文明的建设。

（3）学校体育是国家体育发展的基础。发展国家体育运动，不论普及还是提高，都离不开学校体育，只有把学校体育活动广泛持久地开展起来，让数以亿计的处于提高运动水平的最佳年龄期的青少年学生投入体育锻炼，才能使他们在学校里打好体育的基础，走出校门成为各条战线开展体育活动的骨干力量；发现一批体育新苗，成为为我国体育运动源源不断地输送新生力量。

学校体育活动以其丰富多彩、生动活泼的形式和内容，吸引、感染青少年学生，在活动中培养学生良好的情操和道德风貌，特别是在体育竞技运动中，以其激烈的竞争、顽强的拼搏、勇敢的奋进以及快速的节奏等特点与现代社会的脉搏息息相通，并对提高新时期人才的素质，如竞争与开放意识，进取与拼搏精神，适应与组织能力以及勇猛顽强、机动灵活、沉着果断等产生重要影响。

2. 学校体育的基本要求。

（1）体育锻炼的全面性。体育锻炼的全面性，是指通过锻炼使学生身体的各个部位、各器官系统的机能，身体的各种素质得到全面发展。通过体育锻炼必须使学生身体各方面全面提高。这是增强学生体质，提高运动成绩的基础，如果忽视身体各系统功能的普遍提高，身体某方面系统功能也难以大幅度提高。作为身体素质的提高，同样也只有在全面锻炼的基础上才能实现。特别是青少年正处在身心迅速成长发展时期，坚持全面锻炼，对促进他们健康地成长有重要作用。因此，教师应注意各类活动内容的合理搭配，以全面锻炼学生的体质。

（2）体育锻炼的适量性。体育锻炼的适量性是体育活动中动作的难易、技巧的繁简、运动量的大小都要根据学生的年龄特征、体质状况、锻炼基础适量安排。因为体育锻炼只有适量，才能对人体的机能和健康产生积极的影响。运动量过大，会使学生过度疲劳，有损身体健康；运动量过小，又达不到锻炼身体的目的。

（3）体育锻炼的差异性。体育锻炼中运动项目及运动量的安排要注意学生的年龄特征的差异，初中生，宜练习长跑、球类运动和游泳，以发展耐力。体育锻炼中还要注意性别的差异，对于女生的运动锻炼的要求应该不同于男生。在选择运动项目和掌握运动量方面都必须考虑女生生理特点，可以增加一些艺术体操、舞蹈、体操以及体育游戏等，以利于她们在全面发展身体素

质的基础上，着重进行柔韧性、协调性的锻炼，发展女生的形体美。在同一年龄阶段中，由于学生身体发育、健康水平和原有锻炼基础的差异，体育锻炼应在一般要求基础上区别对待。如体弱病残的学生，可以组织他们做保健体操和参加轻微的力所能及的活动。优秀运动员可以提高训练难度，加大运动量。总之，使不同水平的学生在各自的基础上不断增强体质和提高运动技术水平。

（4）体育锻炼的坚持性。体育锻炼的特点是技能性很强，学生必须在正确体育运动知识的指导下，反复地练习，熟练地掌握技能，才能提高运动水平，促进身体的素质。各种体育技能的练习形成过程是不同的，有的运动项目（如短跑、跳高、跳远）练习成绩提高是先快后慢，有的运动项目（如投掷、游泳）练习成绩的提高是先慢后快。特别是在技能形成中，练习中期往往出现进步的暂时停顿现象，即练习曲线上的“高原期”，这些都需要依靠坚持，坚持锻炼则进，不坚持锻炼则退。

（5）体育锻炼的循序性。体育锻炼中要循序渐进，决不能一蹴而就。循序性一方面表现在运动量的增加是一个由小到大，加大、适应、再加大、再适应的逐步提高过程。另一方面表现在学生掌握一个动作或一项运动技术，应该注意由易到难，由简单到复杂，循序渐进地进行练习。要教育学生克服急躁情绪，否则，急于求成，勉强作体力和技体不能达到的高难动作，不仅不易掌握，而且会造成伤害。

（四）美　育

1. 美育的特点。美育是形成学生正确的审美观，培养学生感受美、鉴赏美、表现美、和创造美的能力的教育。培养学生爱美的情趣，提高学生感受美的能力；给学生以初步的美的知识和正确的审美观，具有初步的鉴赏美的能力；培养学生表现美、创造美的能力。

（1）形象性：各种形态的美都是以具体的、可感知的形象表现出来的。美育就是通过美的事物的具体的、鲜明的形象来感染人，引起人的美感。无论是自然形态的审美对象，还是社会形态的审美对象，都是一种具体生动的、可直接感知的形象。艺术作品更是具有丰富、生动、典型的艺术形象。这种形象化的教育形式多样，生动活泼，很容易被人们所接受，更容易被可塑性较强、抽象思维能力较差的青少年学生所接受。

（2）情感性：美育是一种情感教育，它是以美的事物激发人的情感，使学生通过亲身的情感体验，产生对客观事物的肯定或否定的审美态度和审美评价，进而在心理上产生感受，在情感上产生共鸣，在性情上得到陶冶。

（3）吸引性：美育主要是靠美的事物的感染。它是寓教于乐之中，寓教于美的享受之中，能激发学生对美的追求，使他们在轻松愉快的欢乐中，不知不觉地接受教育。因此，美育对学生具有巨大的吸引力。

（4）渗透性：美育显著特点渗透到学校教育的各项工作、各个方面，无所不到，无所不有。其过程犹如春风化雨，点滴滋润，潜移默化，逐步熏陶学生心灵的过程。

2. 美育的任务。

（1）培养学生正确的审美观。高尚的审美情感通过对艺术作品和现实事物的美的感受、鉴赏与评价所获得的一种情绪体验。培养学生高尚的审美情感，就是要通过美育使学生对一切美好的事物和现象，产生愉快、满意、积极的情感。

（2）培养学生的审美能力。培养学生的审美能力是美育的重要任务。它包括审美感受、审美欣赏、审美评价、审美创造四个方面的能力。审美感受能力，指学生凭借他的感觉器官从形式上去感受美的能力。审美欣赏能力，指学生凭借他的生活经验、艺术修养和审美趣味，有意识地对审美对象进行观察和品味，从中获得美感和乐趣的一种能力。审美评价能力，主要是培养对艺术的审美评价能力。审美创造主要是引导学生善于在生活中表现美的能力，它包含艺术美、科学美、生活美等多方面的创造能力。

3. 美育对人的全面发展的重要作用。美育不但是全面发展教育的重要组成部分，而且对人的全面发展有重要的促进作用。它能渗透到人的全面发展教育的各个方面，对人的整个身心发展都起着催化作用。

（1）美育对德育的促进作用。美好的事物，可以通过外在的感性形象，反映和满足人们美好的追求。在美育过程中，学生通过欣赏美的事物，产生美的情绪体验，从而“美化”灵魂，陶冶德性。

（2）美育对智育的促进作用。美育所凭借的感性材料和艺术作品是知识的重要来源，是获取知识的一条重要途径。通过它们可以把人们未曾经历过的生活以直接经验的形式表现出来，消除时空的隔阂，开拓人们的视野，增长智慧，获得知识。同时，美育对于智能的开发也具有重要的意义。美育自始至终贯串着形象教育，直接训练感官，提高观察力，丰富想象力，发挥创

造力。

（3）美育对体育的促进作用。体育是一种健与美的有机结合。寓美育于体育之中，有助于学生掌握运动技巧要领，可以使学生体育运动中的动作优美、协调、富有节奏感，注意动作的造型美和旋律美，进而提高体育运动的质量。美育还可以增进学生的身心健康。美的环境能促使学生心情舒畅，促进其身体健康。教育学生注意坐、立、行、卧的正确姿势及仪表美，注意用美的原则指导锻炼，不仅可以防止脊柱弯曲等畸形发展，促进其正常发育，而且可以促进身体的匀称发展，使学生体格健壮，体态优美。

（4）美育对劳动技术教育的促进作用。美产生于劳动，劳动创造了美。美育正是通过对劳动人民创造的产品及艺术作品的美的享受，来激发学生热爱劳动、热爱劳动人民的情感，并引导学生进行体现技术美学的创造性劳动。

总之，美育对德育、智育、体育、劳动技术教育都具有积极的促进作用，它们之间相辅相成，互相促进。因此，美育是人的全面发展教育的一个重要组成部分。我们应该重视美育。

4. 美育的内容。

（1）艺术美。艺术美是以艺术形象反映自然美与社会美。因此，它与现实美相比，具有集中性、概括性。艺术包括视觉艺术、听觉艺术、语言艺术和综合艺术。在学校里主要通过音乐、美术、文学、电视、电影和戏剧向学生进行艺术美教育。

音乐是一种声音艺术。它运用音响、节奏和旋律来塑造艺术形象。中小学音乐教育包括唱歌、音乐知识和音乐欣赏三部分，其中主要是唱歌。通过音乐使学生掌握音乐的基本知识，养成对音乐的爱好，发展音乐的表达才能和创造才能，同时陶冶学生的思想情感，激发他们的学习热情。

美术是一种造型艺术。它运用线条、颜色（光线）、一定的比例关系来塑造艺术形象。中小学美术教育包括图画、雕塑、工艺等内容，其中以图画为主。通过美术，使学生掌握绘画的知识和技能，培养学生的观察力、想象力与创造力。

文学是一种语言艺术。它是以语言文字为工具，形象化地反映自然和社会生活的艺术。在中小学是通过语文教学进行的。语文课的内容包括小说、戏剧、诗歌、散文等。通过对这些优秀文学作品的学习、欣赏，使学生获得丰富的知识，在情绪上受到强烈的美的感染而产生美的情感，从而提高艺术鉴赏的能力。此外，语文教学还要结合作文课和课外写作活动，组织学生进行文学创作的练习，进一步培养学生的文学兴趣，发展学生的文学创作能力。

电视、电影和戏剧是综合艺术。它综合文学、歌曲、音乐、舞蹈的表演艺术，具有很强的感染力。通过组织学生观看电视、电影和戏剧可以使学生增长知识，帮助学生认识生活、丰富感情、提高审美能力。因此，在美育过程中教师应适当地组织学生观看符合学生特点的文艺演出，并加以指导。

（2）自然美。学生生活在大自然的环境中，大自然中的景物，千姿百态，绚丽多彩，充满了美的因素。辽阔的原野，巍峨的山岳，葱郁的森林，碧绿的湖水，奔腾的江河，浩瀚的海洋各有其美的特色，这些都是美育取之不尽的极好教材。

教师可以组织学生旅行、游览、参观名胜古迹，并结合讲述历史故事、神话传说、名家名篇，特别是讲述当地的历史地理、自然景物、风土人情等来加深学生对美的感受，提高欣赏自然美的能力，此外，也可以通过指导学生写生、摄影、采集标本、吟诗填词、写游记等来发展学生的创造美、表达美的才能。

（3）社会美。在社会美中，要为学生创造一个美好的学习、生活环境。学校应经常保持着有纪律、有秩序的良好学习条件和整洁美观的学习环境。家庭应安排得整洁、朴素、美观，社会上要有良好的社会秩序，高尚的社会公德，文明的公共场所。这样，使青少年学生在生活中，到处受到社会美的熏陶，充满朝气。更重要的是要在学生集体中创造一个美好的群体环境，要求学生既有外在的生理美和装饰美，又要有内在的风度美和精神美。生理美的标志是指学生有强健身体，端正的姿势，匀称的姿态，显示出学生的青春活力。讲究装饰美，是中学生追求美的重要方面，应该要求学生衣着整洁合身，注意色彩的和谐，款式的朴实大方，线条简洁，而不在于衣着华丽和衣料质地高贵，一般无须多加修饰，应力求做到自然，而不要涂脂抹粉，戴耳环、涂指甲。风度美，在行为上要求学生谦让有礼，热情开朗，表里一致，作风正派，遵守秩序及公共道德；在语言上要求学生谈吐文雅，谦逊、温和。精神美，是一个人的最本质的美，包括思想、意识、道德、情操、意志、智力、兴趣、爱好等方面，其主要内容应是培养学生具有革命的理想、高尚的情操和健康丰富的精神生活。

5. 实施美育的途径和要求。

（1）实施美育的途径。学校美育主要是通过各科教学，特别是文艺学科的教学进行的。此外，通过课外、校外活动以及学生的日常生活，社会和家庭对学生进行美的熏陶。

①通过各科教学特别是文艺学科进行审美教育。文艺学科（音乐、美术、语文）的教学是学校实施美育的主要途径，但不是唯一途径，而是要把美育渗透到各科课堂教学中。

通过各科教学向学生进行审美教育，首先通过各科教材内容，向学生进行审美教育。教师应把教材中美的因素与一般的知识性内容组合在一起，内化到教师头脑中并与自己已有的审美观念相融合。然后通过教学手段将教学内容展现在学生面前，随着教学内容向学生传授，使学生逐步体验到教学内容中的美感。其次，通过良好的教态（包括教师的仪表、举止、神情、风度、品格等）向学生进行审美教育。在仪表上保持纯朴和明朗，切忌过度修饰和造作。在举止神情上应是乐观开朗、生机勃勃、充满活力，既不能萎靡不振，也不能随心所欲；在风度品格上，要尊重学生、爱护学生、热情、公正、不偏心、不歧视。再次，通过教师的语言美和板书美，向学生进行审美教育。教师的语言要表达清晰、生动形象、有节奏的轻重快慢、高低起伏的变化以及含蓄、幽默等；教师的板书要具备优美的书法，配合教学内容所作的图示、图画都会给予学生美育的感染。

②通过课外、校外活动进行审美教育。学校美育要通过丰富多彩的课外和校外活动进行，可组织学生开展各种文艺性活动或组织参观、旅行、生产劳动等，也可以组织各种文艺小组，开展课外活动。在活动中，通过美的对象，使学生对具体形象直接感受，激发学生感情的活动，从而产生愉快的情感体验，在受到美的感染的同时，认识和理解美和丑的本质及其意义。

③通过社会日常生活进行审美教育。美育的特点就是让学生在耳濡目染、潜移默化中不知不觉地接受教育。所以，从学校到家庭、社会为学生创设一个美好的环境，向学生进行美的熏陶。

（2）实施美育的要求。实施美育既要符合美学原理，又要符合教学原理。为此，在实施美育过程中应遵循以下要求。

①思想性和艺术性相结合。美育的思想性，是健康的、先进的、革命的思想。美育的艺术性，是指表现内容的艺术形象较完美，有较高的审美价值。在实施美育中就是要把革命思想性和完美的艺术性紧密地结合起来。

贯彻这一要求，教师使用的美育教材，要选择政治思想好的，艺术性高的作品。在课外活动中，教师对学生的美育活动要加以积极指导，引导他们多开展健康的活动，多阅读好的书刊。对于思想内容健康、政治上无害、艺术水平较高的作品，也可以在教师指导下，让学生接触一些，以满足青少年丰富精神生活的需要。对思想上有害的、艺术性较强的作品可作为反面教材，在教师的严格指导下，引导学生进行分析，提高学生的鉴别能力。对那些低级庸俗、黄色的、反动的作品要坚决禁止，抵制腐朽的资产阶级思想及生活方式对学生的污染。

②情绪体验和逻辑思维相结合。实施美育的过程是情绪体验的过程。学生在感受形象时，就引起情绪的体验，随后，对被审美对象逐步以逻辑思维加以思考，美的情绪体验也就逐步加深，情绪体验又反过来推动逻辑思维进一步分析作品，提高认识。因此美育过程是情感与思维交织的过程，在美育过程中应在培养学生情感的同时，注意逻辑思维的发展。

③艺术内容与表现方法的统一。美育过程中，作品的艺术内容总要通过一定的方法表现出来，艺术的方法是为表现内容服务的。两者的统一才能保证艺术价值的表现和审美教育的效果。因此，在美育过程中既要使学生钻研艺术内容，加深理解；又要使他们了解艺术的表现方法，掌握表现的技能与技术。

④内在美与外在美的统一。人的形象美包括内在美和外在美两个方面。外在美指人的面容、体态、肤色、语言、服装、方式等等；内在美指人的思想、感情、志趣、才学、道德、理想等。从一个人的外表可以窥测他的心灵，人的心灵又影响着外表。但是并不能把内在美与外在美完全等同起来，更不能把外在美作为衡量一个人美与丑的唯一尺度。对整个人的美与丑起决定作用是人的内在美，而不是外在美。

在美育过程中，贯彻这一要求，要教育学生树立远大的革命理想，陶冶爱国主义情操，养成正直、诚实等高尚美德。与此同时，还要要求学生语言美、行为美，注意衣着整洁、朴素、大方、美观。

### （五）劳动教育

劳动教育是指培养学生的劳动观点与习惯，并使学生初步掌握劳动的基本知识、技能和进行基础的技术教育。培养学生正确的劳动观和兴趣，形成良好的劳动习惯和热爱劳动的品质；使学生具备一定的生活能力并掌握简单

的生产劳动技术。

每一门课程及教学内容都应根据教育自身特点、社会发展的需要、科技发展的趋势和学生身心发展的要求，精选学生终身发展所必需的基础知识和基本技能；同时关注学生的学习过程，教给学生科学的学习方法和策略，引导学生学会学习；教学内容应联系学生的生活和社会实际，对学生的成长有教育意义，能潜移默化地培养学生正确的世界观、人生观和价值观，引导学生形成正确的价值选择，具有一定的社会责任感。

## 三、教学内容的类型

课程的类型是按照课程设计的不同性质和特点形成的课程类别，每种类型的课程都受一定的课程设计思想的影响。在课程的理论与实践中，典型的课程类型主要有：必修课程与选修课程，学科课程与活动课程，分科课程与综合课程，显性课程与隐性课程。

### （一）必修课程与选修课程

这是根据课程计划对课程实施的要求划分的两种课程类型。

必修课程是指同一学年或某一学科专业的全体学生必须学习的课程，是为保证所有学生的基本学习而开发的课程，其主导价值在于培养和发展学生的共性。必修课程的根本特性是强制性，是社会权威在课程中的体现。在各级各类学校教育中，由于教育目的和具体的培养目标不同，存在着不同的必修课程。

选修课程是指依据不同学生的特点与发展方向，允许学生按照一定规则自由地选择学习的课程，是为适应学生的个性差异而开发的课程，其主导价值在于满足学生的兴趣、爱好和需要，培养和发展学生的个性。选修课程一般分为限定选修课程与任意选修课程两类。限定选修课程是指在规定的范围内学生按一定的规则选择学习的课程，比如学生必须在若干组课程中选修一定组数的课程，或在若干门指定的课程中选修一定门数的课程。任意选修课程则是不加限制，由学生自由选择学习的课程。

必修课程与选修课程是现代学校教育不可或缺的两种课程类型，它们之间的关系表现为以下几方面。第一，必修课程与选修课程在根本的教育价值观上具有内在的一致性、统一性。从课程价值观看，必修课程与选修课程之间的关系可以归结到“共性发展”与“个性发展”的关系层次。必修课程的直接价值在于“共性发展”（也可称作“公平发展”），即一切人均应享有平等的受教育机会，对每一个人都施以实质上公平的教育，也保障每个学生在一些方面获得共同的发展。选修课程的直接价值在于“个性发展”，即施以适合每个人的能力倾向和个性特点的教育。在当代，“共性发展”与“个性发展”是对立统一的。“共性发展”只有在适应每一个人的个性差异的时候，才不至于成为一纸空言。“个性发展”也只有建立在教育公平即“共同要求”的基础上才不至于成为空中楼阁。第二，必修课程与选修课程具有等价性，即二者拥有同等重要的价值和地位。必修课程与选修课程是相对独立的课程领域，彼此之间不分主次轻重关系，选修课程不是必修课程的附庸或陪衬。两者相辅相成，构成有机的课程整体。第三，必修课程与选修课程互相渗透、相互作用，两者有机统一。必修课程不排斥选修课程，从长远看，它是为了学生更好地发展选择能力。在必修课程的学习过程中，同样需要尊重学生的个性差异，鼓励学生合理选择学习内容与方法，鼓励学生发挥个性特长。选修课程也不是随意的、浅尝辄止的学习，而是经由共同标准的评估保证的有效的学习。

### （二）学科课程与活动课程

这是根据课程内容所固有的属性来区分的两种课程类型。

学科课程是以学科的形式来组织教学内容的一种课程，是以人类对知识经验的科学分类为基础，从不同的分支学科中选取一定内容来构成对应的学科，从而使教学内容规范化、系统化。其主导价值在于传承人类文明，使学生系统掌握人类积累下来的文化知识。

学科课程是按照科目组织起来的教材，它有助于系统传播人类文化遗产，比较符合认识规律和教学规律，可使学生在较短的时间内习得必需的系统的基础知识、基本技能，形成一定的认识能力和思想观点，有助于组织教学和评价，便于提高教学效率。但是，学科课程要求以系统学科知识为中心，它必然会存在以下的局限性：第一，由于学科课程是以知识的逻辑体系为核心组织起来的，容易导致轻视学生的需要、经验和生活，从而影响到学生的实践能力和创新能力的培养；第二，每一门学科都有其悠久的学术传统，都有其相对独立的、稳定的逻辑体系，容易导致把学生禁锢在书本知识的封闭的学科知识体系中，导致远离或忽略当代社会生活的现实需要，忽视学生的社会性发展和影响到学生的身心健康；第三，学科课程传递的是事先编好的具

有现成结论和答案的各科教材，尽管这是十分必要的，但不利于为学生提供学科以外的综合信息；第四，学科课程关注的是学生掌握现成的知识结论，容易导致单一的教学组织和划一的讲解式教学方法，不利于充分实施个别化教学和探究性教学。

活动课程是指打破学科知识逻辑组织的界限，以学生的兴趣、需要和能力为基础，通过儿童自己组织的一系列活动而实施的课程。其主导价值在于使学生获得关于现实世界的直接经验和真切体验。活动课程有以下基本特征。一是活动的自主性。活动课程赋予了学生学习的自主性，学生既可以在教师的引导下，按照大多数人的意志和要求准备内容、安排活动、培养自主意识、发挥主体作用，也可以根据自己的兴趣和意愿，选择自己喜爱的活动项目，发挥各自的个性特长。二是内容的广泛性。活动课程的内容是面向学生的生活世界开放的，不受学科知识的限制。三是过程的实践性。活动课程的实施是建立在学生的活动经验和活动过程基础之上，强调学生通过一系列的实践活动获取经验，形成知识。四是个体的创造性。活动课程能发挥学生的创造性，在活动中学生不断地改变着自己的经验和行为方式，进而实现着不断的文化创新。五是形式的多样性。活动课程的实施不强求学生固定地采取哪种活动方式和活动过程，活动方式和过程因人而异、因情境而异、因任务而异。六是结果的非唯一性。活动课程的目标是针对学生的现实生活需要，针对学生的个性差异，在数量上和质量上有多种可能，使得控制的弹性大大增加了，结果具有多样性。

活动课程重视发挥儿童学习的主动性，强调课程基于儿童的现实生活，基于儿童的兴趣和需要，旨在培养具有创新精神和实践能力的、具有个性的主体，因此具有以下优点。第一，活动课程能突出学生的主体性。活动课程强调学习者的直接经验的价值，把学习者的经验及其生长需要作为课程内容及其目标的基本来源，充分满足学习者的需要、动机、兴趣，因而，学生能成为学习的真正主体。第二，活动课程能培养学生的生活能力。活动课程打破传统的学科课程的框架，以生活题材为学习单元，使知识与生活相联系，它面对的不是系统的文化知识体系，而是学生鲜活的生活经验、丰富的生活背景和多样化的生活情景中的问题，让学生通过生活来学习，在学生通过生活来学习的同时，又促进了学生生活能力的发展。即让学生在生活中接受教育，在教育中学会生活。第三，活动课程能培养学生的实践能力。活动课程的学习方式是实践，是学生基于已有的知识和经验，运用必要的工具，采取多样的实践形式，从而获取大量的直接经验。实践的意义在于为学生提供接触自然、社会的机会，使学生形成对自然、社会和自我的整体认识，发展他们的探究精神和问题意识，获得参与实践的积极体验和丰富经验，有利于学生创新精神和实践能力的发展，有利于学生综合素质的提高。

但是，活动课程的缺陷也很明显。第一，活动课程容易导致忽视系统的学科知识的学习。该课程的实践过程往往导致实施者纵容儿童，沉醉于儿童的某种偶发动作，容易随着学生的兴趣而转移，难以发挥教师的主导作用，走向“儿童中心主义”，因而不能保证学生获取系统的科学知识和技能。第二，活动课程容易导致“活动主义”，忽略儿童思维能力和其他智力品质的发展。该课程的实践者往往把活动课程误解为让儿童随意地从事一些肤浅的、缺少智力价值的操作活动，从而忽略了儿童深层的心理品质的发展。第三，活动课程实施难度大，难以达到预期目的。该课程的组织要求教师具有相当高的教育艺术，这一点对于长期以来已经习惯了班级授课制和课堂讲授法的广大教师而言是很难适应的。

学科课程和活动课程是学校教育中两种基本的课程类型，两者既有区别又有联系。两者的区别表现为：学科课程传递的主要是人类长期积淀的生产和生活的系统经验，主要目的是让学生接受间接经验；活动课程的主要目的是让学生获取直接经验。学科课程是以学科的逻辑体系来安排组织的；活动课程则是依据学生的兴趣、需要来安排学习内容，强调一种整合性学习。学科课程的教学组织形式主要是班级授课制，教学内容和方式具有同一性；活动课程的教学方式灵活多样，可以照顾学生的不同需求。学科课程的教学侧重于让学生掌握现成的知识，过多关注教学的结果；活动课程的教学侧重于让学生获取生成性的直接经验，注重学生的实际操作和真实体验，过多关注教学的过程。

学科课程和活动课程具有内在统一性：活动课程并不排斥逻辑经验的教育价值，并不是要使课程脱离系统学科知识的轨道，而是给系统的学科课程增添时代的源泉和生活的活力，活动课程所排斥的是脱离学生生活经验的逻辑经验；同样，学科课程也不排斥学生的生活经验。学科课程与活动课程虽各有侧重，主张不一，但两者各有利弊，可以互为补充。学科课程的缺陷可以在活动课程中获得一定程度的克服，反之亦然。总之，学科课程同活动课

程两者并不是相互对立、相互排斥的。学科课程是相对活动课程而言的。它们之间是相辅相成，相得益彰的。

### （三）分科课程与综合课程

这是根据课程内容的组织形态来区分的两种课程类型。

分科课程是以人类对知识经验的科学分类为基础，根据学校培养目标、教学规律和一定年龄阶段学生的发展水平，分别从各分支学科中选择一定内容，组成各种不同的学科，彼此独立地安排它们的教学顺序、教学时数和教学期限的一种课程组织形态。分科课程以学科知识为中心，强调一门学科知识的逻辑体系的完整性，其主导价值在于使学生获得逻辑严密和条理清晰的系统完整的文化知识。

综合课程是把若干相邻学科内容加以筛选、充实后按照新的体系合而为一的一种课程组织形态。其实质是采用各种有机整合的形式，使教育系统中分化了的各教学内容要素及各成分之间形成有机联系的整体。这种课程超越了学科中心主义课程和儿童中心主义课程，其主导价值在于通过相关学科的整合，促进学生认识的整体性发展并形成把握和解决问题的全面的视野与方法。

综合课程作为一种新的课程形态，其内涵主要包括五个层面的整合。第一个层面是相邻知识系列的整合。这是最直观、最基础、最容易实现的整合，比如代数、几何、三角等知识系列的整合。第二个层面是性质相近学科的整合。这是基于相邻知识系列有机联系起来的、比较容易实现的整合，比如物理、化学、生物整合形成的“科学”。第三个层面是人文、自然和社会学科的整合。比如，为了帮助人类正确理解人、社会、科学和技术之间的价值与非价值、正功能与负功能、意义的确定性与不确定性共存的复杂关系，人们便创立了“科学－技术－社会课程”。第四个层面是文化的整合。学科课程对文化发展在具有选择性的同时也强化了封闭性，使得学校里的教育内容与社会发展中的文化发展之间出现了严重的割裂。综合课程便着力构建课程的开放与选择相统一的机制，从而保证新知识能及时进入课程与已有知识形成有机整体，实现教育内容变化与文化发展之间的整合。第五个层面是学生与文化的整合。综合课程追求的最高理想，就是实现学生与文化的整合，让教育内容成为学生自由和谐全面发展的优化的环境、土壤和养料。

分科课程与综合课程是两种不同组织类型的课程。分科课程是一种单学科的课程组织模式，它强调不同学科门类之间的相对独立性，强调一门学科的逻辑体系的完整性。综合课程是一种多学科的课程组织模式，它强调学科之间的关联性、统一性和内在联系。从学科发展呈现的既分化又综合的趋势看，两类课程之间是彼此独立不可替代的，但又存在内在联系。首先，分科课程与综合课程的区分是相对的，分科课程总包含着知识之间某种程度的综合，而开发出的一门综合课程又总是呈现出某种分科形式。其次，分科课程与综合课程又是相互依赖、相互作用的。一方面，不同分科课程之间存在明显的区别，但总有一定的内在联系。另一方面，综合课程并不是不顾及学科逻辑，以牺牲学科体系为代价，而是从某种观点，以某种方式对分门别类的学科逻辑的超越。

（四）显性课程与隐性课程

1. 显性课程。显性课程是指一个学校或教育机构中要求学生必须通过学习并通过考核，达到明确规定的教育目标，以获取特定教育学历或资格证书的课程。它是学校教育中有计划、有组织地实施的“正式课程”或“官方课程”。其主导价值在于让学生获取一定的教育学历或资格证书。

2. 隐性课程。隐性课程是指一个教育系统或教育机构中，学生在整个教育环境中所获得的那些非预期或非计划性的、非正式的、非官方的经验，它不作为获取特定教育学历或资格证书的必备条件，却可以丰富、完善学生的综合素养。其主导价值在于使学生获得特殊的教养，使学生成为一个有特殊教养的人。

隐性课程具有以下特征。第一，隐性课程的影响具有弥散性和普遍性。隐性课程的影响可以说无处不在，只要存在教育活动，就必然存在隐性课程的影响。第二，隐性课程的影响具有持久性。许多隐性课程对学生的影响都是通过心理的无意识层面产生的，如学校物质文化环境对学生的熏陶，教师人格和行为对学生的感染等，这些影响都是潜移默化的，而且是持久的。第三，隐性课程的影响是双重的，既可能是积极的，也可能是消极的。教育者的教育艺术集中体现在如何发挥隐性课程的积极影响而减少隐性课程的消极影响上。第四，隐性课程的内容是学术性与非学术性的综合体。一般来说，隐性课程是偏重于教育经验，如隐含于班级和学校的组织结构、行为规范与准则、人际交往方式等方面的隐性课程的影响。但它并不完全排除学术性的内容，例如同学之间的知识交流、教师认知方式和教学方式对学生思维方式

的影响等。

3. 显性课程与隐性课程的关系。

（1）显性课程与隐性课程的区别。

显性课程与隐性课程是两种不同的课程类型，两者在性质、特点、功能等方面是各不相同的，其中最显著的区别是课程的呈现方式：显性课程的呈现方式是直接的、外显的方式；隐性课程的呈现方式是间接的、内隐的方式。

（2）显性课程与隐性课程的联系。

①并列关系。显性课程和隐性课程并非主从关系，而是相互对应和相互独立的，各有自己独特的内容、设计模式等，是两种独立的课程形态。

②递进关系。显性课程和隐性课程是相互促进的，在相互依赖中共同发展。一般来说，显性课程在其自身的运动过程中，通过普遍性的经验积淀，逐渐形成新的隐性课程，推动隐性课程的发展。反过来，隐性课程又会为显性课程提供直接经验或社会政治、价值体系的支柱等。

③转换关系。显性课程和隐性课程的关系不是静态的，而是一种互动辩证的关系，两者是可以相互转换的。显性课程的实施总是伴随着隐性课程，因为课程的实施者是教师和学生，他们是以自主性、能动性和创造性为特征的两类主体，这就决定了课程的实施过程具有不可预期性，必然存在着非计划性、非预测性的教育影响，必然存在着隐性课程。另一方面，隐性课程也在不断转化为显性课程，人们可以通过有意识的设计和组织，使隐性课程转换为显性课程。

④互补关系。显性课程和隐性课程对学生的影响是客观存在的，两者有着互补的教育功能，共同促进学生的发展。如果只把学生局限于狭隘的课堂里，仅学习有限的学科，那就不利于学生的身心发展。当今的学校教育已使学生摆脱了课堂教学的局限，使他们从学校生活的气氛、人际关系以及各种文化活动中接受教育，以弥补正规教育的不足。所以只有显性课程和隐性课程彼此支持、相互补充，学生的学习才会有成就。

## 四、教学内容的组织

### （一）从教学过程的要素来组织教学内容

1. 基本内容。指教学所涉及的主要概念、公式和原理。

2. 提供例证。指在教学活动中使用的、标示和证明教学基本内容的那些具体直观的例子。

3. 刺激方式。指选择一定的方式方法使学生接收到例证所代表的信息内容。这实际上是一个与教学传媒选择有关的问题。

4. 学习类型。指教学活动过程中让学生进行何种学习。这可以借用加涅关于八类层级学习的模型作为分析依据。

5. 学生反应。指要求学生以某种方式来表明自己的学习所得。其实是让学生完成特定的作业。

6. 反馈。指让学生了解自己学习的进展情况或有关的结果。

7. 评价。指对学习结果进行测定与判断。这要求做好有关测验项目方面的准备工作。

教学过程中有关内容的组织安排可以按照上述七个过程要素着手进行。比如，在明确了“表面”这一概念是教学的“基本内容”之后，就可“提供”水的表面、纸的表面、固体的表面、物体的内表面和外表面、图形中的物体表面等作为具体而直观的例证。“刺激呈现”则可选择实物，也可以选择现场、绘图、图片、电影、录像、教师陈述、实地采访等形式。对学生则可以要求其作出书面回答、向老师和同学讲述、操作有关材料等的“反应”。这一学习类型属于“多重辨别”和“概念学习”。其间，教师可通过自己的言语表达、让其他学生作出某种反应、用正确的事例与学生自己的陈述作对比等方式为学生提供“反馈”信息。最后，可要求学生列举若干能说明“表面”这一概念的新事例，以此作为测评教学效果的依据。

（二）教学形式的组织

1. 讲解的形式。该教学形式以教师说明、阐述为主来组织教学内容。这一形式的长处是能把教学内容的新信息较快地向较多的学生传输，当然这要求教师用学生易于理解的语言加以表达。但是，在这一形式下学生通常处于被动地位，少有机会表达自己的反应，教师也难以获得学生的反馈信息。这种讲解形式虽有不足，但仍有应用价值。该教学形式的适用情况：（1）当教学目的主要是同化信息，即理解知识时；（2）当缺乏现成的可利用的学习材料时；（3）当教学内容需要重新组织，并以特殊的方式为特殊对象呈现时；（4）当必须唤起学生对某一课题的兴趣时；（5）当只要求学生在短时间内记住教学内容时；（6）当只是为了介绍某一领域或某一学习课题的背景情况时。

其教学组织应抓好以下主要环节：（1）让学生明确本次课的教学目标，

形成相应的心理定势，产生学习的需要，激发学习动机；（2）回顾先前学过的有关内容，形成从已有知识到新内容的适当学习梯度；（3）自然而贴切地引出新的教学内容；（4）揭示新的教学内容的关键所在，并抓住重点、突出难点、解决疑点；（5）安排新学内容的应用，对此应作循序渐进的练习安排，即先易后难、先具体后抽象、先单项后综合；（6）教学过程中对学生要及时给予反馈和进行应有的评价。

2. 提问的形式。该教学形式以教师提出系列问题为主来组织教学内容。这一形式的“问”与“答”之间的师生互动能活跃课堂教学气氛，激发学生的学习兴趣和探究心理，也能使教师较为及时地获得教学的反馈信息，较快地了解学生的学习情况。但是，这一形式对教师有较高的要求：必须针对教学目标，围绕教学内容精心准备一系列问题，包括进一步深究的问题；要把提出各个问题与简明扼要的讲述有机地结合起来；要善于与学生交流、沟通，能娴熟地对学生的回答作出反应，能从学生的回答中了解隐含的意思。另外，这一形式颇受个别差异的影响，就学生而言，存在着认知风格上的差异；就教师而言，存在着驾驭不同难度问题的能力差异，当班级群体稍大时，该教学形式就难以顾及全体学生。

3. 小组的形式。该教学形式主要是将班级分成若干个小组来组织教学。这一形式把班级分为若干小组，让学生主要在小组内相互间通过交谈、讨论来学习教学内容。这一形式需要小组成员间的相互合作、支持、帮助，故也是一种合作学习。这一形式能使小组中每个成员都参与到学习活动之中，所以成员的学习积极性普遍较高。而且，通过小组形式的学习不仅使学生掌握了教学内容，而且能促进他们的人际关系和社会性发展。当然，这一教学形式的成功取决于教师的教学组织能力，尤其是对分组、活动的把握要恰当。研究表明，小组形式的分组要根据学生的人际关系，且以每组 5 ~6 人、每次小组交谈活动约 10 分钟为宜。

4. 讨论的形式。该教学形式以围绕教学内容提出论题、组织讨论为主。这一教学形式要求学生根据教师所提出的问题，相互交流、启发，得出结论。这一形式以学生自身为中心，学生处于主动地位，容易被激发起主动性和积极性。此外，讨论教学形式不仅有助于学生锻炼演讲和表达能力，而且可以培养他们倾听和接纳不同观点、集思广益的心态。在人文和社会学科的教学中，这一形式能使学生彼此启迪、深化认识。当然，对于低年级的或心理发展水平尚低的学生，对于缺乏相关知识经验背景的学生，对于基础数学或语言学科中较为高度一致的概念、原理等内容的教学，一般均不宜使用这一教学形式。其步骤如下：

(1) 准备阶段。组织的内容应该针对教学内容中的重点、难点，或具有不确定的、不一致性的论题，同时应该把握讨论内容的数量和难度，一般每次确定一至两个论题即可，难易要适度，顾及多数学生的状况，过易或过难都要避免。

(2) 展开阶段。教师要发扬民主、鼓励发言，给讨论的展开提供各种必要的支持，要使交流讨论围绕论题中心，避免纠缠于细枝末节，还要善于概括讨论中出现的具有普遍性的典型看法，善于发现讨论中出现的有争议的焦点，善于引导沟通，使问题讨论渐趋明朗。

(3) 总结阶段。应该对本次讨论涉及的诸多方面作总结，包括那些值得肯定和注意的地方。

5. 复习的形式。复习课是巩固所教内容的一种课型。复习课要让学生加深对所教内容的理解，并为后继学习打下基础，就必须关注“系统化”和“拾遗补缺”，切忌简单练习和机械重复。

复习课的教学组织应力求“旧中有新、新中有旧”，“新”就是复习中有一定的新意。为此应注意以下几点：①复习时同一内容应以不同形式呈现，以不同事例作佐证；②复习时应抓准重点、难点和问题症结，力求复习有针对性；③复习时应把已教过的内容作系统的梳理，帮助学生形成知识网络，加深对所学内容的理解和把握，提高复习后应用所学知识的能力和迁移水平。

需要指出的是，对于各种教学形式既要考虑各学科的长处和局限，又要考虑教学的学科性质、具体内容以及学生特点等因素，同时还可以结合具体情况和条件综合交替运用。

## 五、教学内容的选择

### (一) 教学内容选择与确定的依据

1. 要依据学生身心发展规律的要求来确定教学内容。教学内容的安排应反映学生身心发展的年龄特征，即应注意到学生身心发展的阶段性、顺序性、连续性、整体性对教学内容安排的要求。教学内容的确定必须兼顾学生年龄阶段顺序和思维发展顺序，又必须兼顾知识技能的逻辑顺序，还应注意到教

育教学活动展开的逻辑顺序；教学内容的确定还必须注意到学生身心发展的发展性，即教学内容的确定必须不仅以促进学生身心发展为目的，还应当站得高些，具有一定超前性，以引导学生的发展；教学内容的确定还必须从学生身心发展的整体性出发。就个体来说，生理和心理，认知、技能与情感，乃至身心的各部分都是一个不可分的整体。教学内容的安排也应当从下述这个特点出发：既要有育心的内容，也要有育体的内容；既要有育智慧的内容，也要有育技能的内容，还要有育性情的内容。也就是说，应当从学生身心发展的实际和客观需要出发，科学合理、全面完善地确定德、智、体、美、劳等各方面的内容。

2. 要根据不同时期受教育者身心发展的特点和水平来确定教学内容。当代学生身心发展的总特点是提前和加速，水平不断提高，现在高于过去。教学内容也要根据这种特点和水平来安排。现在的教学内容无论是量还是质都远远超过了过去，这就是现代学生身心发展特点和水平的客观要求。

（二）教学内容选择的基本取向和原则

1. 教学内容选择的基本取向。

（1）教学内容即学科知识。人们一般把教学内容理解为学生将要学习的学科知识，知识的呈现方式则采用事实、原理、体系等形式。即使在今天，世界各国的教育教学实践仍然把学科知识作为教学的主要内容。这是因为学科知识具有很强的系统性、完整性，能使教师和学生明确教与学的内容，从而使课堂教学工作有据可依、井然有序。在实践中会体现以下几种特点：教学内容的体系按照科学的逻辑进行组织；教学内容是社会选择和社会意志的表现；教学内容是既定的、先验的、静态的；教学内容是外在于学习者的，而且是凌驾于学习者之上的——学习者服从课程，在课程面前是接受者的角色。

（2）教学内容即学习活动。学习活动取向对教学内容即学科知识提出挑战，活动取向的重点是放在学生做些什么上，而不是放在学科知识体系上。以活动为取向的课程，特别注意课程与社会生活的联系，强调学生在学习中的主体性，它关注的不是向学生呈现些什么内容，而是让学生积极从事各种活动。其特点是强调学习者是课程的主体以及学习者作为课程主体的能动性，强调以学习者的学习兴趣、需要、能力、经验为中介来实施课程；强调活动的完整性，突出课程的综合性和完整性，反对过于详细的分科教学，强调活动是人心理发生发展的基础，重视学生活动的水平、结构、方式，特别是学习者与课程各因素之间的关系。

然而，教学内容的活动取向往往注重学生外显的活动，无法看到学生是如何内化课程内容的，容易使人只注意表面上的热烈而忽视深层次的学习结构，从而偏离学习的本质。

（3）教学内容即学习经验。当教学目标的基本来源主要是学习者的需要的时候，学习者的经验就成为教学的主要内容。这种取向的一般特点是：课程往往是从学习者的角度出发设计的。课程是与学习者的个人经验相联系、相结合的，强调学习者作为学习的主体。

把教学内容视为学生的学习经验，必然会突破外部施加给学生的东西。从某种意义上说，学生已有的认知结构、情感特征对课程内容起着支配作用，它们是受学生控制的。知识只能是“学”会的，而不是“教”会的。然而，又是在“教”的影响作用下“学”会的。把教学内容视为学习经验，增加了课程编制研究的难度。

在课程论发展史上，不论主张“教学即学科知识”的学者，还是主张“教学内容即学习活动”的学者，都很少有人完全否认学习者的经验的重要性。只不过他们认为，学习者的经验只有被塑造为学科知识或适合了当代社会生活的需求才是理想的，至于学习者本人的一些直接经验，则是需要改造或替代的东西。同样，倡导“教学内容即学习经验”的学者，也很少有完全否认学科知识和当代社会生活经验的价值的，只不过他们认为，所有学科知识和社会生活经验只有经过学习者自己的主动选择并转化为学习者人格发展的需求时，才有意义。由此可见，这三种教学内容的取向，都有其各自的合理因素，但也有各自的不足之处。因此，把它们简单地对立起来，或顾此失彼，或用形而上学的方式静止地看待它们，都是不足取的。

2. 教学内容选择的原则。课程改革的一个重要趋势是尊重学习者的主体意识，呼唤学习者的个性发展，在教学内容的选择上以学习者的经验为主导取向，即以学习者的经验为核心整合学科知识、整合社会生活实践。因此，在选择教学内容时既要考虑到学生方面的因素，也要考虑到学科知识价值的问题和知识与能力的关系问题。一般来说，选择教学内容时要求遵循以下原则。

（1）目标性原则。教学目标作为课程编制过程中最首要的组成部分，对

教学内容的选择起着指导作用。内容选择必须依照目标，即有什么目标，便有什么内容，让目标和内容取得一致。

（2）基础性原则。教育的基本任务是要使学生有效地掌握人类文化遗产中的精华，并充分发展学生的各方面能力，以适应未来社会发展的需要。因此，所选的内容不仅应包括使学生成为合格的社会公民所必备的基础知识和基本技能，同时也应包括学生继续学习所必需的知识、技能和能力。当代社会信息量日益激增，知识更新速度加快，学生不可能在学校教育有限的时间内吸收全部信息，掌握人类全部知识，因此，教学内容应选择学生终身学习必需的基础性知识和技能。

（3）心理性原则。教学内容是为特定教育阶段的学生而选择的，是为学生学习服务的。内容选择必须考虑学生的需要和兴趣，适应学生的身心发展水平，这样才能便于学生更好地学习和掌握。

（4）生活性原则。学生是现实社会的一分子，是未来社会生活的主人。他们在校期间所学的内容将直接或间接地影响到他们现在和未来的学习、生活和工作。所以，教学内容应该考虑到让学生了解社会，接触社会，掌握一些解决社会问题的基本技能。即在选择内容时，应该尽可能地联系社会需要，以便学生所掌握的知识技能可以较好地发挥社会效用。

## 六、教材内容的分析

### （一）教材内容的宏观分析

1. 钻研课程标准，准确把握教学内容在课程体系中的地位和作用。一般来说，课程标准是国家对学生课程学习掌握标准的统一要求，是教师教学的主要依据。在开始整个课程的教学之前，教师通过深钻课程标准，既可以领悟所授课程在学校课程中的地位、教学主旨和要求，又能对课程所覆盖的主要课题、要目或章节及其教学要点做到心中有数。在对具体内容的教学时，教师通过钻研课程标准，可以深化对不同层次的事实、概念、原理和规则等教学内容纵横联系的认识，准确把握每一教学单元及其基本概念、基本原理和基本方法的地位和作用，避免“只见树木，不见森林”的教学失误，有分寸地处理好每一教学内容。

2. 了解教材的组织方式，分析教学内容的编排意图和特点。有效驾驭教材，必须充分了解和明确教材编排所依据的理论，前面分析了目前教材组织比较流行的三种理论观点。其实，多数教材在编排时或者以某种理论为主，或者几种理论交叉运用。如果明确了教材所依据的编排理论，就能更加有效地把握教材编排的意图和特点，这样，就更易于驾驭教材。教学实践表明，在单元教学的过程中，教师若能将所属篇章乃至全书的整体结构告诉学生，反复强调核心概念、原理和规则，既有利于学生所学知识的结构化，更能激发学生学习的主动性，减少其盲目学习行为，增强他们对学习过程的满意度。为此，在着手新知识或单元的内容分析时，教师首先必须深入领会教材编写者的思路和意图，从整体上把握教材的编写方式、体例和特点。

3. 紧扣学科核心概念，确定教学中的重点难点。在从宏观上把握课程体系以及新知识的地位和作用之后，教师应紧扣学科核心概念，区分教学内容中的重点难点，以避免教无章法，平铺直叙。一般来说，教学内容中的重点难点往往是课程体系中起上下联系和纵横贯通作用的联结点，亦即教学必须突破的基本概念、原理、规则和方法。可见，教师分析教学重点和难点的过程，也就是依据课程标准和单元教学目标，逐步分解和剖析教学内容中的基本概念、原理、规则和方法的过程。

### （二）教材内容的重组与改选

虽然所有教材都以大多数学生为假想的适宜学习对象，但实际上任何一种版本的教材要完全适应具有不同智力发展水平、情感、生理和社会经验、文化背景等特点的每一个体，是相当困难的。因此，教师在进行教学内容设计时，既要立足教材，又要具有改进和完善教学内容的勇气，实现教学内容的重组和最优化组织。我国教师在教材处理方面摸索出了一些独到的方法，如“简、详、增、匡、慎”的五字法。尽管学科和学生特点以及教学目标的差异会影响教材处理的路径和方法选择，但是教师在重组和改选教材时，可依据以下思路通盘考虑。

1. 依据学生的知识准备和认知发展水平，灵活调控教学内容的深度与广度，力求使新知识的教学既要有利于发展学生的“潜在水平”，又要与学生的“现有水平”相衔接。当教材内容明显超过学生的“现有水平”时，需要适当降低目标要求，进行铺垫式教学或分散高难教学任务。

2. 增强教学内容的新颖性和多样性，适当补充贴近学生日常学习和生活实践且有新意的材料或者利用直观多样的教学媒体，以支持、丰富、强化和巩固教材所介绍的新知识，克服教材内容的陈旧性和单一性。

3. 突出重点，化解难点。对多数学生熟悉理解的内容，教师只作揭示和点拨，引导学生调动自身认知结构中有关知识即可；对重点内容则不惜变换教学方式方法，提供丰富多样的活动设计，增强练习与反馈，确保学生理解并掌握；对难点内容则应分析其产生的原因，提出针对性的解决措施。

4. 教学内容的组织、排列、呈现方式要恰当，不同内容间应过渡自然，衔接紧凑；对教学活动与练习的安排应与教学目标和内容相适切，练习的方式方法应因内容而精心设计。

5. 在注重知识与技能传授的同时，充分挖掘教材中蕴涵的有利于学生智力开发、良好情意品质培养的因素，培养学生的能力和非智力因素，实现传道、授业与育心育德的有机结合。

（三）教材内容结构的微观分析

面对具体的教材单元，为确定适宜的教学目标，选择合适的教学方法，教师需要对教材内容的类型和性质进行准确的判断和层次分析，弄清教材的内容和逻辑结构。这种结构分析可以依据加涅关于学习结果分类体系的论述，灵活采用归类分析、图解分析、层级分析和信息加工分析的方法。

1. 归类分析法。教师通过对教材所呈现的言语信息进行归类，以鉴别为实现教学目标所需学习的知识点。归类时教师可用图示或列提纲的方式，把教材内容归纳成若干方面，形成内容体系和范围。

2. 图解分析法。这是一种用直观形式揭示教材内容要素及其相互联系的分析方法，主要适用于对认知类教学内容的分析。图解分析的结果是一种简明扼要、提纲挈领地从内容和逻辑上高度概括教学内容的一套图表或符号。

3. 层级分析法。这是用来揭示教学目标所要求掌握的从属技能的一种任务分析方法。其基本过程是，从已确定的教学目标开始逆向分析，要求学生获得教学目标规定的能力，他们必须具有哪些次一级的中介能力和再次一级的支持性条件。通过层级分析，教师可以建构出知识点的难度梯级图。

4. 信息加工分析法。这是用来揭示掌握教学目标所要求的心理操作过程的分析方法。其特点是按信息流程图的方式揭示达到终点目标所需的心理操作步骤。

## 七、教学内容的组织及其方法

为了使教学内容在有利于全面实现教育目标的同时，便于教师教和学生学，就需要对选择出来的内容进行有效的组织，并以适当的形式呈现出来。

1. 教学内容组织的内涵。教学内容组织是指将构成教育系统或学校课程的要素，加以安排、联系和排列的方式。这些要素包括的一般因素有：教学计划与方案、学习材料、学校器材与学校设备、教学力量的专业知识以及评价与检查体系的要求等。学校的气氛，社会、社区、家庭对学校的支持，学生的能力和兴趣以及教师的风格与策略，这些因素虽不很明显，但也是同样重要的。准备加以组织的课程比各学科或领域的大纲内容要丰富得多：它是学习的环境、教师的目标与价值观和学生的学习经验的集合。组织教学内容是一项十分关键而又复杂的任务，教学系统的全部工作都建立在它的上面。

合理而有序地组织教学内容的三条基本准则，即连续性、顺序性和整合性。所谓连续性，是指将选出的各种课程要素在不同学习阶段予以重复。所谓顺序性，是指将选出的课程要素根据学科的逻辑体系和学习者的身心发展阶段，由浅入深、由简至繁地组织起来。强调每一后续内容要以前面的内容为基础，同时又是对有关内容的拓展和加深。所谓整合性，是指课程中各种不同的课程要素建立适当的联系，然后整合成有机整体，以便有助于学生获得统一的观点，并把自己的行为与所学的课程内容统一起来。课程的整合性主要包括三个方面，即学生经验的整合、学科知识的整合、社会生活的整合。

2. 教学内容组织的基本方法。

（1）纵向组织与横向组织。

纵向组织，亦称序列组织，是指将各种课程要素按照某些准则按纵向的发展序列（即以先后顺序）组织起来。一般来说它是强调学习内容从已知到未知，从具体到抽象。

横向组织，是指打破学科界限和传统的知识体系，将各种课程要素按横向关系组织起来。以融合的形式使教学内容与学生校外经验有效地联系起来，以便让学生有机会更好地探究社会和个人最关心的问题。他们强调的是知识的广度而不是深度，关心的是知识的应用而不是知识的形式。因为学生的经验和生活原本是一个整体，由于社会分工、学校传统等方面的原因，却把学生完整的经验人为分成了语文、数学、物理、化学等领域，把学生完整的生活分成家庭生活、学校生活和社会生活等几大块。

（2）逻辑顺序与心理顺序。

逻辑顺序是指根据学科本身的系统和内在的联系来组织教学内容。所谓

心理顺序，就是指按照学生心理发展的特点来组织课程与教学。

根据学科知识的逻辑顺序来组织教学内容，也就是说，把教学内容的重点放在学科知识的逻辑顺序上，强调学科固有的逻辑顺序的排列，不关注这种逻辑顺序对学生发展的意义。而以杜威等为代表的“现代教育”派则强调要根据学生身心发展的规律以及学生的兴趣、需要、经验背景等组织教学内容。也就是说，教学内容的重点放在儿童的心理发展上，以儿童为中心来组织教学内容，对于学生的成长和发展来说，一切学科的逻辑都处于从属地位。

（3）直线式与螺旋式。

直线式是把一门课程的内容组织成一条在逻辑上前后联系的直线，按照由浅入深、由易到难的原则，环环相扣，直线推进，前后内容基本上不重复。教师所讲的内容，只要学生听懂了、理解了，就可以一直往下讲，因为过多地重复同一内容，会使学生产生厌倦，而要使学生保持更好的学习兴趣，就必须不断呈现新的内容。

螺旋式是将课程内容按照学习的巩固性原理，在相邻的两个以上主题、单元、年级或阶段里安排内容相同但深度或广度不同的内容，以便让学生逐步学习某门课程或课程的某一方面。如美国教育家布鲁纳就主张螺旋式课程，他认为，课程内容的核心是学科的基本结构（即学科的基本概念和基本原理），任何一门学科的基本原理，应该从小就以能被学生接受的方式向他们呈现，以后随学年的提高而螺旋式地反复，不断地在更高层次上重复它们，直至学生全面掌握该门学科为止。

直线式和螺旋式各有利弊：直线式可以避免不必要的重复，能够节省时间，提高效率，但不易照顾到学生的认知特点，学生难以真正理解和掌握学科知识；螺旋式容易照顾到学生认识的特点，有利于学生加深对学科知识的理解，但它有重复，不容易引起学生的兴趣。另外，直线式课程与螺旋式课程对学生的思维方式有不同的要求：前者要求逻辑思维，后者要求直觉思维。逻辑思维要求按直线一步一步地思考问题，注重构成整体的部分和细节，它只是接受确切的和清楚的内容；直觉思维则是要求在理解细节之前先掌握实质，它考虑的是整个形式能作出创造性的跳跃。正因如此，更多的人倾向把两者结合起来组织教学内容。

# 第八章　教学设计

## 一、教学设计概述

教学设计既是体现教学主体——教育教学的目的性、针对性、超前性和预测性所必需，又是顺利地展开教学活动的前提，更是检测教学效果、调控教学进程的凭借及保证。

### （一）教学设计的内涵

教学设计是教师在教学之前运用系统科学的方法，以教育理论、传播理论和学习理论为基础，并根据相关学科的理论和研究成果，在分析学习者的需要、教学目标、教学内容、条件以及教学的系统组成的特点基础上，对教学的目标、内容、方法、媒体、程序、环境以及评价等要素进行系统谋划，形成教学思路和方案的导教促学过程。包括一节课进行过程中的教学目的的确定、教学结构的安排、教学方式与学习方式的运用、教学方法的选择、课程资源的提炼以及板书艺术的设计等。究其实质，教学设计就是为了达到一定的教学目的，对谁来教、向谁教、教什么、怎么教以及为什么教进行统筹与预测的活动及其结果——教学方案。

### （二）教学设计的特点

1. 系统性。教学设计是将教学诸要素进行系统性谋划的过程。任何教学设计，教师只有把教学过程诸要素视为一个和谐的系统，用系统分析的方法对参与教学过程的各个要素及其相互关系进行筛选优化，按照一定的规律进行编码和排列，追求对教学诸因素的统筹规划和组织，才会发挥各要素的整体最佳功能。教师期望通过对教学活动诸要素的优化组合，创设一种高效率的、具有强烈吸引力的教学，这就需要教师在教学之前对教学历程中的一切进行筹划，不仅应科学确定教学目标和内容，正确选择教学方法和媒体，而且应合理安排教学程序，精心创设教学环境。就一节课的教学设计而言，教师首先要对学习者的学习需要进行分析，然后从含有多方位、多要素的课程

资源中提炼出若干个知识点、能力点、创新点，再将教学内容、与目标相适应的教学手段等组合成自己的教案，传授给学生。

2. 主体性。重视学习者的学习需要及其不同个性特征的分析，是教学设计的重要依据。教学设计的着眼点和出发点，其实就是挖掘学生的潜能，充分调动他们的学习积极性和主动性，促进学生的全面素质整体而和谐的发展。教学设计的主体性除了确立教师的教学主体地位、发挥他们的主导作用之外，更主要的是要尊重学生的自主性，发展学生的创造性，养成学生的主体性，培养和提高学生“养其德、致其知、启其智、健其体、尚其美”的能力。而且要培养学生的教学主体意识，提高他们参与教学设计的能力，使他们能够进行自主性学习。同时，教师的教学设计总是针对特定学生的，教师在制订教学计划时不仅要考虑自己的教学行为，更应考虑如何针对不同学生的不同学习需求，为其提供诊断性的学习设计，对其进行有目的的学习引导，直至所有学生达成教师所预设的学习目标。

3. 目的性。教学设计的目的性，即是说教学设计具有明确的指向性和超前性。教学是有目的的教育活动。每一个教学设计都应落实具体的目的，它是教学设计的出发点，也是教学设计的落脚点。目的鲜明，教学设计才会有的放矢，取得实效。一般说来，教学程序的安排、教学策略的选择运用都是为教学目的服务的，教学目的对教学设计具有指向作用。教师进行教学设计时，不仅要对学习者的动机水平、知识水平、认知水平、教育者自身的知识结构以及对教学进度、课程标准要求等已知条件有透彻的了解，而且更应明确教学要达到什么目的。在教学条件和教学目的明确以后，教师才开始调动程序性知识对教学进行设计性建构。

4. 操作性。教学设计的作用不在于制订基本准则，从抽象层面对教学活动提出基本要求，而在于为教学活动的时空维度设定基本的活动框架，具体解决教学情境中的各种问题。这就要求教学设计具体明了、简便适用、容易操作。从形式上看，一般的教学设计内容精简、文字精练、条理分明；从实质内涵上来分析，可操作性是教学设计本质特征的外在体现。教学设计凭借的是一种程序性知识，它与陈述性知识最主要的区别，就在于它是一种活动结构框架和教学设计要求高度统一的程序，能够用来解决教学过程中的具体问题。教学设计表现为一系列连贯、具体的外显行为。

5. 灵活性。教师能力的差异性、学生个性的多样性、教学内容以及教学情境的复杂性决定着教学问题的解决并非只有一种途径，而是因人、因科、因地、因时而实施变通地创造性地设计教学。这就要求教师每一次进行教学设计的时候都应该有充分的准备，对教学存在的各种可能性有所考虑并事先作出机动应变的准备，同时也要求教师对自身教学能力、学生的生理和心理特征、不同学科的教学要求有全面的认识和充分的准备。

6. 稳定性。教学是教师有目的地帮助学生获得知识和技能，形成良好态度和行为的复杂过程。教师只有通过科学可行的教学设计，全面系统地分析学生和教材，合理确定教学目标，选择适宜的教学方法和媒体，才可减少教学的盲目性和失控性，避免教学的低效性，提高教学的稳定性和效率。尽管最完善的教学设计也无法消除教学的不稳定性，再好的教学计划也不能控制课堂里的每一事件，但是教学设计作为教学实施前的准备环节，它至少可以为教师提供一个相对稳定可控的施教框架。

（三）教学设计的原则

1. 系统性原则。教学设计是一项系统工程，它由教学目标和教学对象的分析、教学内容、方法和媒体的选择、教学环境的创设和教学评估与反馈等子系统所组成，各子系统既相对独立，又相互依存、相互制约，组成一个有机的整体。在进行教学设计时，教师一方面需要考虑如何系统地安排教学环节和程序，亦即从分析和设置教学目标开始，到选择教学方式、方法及媒体，最后转而对教学目标进行检测和评价，这其间所有的教学步骤必须相互承接和呼应，上一步骤的完成应有助于下一步骤的实施。另一方面，还应综合考虑所有影响教学的因素，如社会和国家的要求、学生的身心发展特点、教材、教具和独特的施教环境等，只有将它们和谐地统一于教学设计整体之中，才能达到最优化设计的要求。

2. 最优化原则。教学设计是一项系统工程，诸子系统的排列组合具有程序性特点，即诸子系统有序地成层级结构排列，且前一子系统制约、影响着后一子系统，而后一子系统依存并制约着前一子系统。根据教学设计的程序性特点，教学设计中应体现出其程序的规定性及联系性，确保教学设计的科学性。从实践上看，每节课的教学是由承担不同教学任务与功能的教学环节组成的，尽管这些环节的安排会因为学科类型和课型的不同而发生变化，但是教师进行教学设计的一个重要任务就是要妥善安排各教学环节，把自己的教学规划为某种具有一定逻辑顺序的行为系列，从而减少教学时间的误用和

资源的浪费，改变沉闷的教学气氛，避免学生缺乏动机的学习。

3. 教学目标和内容设计的可接受性原则。在教学设计诸子系统中，教学目标起着制约其他子系统的作用，教师所确立的教学目标是不是学生“应该而又能够接受”的知识、技能或态度，决定教学的成效。一般来说，教师所确定的教学目标应符合学生心智发展水平，其教学内容的难度和呈现形式应以学生的现实发展水平为基础，其跨度要适中，应落于学生的最近发展区。学生在接受新的学习任务之前，教师可通过设计先行组织者为其提供适当的经验支柱，使其即将学习的新知识具有“固定点”，促进学生积极地使新旧知识发生相互作用，在辨别、发现新旧知识的异同中建构出新知识的独特意义。消极迁就学生的已有水平，过于迎合学生的消极需求，过低评估学生的接受能力，随意降低对学生的教学要求，步子过小，缺乏必要的坡度和难度，也不利于学生的学习与发展。

4. 教学手段设计的多样化原则。教学手段设计的多样性，指教学活动的组织形式、教学方法以及教学媒体的选择和运用不应局限于某一方面，而应依据教学任务、学生的特点以及各种教学方法和媒体的特点，灵活加以选择，相互弥补，配合运用，使教学获得最佳效益。

（四）教学设计的意义

1. 有助于突出学生的主体地位。在教学活动中，教师、学生是主要因素，是教学活动的两个彼此独立又相互依存的主体。教学设计要求正确把握师生双主体的辩证关系，改变学生在教学过程中处于被动的接受者、被塑者的地位，让学生能够主动地参与教学全过程，真正调动起学生作为自我学习活动和自身发展主体而成为教学活动须臾不可离的主体的自主性、创造性和独特性。由此看来，教学设计必须而且有利于突出学生的主体地位。

2. 有助于提高学生的学习效率。教学设计不仅为了有助于提高教师的教学效率，更是为了有助于提高学生的学习效率。有效学习最重要的内部条件，一是学习者的原有知识基础，二是学习者的动力——主动的加工活动。从外部看，来源于教师赞赏的笑脸，同学羡慕的眼神，家长欣慰的夸奖等，但更重要更有效更持久的“主动”应是其内部因素，即学习者的自身兴趣及自我发展需要。教学设计“以学定教”，根据学生的需要确定教学目标，安排整个教学步骤、选择教学方法，变设置知识学习的“通道”为创设激发兴趣、诱导情感的“情境”，让学生能够在教师的启发引导下，独立自主地完成一系列学习活动，从中享受学习的愉悦、成功的快乐，从而提高学习效率。

系统的深思熟虑的教学设计必须立足于对学生的起点知识、兴趣、需要、智能和习惯状况的全面分析。因而，经过精心策划的教学设计更有可能切合学生的发展需求，吸引和维持学生的注意力，引导和促进学生的学习，提高他们对教学目标和学习内容的满意度。具有诊断功用的教学设计还能针对学生的个别差异，帮助个别学生解决学习问题，使他们在有效的学习过程中，与其他同学一样达成教师预设的教学目标。因此，从这个意义上讲，教学设计是落实素质教育，提高教育的针对性和实效性，促进每个学生最大程度学习和发展的有效途径。

3. 有助于增强教学的系统性。任何系统的元素只有按照层级结构，有序排列，有机组合，才会发挥整体功能。教学是一个系统，构成这个系统的教学目标、教学内容、教学过程、教学方法、教学管理、教学评价等因素，只有统筹安排，才会使教学摆脱纯经验主义造成的盲目与混乱，呈现目的明确、秩序井然、和谐运行。教学设计是开展教学活动的前提和基础，它为教师的“教”和学生的“学”提供了可靠的“蓝图”。通过教学设计，教师可以清楚地把握学生学习的需要，预测学生行为指向，并以此确定教学目标，然后依据教学目标和学生的特征，确定有效的教学程序，选择适当的教学媒体和采取适当的教学方法，实施既定的教学方案，保证教学活动的正常运转。教学设计可以使教学工作普遍科学化，可以大面积地提高教学效率和效果。

4. 有助于最大限度地优化课堂教学。教学设计是教师用来确定如何最好地选择、组织和传递学习经验的过程。教学设计也体现了人类活动的最优化思想。最优化是以最少的投入或用最小的代价（如资源、时间等）来获得最大的收益或最满意的效果。教学设计正是人们为达到这一理想境界而努力的体现。教学设计是教学迈向最优化理想境界必不可少的关键一步。教学设计的意义主要在于它对实现教学最优化过程的促进上。教学中最优化的处理过程的基本要求：适当的教学模式，明确的教学目标，详尽的教学活动，相应的经费和效益。这些要求正是教学设计所要解决的问题。当教师严肃地思考学生应该学习并掌握哪些内容，应该产生哪些行为或态度以及这些学习需要借助哪些方式、方法、媒体和环境时，教师就会充分发挥其创造性和想象力，学会从习惯和个人偏见中摆脱出来，消除没有价值的教学行为，提高教学自信心、安全感和将教学计划付诸实施的热情。更何况教师借助教学设计和教

学反馈，可以准确地掌握学生学习的初始状态和学习结果，据此有效地监控教学过程，适时地进行教学反思，不断地增长教学智慧。教学设计是开展教学活动的前提和基础，是成功教学的必经环节和基本保障。

5. 有助于促进教师专业化发展。新的教育教学理念明确提出，教师应从“以教定学”的藩篱中走出来，根据学生的需要探索“以学定教”的新途径、新方法。从教学设计的起点来看，分析学生“学什么”，是教学实质所在，而学生能“学什么”又是教学活动是否顺利实施的逻辑前提。这就要求教师深入实际，搜集学生的信息，做出科学的判断，同时设计与之相应的教学内容、教学方法，创造性地开展教学活动。教师须时刻注意与生动活泼的学生保持紧密联系，用改革的眼光探索科学的道路，用反思的智慧审视自己的教学行为，将外在的影响转化为自身专业发展过程中的动力，通过教学设计达到自我控制、自我引导和自我成长的目的。

6. 有助于教学评价和教学交流。教学设计不仅是教师教学的蓝图、学生学习的向导，而且是学校管理者评价教师教学成效和教师之间交流、切磋教学技艺的凭借物。学校领导、教务部门和年级组通常要定期检查、考核教师的教学教案，以发现教师教学中的优长和不足。

（五）教学设计的类型

教学设计是一项多因素、多侧面、多层次的复杂的系统工程，依据不同的分类标准可对其作不同的分类。

一是根据教学情境中所需设计的问题范围大小，它可分为宏观设计和微观设计两大类型宏观设计着眼于教学的总体规划，制订教学体系的远景蓝图，解决教学的宏观方法学问题。其主要内容包括制订教学计划、制订各门课程的课程标准、编选教材、制订教学成效的考核办法四个方面。宏观层次的教学设计涉及面广，设计难度较大，通常需要由课程设计专家、学科专家、教师、教育行政管理人员等组成的设计小组共同完成。而微观设计则是任课教师根据课程标准的要求，针对一个班级的学生，在固定的教学设施和教学资源的条件下，对教材单元教学所进行的预先筹划。当然，有时这种设计也可能包含任课教师所在专业教研组集体筹划的成分或学校教务部门的协调、评估和干预成分。与宏观设计所不同的是，在进行微观设计时，教师的工作重点是充分利用已有的资源，选择或编辑适宜的教学材料和活动程序。

二是从所涉及的时间幅度上看，教学设计可分为长期、中期和短期三种长期设计是教师依据课程标准和学科教学要求所制订的年度和学期教学计划；中期设计是指教师把年度和学期教学计划分摊到不同的教学阶段或教学单元的计划；短期设计则指教师为进一步分解落实长期、中期计划所制订的每周、每日乃至每节授课的课时计划。在具体的教学设计实践中，长期、中期和短期三种设计需要协调一致，衔接紧凑。

三是教学设计的结果可能以不同的形式呈现出来，既可能是教师上课用的教案、教材，也可能是某种现代化的教学媒体，如教学电影、电视、录像、教学软件等。

### （六）教学设计的基本方法

教学设计是一种高度创造性的活动。一方面，它依赖于教师的经验、直觉和创造力；另一方面，依赖于一定的教育理论。“教学有法，教无定法。”教学设计根据不同的教学内容、教学对象以及执教者的学识风格，可以采取多种多样的方法。对初登讲台的教师而言，可以从以下几种方法入手来开展教学设计。

1. 经验直觉法。这种方法是指在长期的教学实践中，经过反复的摸索和体会，不断积累经验知识，形成某种教学结构模式，并经过直觉构思，设计或建构出规范的教学模式操作程序，从而又在教学实践中进一步应用推广，并逐步形成某种稳定的教学结构模式。如孔子的“启发诱导”教学模式就是这样形成的。

2. 理论－演绎法。这种方法是指从相关的教育理论特别是教学理论直接推出（演绎）有关的教学模式，然后经过教学实践加以检验，从而发展成为一种新的教学模式。如布鲁纳的“结构——发现”教学模式就是这样形成的。

3. 借鉴－创新法。这种方法是通过对别人的教学模式或其他学科教学模式的类比和借用、加工和改造，从而创造出适合本人本学科并反映教师自己教学风格的新教学模式。如黎世法的“六课型”教学模式、顾泠沅的“尝试指导——效果回授”教学模式就是这样形成的。

4. 目的－手段模式。目的－手段计划模式，就是首先形成目标（目的），然后选择合适的教学方法（手段）。按照这种模式来制订教学计划，教师一般按顺序组织教学任务，并通过可观察和可测量的行为来评价学生的表现。正是由于这种计划模式具有一定的合理性和科学性，以及对结果的测量也比较可靠，所以，一旦精确陈述目标，就可用基于行为的测验来评价学习结果。

这种“目标第一”的计划模式，在教师培训类机构或师范类学院得到普遍运用。应当注意，目的—手段模式虽可用于教学计划的任何时间单元，如日、周、月乃至学年，但这种模式主要适用于日常课堂教学的设计。教师依据这个模式，确立每次课的主要目标，并将预期的学生行为和结果具体化。

5. 整合性目的－手段模式。整合性目的－手段计划模式，就是先选择适合学生的行为，由此形成教学目标。在这种模式中，目的和手段是整合的，没有绝对的“目标第一”或者是“手段第一”。例如，对课堂中调控活动和其他事件进行常规性计划，形成一些日常规范，可确保教师更关注教学本身，而不是分散注意力来监控学生行为，从而使教学活动更为灵活和高效。值得注意的是，整合性目的——手段计划模式与目的——手段计划模式的区别在于：前者将目标用作对教学（学习）进行计划的框架，如教师可利用各级教育行政部门规定的教育目标，来构建自己的教学决策，但这些目标在教师制订教学计划的过程中，并未占据主要地位；而后者将目标作为所有计划活动的目的，贯穿于所有计划活动之中。例如，教师制订出各类可观察、可测量的教学目标，发挥它们在导学、导教、导测量等活动中的主导作用。

6. 基于内容的模式。基于内容的计划模式，就是教师在制订教学计划时，往往优先考虑教学材料和教学资源，而非考虑学生的学习兴趣。这是因为学科教育目标往往不是教师所能决定的。与其他计划模式相比，基于内容的计划模式是一种较为实际的做法。这是因为在实际课堂教学中，对教师而言，在决定教学（或学习）活动及其将要达到的目标时，学科领域内容是最重要的因素，而教师对学科知识内容越是了解，越是能制订出有效的教学计划。

（七）教学设计的理论模式

1. 行为取向的教学设计模式。该教学设计模式的基本思路如下。①规定目标：将教学期望明确表示为学生所能显现的行为——可观测的反应。②自定步调：允许学生自己控制学习速度。③小步子和低错误率：将学习材料设计成一系列小单元，使单元间的难度变化比较小，达到较低的错误率。④经常检查：在课程的学习过程中经常复习和修正，保证能够适当地形成预期的行为。⑤显式反应与即时反馈：课程中通常包含频繁的交互活动，尽量多地要求学生做出明显反应，当学生做出反应时应立即给予反馈。

2. 认知取向的教学设计模式。一个共同特征：教学设计以学生的认知发展为基础，以发展学生的认知能力和水平为目的；学生的学习离不开内、外部条件，知识、策略、感知、记忆反应联结与作用组成完整的结构；认知过程是人脑对信息处理、加工的过程。

认知教学设计理论认为，教学设计应具备四个前提条件：第一，必须为个体而设计；第二，设计应当包括短期和长期的阶段；第三，设计应当实质性地影响个体发展；第四，设计必须建立在关于人们如何学习的知识基础上。

布鲁纳在教学设计上提出了“发现学习”的主张，形成了独特的教学设计模式。所谓发现学习，就是不把学习内容直接呈现给学习者，而是由他们自己通过一系列发现行为（转换、组合、领悟等）发现并获得学习内容的过程。这种学习具有以下基本特征：第一，注重学习过程的探究；第二，注重直觉思维；第三，注重内部动机；第四，注重灵活提取信息。布鲁纳认为，儿童的认知发展是由结构上的三类表征系统及其相互作用构成的质的飞跃。这三类表征系统包括行为表征、图像表征和符号表征。即通过行动或动作、映象或图像以及各种符号来认识事物，三类表征相互作用是认知生长或智慧生长的核心。在他看来，结构课程的开发及发现学习的指导，都必须与特定阶段儿童表征系统的特点相适应。布鲁纳的教学设计理论为我们描绘了一幅适应信息时代需要的开发智力和培养创造性的蓝图。

奥苏伯尔的教学设计模式是以其意义学习理论为基础的。他认为，教学的关键在于学习是否有意义，有意义的讲解或教学是课堂教学的基本方式。为了激活新旧知识之间的实质性联系，提高已有知识对接受新知识的有效影响，奥苏伯尔提出了“先行组织者”的教学策略。他认为，促进学习和防止干扰的最有效的策略，是利用相关的和包摄性较广的、最清晰和最稳定的引导性材料，这种引导性材料就是“组织者”。由于这些“组织者”在呈现教学内容之前介绍，有利于确定有意义学习的心向，因此称为“先行组织者”。后来，奥苏伯尔进一步发展了“先行组织者”的概念：“组织者”可以在学习材料前呈现，也可以在学习某一学习材料之后呈现；它的概括性、抽象性和包摄性水平可以高于或低于学习材料。“先行组织者”用于教学设计是一项有效的教学设计技术。

3. 人格取向的教学设计模式。人格取向的教学设计模式是以人本主义心理学为理论基础的“非指导性教学”模式。“非指导性教学”模式旨在通过学生的自我反省和情感体验，在融洽和谐的心理气氛中自由地表现自我、认识自我，达到改变自我、实现自我的目标。他们把教师称为“促进者”。“促

进者”在教学中的主要作用不是指导而是帮助，他们把学生看做具有独特经验和情感的人，与学生建立一种真诚的、信任的相互关系，为学生营造“安全的”心理氛围。

具体表现为：第一，帮助学生澄清自己想要学习什么；第二，帮助学生安排适宜的学习活动与材料；第三，帮助学生发现所学东西的个人意义；第四，维持有益于学习过程的心理气氛。罗杰斯的“非指导性教学”模式以“完美人格”和“自我实现”为教学设计的出发点和归宿，为教学设计开辟了新的途径。

## 二、教学设计过程

### （一）分析学习者的需要

学生是学习活动的承担者，是保障自己的主体地位的决定者。在进行教学设计之初，必须认真地对学习者的学习需要进行分析。

1. 分析学习者需要的意义。其目的在于发现学习者的认知水平与方式，了解学习者的兴趣与学习态度，设计适合学生个性的情境问题与学习资源；找出学习者存在的问题与困惑，提供适合的帮助和指导；分析教学过程可能产生的问题，从而有针对性地确定优先解决这些问题的合适策略。

2. 分析学习者需要的内容。分析学习者的需要主要从学生的内部需要评估、外部需要评估和内外需要存在问题的性质分析等方面入手，涉及智力因素和非智力因素两个方面。与智力因素有关的特征主要包括知识基础、认知能力和认知结构变量；与非智力因素有关的特征则包括兴趣、动机、情感、意志和性格。所谓学习者内部需要评估，指的是将学习者学习的现状与课程标准规定的教学目标进行比较，确定两者之间的差距，从而了解学习者知识、技能、情感、态度、价值观以及过程、方法等方面的需要。外部需要评估，指的是根据社会对人才培养的要求，以此为标准衡量学生的学习状况，找出两者之间的差距。通过内外评估的办法，发现学生学习存在的问题，并进一步剖析产生问题的原因，那么，就有利于教学设计确定应对策略。从解决学生存在的问题，满足学生求知、情感和发展的需要入手，这是“以人为本”理念的体现，也是教学设计的出发点和归宿点。

总之，教师进行教学设计，一切都应该注意针对学生的需要，以满足学生的需要为出发点，去了解学生知识的起点、思维的疑点、感情的激发点，鼓励学生带着个人特有的经验和认识进入学习，千方百计地教导和鼓励学生成为学习知识、应用知识的主人。

（二）确定教学目标

1. 确定教学目标的意义。教学目标从时空的角度进行区分，可以分为宏观目标和微观目标。宏观教学目标是指课程标准（或教学大纲）规定的最终教学目标，主要指课程目标；微观教学目标是指每个单元及至每一节课教学应达到的目标，包括单元目标、课时目标等。就教师而论，他们所涉及的主要是微观目标，主要表现为对学生学习成果及其终结行为的具体描述。从微观目标呈现的方式看，教学目标又有显性和隐性之分。显性教学目标是指通过教学能够明显地看出来的学生学习的结果与行为的变化。隐性教学目标是隐蔽的，不容易或不能直接看出学生的学习成果，一般难以用言语表达，理解、认识、获得、内化、思想、态度、情感等都属于内隐目标的范畴。

教学目标是教学活动的出发点和归宿。教学目标具有定向、调节、激励、检测和评价等功能。就我国目前对教学目标研究和发展趋势来说，教师制订教学目标主要是根据基础教育课程改革的要求，努力做到知识与技能、过程与方法以及情感、态度与价值观三个方面的整合。这一目标体系强化了情感、态度与价值观这一重要维度。情感不仅指学习热情、兴趣、动机，更是内心体验的心灵世界的丰富；态度不仅指学习态度、责任，更是指乐观的生活态度、求实的科学态度、宽容的人生态度；价值观不仅强调个人价值、科学价值、人类价值，更强调个人价值与社会价值的统一、科学价值与人文价值的统一、人类价值与自然价值的统一。因此，设计教学目标既应突出知识技能因素，同时不能忽视情感、态度、价值观以及过程、方法的作用。

2. 确定教学目标的要求。教学目标应该包含三个基本要素：其一，说明具体的行为，以便教师能够观察学生，了解教学目标是否已经达到；其二，说明产生上述行为的条件；其三，指出评定上述行为的标准。在进行具体的教学设计实际中还应注意明确描述教学对象情况，体现各个学科的特点。教学目标设计具体应该注意以下几点。

首先，明确教学对象，对象行为的主体应是学生，而不是教师。在设计教学目标的实际中，首先应确定教学对象，教学对象是教学设计的主体。因为判断教学效果的直接依据是学生有无具体的进步，而不是教师是否完成任务。我们应改变以往习惯采用的“使学生……”“提高学生……”“培养学生

……”使动的话语模式，转变为以学生为主体的主动话语模式，例如“……年级的学生能够学会（操作/形成）……”，行为动词说明学习方式，宾语即学习内容。当然，教师所使用的行为动词尽可能是可测量、可评价、可理解的，以便于教学时把握和评价时使用。

其次，准确说明学生的行为，弄清认知目标与情意目标的本质区别，不要混为一谈。认知目标采用的陈述方式是明确告诉人们学生学习的行为、状态以及结果是什么，所采用的行为动词要求明确、可测量、可评价。而培养学生的正确态度，形成一定的价值观念，提高道德情操等情意目标具有内隐特征，难以直接观察和测量。我们只能通过学习者言行表现，间接推断这一类型的目标是否达到，所采用的行为动词往往是体验性、过程性的。例如，“承担……职责”“主动做……”“提供……帮助”等，尽量避免使用“增强……意识”“培养……态度”“陶冶……情操”等词语，这些词语往往因为过于抽象，而使情意目标变成摆设，华而不实。总之，教学目标设计应准确说明学生学习后应获得怎样的知识和能力，态度会有什么变化，用可观测到的术语来说明学生的行为，以减少教学的不确定性。

再次，有针对性地指出产生目标指向行为的基本条件和达到的程度。条件是指能影响学生学习结果所规定的限制或范围。主要包括“环境（场地、室内、室外、气候等）、方式（自主学习、小组合作、在教师指导下探究等）、设备、信息资源”等，它们都为评价提供参照的依据。如“借助……经过一节课的学习，学生能够……”，“结合上下文，了解……”，“课堂讨论时，能……”。

最后，预测学生学习达到的程度。程度是学生达到教学目标的最起码的衡量依据，是阐述学习成就的最起码的水准，程度可以从行为的速度（时间）、准确性和质量三个方面来确定。

### （三）教学内容设计

教学内容设计是课堂教学的蓝图。所谓教学内容设计，指的是根据教学目标的主次轻重，将复杂的教学内容分解为较小的、易完成的教学单位。其目的在于确定教学内容的范围与深度，明确教什么；揭示教学内容中各项知识、技能、情感、态度、价值观以及过程、方法的关系，为教学过程安排奠定基础，即为“如何教”服务。教学内容作为教师教学实践的依据和学生学习的凭借，是达成教学目标与衔接各教学要素的主要媒介。

1. 立足学生实际，注意教学系统的和谐性。深入分析研究教学内容，其实就是吃透教材。所谓“吃透”，指的是教师对教材的处理、学习资源的利用必须建立在认真分析学生的特征和学科特点的基础上，所确定的教学内容知识点、能力点、创新点以及重点和难点应该成为一个完整而又合乎逻辑的知识体系，既能满足学生发展的心理需要，又注意各学习单元之间的连贯性。不仅包含学科内容——概念、原理、事实的认知，还应挖掘和揭示教学内容所隐含的智能、教育因素等；不仅强调教学内容的学术价值，用知识的理性力量武装学生头脑，还应该强调情感的熏陶、习惯的养成、乐观进取精神的培养；不仅是为了有利于教师教学，更是为了有利于学生学习，做到教学内容的“文路”与教师的“教路”和学生的“学路”和谐统一。

2. 贴近现实生活，注意内容的时代性。当前社会处在信息化、全球化、个性化的时代，知识经济已初露端倪，在这样一个讲效率的时代里，信息传播渠道、手段等都发生了很大的变化。面对时代的挑战，教学内容的选择与安排也应该与时俱进，体现时代性。就教学内容设计的时代性可以从三个层面来认识：其一，当代社会生活的总体特点，主要包括经济生活、政治生活和文化生活的时代特点；其二，学生在社会生活影响下所形成的思想、品德、文化等素质的时代特点；其三，针对社会生活的特点和青少年素质的特点所形成的教学工作的时代特点。这三个层次的时代特点是相互联系、相互影响、相互作用的。作为一名教师，有责任在教学内容设计时适应社会生活的时代特点，在适应中超越，在超越中对教材进行创造性地理解并处理成适应学生学习的内容，同时对青少年的发展起着导向、动力和保证作用。“磨刀不误砍柴工。”在教学之前，认真钻研教材及相关学习资源，对提高教学效率与教学质量，发展学生智能，无疑会起到极大的推动作用。

### （四）安排教学过程

教学过程设计是教学设计的关键。教学过程是指学生在教师有目的、有计划的指导下，积极主动地掌握系统的文化科学基础知识和基本技能，发展能力，增强体质，并形成一定的思想品德的过程。教师、学生、教学管理人员，教材、设备、媒体，教学目标、教学内容、教学方法、教学手段、教学测量、教学评价等等，均是构成教学过程系统的基本要素。如何使这些要素能够做到有机配合、有序运行，促使教学效果达到最优化呢？其中最基本的要求就是正确理解和处理教师、学生和教学内容的关系与作用。要做到这一点，只能运用系统论的观点和方法，对教学过程进行科学的设计。

1. 从尊重学生的主体地位出发安排教学过程。教学过程是一个双边活动过程，教师与学生不是演员与观众的关系，他们都是主动参与者。学生是学习的主体、认识的主体、发展的主体，在教学设计中必须充分考虑调动学生的学习积极性、主动性和创造性，使学生最大限度地参与整个教学过程，让学生通过动眼、动口、动脑、动手，把外部的学习活动逐步内化为自身需要的学习实践活动，促进学生在学习实践过程中知识与能力、情感与态度、过程与方法和谐发展与提高。为了有助于“学者好学”，实现“让学生生动、活泼、主动地发展”的总目标，关键在于教师应树立“以生为本”的观念，根据学生身心发展规律，让学生自主参与制订学习目标，变单一知识传授为关注个性才能的发展，变设置知识学习的“通道”为创设激发兴趣，诱导情感的“情境”，从“以教定学”转向“以学定教”。

美国实用主义教育家杜威从实用主义教育理论出发提出了“五阶段”教学模式。“五阶段”教学模式是杜威儿童中心主义和“从做中学”教学思想的集中体现。杜威从儿童生来就具有某些才能、兴趣和社会需要的本能论出发，提出了他的教学过程设计：即“发生困难—确定问题—提出假设—推论—验证”五步。许多特级教师大胆创新，从发挥学生的主体地位出发，设计了许多富有成效的教学过程模式。比如特级教师魏书生通过自己的教学实践总结提出的“语文教学的六步程序”就是典型的代表。其具体步骤包括“定向（提出学习和训练的重点、难点，使学生明确学习和训练的目的及要求）—自学（学生根据教师提出的学习重点、难点，自行读书，解决问题）—讨论（对自学中没有解决的问题进行讨论，集思广益，寻求答案）—答疑（教师有目的地对学生经过讨论尚未解决的疑难或认识存在分歧的问题，引导解答）—自测（学生根据“定向”提出的重点、难点，自拟测试题目，进行自我测试和评价）—自结（在上述步骤完成的基础上，学生自我总结学习收获）。

2. 从教学内容的实际出发安排教学过程。教学内容是教学过程设计的依托和凭借。教学内容包括课程标准、教科书和有关学习资源。不同学科课程标准的要求和教学内容在安排上均有所不同，这就要求教学过程设计能够照顾到内容的差异。不同学科因为内容不同，教学过程设计也就不同；同一学科因为人的学识水平、个人兴趣以及对教学内容的取舍各不相同，设计的教学过程也会因人而异。无论如何，教师只有熟悉各科课程标准，明确本学科的教学目的、基本内容和具体要求，才能居高临下地理解教科书，熟练掌握教科书的全部内容，包括编写意图、组织结构、重点章节以及各章节的重点、难点、关键。在此基础上，阅读有关学习材料，从中精选一些内容充实教学。教师对教学内容不仅要知其然，更要知其所以然，要从编者的角度、作者的角度、教者的角度、学者的角度对教学内容全面分析，理解透彻，融会贯通，将其内化为自己的知识，才会真正根据教学内容去设计富有特色的教学过程。

3. 从教师自身的实际出发安排教学过程。教师作为教学目的的体现者、教学活动的组织者、知识技能的传播者、学生学习的合作者，在教学过程中发挥着主导作用。教学过程设计的成功与否，很大程度上取决于教师的修养和整体素质，教师正确、先进的教学思想和高超的教学艺术、独特的教学风格，是设计质量的根本保证。因此，我们不能因强调学生的主体地位而贬低甚至忽视教师的主导作用，事实上教师的人格与智慧正是教学设计魅力所在。一个富有创造性的教学过程设计必须是教师智慧与心血的结晶，是科学性和艺术性的有机结合。语文特级教师于漪从自身的素养出发，建构了以“情”为核心的教学过程设计模式，而同为语文特级教师的钱梦龙则根据自己学识，创造了“以教师为主导、以学生为主体、以训练为主线”的教学过程模式。由此可见，从教师本身的实际出发，发挥教师的特长，是促使教学过程设计走向科学化道路的根本保障。

4. 从现代教育技术的恰当运用安排教学过程。随着以互联网技术为核心的信息技术的发展，人类进入了信息社会。信息时代对教育提出了新的挑战。这给新教学带来了勃勃生机，它会促使教学过程更富有个性。由于网络把文字、图形、影像、声音、动画及其他多媒体教学软件的先进技术有机地融合在一起，可以模拟现实环境，甚至师生无须见面，就可以通过网络讲座等信息技术进行教学，因此恰当地利用现代教育技术能够突破以往平面化教学设计的不足而使教学过程走向立体化、多元化。利用现代教育技术设计教学过程必须遵循“一体化、实效性”等原则。所谓“一体化”原则指的是教师在教学设计过程中，将信息技术与各科教学融为一个有机整体，从根本上改变传统教和学的观念，提高教与学的效率，改善教与学的效果；所谓“实效性”原则指的是设计时要讲究实用、高效，不能流于形式，应做到内容与形式的巧妙统一。我们既应发挥现代教育技术的优势，也应辩证地认识传统教学工具与手段的精华。

### （五）构建教学评价

教学评价的目的不仅是为了考查学生实现教学设计目标的程度，更是为了检验和改进学生的学习和教师的教学，改善教学设计，完善教学过程，从而有效地促进学生的发展。教学评价设计，要从知识与能力、过程与方法、情感态度与价值观几方面进行评价，尽量做到定性评价与定量评价、形成性评价与总结性评价相结合。

所谓形成性评价是在某项教学活动过程中，为了能更好地达到教学目标的要求，取得更佳的效果而不断进行的评价。它能及时了解阶段教学的结果和学生学习的进展情况、存在问题，因而可据此及时调整和改进教学工作。而总结性评价又称“事后评价”，一般是在教学活动告一段落后，为了解教学活动的最终效果而进行的评价。学期末进行的各科考试、考核都属于这种评价，其目的是检验学生的学业是否最终达到了各科教学目标的要求。需要注意的是设计教学评价，应注意教师的评价、学生的自我评价与学生间互相评价相结合。加强学生的自我评价和相互评价，还应该让学生家长积极参与评价活动。在评价时要尊重学生的个体差异，促进每个学生的健康发展。要综合采用多种评价方式，考试只是评价的方式之一。

总之，重视并认真进行教学设计，能够使教学工作由经验型向科学化转变，能够改变传统教学中的师生关系，变静态的信息传输通道为师生、生生多元互动的动态立体型教学，从而发挥教学系统的整体功能。

### （六）教学设计的操作环节

1. 明确教学目标。教学设计者的首要任务是明确教学所要达到的目标。在教学设计中，只有具体地了解和准确地把握目标，才可能指导教与学活动的开展。一旦教师明确了预期的学生学习结果及其类型，他就可以选择教学方法，并依据学习结果类型对教学结果进行测量与评价。

2. 进行教学分析。在明确目标之后，设计者须通过“教学分析”，以找出学生在学校规定的传统和经验标准与其现有的作业水平之间的差距。教学分析是指“在教学目标之下，对达成目标的过程中学生学习所需技能的分析”。

3. 分析学生特点。学生是教学设计的起点，也是教学设计的归宿。有机地把握学生的特点，能够增强教学设计的针对性，减少教学设计的误差。分析学生时既应看到学生的群体特点，也应把握学生的个体特点。

4. 研读教学内容。教师对教学材料的处理以及所采取的呈现方式，决定于教师对教材钻研的程度。教师在钻研教材时除了确定教材的重点难点之外，还应有创新意识，根据教学目标、教学指导思想以及学生的需要，确定教材及其教学的创新点。

5. 分析学习任务。任务分析是一项复杂的教学设计技术。教学目标只是确定了学习的最后结果（即终点目标），一般是一节课或一个教学单元之后预期学生的能力和倾向的变化。在这种以预期最后学习结果陈述的目标中，一般未对达到终点目标之前的先行条件进行分析，也未包括学生原有知识、技能或学习方法等方面的起始状态的分析。学习任务分析则是在终点目标明确之后，完成后两项工作，即确定学生的起始状态和分析从起点到终点之间学生必须掌握的知识、技能或行为倾向。这些中介的能力或倾向就构成了终点目标实现的先行条件。通过任务分析，终点目标被细分为一系列彼此关联的子目标。这些子目标就构成了达到终点目标的先行条件，即学习者自身的内部条件。教师的教学行为及其所创设的学习环境是学习的外部条件，外因通过内因起作用。所以，目标导向的教学设计要求教师在选择和采用一切教学行为、教学步骤、方法、媒体等时，都要考虑教学的终点目标和子目标。目标决定教法，目标决定教学结果的测量和评价。这一分析的作用在于从一开始就提醒教师注意，应当创设与学习结果类型相匹配的最为适宜的学习条件。

（1）小步子原则。把学习内容按内在联系分成许多具体步骤，前一步的学习是后一步学习的基础，两个步子之间的难度相差要很小，目的是使学生学习不费力，少犯错误，能连续正确地解答问题。（2）及时强化原则。就是要让学生立即知道自己的答案是否正确，这是使学生树立信心、保持行为的有效措施。（3）自定步调原则。允许每个学生按照自己最适宜的速度进行学习，由于学生有自己的思考时间，学习较容易成功。（4）低错误率原则。要合理地设计教学程序，尽可能保证学生在学习中把错误率降到最低限度，同时又使每一个问题都能体现教材的逻辑价值。斯金纳的程序教学理论促进了教材编制的系统化和科学化，随着信息时代的来临和网络教学的普及，程序教学无疑对网络教学提供了有益的启示。

6. 选择设计教学。选择学生必须达到的教学目标，然后根据自己的理解，选择一些有助于达到该学习目标的教学材料和教学活动。在这一阶段中，教师关于如何教和学生如何学的观念和想法，会影响他们制订计划。他们会将

不同来源的信息（如教学内容、学生能力特征等），以及自己的信念和态度加以融合，形成一个合理的可用来指导课堂教学的方案。

在绝大多数传统的教学系统中，教师无须设计或开发新的材料，他们只需将国家和学校所提供给自己的教材体现在课的规划设计中即可。但是，国家、地区或学校统一使用的现有教材还难以避免时效性和针对性上的不足，更何况它们并不是为不同的学习结果提供适宜的教学事件来开发的。因此，教师对现有教材尽可能地加以选择、改编、补充，甚至开发，自然成为现代教学设计不可回避的一个重要任务。尤需注意的是，教材上呈现的是固定的知识，在实际教学时，教师如何灵活运用以及如何使用媒体加强学习效果等，仍须在方法上加以选定。正因为如此，我国新课程改革明确提出，教材只是教师教学的一种材料而已，在实际教学活动中，教师要发挥自己的创造性，充分使用各种教学资源为教学服务。

7. 运用教学设计。一是要完成在启动阶段既定的教学设计；二是根据当时的教学情境和接受到的反馈，对教学作必要调整。具体来说，在一堂课的教学中，教师往往要作几十次决策，常常要思考和处理一些有关学生的问题，以及一些关于教学过程和学习目标的问题。有经验的教师在实施教学设计时，会不断调节自己的教学步骤，以保证课程的正常进度，如临时提出一些问题，讲故事，更改教学内容，调整教学次序等。

8. 根据任务分析，导出适当教学步骤、方法和技术。目标导向的教学设计要求教师决定教学步骤、选择教学方法或技术时，首先考虑教学的终点目标及其子目标和目标的类型以及学生的起点。所以一旦适当的任务分析完成以后，教学步骤、方法和技术自然要明确。并以板书或多媒体课件的形式外在地呈现出来。

9. 对照教学目标，检测与评价教学结果。在这个阶段，教师需要反思设计的成功性，观察互动阶段的成果。根据形成性评价结果，如果学生未达到教学目标，或发现学生存在学习困难，教学设计者应重新考虑教学设计，包括考察目标定位是否适当、教学任务分析是否准确等。如果上述设计不适当，则应予以修正，并重新撰写作业目标和进行补救教学；如果发现目标定位适当，且任务分析正确，则需要重新考虑教学策略及其实施情况，并进行补救教学，直到达到原定目标为止。在实施了课堂或单元教学设计后，教师反思上节课的教学，并对下节课的教学作出决策，或者还要思考上节课的计划实施结果对下一步设计的制订会有何影响。

# 第九章　教学模式

教学模式涉及教学的步骤、程序、方法，还涉及教育理念、制度、目标、原则、评价、条件、理论来源、实践基础等。每一个教师都可以在某种教育理论的指导下，在不断积累、总结成功经验的基础上，形成自己的教学模式，并经过反复实验和推敲，把粗浅的模式升华为成熟的模式。

## 一、教学模式概述

教学是一种由师生共同完成的有目的、有组织的活动，是教与学的有机统一。在向教学目标趋近的教学活动过程中，起主导作用的却是教师的教。教什么、如何教直接影响学生学习的主动性和积极性，影响教学的效率和质量，也关系到教学目标能否实现。考察优秀教师的教学经验发现，他们取得成功的关键在于对教学内容（教什么）和教学方法（如何教）的合理组合，能按某一种或几种有效的教学模式进行教学。

在实际教学环境中，由于每堂课的教学目标和教学内容各异、学生情况不同。因此相应的就有各种各样的教学模式。可以说，没有哪一种模式是普遍适用的、最好的，即所谓“教学有法却无定法，教无定法是为至法”。教学过程中，具体采用哪种教学模式应视具体情况而定。即使采用同一种模式，优秀的教师也会匠心独运，有所创造。

### （一）教学模式的概念

教学模式是在一定的教育目标及教学理论指导下，依据学生的身心发展特点，对教学目标、教学内容、教学结构、教学方法、教学评价等因素进行设计和简约概括而形成的相对稳定的指导教学实践的教学行为系统。

### （二）教学模式的特点

1. 整体性。传统的教学论研究大都强调对教学进行分解式探讨，如对教学内容、教学方法、教学环境等进行孤立的个别研究。这种研究的优点是对

教学的各主要环节有一个比较深入的认识，其局限是对教学活动各个要素之间的内在联系和动态转化缺乏整体的认识，而教学模式对于各组成要素之间，不是杂乱的排放，而是有机地联系在一起，组合成一个教学整体系统。也就是说，教学模式研究的是对教学活动各要素进行综合考虑，是对教学活动的完整反映。如暗示教学模式既有其独特的理论基础，又有其独特的策略方法——放松练习、瑜伽调息、教材选编、情境创设、音乐转换等。

2. 简约性。教学模式的操作程序与教学策略往往以精练的语言、象征的图形、明确的符号概括表达教学过程。它既是教学理论的具体化，又是教学实践的理论化。

3. 可操作性。每一种教学模式都是由特定的比较稳固的操作程序和方法的策略体系所构成的。作为教学理论与教学实践相结合的产物，教学模式比一般的教学理论更接近于教学实践，它是直接为解决特定的教学任务和目标服务的，具有极强的操作性。所以从实践上看，教学模式规定了教学过程中师生双方的活动、实施教学的一般步骤，它将教学方法、教学手段、教学组织形式、教学结构等要素整合起来融为一体，可以使教师明确应该先做什么，后做什么，应该怎么做等具体问题，把比较抽象的理论具体化为操作性策略、方法，教师可根据教学实践的需要选择运用。

4. 相对稳定性。对于特定的教学目标和教学情境来讲，这种教学模式是有效的、优化的，但随着教学目标和情境的改变，这种教学模式的适用性和有效性就降低。每种具体的教学模式都有自己的适用范围，从来就没有什么适用于任何教学情境的教学模式，但是任何一种教学模式都有相对稳定的操作程序，而且在条件具备的情况下，一旦实施即表现出相对稳定的功能。

5. 指向性和探索性。教学模式都是为达到一定的教学目标而提出的，具有明显的指向性。同时教学模式的提出和创立往往具有一定的实验性质，因而又表现出尝试探索的特点。

6. 个性化。每种教学模式都有明确的主题、特定的目标、有序的进程和适用的范围，个性很强，特色鲜明。可以说，每一个教学模式都是某种具体教学过程诸因素的独特综合。无论什么样的教学模式都难免有局限性，都有一定的适用范围和条件。因此，教师必须经过周密思考作出对各种模式的正确选择判断。

（三）教学模式的构成

1. 步骤安排。步骤安排是指对教学活动顺序、阶段的安排。每个教学模式都包含一系列独特的有顺序的活动，告诉使用模式的教师如何组织教学活动，第一步做什么，接下来再做什么。是先呈示各种各样的例子，还是先让学生们了解例子背后的原理。

2. 师生交往系统。师生交往系统是指教师在教学活动中扮演的角色、应注意的事项以及师生间的相互关系。依照教学过程中教师主导作用的大小，可以把师生关系分成三种：一是高度集中型，教师作为教学活动的中心，有步骤地向学生呈示知识信息，组织、协调学生在课堂上的活动；二是温和型，教师对教学活动的集中控制作用较第一种弱，学生有一定的自主活动空间，教师与学生的作用相当；三是松散型，教学活动以学生的自主活动为主，教师鼓励学生独立思考，自己寻找问题的答案。不同的教学模式对教师在教学过程中应起多大的作用、学生应有多大的自主活动空间，都有独特的看法。

3. 反馈方式。反馈方式是指教师如何看待学生，如何对学生的表现进行反应。出于各种模式所要达到的目的各不相同，对教师的反应也就有不同的规定。在某些模式中，教师要公开奖励学生的某些行为，以此来塑造良好的行为习惯；在另一些模式中，教师对学生的行为不臧不否，不急于作出评价，任由学生自由发挥，充分调动学生的创造力，培养学生的自主独立性。

4. 支持系统。支持系统是指特定的教学模式要达到预期目的所必须具备的前提条件。有些模式的实施要求具备一定物质条件，如配备特定的图书资料、声像设备等。有些模式可能对教师的心理准备有特殊的要求，如“非指导性模式”要求教师特别耐心，对学生的活动不多加干涉。

上述四项是每一种教学模式都必须重视的内容。教师在总结教学经验、探讨自己的教学模式时，也可以从这四个方面入手作为阐述的理论依据。

（四）教学模式的种类

1. 信息加工模式。信息加工模式的共同倾向是，重视教学的信息加工过程，着眼于如何充分发挥每个学生的信息加工能力，以及如何提高这种能力。信息加工涉及对外界刺激物理特征的感知，主体根据已有的经验和知识、技能结构对信息资料进行组织、归纳、问题解决等。对信息加工过程的侧重点不同，就形成了各种有关的教学模式。有些模式重视提高学习者分析问题、

解决问题的能力，要求教师创设丰富的问题情境，启发学生思考，由一个个小问题把学生一步步引向问题的答案，特别强调逻辑思维能力的培养。有些模式可能更关心一般的智力发展问题，要求教师根据学生的年龄特点，有步骤、有针对性地培养学生的观察力、理解力，最终达到促进学生整体智能发展的目的。

2. 个人模式。个人模式的共同特点是，重视个人及自我的发展，重视个人知识、经验的建构。它们通常采用个别或小班教学的方式，比较关注每个学生的个人情感体验，重点帮助学生建立一种与环境间的创造性的互动关系。它们都要求学生把自己看成一个有能力的人，有信心建立更丰富的人际关系，以更自信、更积极的态度对待学校学习，进而提高信息加工能力。

3. 社会相互作用模式。社会相互作用模式很重视个体与社会或其他人之间的关系，认为每个人眼中的“现实世界”都是不同的，它实际上是个体与社会、他人签订协议的一个过程。每个人把他与社会、周围人关系的状况、性质纳入他的“现实世界”，决定了他对待社会、他人的态度，同时也决定了他对自我的认识，影响其学习的态度和行为。所以，这类模式致力于改善人际关系，鼓励学生积极参与社会工作，提高社会活动能力；通过提高个体对社会的适应能力，提高他对学习的适应能力。此外，这类模式也比较重视意识与自我的发展，注重学习的过程。

4. 行为模式。行为模式以行为主义作为理论基础，重视的是学习者的外部行为，而不是内部心理结构和不可见的心理活动，强调教师的及时反馈、强化、行为塑造、知识技能在学习中的决定作用。行为模式在教学过程中倾向于把学习任务分解成一系列小而有序的步骤，由教师决定对什么行为给予强化、对什么行为不给予强化，学习情境的控制权一般都掌握在教师手中。

### （五）教学模式在教育实践中的应用

首先，不同的教学模式强调的是学习过程中的不同方面。每一种模式从不同的着眼点入手安排教学活动，对课堂活动的组织是具体而细微的，能达到的教学目的也是有限的。因此，一门课程甚至一堂课的教学，如果只用某一模式显然是不够的。任何教学环境都应致力于帮助学生更好地理解他们自身，完成个人同一性的发展；学会与人合作，在群体中更有效地工作；掌握获得、处理信息的方式，学会自我学习；培养良好的行为习惯。这就需要教师灵活地运用个人模式、社会模式、信息加工模式、行为模式。如何在教学实践中得心应手地灵活运用各种教学模式，超出了本书的范围。可以肯定的是，只要充分理解了各种教学模式的内在逻辑，随着教学经验的积累，做到这一点是不会有困难的。

其次，决定具体选择哪些教学模式，需要考虑课程性质和学生的情况等问题。如就社会科学类课程而言，如果对象是较高年级的学生，除了注重知识传授外，可以兼顾社会关系教学模式，以便使学生把知识与自身的社会经验结合起来。

（六）教学模式研究的意义

对教学模式的研究有利于人们从整体上综合地认识与探讨教学活动中各种因素之间的关系以及其多样化的表现形式，有利于人们从动态上把握教学过程的本质与规律，无论在指导实践和理论研究中都具有重要的意义。

1. 教学模式的研究具有较高的理论价值。以前人们习惯于采用分析性思维的方式来研究教学活动，即分别地对各主要的教学论范畴和问题进行研究，如研究教师、学生、教学内容、教学方法、教学组织形式及教学环境等。这种研究虽然对了解和认识这些范畴和问题有一定作用，但在一定程度上讲，它们是零星的、分散的，难以形成一个有机的系统和整体，对教学实践的指导作用十分有限。相反，教学模式是采用综合性思维方式研究来实施教学活动的。每种具体的教学模式都试图把教学活动中的各种要素通过一定的教学目标有机地联系起来，从而构建一种完整的理论体系和结构，这就为教学理论解释纷繁复杂的教学现象和发挥教学理论对教学实践的指导作用奠定了理论的基础。因而教学模式研究的理论价值主要表现在它的理论建构作用。

2. 教学模式的研究也具有很高的实践意义。教学理论的价值和意义在于指导教学实践。它使教学实践建立在科学的基础上，以此提高课堂教学的质量和效率。以前，教学理论和教学实践相脱节是一大顽症。教学理论工作者认为广大中小学教师不注意理论的学习，往往责备他们的理论水平太低，完全是凭自己所积累的感性经验从事教学工作；而广大中小学教师也抱怨书本上的东西脱离实际，操作性太差，对教学工作没多大益处。应该讲，双方彼此的埋怨都是有道理的，问题主要出在教学理论和教学实践之间缺乏一座沟通的桥梁，缺乏一个把教学理论运用到教学实践，把教学实践经验加以概括和总结并上升为教学理论的过程。教学模式为解决这一难题提供了方法。教学模式相比较教学理论，它更具有实践性、可操作性和实用性，可以对教学

实践发挥更大的指导作用。

## 二、概念形成的教学模式

### （一）概念形成教学模式的基本原理

人所处的环境虽然复杂而多样，但人却能轻易地分辨不同的客体和事物的各个方面，把它们分别加以登记并作为一个个独特的个体进行分析，这就是分类活动所起的作用。换句话说。人类为了应付复杂多变的环境，发明了类别，创造了概念。所谓概念就是代表一类具有共同特性的人、物、事件或观念的符号。概念使我们能够把面目各异但具有共同本质特性的客体归成一类，然后再根据它们所属的类别作出反应，这样就大大降低了环境的复杂性。分类也使我们大大提高了反应的效率，使我们不必每次面对一个新事物都要从头再进行一番学习。所有的分类活动都是依据一定的标准对事物加以分辨并把它们归入某一类别，同时又排斥其他事物的过程。这种分类过程也正是概念形成的基础。

大多数抽象概念的获得是学习和教育的结果，同时也依赖于儿童对不同事物进行归纳的思维能力的发展。归纳能力的发展是儿童得以获得抽象概念的心理基础，反过来，抽象概念的掌握又能促进思维能力的发展。所以，概念的教学不仅是学科知识教授的重点，对于智能发展也十分重要。概念形成教学模式的目的就在于通过分类、抽象的过程，使学生形成并掌握科学概念，学会用概念思考已获得的知识。

### （二）概念的要素

1. 名称。名称是概念的标识，如水果、狗、房子、植物等都是概念的名称。一个概念的名称代表了一类具有某种共同特征的事物。

2. 范例。范例指属于或不属于一个概念的元素。如“苹果”、“梨”、“樱桃”是“水果”的范例。范例有正例也有反例。属于概念的元素叫正例，不属于概念的元素叫反例。如“半夏”和“阿司匹林”是“药”的正例，但如果概念是“中药”，那么只有“半夏”是正例，“阿司匹林”则成了反例。将那些看似正例其实却是反例的事项加以甄别，可以帮助学生更直观地明确概念所涵盖的事物范围。

3. 属性。属性是指能使我们将某些范例归于同一类别中去的那些共同特征或特点。属性有基本属性与次要属性之分。拿水果来说，果肉内裹有核、甜（或酸）、可食、多汁等，是它的基本属性。它们在市场上的标价、个头大小、果皮厚度等则是次要属性。

4. 属性值。属性值是指概念的各个属性的取值范围。如果我们面临的各种事物都整齐划一，那么概念化就是一件很容易的事，但实际上即使同一类事物在某些方面也有着种种不同。事物属性的取值是否超出其所属概念的范围，可以决定它是否能被归属于该概念。以苹果的颜色属性为例，常见的有青、红、黄。这中间还有种种浓淡、间色的差异，但我们仍把它们都看成是苹果的颜色。这一颜色的取值范围，就是概念的属性值。我们一般不把紫色作为苹果的颜色，原因就在于紫色超出了通常公认的苹果颜色的属性值。如果我们看到一个圆乎乎、紫色的东西，多半会把它当作茄子而不会是苹果。

5. 规则。规则是对一个概念的基本属性所作的定义或说明。如“三角形是一个平面上由三条直线围绕构成的封闭图形”就是三角形这个概念的规则。只有掌握了规则才说明真正掌握了概念。因此，掌握规则是科学掌握概念的关键。规则通常在概念形成过程的最后才确定下来，教师可以教学生用它来总结自己对概念各个要素的探索的结果。如果学生能够正确陈述概念的规则，就说明他已经能够成功地运用该概念的其他要素，知道怎样区别正例和反例、哪些是概念的基本属性、哪些是次要属性、属性值是什么。

概念的五个要素的组合构成了把一个概念与其他概念相区分的标准。通过了解学生对这五个要素的掌握程度，教师可以判断学生在什么时候已完全获得概念，什么时候没有真正掌握概念。

“概念获得教学模式”除了使学生获得特定概念，还担负着对学生概念化过程本身加以研究的任务。概念形成是归纳思维的结果，从一类事物中抽取出它们的共同特性并把它们和其他事物区分开来，就是一个思维过程。在这个过程中，人们会自觉或不自觉地使用各种策略。“策略”是人们面对概念的范例时所采取的思维模式。思维策略通常并不为人们所意识，它们也不是固定不变的，当概念的性质、环境中的压力、行为的结果发生变化，人们会不自觉地采用不同的思维策略。因此，在概念获得教学中，教师不仅要注意学生最终的答案是否正确，还要帮助他们了解自己是如何思考的、哪种思维策略最有效。

### （三）概念获得教学模式的结构

1. 步骤安排。

第一阶段，提出概念名称。

第二阶段，呈现资料。资料是一个个彼此独立的正例或反例，可以是事件、人物、物品、故事，也可以是图片或任何可分辨的事物，要求学生逐一指出它们是不是属于提出的概念。

第三阶段，反馈和分析。对第二阶段学生的反应进行评价，告诉学生哪些分类对了、哪些分类错了，要求学生进一步分析属于概念的事物有哪些共同特性、反应错误的原因是什么。

第四阶段，明确规则。引导学生根据第三阶段的分析，得出概念的规则。

2. 师生交往系统。在概念获得教学活动展开之前，教师要选择合适的概念，制作概念的范例（正例和反例），安排范例呈现的次序。大多数教科书上陈列的概念都不符合教育心理学指出的儿童习得概念的规律，所以教师在教学中必须重新加以编排和组织。重新编排的教材要做到属性清晰，有正例和反例。教师在课堂上所起的作用主要是记录、给予提示和补充材料，所以刚开始实施这种教学模式时，可以采用结构比较强的形式即由教师占主导地位，以后慢慢可以采取较松散的结构。

3. 反馈方式。教师在教学过程中，要对学生的反应持鼓励的态度，要营造一种对话的教学环境；采取教师提问学生回答或学生提问教师回答的教学方式。

4. 支持系统。教学中每一个概念都要有大量的资料、范例，学生的工作就是掌握教师事先选好的这个概念，而不是创造一个新概念。因此，资料和概念间的关系应该很清晰，教学活动要按照逻辑的顺序进行。

## 三、科学探究的教学模式

### （一）科学探究教学模式的原理

学生本能地对一切新奇的事物感兴趣，想弄明白这些新奇事物的背后究竟发生了什么。教师可以利用这个机会教会学生从事科学研究的方法。一般来说，人们总是把“好奇心”以一种原始的方式保存着，未能意识到这是一种进行科学研究的可贵动力和心理资源。在这种情况下，我们就很难对自身的思想方式加以分析和改进。因此，教师在教学中的作用应该是，当学生好奇心大发时，指导他们如何提问、如何收集资料，教给他们发现事物变化规律的一般的思维方式。比如帮助学生意识到他们是怎么思考问题的？这种思维方式的优缺点是什么？在此基础上，向他们传授科学的思维策略，使学生形成善于听取各种不同的建议和意见及随时准备发现新事物的习惯。

科学探究教学模式的总体框架：先由教师向学生呈现一个他们不知道答案的问题情境（如一种奇特的自然现象或一则难猜的谜语），但问题最终必须是可以解决的，因为目的是让学生体验到理智探险的愉快，提高他们探索未知世界的兴趣和勇气。问题产生以后，学生本能地就会有一种想知道“怎么回事”的冲动，这种冲动激起的探索的必然结果是出现新的领悟、新的概念和新的理论。这时候，教师的任务是鼓励学生向自己提问，使他们通过不断的提问形成假设，最后找到问题的答案。学生在提问过程中，只能对问题作出某种假设，由教师判定假设是否正确，而不能要求教师替他们进行解释，学生必须设法自己解决问题。学生提出了问题，在积极主动地学习，但从知识的形式上看，他们仍然期望被动地接受现成的知识。使学生能明白，探究的第一步是收集并证实各种事实，弄清事物发生的条件和特点。他们的脑中就会自然而然地形成一系列假设。这些假设可以指导进一步探究的方向，使学生把注意力转向问题情境中各种变量间的关系上。这时候，学生可以通过提问，继续要求教师来证实他们的假设，也可以根据已有的假设，自己做一些实验来验证这些因果关系。通常，学生们总是满足于那些表面上看起来很完美的解释，不过，教师仍然要鼓励学生再找一找别的假设。

### （二）科学探究教学模式的结构

1. 步骤安排。

第一阶段，要求教师向学生呈现一个令人困惑的问题情境，同时把提问的程序、目的和方式告诉他们。所提问题都需要动动脑子才能回答，提问的最终目的是让学生能够像真正的学者一样体验新知识的创造过程。问题情境的一个显著特点是其中含有非逻辑的东西，其表现有悖于我们的现实观念。所有的问题情境都应该既含有一定的知识背景，又要有一定的难度。

第二阶段，证实、收集有关的信息。

第三阶段，实验。学生可以把一些新的因素引入问题情境，看看会不会产生不同的结果。从理论上说，它与上阶段是不同的、互相独立的，但实际

上它们是收集资料和数据过程中两个可以互换的不同方面。实验的用处一是能够提供探索的途径，二是可以训练学生根据实验结果推导理论的能力。把一个理论假设演变成一个可操作的实验是一件很不容易的事，有时甚至行不通。另一方面，检验一个理论常常要做很多个实验，证实很多假设。所以，教师在学生的实验过程中要防止学生轻率地丢弃变量，以免得出片面的结论。同时，教师还要不断丰富学生获得的信息，拓宽其探究活动的范围。

第四阶段，教师要求学生对问题作出解释，对有些学生来说，从收集信息到对信息作出合理的解释之间仍是有一定难度的跨越。这时候，他们一方面很容易丢掉一些重要的细节，提出一些不恰当的解释；另一方面，根据同样的资料也可能得出不同的解释。针对这两种情况，教师可以鼓励学生发表自己的见解，通过集体讨论得出一个完整的解释。

第五阶段。对探究模式和探究类型进行分析。在这个阶段中教师要组织学生讨论解决问题过程中哪些信息是必需的、所提的问题中哪些问题最有效。这一阶段的重要性体现在它能帮助学生意识到探究的过程，系统地推进科学探究的策略。

2. 师生交往系统。科学探究模型是高度结构化的，师生交往大部分由教师控制，目的是要让师生关系变成一种既合作又严密的关系。尽管如此，这一探究过程还是应当向所有的观点开放，师生可以平等地探讨，每个学生都能自由地发表自己的见解，教师也应该尽可能地鼓励探究。

经过一段时间的训练后，由教师控制的探究可以逐渐由学生来取代。可以采取讨论、分头独立收集资料、进行实验等多种灵活的方式，教师则作为管理者和监督者退居一旁。

在教学模式施行过程中，教师最初的责任是选择或建构问题情境，然后按探究程序进行评判，对学生的提问作出“是”或“否”的回答。教师必须帮助刚起步的探究者找一个着眼点。为学生探究问题情境提供有利条件。

3. 反馈方式。如果学生的提问不能用“是”或“否”来回答，教师应要求他们重新探究问题，促使他们再去收集资料，把资料和问题情境联系起来，推进探究过程。

4. 支持系统。主要是准备一系列有一定知识背景的问题材料及有关的参考资料，教师可以根据教材内容自己编排，也可以参照科普读物编排内容。

### （三）科学探究模式的应用

探究训练最初是为自然学科教学设计的，但它的程序在其他学科中都适用。任何可构成困惑情境的主题都可用于探究模型，社会科学中也有很多可拿来探究的问题，比如文学中的推理小说便是一种可供探究的很好的问题情境。构筑问题情境是科学探究模式的关键，它要求教师把课程内容转变成探究的问题。

## 四、创造性培养的教学模式

### （一）创造性培养教学模式的基本原理

要进行创造性培养，必须要改变传统的创造力观念。首先，培养创造力就是要提高人们解决问题、创造性地表达自己观点的能力，以及对社会关系的洞察力。其次，创造的过程可以直接训练，只要人们能理解创造的过程就能提高创造力，我们可以把创造力训练用于学校教学。再次，创造发明在所有领域都是类似的，其背后隐藏着同样的认知过程。最后，群体与个人一样也能进行创造性思维。

借助集体研究制进行创造力训练有三个要点。第一，提高个人和群体的创造力，均必须把创造的过程从暗处移到明处，上升到意识层面，同时再制订出一些增强创造力的具体办法。第二，创造力是新的心理形式的发展，在这个过程中，情绪因素重于智力因素，非理性因素重于理性因素。非理性因素所起的作用在于使心灵空其所有，拓展产生新概念的最佳心理环境。非理性因素为新观念的产生作了准备，最后的决策却要依靠逻辑的力量。因此，创造过程从根本上说是一个情绪过程，一个需要由非理性因素去推动智力活动的过程。第三，必须提高对那些情绪性的非理性因素的认识，以提高问题解决的概率和对非理性因素的控制能力。对非理性因素的控制可以通过隐喻活动（类推）实现，隐喻是“集体研究制”创造力培养的主要途径。

隐喻是用一个事物替代另一个事物来对不同的事物或观念进行比较的方法。通过隐喻，熟悉的与不熟悉的东西可以联系起来建立一种相似的关系，或者从熟悉的观念中创造出一个新的观念。这时，创造活动也就开始了。比如，我们可以让学生把人体想象成一个复杂的运输系统，这样我们就建立起了一个结构或一个隐喻，学生就能以一种新的方法去考虑习以为常的东西。

这样做的目的，在于启发学生的想象力和洞察力。隐喻活动的练习有三种类型。

1. 个人类推。即要求学生把自己化入所要比较的观念或事物中去，想象自己是所要解决的问题的一个自然因素，可能是一个人，也可能是植物、动物或无生命的东西。比如，可以问“假如你是一台汽车发动机，你会有什么感觉当你在清晨被点火发动时或在电池耗尽的时候，你又会有什么感觉”。个人类推的重点是移情介入，它要求个人失去一部分自我，忘记个人的人格特点和需要。失去自我后所产生的观念与正常情况差异越大，类推就越新颖、越富于创新性。

2. 直接类推。即对两个物体或概念进行简单比较。这种比较并不是在所有方面都一一对应的，它的作用只是将现实的问题转换一下，以便换一个角度提出新的点子，其中要涉及对人、植物、动物或非生物的认同。仿生学就是常用直接类推。

3. 强迫冲突。即用两个截然相反的词来描述一个对象，如友好竞争、温润的火焰、安全攻击等等。强迫冲突最富创造性，它反映出学生把一个对象置于两个参照系中加以合成的能力，参照系之间的距离越远则心理灵活性就越大。

（二）创造性培养教学模式的结构

创造性培养模式有两种教学模式可供选用：一是让学生以一种新的、更富创造性的眼光去审视旧问题、旧观点，可称为模式甲。另一是让学生把新的、不熟悉的观点变得更有意义，即把陌生的东西变成熟悉的，可以称为模式乙。

1. 步骤安排。模式甲，要求学生以一种陌生的眼光来看待习以为常的事物，具体的做法是用类推来拉开概念间的距离。其步骤是：①要求学生描述正面临的情境或所要谈论的话题；②由学生提出各种直接类推，选出一个并展开进一步的讨论；③学生通过移情“移入”刚才选定的类推；④要求学生对前两个步骤进行描述，提出几个强迫冲突的成对词，并从中选出一个；⑤要求学生根据强迫冲突的成对词，再次进行直接类推；⑥让学生使用最后得到的类推，回到最初的任务或问题上去。

模式乙，目标是使陌生的东西变成熟悉的东西。这个模式中类推的作用是分析，即对熟悉事物的特征进行分析，并与陌生的东西加以比较。其步骤是：①由教师提出一个新的话题并提供有关信息；②教师提出直接类推，由学生对这一类推进行描述；③教师使学生“移入”这一类推；④学生确定这个类推的两个事物间的相似之处并加以解释；⑤让学生指出新东西的哪些方面不适合作类推；⑥回到原来的话题，让学生用自己的话进行阐述；⑦由学生提出自己的类推，探讨两事物间相似或不同的地方。

模式甲与乙的主要区别在于，它们对类推的用法不同。模式甲中，学生进行一系列不受逻辑限制的类推，逐渐拉开概念间的距离，进行自由联想；模式乙中，学生要把两个不同的观念联系起来，并在类推过程中找出它们的共同之处。教学过程中究竟采用哪种模式，要视具体的教学目的而定。

2. 师生交往系统。创造力培养模式的结构既不松也不紧，教师起着发动和帮助学生合理思考的作用，学生有进行随意讨论的自由。在教学过程中，师生须彼此合作。学生既要动脑子，也要有好的心情，以便能在学习活动中获得乐趣。

3. 反馈方式。一方面，教师要使学生保持一种能充分发挥创造力的心理状态，让他们尽情去幻想，摆脱理智的刻板约束。另一方面，由于教师举出的范例非常重要，因此教学前教师自己先要学会接受让人疑惑的、异乎寻常的类推。在模式乙中，教师还要防止学生进行不成熟的分析，应该对学习的进程即学生解决问题的行为进行总结。

## 五、刺激控制与强化的教学模式

### （一）刺激控制与强化模式的基本原理

环境中任何能够提高一个特定反应出现概率的事物都是强化。强化有各种形式，也有各种程序。一般情况下，人们采用的强化方式，通常是在特定的时间内个体出现一个受期望的反应，即伴随呈现一次强化。为此，教师必须确定学生的哪些反应是好的、哪些反应是不合需要的，并且仔细观察环境中有哪些新的刺激能够诱发不合需要的反应。这样，教师就能够通过减少环境中的不良刺激，增加良好反应的诱发刺激，逐渐消除不良行为。例如，在辅导一个注意力不集中的学生做作业时，我们就可以使他远离已经做完作业正在游戏的其他同学，在一个安静而空着的小房间里单独完成作业。

单就提高反应的概率而言，我们既可采用正强化，也可采用负强化，但负强化的效果往往不如正强化稳定，而且可能带来一些负面作用。可用作正

强化的强化物有社会强化、物质强化和活动强化三种。社会强化包括微笑、赞扬、拥抱等，它对儿童特别有效，没有一个儿童对社会强化会无动于衷。物质强化是用可消费的物品强化物，如饼干、食物、音乐、玩具、图片、代币等。活动强化指以一些有趣的活动作为强化物，这常为教师和家长所使用，如儿童完成一定量的作业后，给予一段自由活动时间。此外，休息、看电视、朗读优秀作品等都可以作为活动强化。活动强化物的选择要注意观察学生的个人爱好，以及环境中哪些刺激容易诱发不良反应。

实施强化可以采用各种不同的方式，如持续强化，只要反应出现一次就给予一次正强化，而间歇强化则不一定每个反应都能得到强化。一般来说，在学习的初始阶段，使用持续强化是建立一个良好反应的最便捷的方式，但间歇强化的效果通常更稳定，保持的时间也更长。所以，最佳的强化程序是，在新行为建立的开始阶段使用持续强化，待新行为模式初步形成后再使用间歇强化。

1. 评价初始行为。这一阶段要对目标行为出现的频率进行详细记录，了解行为在什么时间、什么条件下对谁发生，目的是确定最初的诊断，确立一个行为发生的基线，以便确定列联计划的速度和有效性，为计划实施后的比较提供依据。

2. 制订列联计划。这一阶段涉及的任务包括构造环境或情境、选择强化物和强化序列、制订行为塑造计划。影响强化成功的因素有：年幼儿童很喜欢社会强化，年长儿童和成人对社会强化不太敏感；由地位高的成年人实施强化比地位低者更有效；由关系密切者实施强化比关系一般者效果更好；环境中的强化物如果太多，特意安排的强化作用就不会很大。所以，制订强化计划时要考虑各种人的不同学习风格。此外，所制订的强化计划必须能够说明学生在逐渐逼近良好行为过程中所取得的进步，为此要有周密布置的逐步强化程序。

3. 实施强化计划。这一阶段包括布置组织教学的环境，制订列联说明，根据制订的强化程序和塑造计划对学生的反应进行强化。一般来说，在实施强化计划时，教师有必要使学生了解教师期望的反应和相应的强化物。教师和学生一起讨论不良行为的后果、改进的方法，有利于培养学生的自我认知控制能力。在课堂强化方面，教师还可以运用一种颇为有效的“暂停”技术，即撤掉所有的强化物，把有问题行为的学生弄到一个没有任何物品或人的地方单独待一会儿。这种技术能使学生集中思想参加集体活动，使他们学会对自己的行为负责。

4. 评价强化计划。这一阶段要对目标行为再次测量。观察若重现旧的强化，原有的不良反应是否还会出现。

### （二）刺激控制与强化模式的结构

1. 步骤安排。在控制外界强烈刺激源的情况下，依照强化教学模式的课程序列，理性安排教学活动。

2. 师生交往系统。列联安排通常是高度结构化的，环境和奖励系统由教师控制，但有时列联计划中的强化物和强化程序也可以由教师和学生一起协商决定。

3. 反馈方式。教师的反馈主要根据列联计划进行，一般包括忽视学生的不良行为反应和强化良好行为反应，如有必要也可采用暂停技术。

4. 支持系统。简单的个人行为计划一般不需要满足任何特殊的要求，但大多数列联安排计划都要求具备一定的物质强化物和强化程序，有详尽的活动安排计划，有时候还需要个人化的学习环境。制订和实施计划的人都要有足够的耐心和坚持不懈的恒心。

## 六、智能训练的教学模式

要达到对学生进行智能训练，提高他们思维发展的水平这一目的，面临的第一个问题是如何准确评价学生的智能发展水平。

### （一）智能训练教学模式的基本原理

学生的成长要经历一系列发展阶段，每个阶段都有一定的智力结构。他用一个专门术语“图式”来表示这种结构。图式是儿童发展理论的核心概念。学生通过图式获得对环境的认识，图式决定了主体以什么方式看待世界（比如学生早期的图式是自我中心的）。

学生智力的发展，始终贯穿着同化与顺应这一对矛盾统一体的运动。学生要不断地获取经验，把新的经验纳入已有的行为模式，这就是同化。同时，随着个体的发展，旧的模式会渐渐不适应新的经验，这时旧的结构（图式）解体、新的图式形成，个体就发生了由前一阶段到后一阶段的飞跃。这种改变主体认识结构以适应环境的变化，称为顺应。儿童的智力发展就是通过不

断的同化和顺应形成越来越复杂的图式的。

教学是创造环境以便使学生的认知结构发生改变，教学的目的是提供学习经验，练习特定的运算。学生在学习环境中，会自发地去学那些与他的认知结构相匹配的知识，只有当学生获得了自己的学习经验后，他们的智力结构才会发展。教师如果教得太快，超出了学生认知结构，而现在结构又未达到解体的时机，学习就无法进行。因此，教学过程中学生是学习的主体，他们有自己特定的思维方式。为了适合学生的特点，教师在传授知识时，应该给予每个学生足够的操控环境的机会和丰富的感性经验。

（二）智能训练教学模式的结构

智能训练教学模式要求教师提出要求，观察学生面临问题时的反应，然后对学生的行为作出相应的反应。教师必须通过评价，决定学生智能发展的大致阶段，去掉课程中与学生发展水平不符的内容。

1. 步骤安排。

第一阶段，由教师提出问题。问题的实质和形式都必须符合学生的智能发展阶段。问题情境既要为学生熟悉，以便于他们同化；又要有足够的新内容，要求学生顺应。问题的形式（语言或非语言）和对环境的操控，取决于学生智力发展的水平。

第二阶段，启发学生对问题进行回答。根据安排的任务的性质，教师最初所提的问题可以是开放性的，如“你认为怎么样”、“你看到了什么”。也可以是封闭性的，如“两者的数量一样多吗”、“看看哪一行更多”。对于封闭性问题，提问时要穷尽各种可能的答案（如相等、多一些、少一些等等）让学生选择，防止学生一味附和教师。提问的目的就是使学生找到正确的答案，一旦找到正确答案，就要求学生说出这么回答的理由。为了巩固学生的正确推理方式，这时教师可以提供若干个反面意见（反向暗示），要求学生加以辨别并说明拒绝的理由。

第三阶段，迁移。教师提出一个类似的问题，再按上述步骤重复进行，促使学生在类似的任务中运用获得的推理方式。

2. 师生交往系统。智能训练教学可以采用初步结构化的方式，也可以采用高度结构化的方式，但总体上都是以教师控制为主。这一教学模式的对象大都是儿童，教师的作用就尤为重要。

3. 反馈方式。教师要尽可能创设一个轻松自如的学习环境，使学生能自由地回答问题，而不是一味猜测教师的意图。教师对于学生的回答，不管是对的还是错的，都要求他们说出理由，有时候还可以要求学生从生活中找一个与问题类似的情境。在提问过程中，教师要不断用反向暗示考验学生的推理，直至达到目的。

4. 支持系统。教师必须对发展理论很熟悉，备有一整套适合于各年龄阶段儿童的问题、任务及相关的反向暗示。

## 七、丰富教学模式

丰富教学模式是一种用于天才儿童培养的教学模式。该模式要求：第一，需要系统评定学生的特长，开发他们的潜能，为他们提供丰富的教学活动的机会、资源和服务。第二，利用弹性方法学习不同的课程，灵活地使用学校的学习时间。第三，促进可持续发展的有思考力的教师队伍的形成，让教职工在课程、人员发展、制订计划等方面有主人翁意识。第四，创造一个尊重差异、崇尚民主、保护资源的学习氛围。

### （一）丰富教学模式的基本原理

在向学生提供天才教育时一定要围绕两个教育目标：一是通过发展他们在特殊领域的才能，充分完成他们在知识和人格方面的成长和自我实现；二是为社会储备解决当今人类文明的问题、创造新知识和艺术品方面的人才。

对学生的能力进行评定分为接受性才能和创造性才能两个评价标准。接受性才能是指接受课本知识并将其应用于考试的才能。创造性才能是指消化和应用知识并且创造出新知识的能力。基于这个划分标准，兰祖利提出了他的三环天才理论，他将高于平均水平的能力、执著精神和创造力视为产生卓越的三大要素。

高于平均水平的能力可以通过静态的心理测试加以考察，但执著精神和创造力都必须放在个体与环境互动的动态教学环境中来评估。首先，学生的兴趣、能力、特长在学生的成长中不断地变化，只有通过观察学生与教师或者其他校内外专家的交往模式来加以考察，并且在这个过程中要让学生作出自我报告，让他自己思考自己在哪些方面发生了变化。其次，要提供多种教学活动，把它们作为对日常教学的有机补充和加强。但是这些教学活动必须尊重学习者的个体差异，讲求快乐原则，学习内容要有应用价值，并且能够提供丰富的教学资源。

（二）丰富教学模式的结构

1. 步骤安排。按内容标准，丰富教学模式可分成一般性探索性活动、集体培训、个人和小组研究实际问题等三个类别，三者其实是环环相扣的，前两类教学活动的开展能为第三类教学活动的开始作准备，可以认为三类教学活动分别是丰富教学模式实施的三个步骤。据此，将丰富教学模式的开展划分为四个阶段。

第一阶段，做好丰富教学模式的准备。这涉及机构、学生、时间等多个方面的内容。首先，需要一定的机构支持，为此需要建立指导委员会、讨论小组和丰富教学教研组。其次．要做好参与学生的准备，这包括两个方面内容：第一，采用什么标准选择参加的学生。第二，如何整合参加学生的信息。最后，丰富教学模式的开展是需要时间的，但学生在校学习的时间有限，故此我们必须对学校的常规课程进行相应的压缩。

第二阶段，一般探索性活动的开展。这一阶段要让学生接触常规课程触及不到的广泛的学科、专题，如职业、爱好、人文、地域事件经验和活动等方面的内容。这一阶段要求采用扩展学习的方式丰富学生生活；并且一定要激发学生兴趣，为后两阶段教学活动的开展作准备。在这一阶段，教师要给学生提供丰富的活动资料，并对活动的导向性加以预测；做好活动执行记录，如做好教学活动记录表、教学资源登记表等。

第三阶段，集体培训的开展。这一阶段学生要在教师的指导下，获得开展活动所必需的技能和思维方式，它们包括感知、评价等认知过程的技能培训，各种具体的学习技能，对运用各种参考资料的技能进行的培训。为了取得良好的培训效果，教师必须对教学活动进行充分的筹划和有力的执行。筹划中一定要把握好时间、分工、获得必要行政支持等几个要素，依据学生经常面对的学习情景，准备相应的材料，告诉学生一些思维、学习策略，并为学生运用这些策略创造必要的环境。

第四阶段，个人和小组研究实际问题活动的开展。在这个阶段中，学生担任实地研究者的角色：学生的思维、情感和行动十分像专业人员；学生的角色从传统的课业学习者转到了实地研究者：学习的内容、过程和个人融为一体。教师在这个过程中更多扮演的是学生研究的物质支持者、活动作品评价者的角色，如为学生常规课程的压缩提供行政支持，为学生研究寻找实施基地，在学生作品完成时帮助学生完善、推广。

2. 师生交往系统。在丰富教学模式中，教师在教学活动中扮演了多种角色，如教学的组织者、活动的协助者、活动的评价者。随着教学模式的开展，学生的兴趣、能力、要求都在不断变化，这就要求教师有充分的洞察力，能够及时发现学生的变化。此外，教师还要有足够的应变能力，能及时有效地调整教学策略。教师还要有一定的教学直觉，能够预期学生未来的发展。

在丰富教学模式的不同阶段，教师所起作用的大小是不同的，在一、二阶段教师作为教学活动的中心，有步骤地向学生呈示信息，组织、协调学生的活动，尤其要鼓励学生及时抒发自己的想法，发现他们的兴趣所在。随着活动的深入，教师的控制作用逐渐减弱，在比较简单或是学生较为擅长的方面，教师给予学生充分的控制权，此时整体上教师和学生的作用相当；到了第四阶段即个人和小组研究实际问题活动阶段，教学活动则以学生的自主活动为主，教师鼓励学生独立思考并自己寻找问题的答案，教师仅对学生的作品作出评价、推广。

3. 反馈方式。在丰富教学模式中，教师对学生的行为不急于作出评价，而是任由学生自由发挥，充分调动学生的创造力，培养学生的自主独立性。但是我们应该看到丰富教学模式下反馈系统的特殊性。首先，除了教师还有父母等会给予学生评价，这就要求教师对学生解释这些评价。其次，教师虽然不会对学生时时作出口头上的评价，但是会采用一系列的评价表对学生整个活动过程加以记录和评价。

4. 支持系统。由于丰富教学模式对学生主导地位的强调，它对支持系统就有非常高的要求。可以认为，教师在丰富教学模式中最主要的作用就是搭建模式开展所必需的支持系统。

第一，教师要准备好模式实施所要求的物质、人员条件，如配备特定的图书资料、声像设备，准备合适的活动场所，邀请专家学者的加入。

第二，教师要做好心理准备，如在开展过程中学生有大量的探索试误过程，要求教师特别有耐心，对学生的活动不多加干涉。

第三，教师要有知识上的准备，学生领域广泛的兴趣对教师的广博知识面提出了高要求。如模式是以研究性学习方式展开的，这就需要教师掌握科学研究的基本方法，否则对学生的指导就无法进行。

# 第十章　教学组织

## 一、教学组织的含义

教学组织形式，是教师和学生为完成特定的教学任务按一定要求组合起来进行活动的结构。在教学工作中，为了达到教学目的，怎样把一定的教学内容传授给学生，教师和学生如何加以组织，教学的时间、空间以及其他条件如何妥善安排和有效地加以利用，这些都涉及教学组织的问题。

## 二、教学组织的基本形式

### （一）课堂教学的优点与不足

课堂教学是把年龄和知识程度相同或相近的学生编成有划定人数的教学班，由教师根据教学计划中统一规定的课程内容和教学时数，按照学校的课程表进行授课的教学组织形式。

课堂教学是我国现阶段教学的基本组织形式，它的主要优点有如下几点。

1. 有利于提高教学效率。教师同时面对几十名学生进行教学，提高了单位时间内的教学效率。

2. 有利于发挥集体的教育作用。把年龄大致相同和知识程度相近的学生编为班级，有利于学生取长补短，互相帮助，共同提高，在课堂教学中，担任各门学科的教师在教学上、思想上、教学风格上都各有特点，有利于学生撷取诸家之长。

3. 有利于发挥教师的主导作用。课堂教学是教师有目的、有计划、有组织地面向全班学生进行的。它保证了在整节课中，每个学生学习都是在教师的直接指导下展开的，因此有利于教师发挥主导作用。但是，课堂教学也有不足，主要表现在全班学生在同一时间里按照同一进度学习同一内容，这样就难以照顾到不同学生的特点，不利于发展学生的个性，不能灵活安排教学活动。因此，应当发扬课堂教学固有的优点，同时汲取其他教学组织形式的长处，按照教学对象、教学任务、教学内容的不同，灵活多样地组织、实施教学。

### （二）课堂教学的结构

课堂教学的结构是指每堂课的组成部分及各个部分的安排顺序和时间分配。课堂教学的类型不同，相应的结构也不同，每种类型的课都有一定的结构，但是由于学科特点及具体教学内容不同，同一类型的课在不同学科中结构也会有大同小异。

单一课的结构主要依据教学任务确定。

传授新知识课的结构：组织教学、复习检查、明确目的要求、传授学习新知识、练习巩同新知识、概括内容要点及小结、布置课外作业。

巩固知识课的结构：组织教学、明确目的要求、复习巩固、总结。

练习课的结构：组织教学、明确目的要求、教师示范分析、学生独立操作练习、总结。

检查课的结构：组织教学、说明检查的要求和注意事项、测验检查。课后还可作测验分析与评价。

综合课的结构包括组织教学、检查复习、传授新知、巩固新知、布置课外作业。

以上我们描述了不同类型课的典型结构，但课的结构实际上没有固定不变的模式，每个教师都应从教材和学生的实际出发，灵活掌握，切忌把课的结构公式化。

## 三、教学组织的具体形式

### （一）分组教学

分组教学是按学生智力水平或学习成绩水平分组进行教学的一种教学组织形式。把学生分成小组进行学习，能有效弥补全班教学所带来的不足。小组教学能增强学生的合作性和社交技能，适当的小组经验能培养学生的民主价值观、对人际差异的欣赏，并且小组为学生提供了安全的学习情境，容许学生以自己的速度学习，鼓励学生为小组活动作贡献。把全班分成小组也有助于教师通过提问、讨论、检查作业，测查某个小组，来监视学生的学习，评定学生的进步。小组同样也给教师以机会，适于结合某个小组的水平介绍

新技能。

教师可根据学生的数量、能力差异的范围以及教师能控制的组数将全班划分成2~3个小组。教师在分组时应考虑以下几个因素：①在某一特定主题或活动中，根据特殊兴趣和技能建立成员关系；②对于具体的课或具体的内容（如不同的作业或练习），要按能力分组或在全班内重新分组；③融洽同学间的人际关系。

不管分组的基准是什么，任务都应当尽量地具体，并且在学生的能力和兴趣范围之内，这样小组才能不需要老师的帮助就能自己学习。如此教师才能单独注意某个小组，或帮助个别学生。下面介绍一些小组教学的模式。

1. 能力分组：处理异质问题的最普通途径就是根据能力将学生分配到不同的班级或学校中。这种分组对优等生固然带来诸多益处，但对于差生则危害较大。人们对这些差生的期望很低，教学时间少，家庭作业少，学习也相对少一些。他们的自尊心也将受到损害。相反，班内能力分组则被认为对所有学生都是有效的，甚至在异质班中的学生以同质的方式重新分组，比不进行这种分组的班中学生学得多，在阅读和数学课中尤其如此。在班内小组中，学生将以不同的进度学习不同的材料。

2. 小组活动：小组活动根据其组建目的的不同可以分为：①帮助教师处理学生的差异；②给学生提供机会共同计划和发展具体的计划；③增加学生的交往和社会化。总之，他们要达到认知、情感和社会目标。教师可以用不同的方法来安排小组活动，如脑激励法、辩论等等。在小组活动中，教师的角色从工程师或指导者变成了促进者或提供资源的人。

安排小组活动的成功关键在于老师的组织方法。安排得当的小组活动应该具有下列几个特点：①任务结构使得小组学生成员之间行合作；②学生根据小组的目标以自己的进度进行学习；③具有发展学生社会和人际交往技能的机会；④具有根据小组成绩的奖励结构；⑤组队策略的多样性。在这种情况下学生才能学会一起工作，学会欣赏个体差异的多样性，重视个人的长处等等。

### （二）个别化教学

历史上最早出现的教学组织形式是个别教学。个别教学是一种不限制入学年龄和修业年限，把不同年龄和不同知识基础的学生组织到一起，教师分别对每一个人进行教学的一种组织形式。因此，它一方面有利于因材施教；

另一方面又有教学效率低下的弊端。

1. 个别化教学的定义。个别化教学是指教学方法个别化，当同一教材、教法不能针对班及教学中学生的程度差异时，为顾及个别能力、兴趣、需要及可能遭遇的困难，教师须在教学过程中特别设计不同之教学计划。个别化教学乃是一种须分别由学生编组、课程组织、教材编选、教学方法、课表安排以及成绩评量等方面来适应学生个别差异的教学。

2. 个别化教学的环节。

（1）诊断学生的初始学业水平或学习不足。

（2）提供教师与学生或机器与学生之间的一一对应关系。

（3）引入有序的和结构化的教学材料，随之以操练和练习。

（4）容许学生以自己的速度向前学。

3. 几种经典的个别化教学模式。

（1）程序教学。程序教学指一种能让学生以自己的速度和水平自学，以特定顺序和小步子安排的材料的个别化教学方法。对于系列较长的程序性知识的教学，还应考虑练习时间的分散与集中和部分与整体的关系，先练习局部技能，然后进行整体练习。程序教学以精心设计的顺序呈现主题，要求学习者通过填空、选择答案或解决问题，对问题或表述做出反应，在每一个反应之后出现及时反馈，学生能以自己的速度进行学习，通过一步步累积而达到学习目标。

（2）计算机辅助教学。计算机辅助教学指使用计算机作为一个辅导者，呈现信息，给学生提供练习机会，评价学生的成绩以及提供额外的教学。随着多媒体技术、通讯网络技术的发展，人们把以计算机为核心的所有个别化教学技术都称为信息技术在教育中的应用。与传统的教学相比，CAI 具有这样几个优越性：①交互性，即人机对话，学生可以根据自己的学习情况选择学习路径、学习内容等。②即时反馈。③以生动形象的手段呈现信息。④自定步调等。

计算机的这种特性，为教学活动带来的不仅是效率的提高，而且是一些革命性变化的可能，这主要将通过计算机辅助教学实现：①将使学生的自主性学习成为可能；②个别化教学将普遍实现；③教师的角色将实现重要转变。当前，计算机辅助教学与上述设想还有较大的距离，但这些设想代表着发展的方向。仅仅为教师“讲授”服务，远远没有发挥计算机辅助教学所提供的

巨大潜能。

（3）适应性教学。适应性教学首先对学生的能力和学习技能，包括加工信息的技能、学会学习的技能、兴趣、态度等进行最初诊断以及阶段性诊断，然后对课堂教学作出灵活性的调整，以满足不同学生的需求和能力。所采用的方法有改变不同学生学习各种技能、主题、科目的时间量；为不同的学生设立不同的目标；根据能力、需要、任务对学生分组；调整任务和作业以适应不同的学习方式、能力倾向、兴趣等；提供可选择的不同课程内容。

如果教学适应不同学生的需求，那么这些学生尤其是差生或有轻度障碍的学生，会比传统班上的学生学得好。有人对学生作了定量分析后指出在不同年级、不同内容领域，适应性教学都对学生的成绩具有强烈的影响。

（4）个别辅导。个别辅导包括同伴辅导、成人辅导和模拟一对一教学情景的个别化教学程序，如程序教学和计算机辅助教学等形式。

同伴辅导可分同年龄个别辅导和跨年龄个别辅导。跨年龄个别辅导的具体做法是，将一半高年级学生送到低年级，将一半低年级学生送到高年级，或者在图书馆等其他学校设施中进行。研究表明，同伴辅导能提高辅导者和被指导者的成绩。事实上，许多研究还发现，辅导者比被辅导者收获更大，同伴辅导常常既提高了年长的差生的成绩，也提高了被辅导学生的成绩。

成人辅导是指一对一的成人对儿童的个别辅导，这是最有效的教学策略，它从根本上解决了教学的适当水平的问题。这种方法的主要障碍是代价高。但是，小规模地、给在常规课下有学习问题的学生提供成人个别辅导，还是可行的。

4. 个别化教学的特质。

（1）学习能力的个别诊断：采多元评量方式，应用客观的测验、课程本位评量、观察、晤谈、资料档案查阅等方式，发掘学生学习的长短处及当前之成就水准。

（2）教材的个别设计与提供：根据评量诊断之结果，设计教材教法等提供教学。

（3）个别的成绩评鉴：须采多元的评量方式；且须赖教学目标是否达成，来决定评量方式，以配合学生学习方式的需求。

5. 个别化教学设计的要素：

（1）透过诊断、评量确认学生的优缺点。

（2）厘定所欲达成的教学目标；含长程目标及短程目标。

（3）决定教学策略与教学环境。

（4）决定目标的评鉴方式。

6. 个别化教学计划的内容：

（1）学生的基本资料及个别化教学的设计与执行人员。

（2）学生当前的各项能力与表现的叙述：包括各项生理能力、智力、学习能力与行为、基本学科能力、社会适应能力、情绪发展、特殊才能等的现况分析与需要。

（3）此项个别化教学计划预定实施的期限：包括起讫日期。

（4）年度目标（长程目标）和短程目标的叙述。

（5）提供特殊教育及相关服务之项目、起讫日期及负责人员。

（6）各项短程目标执行的起讫日期。

（7）各项短程目标所需采用的教学资源与设备：包括教材、教具、教学环境及教学策略等。

（8）评量或评鉴的日期和方式。

### （三）班级教学

班级教学相对于个别教学是一种集体教学，亦称班级授课制。

班级教学是最传统和普通的课堂组织形式。教师按假想中的平均水平教学，以满足大多数学生的需求。面对全班，教师讲演、解释和演示某一主题，提问和回答问题，提供相同的操练和练习、解决同样的问题、使用同样的材料。教学是针对全班的，但教师也可能要求某个学生回答问题，监视某个学生完成作业的活动，并且辅导个别学生。

班级教学是一个经济而有效的教学方法。当向全班教同样的技能或同样的课、布置作业、监考、给小组提希望、表达说明时，这种方法尤其方便。让全班同学在一起从事某个活动能增强他们对班级的归属感，并且有助于他们建立集体感和班级精神。通过一起学习、共享资源、设置学习环境方面的规则条例、交流思想，全班将学会合作。并且这种方法能最有效地指导和管理大量的学生。

当然，班级教学的最大缺陷是不能满足个体学生的需要和兴趣。使用这种方法的教师倾向于把学生看作一个在一般能力、兴趣、学习方式和动机等方面同质的组。教学是针对假想的中等水平的学生，并且希望所有的学生都

以差不多的方式学习和表现，教师根据全班的平均水平评价学生、选择教学方法和材料、确定学习进度等。每个学生的独特性被淹没在整个班级之中。并且学生在大集体中也较容易表现出问题行为。尽管一个好教师能够弥补这些问题，但最好还是与其他的个别化教学方式相结合，使教学具有灵活性和多样性。

### （四）现场教学

现场教学是根据一定的教学任务，组织学生到事情发生或活动开展的现场进行的教学，它是结合一定教学内容的需要，适应课题教学的进程，配合个别课题或几个课题的综合要求而组织的。

现场教学可以给学生提供直接知识，丰富他们的感性认识，对于理论联系实际，特别是结合生产实际，有着重要作用。通过现场教学，学生能够更深刻地理解和掌握书本知识，并培养他们运用知识的能力。但是，学校教学的任务决定了现场教学组织的次数不能过多，它只能是教学的辅助形式。

要使现场教学卓有成效，必须注意下列几点。

1. 要有明确的目的。一节课要解决什么问题，完成哪些任务，怎样与课堂教学有机地结合，教师、学生及现场有关人员都要心中有数。

2. 要准备充分。事前教师要钻研教材，熟悉现场情况，根据目的要求拟出教学计划，确定现场教学的内容、程序、方法，这个计划的拟订应同现场有关人员商讨，争取他们的参与指导，协同工作。此外，教师还应引导学生作好相关的知识准备，以收到最佳效果。

3. 要重视理论的指导。一方面现场教学能为学生掌握理论提供丰富的感性材料；另一方面，在现场的讲解、观察和操作中必须用一定的理论作指导，真正做到理论联系实际。

4. 及时总结。总结可以在现场进行，也可以回到学校再做，总结的方式可以是教师讲解，也可以是学生分组座淡或写心得体会。

### （五）复式教学

复式教学是把两个或两个以上年级的学生编在一个班里，由一位教师分别用不同程度的教材，在同一节课里对不同年级的学生，采取直接教学和自动作业交替的办法进行教学的组织形式。复式教学有多种形式，有的将一、三、五或二、四、六三个年级编在一个班内，有的将一年级编成单式班，将

二、四、六或三、五编在一个班内，同堂异科。

复式教学具有课堂教学的基本特征，它与单式教学相比较，最根本的特点是“复”字，当教师给一个年级上课时，其他年级的学生根据教师的指示进行预习、复习、练习。复式教学可以节约师资和教学设备，对经济、文化、教育落后的地区普及教育具有重要意义。

（六）设计教学法

设计教学法主张由学生自发地决定学习目的和内容，在学生自己设计、自己负责实行的单元活动中，获得有关的知识和解决实际问题的能力。它强调教师的任务在于利用一定的环境以引起学生的学习动机，帮助学生选择活动所需要的教材等。它废除了班级授课制，打破学科界限，摒弃教科书。设计教学法强调以学生的经验为基础，它的优点在于能够引起学生的学习兴趣和激发学生学习的积极性，便于学生在独立发现问题和解决问题的活动过程中扩充知识范幽，锻炼实际工作能力。但是它降低了班级教学所具有的那种系统性、科学性，降低了教师的作用，不利于学生获得系统的科学知识。

（七）活动教学

活动教学，确切地说应该叫做实践教学，它是通过课堂理论知识教学之外的各种实践性活动使学生获得知识技能和直接经验的一种教学形式。

当前，教学组织形式的改革发展有两种趋势：首先，班级人数减少，班级趋向小型化，一些国家（如法国）规定每班人数为20人左右，这样使教师能对每个学生进行较具体的学习指导；其次，采取班级教学、小组教学相结合的做法。

## 四、教学工作的基本环节

教师从事教学工作的基本环节有教学设计（备课）、课堂教学（上课）、作业检查和批改、课外辅导、学业成绩的检查与评定。

（一）教学设计

教学设计不全等于备课，但备课是教学设计的关键环节。备课是教学工作的起始环节，是教师上好课的前提与基础，是教师为上课及其他教学环节所做的准备。

备课可以分为间接备课与直接备课。间接备课指教师为了提高教学工作

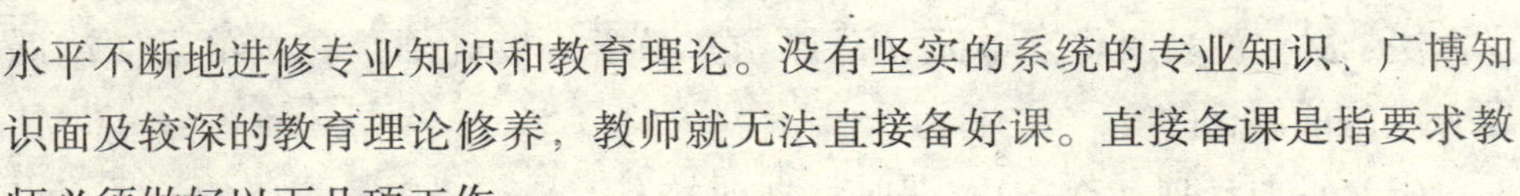

水平不断地进修专业知识和教育理论。没有坚实的系统的专业知识、广博知识面及较深的教育理论修养，教师就无法直接备好课。直接备课是指要求教师必须做好以下几项工作。

1. 钻研教材。钻研教材包括研究课程标准、教科书和有关参考资料。钻研课程标准，着重领会其意图，对学科教学有总体的把握，包括学科的体系结构、学科教学的特点和原则；钻研教科书，要熟练掌握教科书的全部内容，包括教科书的逻辑结构、重点、难点和关键点；围绕着教科书阅读有关的参考书，以占有与教学有关的资料，用以帮助教师更好地组织和充实教学内容。

教师掌握教材一般经过“懂”、“透”、“化”三个阶段。“懂”就是掌握教材的基本结构；“透”就是对教材的融会贯通，使之成为自己知识体系中的有机组成部分；“化”就是在教学活动中对教材的处理能够实现“从心所欲，不逾矩”，使教材的思想性和科学性有机地融合。

2. 了解学生。了解学生包括了解学生的学习基础、学习态度和学习方法，以及学习兴趣、倾向和学习习惯、思想状况、个性特点、健康水平、家庭环境等等，只有这样，才能使教学有的放矢，因材施教。

为了了解学生，教师首先可以通过查阅学生档案、诊断测验等方式了解学生，获得初步印象。师生面对面的教学开始后，教师就要深入班级，通过与学生座谈、个别谈心、课堂观察、作业调查、个别辅导等途径，获得关于学生的更多信息。

3. 研究教学方法。教师要把教材转化为学生可以接受的内容，就必须研究和选择教学方法。选择教学方法，必须依据一定的标准。一般说来，教学目的、教学内容、学生学习程度等都是选择教学方法的依据。

4. 制订教学进度计划。制订教学进度计划有一个由粗到细、由整体到局部、由笼统到具体的程序，即先制订学年或学期教学进度计划，再制订单元（课题）教学进度计划，最后制订课时教学进度计划。

（1）学期或学年教学进度计划。学期或学年教学进度计划，是在学期（或学年）开始之前制订的，其内容包括：本班学生简要分析，本学科在本学期或学年教学的总要求；教科书的章节或课题以及有关复习、考试等的时间安排。

（2）单元（或课题）教学进度计划。单元（或课题）教学进度计划的内容包括课题的名称、教学目的、任务、课时分配以及各课时的主要问题、教学方法、必要的教具等。单元（或课题）教学进度计划是在本单元（或课题）实施前制订的。

（3）课时计划（教案）。课时计划即教案，是备课中最重要的一环，也是与上课关系最直接的一环。写教案的一般程序如下：确定教学的章、节、目；明确具体的、可检验的教学目标，目标不仅有知识掌握方面，而且包括技能的培养、方法的掌握、态度的养成、情感意志活动以及身体和卫生等方面的项目；明确中心内容，把握重点、难点、关键点；确定课的类型；选定教学方法；准备教具；安排教学进程，一堂课的结构以及教学内容的详细安排和时间的分配以及板书设计等。

教师在编写教案时应遵循科学性、适用性、规范性、简明性、灵活性、艺术性等六方面基本要求。

（二）课堂教学

课堂教学（上课）是教学工作诸环节中的中心环节，因为这是教师面向全班学生进行信息、情感交流和行为互动的主要环节。其余的环节都是为上课服务、以上课为中心展开的。

教师要想上好一节课，必须达到以下几个基本要求。

1. 目标明确。目标明确，是指上课时教师应明白这堂课要使学生掌握些什么知识和技能，养成些什么行为方式和品格，要有怎样的态度，要学会什么方法，等等，也就是要有明确的教学目标。在一节课上，教师的活动都应围绕教学目标展开。教师上课为了引起学生的兴趣，有时会做一些有关的联想，为了加深学生对问题的理解，有时会把内容引申出去，这些只要是有利于目标的完成，在特定的情况下并无不可。但是，漫无目的东拉西扯是绝对应予禁止的。

2. 内容正确。教学内容必须是正确的，对内容的说明和解释应该准确无误；讲授要有条理、符合逻辑、层次分明。

3. 方法恰当。根据选择教学方法的基本标准选择教学方法，坚持启发式，充分利用现有的设备条件，使学生顺利地掌握本节课的教学内容。

4. 组织得好、积极性高。对课的安排井然有序，教学步骤能够有条不紊地进行；组织好一节课的全过程，有良好的教学秩序；在整个教学过程中，师生双方积极性都高，课堂气氛活跃。

5. 语言规范、板书工整。授课时应说普通话，语音清晰、流畅、语调抑

扬顿挫，语言的速度要适合学生的可接受程度，语言要准确精练，生动形象，富有启发性；板书应做到符合规范要求，内容简明扼要，形式整齐美观，学生一目了然。

上述几点只是对教师上课的基本要求。如何上好课并没自固定的模式或技巧，需要教师在实践中不断探索、总结和创造。

### （三）作业布置与批改

布置作业是为了使学生消化和巩固所学知识，熟练技能和技巧，培养学生应用知识和技能以及独立工作的能力。作业有课内作业和课外作业两种。教师在布置批改作业时应遵循下列要求。

1. 作业内容要符合课程标准的要求，要注意理论联系实际，启发学生思考。

2. 分量要适当，难易要适度。

3. 要求要明确、具体。

4. 及时检查，认真批改。

### （四）课外辅导

课外辅导是对上课的补充和延伸。课外辅导的方式可根据学生不同情况来确定，个别有问题的采取个别辅导；部分学生具有的共同性问题，则采用小组辅导；学生中存在的普遍性问题，则采用集体辅导。

课外辅导有以下几方面的工作：为学生解答疑难问题；为学习有困难的学生或缺课的学生补习；指导学习方法；对尖子学生作提高性指导；为有学科兴趣的学生提供课外研究的帮助；开展课外辅助教学活动，如看电影、录像、参观；指导学生的实践性和社会服务性活动等。课外辅导的内容，不局限于学科领域。还要广泛涉及世界观、人生观、理想、志向、未来职业选择，以及学生的个人问题包括家庭问题、交友问题、青少年的烦闷与苦恼等方向。

课外辅导的气氛应该是轻松愉快的，可以围绕学生需要和兴趣进行，毕竟课外应当是学生个性自由发展的一个宽广活跃的天地。

### （五）学业成绩检查与评定

学校通过对学生学业成绩的检查与评定，可以检查教学目标的完成情况，从检查中获得的反馈信息，可以用来指导师生对教学过程和学习过程进行调节，从而改善教学，提高教学质量。

1. 学业成绩的检查一般分为考查与考试两类。

考查（平时检查）是为了随时了解学生而采用的方法，主要包括课堂提问、课堂作业、当堂演算、演示等几种方式。

考试（阶段检查）一般是在一个教学阶段完成之后进行的总结检查，通常安排在期中、期末和毕业前集中进行。考试的形式有口试、笔试、实践性考试三种。

2. 学业成绩的评定有评分和评语两种形式。

常用的评分方法有百分制记分法和等级制记分法。评分法能看出学生学业成绩的等次，而评语则能反映和表达学生学业上具体的优缺点，并可分析原因。指出努力力向。因此，评分和评语应结合使用，以增强评定效果。

3. 学业成绩检查与评定的基本要求

（1）应严格按照课程标准和教材规定的范围，不出偏题怪题，不搞突然袭击。

（2）注意考查学生分析问题和解决问题的能力。

（3）考查、考试的次数和时间要统一安排，适当控制，次数不能过多，并且同一学科两次考试的间隔不宜过短。

（4）评定成绩要客观、公正、不带任何偏见。

（5）及时分析总结。

# 第十一章　教学实施

教学实施是随着课程改革实践和课程理论研究不断深入而提出来的一个新概念。关注和研究教学实施，有助于我们正确认识并处理好影响教学实施的多种因素及其相互关系；有助于推进教学改革，实现教学目标。教学实施是一项复杂的教育实践活动，许多教育改革的成败，不在于课程计划本身，关键在于课程的实施。课程改革是一项系统工程，它涉及教育的诸多方面，迫切需要加强对课程实施的理论研究。

## 一、教学实施的内涵

教学实施就是把课程计划、教学方案付诸实践的过程。也可以说是把书面的课程计划、教学方案转化为具体教学实践的过程。在我国，教育部所规定的课程都经过一段时间的研究、实践和论证，从总体上看，具有可行性。但由于我国各地区和校际之间差别较大，在实施过程中不可避免地带来一些问题，所以在理解课程实施的本质含义上，应当将课程计划看做是可以调整和改变的。判断课程实施的成败，也不应以对原有计划的执行程度为标准，而应关注执行过程中教师在特定的情境下对课程计划的调适和改造。

## 二、教学实施的取向

### （一）忠实取向

这种取向假定，所期望的课程改革结果应当是忠实于原计划的。课程的评价就是确定课程设计预期的结果是否真正达到。当教师执行了规定的课程变革，实施就是成功的。课程被执行的程度越高，表明实施的效果越好。按这样一种研究取向，研究者总是试图测量课程改革在实际中的实施程度，并试图考虑那些影响改革措施实施的因素。研究者所关注的内容集中在两个方面：一是测量特定的改革在实际中的实施程度；二是确定有利于或不利于课程实施的因素。

这种取向是将课程作为一个现成的、人们已经确定的、固定不变的一套有待实行的材料。那么课程实施问题就是如何将这些固定的由专家设计好的内容具体化的问题，就是一个如何在具体的课堂教学中将这些内容实现，以达到所规定的课程目标的问题。研究课程实施就是看确定的课程内容是否真正在具体的课堂中得到落实，或者所规定内容的实施程度。用课程方案所规定的内容在具体教学中的实施程度来判定一个课程的实施水平。这样一种思路是将课程的设计者与课程的实施者完全分开的想法。课程的设计者是负责规定课程的目标、内容与方法，而课程的实施者，即教师的任务就是如何落实这些规定的课程，以达到确定的教育目标。这两者的吻合程度越高就说明课程的实施越有成效。反之，就会得到相反的结论。

（二）互动适应取向

这种取向是将课程实施看做一个连续的动态过程。互动适应是一个由课程的设计者和执行课程的人共同对课程进行调适的过程。这种研究取向是对课程实施的忠实观所主张的价值和假设的一种挑战。在这种取向中，不仅要描述人们在学校中的感观和行为，而且要关心在学校实践中基本的假设和社会价值，以及它们是怎样对改革产生影响的。对于第一种取向，对实施的评价是关于实施的课程与原来的设计之间的配合程度的判定。而在互动适应研究取向中，对实施的评价更多地是由在特定条件下所发生的事件的描述组成的。

这种取向将课程看成是可以调整和改变的。在实施过程中，教师可以根据具体的条件和自己对课程的理解，对课程的一些方面进行调整和改造。在这种观点看来，课程并不是固定不变的，规定的课程与实施的课程可能是不同的，会在一些方面存在差异。这种研究课程实施的价值观，是人们在对课程实施的研究过程中逐步认识的。“在实际研究中，课程从来没有像计划的那样完全地实施过。一些人将这种修正看做是没有很好地实施，而另一些人则将这种修正看做是实施的一部分。”对于这种规定的内容与实施之间出现的差异，用第一种观点来看，就是一种不吻合的表现，是一种不恰当的实施。而用第二种观点来看，这种改变应当视为正常的。完全照搬，不随具体情况的变化而变化，并不一定是一种好的课程表现。因此，用互动调适观研究课程实施，主要集中在研究具体实施的课程与规定的课程之间存在什么差异上。研究者的任务就在于找出并具体分析这些差异，从而确定这些差异的性质和

改造的措施。可以看出，采用互动调适取向的研究者是将实施过程中主动对课程方案研究的修正作为实施的一部分，而且是成功的实施所必需的。对课程的调适也呈现出不同的水平。人们可以从不同的层次来认识和研究课程实施过程中的调适，使课程在实施过程中达到最佳效果。以这种取向研究课程实施，需要研究者具有较高的专业水平，对所研究的课题拥有较多的了解，以及对实际的教学情境具有较好的认识程度。

（三）参与制订取向

这种取向认为，课程并不是在实施前就固定下来的，课程实施过程也是制订课程的一部分。认为课程是由教师和学生共同参与的教育实践的结果。教师是课程的发展者，与他的学生一起来实现课程的发展。这种取向是将课程的实施过程看做课程形成过程的一部分，认为在教学之前并没有一种完整的、规定好的课程。而教师和学生的教学实践是修正和制订课程的过程。教师和学生可以根据自己的实际情况来确定课程的目标与内容。这种研究思路可最大限度地发挥教师和学生在制订课程中的作用。然而这种思路过于理想化，不见得适合大多数教育实际情况。但是也应该看到，让教师更多地参与课程的制订过程，已经成为国际上课程改革的一种趋势。

课程实施的不同取向，反映了研究者对课程实施的不同认识和价值观。这也是我们进行课程实施研究的方法论基础。它涉及我们从什么角度来认识课程的实施，从什么地方入手来研究课程的实施，以什么样的观点来分析和解释在具体的课程实施过程中所发现的事实。应该说，以上三种取向对课程知识的产生、对课程变革的假设、研究方法以及教师角色的理解有着很大差异，三者各有其适用的条件和优缺点。由于教育和社会情境极其复杂，教育变革的需要多种多样，在不同的情境中三种取向的价值都可以得到不同程度的体现，这也可以被视为从“过程论”角度对课程实施本质的理解。实际上，课程实施可以视为课程发展中的一个重要环节，在课程发展过程中，从课程实施者对待“课程”的态度、课程计划或课程方案在过程中的变革或变化程度、课程实施在不同情境中的实际效果，或者从课程实施过程中重“内容”或重“方法”等角度理解课程实施，均可以产生不同的实施取向。这些尝试性探究，不仅对理解课程实施过程有帮助，而且进一步拓展了研究课程实施本质的思路，启发人们从不同层次，立足不同角度，在不同水平上研究课程实施。

## 三、教学实施的特点

教学实施是一种社会实践活动，确切地说是一种现实的具体的教育活动过程，这种活动是主体内在的价值追求，因此课程实施是事实与价值的统一体。

### （一）实践性

教学活动是学校教育活动的主要形式和途径，而学校教育活动本质上是人类实践活动形式之一。就教师来讲，教学活动是其根据一定社会的要求改造受教育者的过程。这显然是一种改造主观世界的实践活动；就学生来讲，教学过程是其在教师指导下积极主动地掌握知识发展智能、掌握过程与技能方法、形成积极的情感态度价值观、完成自身社会化和促进个性化的实践活动。不过，教学活动的实践性在目的、内容、方式方法以及环境等方面与人类实践以及科学家的科学探究实践均有不同之处，是一种特殊的社会实践活动。

### （二）现实性

“现实性”，指课程实施的现实情境性。是在一定的具体的现实条件下，一切从课程实施的现实情境出发，包括充分开发和利用一切课程资源，用有限的课程资源，做无限的探索。在课程发展的历史长河中，“现实性”表现为“具体的课程历史条件”。在我国三级课程管理政策条件下，“现实性”还包括不同层级之间的关系。如相对于国家课程管理，地方课程管理需要充分理解和把握国家课程指导纲要和标准的实质，同时有责任依据地方课程现实情境，对国家课程指导精神作出“调适”，这实质上就是最大限度地最优化地实施国家课程纲要和标准。同样，相对于地方，学校课程管理在对国家课程改革精神系统把握的基础上，对地方课程管理的精神实质进行最优化处理。正是因为这样，课程改革必须落到学校一级，才开始与学生实际联系起来，换言之，课程改革不与学校联系，就不存在真实的课程实施。

### （三）动态性

影响课程实施的因素很多，这些因素包括新课程的实施、家庭教育的影响、社会的影响以及学生个性发展的影响，而且，课程实施所带来的结果也不只局限于学习，还包括其他结果，有个人的、制度的，也有革新方案本身的。例如学校改革的“气候”，学校组织的改变，实施者的观念、知识和技能的转变和提

高等等。因此，课程实施是一个动态的过程，这种动态性的本质决定课程实施不可能按课程计划原封不动地进行，只能是教师根据实际情况对课程目标、内容和方法进行动态调适的过程。因为任何课程计划都不可能是适合一切教学情境和一切学生的，因而，在实施过程中对其做出相应的调适和创造是必要的。课程实施过程中，它要求实施者在实施课程的过程中能把握新课程被引进时情境的性质，包括学校所处的政治经济和文化背景、学校组织内部的结构和文化气氛，创造性地组织教学活动、完成课程计划、促进学生的发展等。

（四）复杂性

这是由课程计划、教育资源、教师的知识与经验以及不同学生的基础、兴趣和爱好、接受能力和学校的环境、教师的文化、校长对改革的态度等相关因素所决定的。不同的学校由于各自的文化特色、课程资源的不同，教学实施特色各异，它们对教学实施的效果都会产生不同的影响。学校及社区的历史文化是教学实施的历史限定因素，如果学校具有改革的传统，对推进新课程改革就最有帮助；如果学校缺乏改革的风气，或存积一些不利改革的阻碍因素，那么就会影响改革的进程。同样，不同的教师和学生在执行同一课程计划时，都会采用不同的方式，表现出不同的策略，使用不同的材料，采用不同的教学样式；这样，对于同一教学实施过程，也会有不同的体验。教学实施的复杂性不但包含课程方案和教材的改革，也包括组织的革新、角色或行为的变化。

（五）人文性

教学实施是一种以课程实施主体——人为对象的实践活动，它虽具有一定的客观物质基础，但它不是按自然规律展开的自然界的物质生产活动，而是一种由人支配的文化生产活动，它面临的是更多的可能性、开放性、不确定性。课程实施必须通过教师和学生这一对主体才能实现，是一种主体活动。课程实施必须满足主体的价值需要，显然也是一种价值活动。在课程实施过程中自始至终都包括教师与学生的价值选择和价值追求。

（六）民族性

教学实施的民族倾向是显而易见的，这种倾向根源于各民族间的文化传统，“传统”一般由价值体系、思维方式、知识经验、语言符号等部分构成。文化传统具有一定的稳定性、相对独立性、强有力的惯性、民族倾向性、民族差异性等特征，它无形地影响着人们的价值取向和行为方式。课程实施过程明显受文化传统的影响，民族倾向十分明显，如美国的课程历来多元化，重视学生个别差异，因此个别教学备受青睐，也就是在教学中先用测验诊断学生学习的优缺点，然后根据学生的个别需要拟订学习课题，指导学生学习，再用测验分析学生完成的程度，进行必要的个别辅导以便学生完全掌握学习内容，待测验表明学生已达到要求后才学习下一个课题。在亚洲儒家文化圈内，课程实施重视知识的掌握，注重基本能力的培养，教师讲授就成为课程实施的主要方法。

### （七）创造性

教学实施是一个再创造过程，教师是自己课堂里的课程决策者，是一个将现有材料转变为课堂里具体教学计划的设计者与开发者。教师之于课程实施，实质就是教学新文化的创造过程，此过程甚至可以包括重构的过程。在这个过程中需要引发实施者的内在动机，使他们理解变革的目的或意图、实质，真正参与到实施的过程中，主动改变旧的教学文化，创造新文化。从这种意义上讲，促进教师的专业发展将成为课程实施的关键所在。

### （八）长期性

教学实施是一个长期的过程，因此，谈到教学改革时，其改革的成效和问题只有在较长时期的实施过程中才能充分地体现出来。研究者不能指望在很短的时间内取得预期的效果。中小学课程改革一般有几年或十几年的周期，在此期间，课程的制订者和课程实施者应当充分交流与合作，理解和认识实施过程中出现的问题。仅仅依靠短暂的实施便开始判断课程改革的成败，往往过于草率。一般在课程实施的早期，学校教师对课程方案有一个熟悉的过程。教师要了解改革的理念、具体的方法，理解和认识实施过程中出现的问题。在实施过程中也需要创造性地运用课程资源，根据实际情况对课程方案进行调整。这样，经过几次周期的反复，教学改革的实施才能较为完满的实现。

## 四、教学实施的影响因素

影响课程实施的因素是指那些可促进或阻碍课程实施的因素。这些因素多种多样，许多专家对此进行过深入的研究，在这里，必须指出对于不同的课程以及不同的课程实施环境，影响课程实施的因素可能是不同的。但我们依旧可以从总体上认识影响课程实施的基本因素，从而进一步认识影响一门

课程实施的具体因素。

在所有影响的基本因素中，人们对课程计划、课程实施主体、课程资源、课程管理、课程评价以及课程理论等几个重要因素的研究比较关注。下面作简要分析。

（一）计划因素

课程开始于计划，教学实施是将课程计划（教学方案）付诸实践的过程。有效的课程计划（教学方案）是良好的教学实施的必要条件，因而课程计划（教学方案）的性状是影响教学实施的一个重要因素。其作为影响因素主要表现在这样几个方面。

1. 课程计划是否具有合理性。合理性包括：课程计划能否满足使用者的需要，如果使用者觉得某一变革是很需要的，他便愿投入较多的时间与精力去实施它；另外，课程设计及其编制是否有正确的理论作指导，如果指导思想有误或存在理论缺陷，那么课程计划很难做到合理，也很难得以实施，即使实施了，其效果也将适得其反。

2. 课程计划是否明确具体。能让使用者明白某一革新的目标和方法，或是让实施者明确地知道应该做什么和怎么做。影响课程实施的主要不利因素之一是教师经常不明白为什么要进行改革，课程改革目标欠清晰或过于复杂，使教师没有足够的能力和信心推行改革。

3. 课程计划是否具有可操作性。指课程计划向各地学校推行的难易程度以及实施使用的方便程度。这与上面所说的课程设计是否合理、明确、实用以及实施主体能否承受又有着密切的联系。

（二）主体因素

教学实施的主体包括教育决策者、课程设计者、教育行政管理人员、教师、学生、家长及其相关社会人员等，这些人员对课程实施可能产生积极或消极的作用。主要包括教学实施的主体的态度、能力和行为，诸如是否理解、认同、支持、参与以及主体中的核心人物教师与学生是否具备教学实施的能力等等，都将直接影响课程实施的效果。教学实施的主体是影响成功的课程实施的最主要因素。

1. 教师在教学实施中的作用。课程改革设计的方案可能是理想的，问题在于具体的实施过程中是怎样做的，教师是否按照方案中所规定的内容去执行，这是课程和教学实施成功的关键因素之一。教师的参与、教师的投入与组织成员间的工作关系，行政者的清楚解释、持续的支援和训练等均对教师的力量有着正面的影响。人们已普遍认识到教学实施要取得成功一定要获得教师的支持与合作。

首先，教师对教学实施的认识与态度。教师对教学的认识与态度一般服从于正态分布。造成这种现象的原因是十分复杂的，可以从以下几个方面去进行分析。一方面是由教师工作的性质决定的，教师的工作具有相当的独立性和自我依赖性。但在新的教学实施时，教师必须放弃和改革长期以来所形成的习惯，并且还得花费一定的代价，如时间、精力去获取新的知识与技能，这将有可能使他们产生一种本能的惰性。而一旦所花费的代价与获得的回报不一致，或者将导致现成利益受到冲击或者利益重新分配，甚至威胁到其职业地位，他们将利用各种理由来抵制或拖延教学的实施。另一方面，教师还需要仔细考虑变革的目的和目标，考虑新课程的内容以及这些知识对自己知识、技能等各方面的要求。要求教师要对自己足以胜任新课程这一点认识明确并产生信心，需要经过相当一段的时间，在这一过程中需要行政管理人员、课程专家和校长为他们提供多方面的支持。研究表明，即使是很有教学经验的教师，在变革的早期阶段也同新教师一样感到不安，如果得不到管理者提供的心理支持和技术支持，教师将会继续使用他们已经用惯了的老方法而不敢冒险使用和尝试新方法。

其次，教师所具备的能力。教学实施效果的差异除了取决于教师对课程的认识态度之外，更重要的还是由他们自身的个人背景、智力水平、学力水平所造成的能力差异决定的。教学的实施过程是教师的“认识”和“能力”重新建构的过程。因此，课程的开发与设计应首先考虑教师所具备的能力素养、知识素养等，同时应尽可能地加大对现有教师的培训力度，要求教师学习新课程的内容与知识经验，掌握和形成相关的知识和技能，形成相应的能力，特别是相关部门应当帮助教师唤醒其专业发展需要与意识，谋求新的知识和概念，使教师能够主动地寻求学习机会，明确自己到底需要什么，今后向什么方面发展，以及如何发展。

2. 学生在教学实施中的作用。一般来说，教育者较少考虑学生在教学实施中的作用。事实上，在信息科技时代，学生不仅越来越成为一种重要的课程资源，而且在教学实施中扮演着日益重要的角色。正如成功的变革要求教师必须

接受新的变革方案一样，变革也要求学生的积极主动参与。如果学生感到新课程计划与自己关系不大时，就激不起他们对变革的参与或主动学习的热情。从理想的角度来说，要求学生对课程变革具有较高的兴趣和热情，还要重视学生在课程决策中的作用。因为学生是教学过程的当事人，他们有权表达自己的期望；而且教学过程是师生协作的过程，在这个过程中学生不是课程的被动接受者，他们在选择班级活动和学习内容上具有积极的作用。另外，在课程实施中还要从整体上关注学生所处的文化环境和他们对既有文化的认同。否则，如果人的现实存在、人的愉悦与痛苦、人的文化背景被忽视，将使得精心筹划好的教育行为得不到学生的理解和合作，课程实施就不能取得良好效果。

（三）资源因素

课程资源无疑是影响教学实施的重要因素之一。

首先，教学资源为课程实施提供了基础和前提，课程资源缺乏，课程实施只能是“纸上谈兵”。

其次，素材性资源直接影响着教学内容的深度、广度和丰富程度。

再次，条件性资源虽不直接构成课程内容的材料，但也作用于课程并且在很大程度上决定和影响着课程实施的范围及其水平。

但是必须说明，一方面，一般说来课程资源越丰富，课程实施的水平就越高；另一方面，当教育物质水平达到一定程度以后，真正决定课程实施水平的还是课程实施主体，即教师与学生。

（四）管理因素

《基础教育课程改革纲要（试行）》指出：“为保障和促进课程适应不同地区、学校、学生的要求，实行国家、地方和学校三级课程管理。”“各级教育行政部门要对课程的实施和开发进行指导和监督，学校有权力和责任反映在实施国家和地方课程中所遇到的问题。”这就是说，教学实施要在国家总体规划课程的基础上，首先要求地方教育行政部门要依据国家课程管理政策和本地实际情况制订适合本地课程的实施方案，并把其放在教育发展的核心地位进行全面管理，要对地方教学的实施投入大量的经费和人力上的保证，这将是课程实施成功的强有力的保证。

学校内部管理也是十分必要的。课程实施是一个整体行动，单靠教师执行课程方案是不能达到预期效果的。要保证课程实施的制度，必须协调各方面的影响。这种影响可能是学校的文化传统，也可能是校外的，还可能是教育行政上的、教师或学生方面的，等等。这就要求校长要树立正确的办学理念，提高管理水平，增强课程意识，这将直接影响课程实施；如果校长对课程实施表示支持并解决实施中的困难，那么课程改革就能顺利进行并取得实效。反之，则不利于课程实施。

（五）评价因素

对教学实施的评价是影响教学实施的又一个重要因素。因为对结果的评价以及评价信息的反馈将有利于我们检验课程目标的完成情况，还可以反映出预期目标与完成结果之间的偏差程度，从而对目标加以修订；同时对教学实施的结果进行评价还将有助于我们对课程实施的过程进行有效的监督，使其尽可能少的偏离预定的目标。

无论课程的设计者还是实施者，都应当了解课程实施的进展情况和产生的效果。对教学实施效果的评价，不应该只是针对学生的学习，应当对实施的过程进行全面评价。评价也不是终结性的，重要的是为教学的实施的改进提供反馈。如在课程实施中研究性教学旨在培养学生的探究意识，如果该门课程的评价重过程，重视学生的探究意识，实施会顺利进行；如果教育评价仍旧以考查学生记忆的知识是否牢固，是否掌握了知识点，那么实施研究性教学的教师会因此重新转向要求学生记忆和背诵，课程实施会因此而达不到预期的效果。对教学实施过程的评价包括课程方案特征的评价，实施过程所具备条件的评价以及实施过程的结果的评价。这些评价的目的都是使实施者了解实施状况和对课程设计者提出修改、完善课程方案建议的。

（六）理论因素

没有理论指导的实践是盲目的。教学实施是一种实践，自然也需要理论的支撑与指导，特别是课程理论的发展情况、教学理论的研究成果以及与之相关的心理学理论研究的深度、广度都将对教学实施产生很大的影响。然而在我国，由于种种原因，这些方面的研究与实践的需要依然存在很大的差距。诸如，关于课程实施策略、资源开发和整合策略、教师参与课程策略以及相应的教师培训策略等，都会直接作用于课程实施的全过程，但这些方面的研究还都相当薄弱，有的甚至还处于理论盲区。

因此，一方面必须加大对课程理论、教学理论、心理学理论的研究；另

一方面应当积极引进、借鉴国外的先进教学理论、心理学理论，并使之本土化。同时与课程实施有关的其他学科，如文化学、社会学、传媒学、管理学等也应加大研究力度，共同为课程实施提供尽可能宽广和深厚的理论基础，使教学实施更为科学、更有成效。

# 第十二章　教学过程

## 一、教学过程概述

### （一）教学过程的本质

教学过程的本质应是教育性。教育性的教学表现为教师尊重学生理性思维能力，尊重学生自由意志，尊重学生的独特个性，把学生看作是独立思考和行动的主体。教育性的教学活动过程和目的在于，在教师的启发和引导下，充分发挥和依靠学生自主的学习活动，促进学生个性的自由而全面的和谐发展，包括：发展个体的智慧潜能（含知识技能的掌握和智能的发展），陶冶个体的道德品格和审美情操，发展每个个体的个性，使每个个体都达到自己的最佳水平。

### （二）教学过程的特性

1. 教学过程的认知性。教学过程的认知方面既体现在教学目的层面上，又体现在教学过程层面上。教学目的层面上的认知要求，彼得斯关于“受过教育的人”的特征分析就是主要围绕认知方面的成就而提出的。他指出，“受过教育的人”应具备以下几个基本特征。

（1）由于教育必须包含知识与理解，所以一个受过教育的人不能仅仅具有一些专门的技能。被称为受过教育的人必须掌握大量的知识或概念图式，这些知识和概念图式形成他的认知结构。

（2）一个受过教育的人所掌握的知识不是“无活力的”知识，这种知识应该能使受教育者形成一种推理能力，进而重组他的经验，并能改变他的思维方式和行动能力。因此，一个有知识的人如果不能使知识产生活力，以改变他的信仰和生活方式，那就像放在书架上的“百科全书”，不能算作受过教育的人。

（3）受过教育的人不把专业知识和自己的工作看作是谋生的手段。从某

种程度上来说，他是为了工作而工作，为了求知而求知。

关于教学过程层面的认知要求，就其标准的意思来说，教学至少在某种意义上，要求施教者致力于学生的理解与独立判断。教一个人知道某事物性质如何，并不仅仅意味着让他相信这一事实，而且教学还包含更进一步的含义。如果我们试图使学生相信某事物性质如何如何，我们也要努力使他在其能力所允许的限度内，掌握与该事实有关的理由与根据。在这种意义上，教学要求我们向学生展示我们的理由与根据，并且通过这样做，使这些理由与根据受到学生的评估与批判。教一个人怎样去做某一件事，通常包含着通过描述或举例等向他展示如何做，而不仅仅是建立某种相应上的环境作用条件。教某人做某事也不仅仅是努力使他会做，我们还要使所教的东西对学生来讲易于理解和接受，也就是说，在教学的某些阶段，要让学生了解我们这样做的理由与目的。因此，教学要求我们承认学生的理性。即学生需要了解作出判断的理由及对理由作出判断，即便这种要求并不一定适用于所有的教学阶段。

2. 教学过程的情意性。教学过程的情意性特征也可以分目的层面与过程层面来理解。

从目的层面来讲，教学过程要求教学内容必须具有道德教化的价值，而不仅仅具有认知方面的价值。例如，当某人试图将伪造术、诈骗术、偷窃术等传授给新手时，他的教学行为就完全不具有教育性，而且我们也不把这种行为视作真正的教学。教学过程就是要在受教育者身上形成某种良好的道德性格或健全人格，而不是相反。

从过程层面来讲，教学过程主要指教师教学的方法从道德角度说必须是可以接受的，这意味着教师必须以尊重儿童、最大限度地不干涉儿童自由权利的方式来进行教学，这是一个总的原则性要求。至于其具体含义则是多方面的。通常我们会联想到，当一个教师以强迫、命令、威胁、欺骗、引诱、体罚等方式来促使学生学习，或当一个教师剥夺学生提问的权利、质疑的权利、评论的权利、要求教师说明理由的权利时，该教师的行为违背了教学的情意准则。

3. 教学过程的认知与情意互动。教学过程的认知与情意二重特性既具有相对独立的一面，也存在互动作用影响的关系。

首先，情意方面的生长受制于认知方面的生长。人类的道德行为是一种意志行为，意志行为是否合理，必须由理性来调节或支配。虽然人们对“理性”的见解存在分歧，但不管怎样，“理性”显然与“知识”“理解”等具有内在的逻辑关联性。仅仅过合乎伦理的生活是不够的，我们还必须将“伦理生活”上升为“道德生活”，而要做到这一点就必须引入认知的因素。黑格尔曾对“伦理”与“道德”进行了区分，指出伦理是朴素的，道德则是伦理与反思相结合的产物，有道德的人必定是认识到了善之存在的理由，并且选择了行善的那种人。行善必先知善，知善是进行道德教育的一个首要前提。所谓知善不能仅仅停留在书面上或口头上知道何为善何为不善，而是要让儿童了解一事物之所以为善的理由与根据。只有满足这一前提，才谈得上要求儿童按照所指引的方向去行动、去尽义务，而要做到这一点，就必须让儿童学会运用批判性的探究方法才行。

其次，认知方面的生长受制于情意方面的生长。个体认知能力的发展，并不仅仅取决于个体先天的智力、遗传素质如何，或通过后天教育掌握了多少知识，它在很大程度上还取决于个体是否具有一系列与认知发展有关的道德品质。比如，像公正、坚韧、认真、努力、谦逊、坦率、开放、乐意接受批评等这些品质，就直接有力地促进着个体认知的发展。反过来，诸如轻视、自欺、仓促判断、迷信、武断、文饰、偏见、固执等恶习就会直接妨碍个体认知方面的发展。

通过对教学过程的“教育性”本质分析，使我们清晰地看到教学活动与其他非教学活动的根本差异。

### （三）教学过程的基本阶段

教学过程是遵循规律围绕着学生的认识活动分步骤分阶段进行的。尽管关于教学过程阶段划分古往今来存在多种说法，但是经过仔细推敲就会发现，按照一定顺序，教学过程的展开必然会遇到一些相同的步骤因素以及展开的阶段环节。对这些因素及其阶段环节进行理论研究并加以提炼，就形成了教学过程阶段理论。

1. 心理准备。心理准备主要是引起学生对即将进行的教学活动的兴趣和求知欲，创设一种教学氛围，使学生产生强烈的求知欲望和浓厚的认知兴趣。如果学生头脑中的兴奋中心还没有向将要进行的教学活动转移或接近，或者学生对即将学习的课题毫无兴趣，则显示学生还没有做好心理准备。那么，在这种情况下进行的教学是不会有好的效果的。因此，心理准备是教学过程

的一个必要阶段。

2. 引起学生注意。引起学生注意是教学过程中的首要事件。教师可以通过几种方式来引导学生的注意。①激发求知欲，即由教师提出问题，学生们为了寻求问题的答案，就会紧密配合教师的教学活动。②变化教学情境，即通过教学媒体，提高教学的直观形象性，促进学生的感知和思维活动。③配合学生经验，即从学生最关心的问题入手，结合日常生活经验，然后转到所教主题之上。

3. 提示教学目标。在引起学生注意之后，向学生提示教学目标，使学生在心理上做好准备。在向学生陈述教学目标时，要注意用学生能够理解的语言，确保学生理解目标和结果，形成心理定向。这等于是用学生头脑中的原有知识基础产生对新知识的期望。

4. 领会知识。领会知识是学生在教学过程中逐步认识事物的联系、关系直至认识其本质、规律的活动。它包括感知教材和理解教材。

感知教材是学生通过各种感官分析器的协同活动，获得事物表象的过程。学生必须有感性知识，才能理解和把握书本知识，否则学生对书本知识就会生吞活剥，食而不化，以至不能理解教材的实质。感知教材有两大形式：一是直接感知；一是间接感知。直接感知是让学生直接接触所要学习的对象，如观察、实验、实习、参观、调查、访问等。间接感知主要靠教师的讲解，即教师运用形象语言和各种形象化直观教具等。这两种感知形式在教学过程中是相互配合、互为补充的。

理解教材就是教师引导学生在感知教材内容的基础上，进行抽象思维的加工，形成概念，进行判断、推理，从而掌握事物的本质。教师在学生理解教材活动中一定要千方百计让学生通过自己的思维活动来完成任务，要使学生对教材的定义、原理、结论的理解过程是合乎过程和方法的原理的。

5. 唤起先前经验。任何新知识的学习必须以原有知识的技能为基础。教师要激活学生头脑中的与新知识有关的旧知识技能，以此为基础推导和生发出新知识。

6. 呈现教学内容。教师在呈现教学内容时要根据教学材料的性质、学生学习特点与预期学习结果等有关问题，采用不同的教学方法和策略。在整个教学过程中，以教学材料为中介的师生互动过程是特别重要的。

7. 提供学习指导。在进行课堂练习时，教师要指导学生完成课堂作业。

进行指导时要注意以下内容：①当学生对人名地名等事实性的问题不理解时，应当给予直接指导，将正确答案直接告诉学生。②对于与学生经验有关的逻辑性问题，可以提供给学生一定的暗示或提示，鼓励学生自己进一步推理而求得答案。③在进行间接方式指导时，教师要注意个体差异，因材施教。对于能力强个性独立的学生，应鼓励自行解决问题；对于能力差个性依赖的学生，给予较多的指导，直到得到正确答案为止。教师在指导过程中，要教学生新旧知识的联系，并注意教学生一些理解记忆的方法，达到“授人以渔”的目的。

8. 展现学习行为。教学活动的目的是要学生学到新行为。学习行为的展现是学生内在的心理活动展现其外显行为。教师可以根据学生行为上的三种线索来判定学生是否产生了学习：①眼神和表情，当求知活动由困惑而获得理解时，学生的眼神和表情会流露出一种满意的状态。②随时指定学生代表将所学知识或问题答案说出来。③根据学生的课堂作业来检查全班学生的理解状况。

9. 巩固知识。巩固知识是使学生把所学知识牢固地保持在记忆中，当需要时能正确及时地提取。巩固知识是由教学活动的特点所决定的。学生学习的主要是间接经验，在学习中往往感受不深，易于忘记，加之学生在各科教学中连续不断地接受多方面的新的科学知识，如果不帮助学生巩固，教师是无法继续进行教学的，学生也无法继续学习下去。

知识的巩固贯穿于教学的全过程，古人日：“学而时习之”，“温故而知新”。知识的巩固方式各种各样，主要有作业、练习、复习等。

10. 运用知识。运用知识是学生用领会和巩固了的知识去解决同类课题的活动。目的在于使抽象知识同具体事物相联系，使领会了的知识具体化，学生通过运用知识于实际，形成技能技巧，检验所学知识，丰富直接经验，使认识深化。同时，这对于进一步理解知识和牢固掌握知识、提高分析问题和解决问题的能力，也具有重要意义。运用知识基本有两种方式：一种是问题的解决只需通过语词的说明（包括口头和书面语言）就能完成；另一种是通过实际操作才能完成。

11. 检查效果。检查效果是根据一定的标准对教学过程产生的结果进行测试评估。通过检查评定，可以获得反馈信息，了解教学和学习情况，并据此来调节教与学的活动。借助于学习效果的检查，还可以激发和强化学生的学

习动机。

教学过程所经历的上述心理准备——领会知识——巩固知识——运用知识——检查效果五个阶段，既是密切联系又是可以进行灵活变化的。对教学过程按基本阶段进行符合教学过程的基本规律，反映了师生教学活动特点和学生认知法则。此外，反映教学的特定情况的其他各种阶段的组合就形成了关于教学过程基本阶段的多元理论观点。

12. 适时给予反馈。当学生表现出一次正确行为时，未必就表示他已确实学到了该种行为，因为靠短时记忆学到的东西如果不加复习，就难以存储在长时记忆中，因此，要给学生提供反馈，使其整合新旧知识，加强对正确反应的记忆。学生反应的反馈线索既可以来自自己（如技能的学习），也可来自教师（尤其是知识的学习），教师可以通过作业和谈话而获得反馈。教师在教学过程中，要对学生的反应持鼓励的态度，要营造一种对话的教学环境。

13. 评定学习结果。通过学生的作业情况、或者课堂小测验、或者其他课堂问答，教师能够了解学生对本节课内容的掌握情况，根据学生中普遍存在的问题，给予一定辅导。

14. 加强记忆与学习迁移。当确知学生获得了所教知识技能之后，教师应引导学生如何记住知识，如何做复习计划，使所学知识得以巩固。并且，要提供一些问题和情境，使学生在情境中应用所学知识和技能，促进学习迁移。

（四）课堂教学过程

教学过程概括为六个环节：组织上课，检查复习，提出上课的目的，讲授新教材并明确内容要点，检查巩固所学的知识和布置课外作业。

1. 根据学习结果类型划分。

（1）以陈述性知识为主要目标的课。如小学开设的常识，中学开设的历史、地理和生物，其中大多数课型属于此类。

（2）以程序性知识为主要目标的课。如小学语文、数学，中学的语文、数学、外语，其中的大多数课型属于此类。

（3）以策略性知识为主要目标的课。策略性知识是一种特殊的陈述性知识，其基本教学过程与智慧技能的教学相同，不过需要的变式练习挺多，学习的时间更长。

2. 根据知识掌握的阶段划分。

（1）以知识理解为主要目标的课。这类课型在中、小学所占的比例最大。

其教学步骤一般只要求 1 ~4 步。

（2）以知识的巩固和转化为主要目标的课。这类课如果以巩固陈述性知识为目的，则称为复习课；如果以促进陈述性知识向程序性知识转化为目的，则可以称为练习课。复习课或练习课一般只要求第 1 步和第 5 步。复习课按图的左侧提供指导，练习课按图的右侧进行指导。一般来说，此类课以学生的活动为主。

（3）以知识的应用或检测为主要目标的课。这类课一般是在一个大的教学单元之后或期中、期末进行的。教师的任务是设计试卷，提供知识应用的情境，并针对教学目标对学生的反应作出反馈和评价。不同类型的知识要求学生作出反应的性质不同。而且同一类型的知识处于学习的不同阶段也要求学生作出不同反应。目标导向的教学设计也要求教师根据学习类型和阶段设计适当的测试题，以便检测教学目标是否达到。

3. 根据知识掌握的步骤划分。课堂教学的一般过程也称课堂教学结构。课堂教学结构模型包括五步骤：

（1）组织教学。目的在于促使学生对上课作好心理上和学习用具方面的准备，集中注意，积极自觉地进入学习情境；

（2）检查复习。目的在于复习已学知识，检查学习质量，弥补知识上的缺陷，为接受新知识做好准备；

（3）讲授新课。目的在于使学生在已有知识的基础上掌握新知识；

（4）巩固知识。目的在于检查学生对新知识的掌握情况，并及时解决存在的问题，使他们基本巩固和消化所学新教材；

（5）布置作业。目的在于培养学生应用知识分析问题、解决问题的能力和自学能力。该教学结构模型对我国教学理论和实践都有很大影响，迄今在中小学教学中仍有广泛的市场。

4. 根据知识掌握的要素划分。

（1）引起动机。心理要素是建立预期。组织教学时，要让学生了解学习后将发生什么或得到什么，预期的报酬会使人产生学习的动机。

（2）了解。心理要素是选择性注意和知觉。组织教学时，要设法让学生觉察目标刺激，并帮助他们关注本质、关键的地方，并与其他刺激相区别。

（3）获得。心理要素是编码。组织教学时，要使信息易于被感觉通道接受，并努力帮助学生把所接受的信息转换成易于储存的形式。

（4）保持。心理要素是长时记忆。组织教学时，要让学生使获得的信息进入长时记忆而储存起来。在这一方面至今知之甚少，但是记忆领域的探索成果，如有效识记的条件、保持和遗忘的特点、有效复习的要点等均有助于保持。

（5）回忆。心理要素是检索。组织教学时，要把握好必要的线索，帮助学生复活先前习得的在头脑中储存的知识和技能。

（6）概括。心理要素是迁移。组织教学时，要重视让学生将学习所得用于各种新的情境。为此，要把“为迁移而教”作为教学的主要目的之一，教学中要重视学科性质、注意教材组织、运用适当方法、丰富学生知识、提高学生概括能力等。

（7）作业。心理要素是练习。组织教学时，要安排一定量的作业，并提供相应的条件让学生通过作业或活动来表明对教学内容的掌握程度。

（8）反馈。心理要素是强化。组织教学时，要根据学生的作业表现把握好强化的时间、强度、程序、动因等变量，让学生把自己的作业与最初的预期相比较来产生胜任感、满足感，这能激发起进一步学习的动力。

## 二、教学过程的基本要素

为了达到教育目的，完成教学任务，一个完整的教学活动过程必须具备一些基本要素，教学过程的基本要素应该从教学活动的主体性要素、教学活动的条件性要素、教学活动的过程性要素三个维度进行考察。

### （一）教学活动的主体要素

教师和学生是教学活动的主体要素。教师和学生都是活动中的认识者和实践者，都具有一定的认识和实践能力，并发挥着自觉能动性。教师在教授活动中是主体，学生是学习活动的主体。

教学是由教师和学生组成的共同活动。教师和学生在教学活动中存在着密切的联系，教师在教学活动中主体性发挥的程度与学生在学习活动中主体性发挥的程度成正比。教师通过教学，实现对学生的教育和培养，学生通过在教师的引导和帮助下，积极学习，使自己得到发展。教师所组织的学生集体，在学习过程中会发生相互的影响，并且还会在教学中产生多种形式的反馈，反过来影响教师的教学，他们在整个教学过程中，需要互相协作配合。

教育在学生发展中的主导作用，在教学方面，正是通过教师的合理教堂活动来实现的。学生在开始学习时，所达到的心理发展水平，对社会培养目标、学习内容、学习方法，一般并没有什么了解。就是经过一定时间学习以后，进一步学习的需要，也常高于其心理发展水平。即使从强调和尊重学生个体发展需要的角度来看，学生的发展也应符合社会的需要，才较易实现个人的价值，这种发展对社会、对个人才有实际意义。因此，为了保证学生正确的发展方向、更高的发展价值和发展效率，需要教师的指导。社会要求教师在教学中也要起主导作用。

对学生进行教学的根本目的和预期结果，是要使学生得到有利于个体和社会需要的发展。因此，从教学中被培养的是学生这个角度看，学生又是学习并促进自身发展的主体。教师要想起到社会所要求他的教学中的主导作用，只有重视学生在学习中的主体性，变社会要求为学生需要，调动学生学习的积极性，帮助学生掌握好的学习方法，培养学生的自学能力，使学生由学会到会学，才会有好的教学效果。

教师主导作用与学生在学习中主体作用的有效结合，需要一定的条件。从关系条件来说，需要师生感情融洽、互尊互爱、教学相长；但更重要的是这些条件的创造，是由教师设法实现的，依赖于教师高度的思想修养和循循善诱的教学艺术，要受教师的水平制约。

（二）学生认识活动要素

按一定教育目的组织起来的教学内容是学生的认识对象。教学能不能高效率地取得预期的效果，要受学生认识活动制约。

1. 学生的认识活动，是在成长过程中处于一定的身心发展水平和一定的身心状态的条件下进行的。教学促进学生发展的效能，要受学生身心发展水平和教学进行时学生的身心状态制约。学生在教学中的身心状态，主要指学生在各个学习时期、各门科目各个具体的课堂学习过程中，学生的身体健康状况，学生的动机和积极性，学生当时的注意力和信心、毅力表现和情绪状态等等。学生的这些特点起到主导作用，脱离学生心理发展水平及教学中学生身心状态的制约，是很难成功的。教师应适应学生这些特点，并帮助学生适应教学中新的更高的要求，以帮助学生得到进一步的发展。

此外，由于教学主要是以班级为基础进行的，学生在课内课外、集体与个人、个人与个人，也存在着相互影响的多边关系。有些是积极的、相互启发、帮助等促进作用，有些是消极的，对教学教育目的的实现起干扰作用，

教师应该研究这些关系，机智地发扬同学中的积极影响，缩小消极影响。

2. 学生的学习也应该符合人类认识活动的规律。认识来源于实践，实践是认识的源泉；认识的目的是实践，实践是检验认识的最基本的标准。实践，使人们获得感性认识，多次的实践，引起多次的感性认识，经过人们的抽象思维的加工，上升为理性认识，并在运用这些理性认识指导再实践的过程中得到验证和发展。学生的学习，一般也是以感性印象的积累为基础，到理性认识再到应用。

3. 学生在教学中的实践通常主要是教学性的实践。作为认识基础、提供感性认识的实践，往往是通过模拟、实验、演示等手段，提供设计好的现象，主要目的是为学生学好间接经验、基础理论知识服务。作为运用知识的实践，往往也是通过练习、实验，实习、课堂内外观察为主，生产劳动、社会活动、参观访问为辅的实践形式。

### （三）教学活动的条件要素

教学活动的条件主要包括物质条件和精神条件两个要素所构成的教学环境。教学的物质条件作为一种有形环境，主要指教室及其配套设施等课堂教学环境的完善、学科教学设备条件的完好、现代化教学技术条件、手段与设备的科学配备、图书资料的丰富等等。教学的精神条件是一种无形的教学环境，它包括学校中师生之间、学生之间、教师之间的人际关系，校风、班风，课堂教学的状态与气氛等等。教学活动的两个条件性要素是教学活动展开时必须凭借的条件。

### （四）教学活动的过程要素

1. 教学的目的任务。教学的目的、任务是指不仅教师要明确而且学生也要逐步接受和理解的某个课题、章节或整门学科的教学目的及任务。教学目的、任务是由社会与人的发展规律决定的，是由社会向学校提出的目标所规定的。在具体的教学过程中，教学目的、任务是根据课程标准的要求，考虑该班级的特点和学生已经具有的身心发展水平及教师本身的可能性与教学物质条件等确定的。

2. 教学内容。教学内容在学校教育中体现为学校教育的课程计划、各学科课程标准、系列化教材等。教学内容是学校教学活动中实质性最强的因素，它是由一定的思想、知识、能力等方面的内容所组成的体系。教学内容规定了一定学校中的教师教什么和学生学什么。它是教师教和学生学的基本材料。教学内容相对于教师和学生来说，它是经过特殊选定和组织起来的认识客体。

3. 教学方法和手段。教学方法和手段受制于教学目的任务和教学内容。教学过程中，教师要运用一系列的教学方法和教学手段，来完成相关的教学任务，实现教学目的。教学方法和手段是由师生进行调控、影响教学工作成败作用很大的最活跃的可变因素，是教学活动得以进行的中介。因此，教师在选择教学方法和手段时的基本要求是必须行之有效的。

4. 教学活动的组织形式。教学活动的组织形式直接影响着教学过程的展开与实施。它包括班级教学、小组教学、个别教学等不同的教学组织形式。在不同的教学组织形式中，教学的具体目标与任务、教学方法的选择与应用，都有着明显的差异。当前教学组织形式的多样性为各类教学模式互相取长补短，为发挥教学的整体的优势提供了条件。

5. 教学效果的评价。教学效果评价是教师评价和学生自我评价教学效果，获得反馈信息，判明教学效果同教学任务是否相符，查明已经出现的偏差的原因，并在设计下一轮教学时考虑弥补所暴露出来的学生知识和技能上的缺陷，以及修正在教学方面的失误。

（五）教学要受促进学生全面发展的制约

教育目的中所要求实现的全面发展，核心是使学生在德、智、体几方面都得到发展，学生在教学过程中如果得不到这几方面的发展，教学效果就会受到影响。

1. 掌握知识和发展能力的关系。在教学过程中掌握知识和发展能力这两种培养活动之间的关系，如果处理得合理显然是可以互相促进的。知识是能力发展的基础。无论是解决实际问题的智能或体能，都包含着一定的知识经验的内容。学生智能高，其观察、记忆、想象、思考等能力也高，是认识和掌握知识有利的主观条件，也有利于感知、理解、巩固和运用知识。学生学习能力高，在学习中较易取得进展，也有利于增长学习知识的直接兴趣。学生体力发展良好，在学习中大脑的智力活动的强度和耐力都可增强，精力旺盛，也将促进学生学习成绩的提高。因此。在教学中帮助学生掌握系统的知识和发展学生的能力应结合起来，不可偏废。掌握知识和发展能力相互促进是有条件的。这个条件就是把知识教学中促进能力发展的因素找出来，有意识地加以贯彻；能力训练不要排斥系统知识的教学，而是把训练的要素纳入

知识教学活动。知识教学中促进能力发展的因素主要有以下一些。

(1) 知识多少。知识中很大一部分是前人认识世界、改造世界的经验，可以成为能力结构中的组成因素。一般说，知识丰富而有系统比知识贫乏零乱对能力提高较为有利。因此，在中小学中，抓好系统的知识教学仍是必要的。

(2) 知识内容。由于科学进步带来知识总量的迅猛增长，中小学只能学一些最基本的基础知识。与培养一般能力最有关系的是，反映世界规律性、认识方法、解决问题的方法（包括操作方法）等知识。它们在教学中的表现就是一定学科的基本概念。如法则、定理、规律、基本方法和一些工具性的知识。

(3) 掌握知识的方法。教学中掌握知识的方法，对能力发展有很大影响。通过观察、分析、比较、综金、判断、推理等思考过程，帮助学生主动地理解知识，了解前人是如何认识到这些知识的。逐步掌握思考方法，通常有助于改进学生的认知结构，对培养学生能力更有利一些。

发展学生能力，除了教好知识以外，还需要有意识地对学生进行能力训练。能力训练是在认识问题、解决问题的过程中进行的。在知识教学中，有计划地把理性化的知识还原为教学中的实践形态，给学生提供运用知识认识问题、解决问题的机会。

2. 掌握知识和提高思想觉悟的关系。教学中，学生的思想觉悟、学习目的，对学习的积极性，都对学生有着决定性的影响。学生年龄越小，兴趣、客观因素影响的作用越大；而年龄越大，思想、目的的作用、动机的社会性则越明显。因此，提高学生的觉悟，不仅是教学目的的需要，也是促进学生努力学习、掌握知识的有利因素。反过来看，学生思想觉悟的提高，又依赖于他们对文化科学知识的掌握。

学生掌握文化科学知识，形成调节行为的力量，也是有条件的。进行教学的教师，以什么样的思想指导教学；在教学中能不能根据教材特点和学生思想有的放矢地进行教育；能不能循循善诱，在情感上引起学生共鸣，使学生产生提高思想觉悟的愿望并在行动中去产生道德行为，培养学生道德实践的能力，形成学生良好的意志、性格。这些，需要教师在教学中自觉地把传授文化科学知识的工作和思想教育密切结合起来，把教学当做思想教育的一种重要途径，运用高度的教育技巧，才能办到。

在教学中把掌握知识与发展能力、掌握知识与提高思想觉悟结合起来看，实际上就是教学应该有教育性，就是教学中应该按照教育目的要求，全面完成使学生德、智、体几方面都得到发展的教学任务。

3. 教学中局部因素的调控要受整体效果的要求制约。教学活动，包含着多种因素，每种基本因素又会包含多方面多层次的子因素。教学的成败，效率的高低，并不只是某一两种因素起作用，而是多种因素综合起作用的结果。因此，我们可以把教学看做一个互相关联的多因素的集合体。

教学是一个复杂的系统。在这个复杂的系统中，一般说各构成条件或因素是经过精心选择、组织的，比学生周围自然产生的影响因素是较为优化的。但如过分强调某些因素，往往可能影响到其他因素的作用，整体效果反倒不一定好。例如，教师积极性发挥到最大，满堂都是教师的活动，显然会降低学生活动的积极性；这一学科的作业，强调培养创造能力，难度加大，可能就要挤掉其他学科的作业或复习时间；只注重教师个体作用，忽视教师群体的作用，只强调知识学习，忽视思想教育与能力培养，或强调思想教育，忽视知识教学，强调某种方法，忽视其他方法，强调方法改革，忽视内容改革，强调教学内容现代化，忽视学生的接受可能性与教师群体的水平等等，都不利于实现教育目的这个整体效果的提高。教师的主导作用，就在于在教学这个复杂系统中，根据时间、地点、学校条件、师生状况、教材特点，选择适当的方法，制订合理的计划，对教学进往合理的调整、控制活动，取得培养学生的良好的整体效果。教师对每一个局部因素的调控，都要服从于这个整体效果的需要，就是这条规律的核心内容。

教学和社会的关系，实际上是教育和社会发展的关系在教学方面的具体表现；教学和参加者的关系，实际是教育和人发展的关系在教学上的具体表现；教学的调控要求，是由于教学不但是从属于社会、教育等大系统的子系统，它本身也是个复杂的系统，教学系统的运行，本身就是一种有目的的调控活动过程，调控如何，对教学目的的实现，有决定性影响。在教学需要调控的对象中，教学内容、教学方法、教学手段、教学形式、教学环节等调控的好坏，对教学效果都会有制约作用，它们之间也有相互制约作用。

### 三、教学过程的基本规律

教学过程的运动、发展、变化是有规律的，认识和掌握这些规律，按照

规律设计、组织、开展和管理教学活动，是提高教学质量、实施素质教育的根本保证。

教学过程的规律是教学过程内在的本质的必然的关系或联系。教学过程中存在的关系很多，如师生关系、生生关系、师师关系；又如文理关系、课堂教学与课外活动的关系，等等。这些关系中，有些是属于本质的必然的，有些则是非本质的非必然的；有些是基本的，有些是非基本的；有些关系贯穿于整个教学过程的各个阶段各个方面，有些则只能存在于教学过程的某个环节某个方面。那么，只有那些反映贯穿于教学过程各阶段各方面的带有本质的性质的关系，才是教育过程的基本规律。至于那些反映教育过程某个阶段某个侧面的关系的，仅是反映了教育过程的具体规律。

1. 教学以掌握知识与发展智能相统一。这条规律是对教学过程的基本矛盾和特点的抽象概括。教学与发展是教学过程中的一对基本矛盾关系，正是这对矛盾关系的存在、运动，推动了教学的发展，成为教学过程运行的原动力。这条规律表现为以下几个方面。

（1）教学的目的在于满足学生发展的需要，促进学生身心全面和谐发展。学生发展是一个整体，具有多层次性。首先发展包括身心两方面内容。其次，身体发展包括身体的健康和机体各部分功能的发育健全两方面；心理发展包括认知和情意的发展。再次，认知发展包括知识、智力、能力和技能技巧等方面；情意发展包括需要、情感、兴趣、态度、意志、性格等方面。因此，教学活动应当以促进学生身心各方面的整体和谐发展为目的。教学过程的各个阶段各个环节各个方面都应体现这一目的，把它落实到教学的各种具体活动中。重视一些方面而忽视另一些方面都会偏离这一目的，违背教学规律。

（2）引导学生学习和掌握知识、发展智力，训练技能技巧，形成合理的认知结构。引导学生掌握知识和发展智力，是教学的两大基本任务，二者相互依存、互为条件。首先，知识是智力发展的基础和必要条件。在教学过程中，教师应当引导学生自主地学习、掌握系统的科学文化知识，这些知识由各门科学的基本事实及其相应的基本概念、原理、公式及其体系所组成，是一门学科知识的基本结构和内容，是日后学习、工作、生活所必备的基础知识。学生的智力只有在掌握和运用知识的过程中才能获得发展，也只有在其中表现出来。因此，知识的学习掌握有助于智力的发展。其次，智力又是学习掌握知识的必要条件。智力发展水平直接影响到知识掌握的速度、广度和深度。一般来说，一个人的智力水平高，他获取知识的速度就快，范围就广，质量就好。反之亦然。个体身心发展的个别差异规律表明，人的智力发展存在差别，从而使学生知识学习掌握也存在明显差别。再次，知识与智力之间不是简单对应的关系。知识不等于智力，学生知识的多少并不标志他智力发展的高低。一个“读死书、死读书、读书死”的人，只能是个智力不高的书呆子。反之，一个先天智商高的人，如果不进行知识的学习，最终智力发展也会受到严重影响。在知识与智力关系问题上，“形式教育派”和“实质教育派”的观点都因其片面性而走向极端，因而是不可取的。

训练和形成技能技巧也是教学的基本任务之一。技能是人类行动（活动）的方式。技能的熟练化、自动化就是技巧。如果说知识、智力是解决“知”的问题的话，那么技能技巧要解决的是“行”的问题。教学过程本质上是认识和实践相统一的过程，也就是知行统一过程，而“行”即引导学生把所学知识应用于实践以解决实际问题，既是教学过程的一个阶段，也是教学的目的。

“行”（实践）需要有一定的技能技巧。技能技巧是人们从事实际活动的方式和手段，表现为一些具体的包括内隐的和外显的动作。技能技巧的形成是有阶段的，要经过从简单到复杂、从不熟练到熟练的发展过程。比如幼儿学习数数，起初必须借实物，或扳手指、或点石子豆粒、或数小棒。经过一段时间练习，便可达到用“内部言语”数数的水平，即在心中数数，而不必借助实物和读出声来。再经过一段时间练习，就可以达到高度自动化，不假思索就数出来的熟练程度。又如写字，首先要从握笔和坐的姿势学起，把结构简单的字分解成一笔一画，学生跟着教师模仿；然后才慢慢地练习正确、连贯地书写结构比较复杂的字；最后才能追求速度和字体的优美；而一个有造诣的书法家则需经过许多年练习才行。其他复杂高级技能技巧的形成也要经过这样的过程。技能技巧形成过程中，练习是非常重要的。教师要用正确的方式示范表演，要让学生模仿练习，还要及时反馈矫正。要反复系统地练习，直到熟练和自动化，形成技巧为止。

就知与行的关系来说，行（实践）也需要有知识的指导。知是行的基础。没有知，行就没有正确的理论基础和思想观点作指导，就不得要领，就会盲目。任何活动的技能技巧必然包含有一定的知识，掌握基本技能技巧需以一定的知识为基础和条件。掌握了技能技巧又有助于进一步获取知识，大大简化获取和运用知识的过程。在人类认识过程中，往往是先行而后知。而在教育过程中，

则是先知而后行。在教学过程中，教师应当引导学生将理论知识学习和实际活动训练结合起来，既要说明活动的技能技巧的基本原理和操作要领，又要让学生多练习多实践，将掌握基础知识和形成基本技能技巧结合起来，这是教学的两项基本任务。在此基础上，学生才能形成合理的认知结构。

（3）教学在发展中起着主导作用。人的发展受到多种因素的制约和影响。遗传、环境都是影响发展的重要因素，但它们对发展的影响都不如教育大。教育是一种特殊的环境，它有明确的目的，有专门的机构，有受到专门训练的教育人员，有精心安排的内容，采取科学有效的方法，因此它对学生发展的影响是有目的、有计划、有系统的，其影响的深度、广度和持久性是其他任何影响都无法比拟的。可以说，没有教育，就不会有现代人的发展。

（4）教学与发展相互制约、相互促进。首先，教学要受制于个体身心发展的特点和水平。身心发展具有一定的顺序性和阶段性、共同性和差异性、稳定性和可变性以及不平衡性，存在加速期和关键期，教学活动必须与之相适应，遵循这些规律，才会有效和成功，否则就会无效和失败。其次，教学又是发展的重要条件，一方面，受教育状况和水平决定着发展的状况和水平。受教育的水平表现为一个是文盲和一个是受过高等教育的人，其发展状况和水平明显不同。农村儿童和城市儿童由于受教育状况不同，其发展也存在差异。另一方面，教学不只是消极地适应发展，它还可以积极地促进和引导发展。良好的教育应当而且能够对个体的发展起着推动和加速的作用。

2. 教与学相统一。这条规律是对教学过程中主体活动的矛盾关系的抽象概括。教学活动是教师的教和学生的学两种活动的有机集合。教和学是同一过程的两个方面，离开任何一种活动，教学活动都不可能进行，教学也不复存在。这是教与学的统一性。它们统一在同一时空条件下发生，统一在教学活动的整体过程中。但是，教与学又是由两个主体发出的行为。由于两个主体的特点、任务不同，各自的行为方式、特点也不同。这就是教与学的矛盾性。教学过程中教与学对立统一规律表明，教与学两种活动既是双边活动，又是双向交互活动。并且还是两种不同类型的活动。两种活动相互联系、相互区别，两种过程相互依存、相互影响、相互促进。具体表现在以下方面。

（1）在教与学的关系中，教师的教起着主导的作用。这里所讲的主导，是指启发作用而言。其中包含着一种规范和引导在内。教师的教规范和引导着整个教学过程。在教学认识过程中，凭借教师的教的启发作用，学生得以依靠自主的学习活动，把外在的客观的文化知识体系转化为学生内在的主观的知识体系；也就是说，在教师的教的主导这一前提下，通过依靠学生自主的、主动的学习活动实现了由不知到知、不会到会、不能到能的转化，提高了认识客观世界的能力。由此可知，学生学什么，怎样学，学得如何，总是在教的主导作用下进行的。在教育过程中，学是离不开教的。

（2）在教与学的关系中，学生的学起着主动的作用。这里所讲的主动，是指学生的自主性、自觉性、主动性而言。学生的学不是被动地适应教师的教，而是一个主动的过程。学习效果的好坏、学习质量的高低，尽管离不开教师的教的启发作用，但是落实下来，还是取决于学生学习的自主活动，取决于学生学习的自觉性、主动性。因为，人类积累的认识成果和经验要想转化为学生的精神财富，文化知识要想转化为学生的智力、能力和思想观点，只有通过学生自己的认识和实践即经过学生自己的主动的内化和外化过程才能实现。这就决定了教师的教要以学生的自主的主动学习为基础。在这一意义上讲，教是外因，学是内因，外因通过内因起作用，学情决定教情，学的过程决定着教的过程，教要从学出发，“教的方法根据学的方法”。

（3）在教与学的关系中，教与学相互制约、相互促进。教与学作为矛盾的对立统一体，双方各自的地位、作用是不同的，构成相互制约的关系。但是它们之间又是相互联系、相互渗透、交互作用的。在一定条件下，双方之中作为矛盾的主要方面的一方又是相互转化的。也就是说，在教学过程中，不仅教师的教主导着学，而且同样，学生的学也决定着教，影响着教师教的状况和水平。这种相互决定和影响过程，促进了双方的提高，推动了教学过程的发展。最后，归结到一点，学生的学是教师教的出发点和归宿。从根本上来讲，教师教的行为的目的在于引起学生学的行为，不仅要教学生学会，更是要教学生会学，教的最后目的，就是为了不教。

3. 认知活动与情意活动相统一。在教学过程中，教师要善于根据教学的即时需要，采取各种措施，调节学生的非智力因素的活动，以促进智力活动，完成教与学任务。一方面，通过改进教学，根据学生的年龄特征，增进教学的趣味性、启发性，培养学生的求知欲、学习兴趣，促进非智力因素的发展；另一方面，要提高学生自我教育的能力，使他们能够自觉地按照教学要求调节其非智力因素的活动，使智力因素与非智力因素协调活动，提高教学效率。

从教学任务来说，不仅要引导学生学习掌握知识技能、发展认识能力和创

造力，还要求学生养成思想品德、陶冶个性、增强体质，要实现全面发展的教育目标。从教学过程的整体性特点来说，教学活动不仅需要教师和学生全部心理因素的参与和协调行动，而且要促进学生心理结构的整体协调发展。在教学过程中，不仅教师的知识结构和学生的认识水平与经验积累对教学效果影响大，而且教师和学生参与教学活动的动机、情感、态度、意志等非智力因素也非常重要，教学过程不仅要培养学生的认识能力，构建学生的认识结构，而且要发展学生的个性品质，形成学生的情意心理结构，使二者协调发展。

人的素质结构不仅包括知识、能力、技能等方面，还包括个性、体质等方面，增强体质、发展个性，也是教育教学的重要任务。增强体质，不仅是社会发展的客观要求，也是个体发展的内在要求。身体素质是学生发展的基础。青少年学生正处于长身体的关键时期。教育要增强学生的体质，提高健康水平，促进身体各部分器官和机能的正常发展，使身心协调发展，这不仅是体育的任务，也是其他各育的任务。

个性，包括兴趣、习惯、气质、性格等；广义的个性还包括思想、品德、价值观以及情感、动机、态度、意志等因素。通常，这些被统称为情意因素。心理结构的整体性表明，知识教学也会伴随有是非感、荣辱感以及情感、意志等活动。教学过程是师生全部心理因素参与活动的过程。不仅依赖于教师倾注自己的动机、情感、意志、态度和思想观念，更要依赖于学生的动机、情感、意志、态度、兴趣和思想观念。因此在教育过程中，不仅要传授知识、发展智力、训练技能，形成认知结构，还要重视培养动机、情感、意志、态度等个性品质，形成完善的心理结构。

首先，在教育过程中，要顺利完成各项教育教学任务，需要从激发兴趣、培养动机入手。没有一定的动机作为内驱力，师生特别是学生就不会积极、主动、全身心地投入到教学活动中去。动机不是凭空产生、孤立存在的东西，它以兴趣、态度、志向以及需要为基础，而兴趣、态度、志向、需要又与理想、信念、追求以及人生观、价值观联系在一起。因此，在教学过程中，一方面要求教师要树立正确远大的理想、信念以及人生观、价值观，要对教学工作倾注满腔的热情、浓厚的兴趣、积极的态度、坚强的意志，全身心投入到教学工作中，用自己的知识、智慧、思想、情感、观念去教育学生，感染学生，用自己的一言一行成为学生学习效法的楷模。另一方面，要调动学生的自觉能动性，引导学生自主地形成积极、进取的生活态度，树立远大的理想和抱负，把学习同将要承担的社会义务和责任联系起来，为中华民族复兴、实现四化而读书。要激发学生的学习兴趣。按照布鲁纳的观点，学习的最好刺激乃是对所学材料的兴趣，而不是诸如成绩等级或日后的竞争便利等外来目标。学生对某一学科有兴趣，他会学得格外积极主动。影响兴趣形成的因素很多，既有学生的身心因素，又有学科和教材的因素，还有教师及其教学的因素。如果教材内容丰富生动、编得富有吸引力、适合学生的心理特点，就能激发学生的兴趣；如果教师讲授内容科学，教学方法得当，教学艺术娴熟，教学态度认真，教学风格热情，更能激发学生兴趣；如果教师仪表端庄整洁，教风严谨求实，教态自然大方，教法灵活机智，作风民主平等，再加上讲授旁征博引、生动形象、设疑解惑、富于启发，学生一定会对他所教的科目产生浓厚的兴趣。有了明确的志向、浓厚的兴趣，就能唤起学生对学习的热爱和愉悦，产生强大的学习动机。

其次，培养学生的意志。教学过程是个长期的过程。在这个过程中，绝不会一帆风顺，肯定会遇到困难和挫折。如果没有坚强的意志、坚忍不拔的毅力，就会中途而废，一事无成。教师是如此，学生更是如此。教师应当以自己的刻苦钻研的精神，坚忍顽强的意志影响学生，并且用著名科学家、运动员、英雄模范人物磨炼意志的事例教育学生，引导他们在教学过程中养成克服困难、战胜挫折的勇气和毅力。教学中，不仅要使学生体验到成功的喜悦，也要适当尝试到失败的痛苦，应适当设置一些障碍和困难。“失败教育”“挫折教育”和“吃苦教育”与“成功教育”和“愉快教育”同等重要，对独生子女来说，甚至更为重要。

总之，知识、智力、技能等认知因素是教学活动的思维加工和行为操作系统，起着认识和执行的功能。动机、情感、意志、态度等是教学活动的驱动和维持系统，起着驱动、维持和调节功能，二者具有同等重要的地位。教学过程，既是两大心理系统共同参与、交互作用的过程，又是促进二者协调地和谐发展的过程。

4. 间接经验掌握与直接经验获得相统一。这条规律是对教学过程的内容及其矛盾关系的抽象概括。

教学内容是教学主体行为作用的对象，是教学的客体要素。教学认识和实践活动，与人类其他认识与实践活动的不同就在于，它不是以客观世界本身作为活动的直接对象，而是以经过精心选择和安排的前人或他人对客观世

界的认识成果即文化科学知识作为活动的直接对象，以此为中介去认识客观世界。这些知识对前人或他人来说是他们从亲身的认识和实践活动中获得的，是直接经验；而对学生来说则是间接经验。所以知识本身就是直接经验和间接经验的统一。这就决定教学内容也应做到直接经验和间接经验的统一，学习和掌握教学内容也要求做到直接经验和间接经验的统一。

（1）以传授和掌握间接经验为主。首先，人不能时时事事处处躬亲实践，只有借助前人或他人的经验才能认识客观世界。其次，人没有必要时时事事处处直接经验，因为知识经验是人类在长期生产与生活活动中积累和创造出来的，是“科学地反映了客观的事物”的，是经过实践和历史检验的，因而是科学的正确可靠的。再次，就教育来说，存在着教育时间有限而知识无穷的矛盾。一方面，教师和学生不可能也无必要对教育所涉及的方面事事直接经验，只有通过间接经验教学才能使学生在步入社会前达到人类认识所达到的水平。另一方面，在当代科学技术革命、知识总量骤增条件下，间接经验的教育学习是解决上述矛盾的最佳途径。在以传授掌握间接经验为主的精心设计组织的学校教学过程中，通过学习简约化、系统化的教材，师生能够用最短的时间、最高的效率、最便捷的途径、最科学的方法去传授和掌握人类长期积累起来的文化科学知识。掌握间接经验是学生认识客观世界的一条捷径。

（2）间接经验的获取需要直接经验的支持。人既不是“白板”也不是容器，总是以个体特有的基础和方式来接受教育学习的。个体先前的直接经验在他学习理解间接经验中起着重要的作用。一方面，个体先前的直接经验尤其是有深刻体验和信念的直接经验是他学习理解间接经验的基础。因为书本知识对于学生来说是比较抽象、难以理解的东西，学生只有以个人以往积累的感性经验为基础才能理解和掌握书本知识，并把它转化成自己内在的知识。另一方面，学生现在在教学过程中获得的直接经验有助于他当前对书本知识的理解和巩固。

在教育过程中，教师必须在充分了解学生已有知识经验的基础上组织教学。既要坚持以间接经验教学为主，重视系统书本知识的教学；又要重视实践活动，注重直接经验的获得；要把间接经验的掌握和直接经验的获得结合起来，把理论学习和实践训练结合起来，把课堂学习与课外活动结合起来，把学科课程与活动课程结合起来。

5. 教学过程中主体交互作用水平是影响教学效益的关键。教学是由教师的教和学生的学组成的双边活动，教学活动与人类其他活动相比，其独特之处在于主体间的交互作用。而正确认识和对待师生的主体地位，充分发挥师生的主体作用，是提高主体间交互作用的根本出发点。

学生主体性得以充分发挥的先决条件是发挥教师的主体作用；教师主体作用是否充分发挥，则集中体现在学生主体性的弘扬上。在教学过程中，只有注意并充分发挥教师主体与学生主体的交互作用，才能取得最佳教学效果。在教学过程中，既要防止片面强调和夸大教师的主体作用，忽视学生的主体性，从而使教学进行得死板、被动，又要防止片面强调学生的主体性，忽视教师的主体作用，使学生的学习陷入盲目状态，缺乏必要的引导，从而不能系统高效地获取知识、发展能力。

# 教学理论与实践

下册

苏成栋◎编著

贵州民族出版社

# 第十三章　教学策略

## 一、教学策略概述

新课程所倡导的教学观是："教学不只是课程传递和执行的过程，更是课程创造与开发的过程，是师生交往、积极互动、共同发展的过程。"由此，教学策略就包括教的策略和学的策略两方面，教师教的策略可称为"教授策略"，学生学的策略可称为"学习策略"。

### （一）教学策略的内涵

教学策略是指为了实现某种教学的目标，根据教学的特定条件和学生的学习规律，合理选择和利用各种教学方法和教学资源而制订的有效教学的具体实施方案。从系统论的观点看，教学策略是指以一定的教育思想为指导，在特定的教学情境中，为实现教学目标而制订并存实施过程中不断调适、优化，以使教学效果趋于最佳的系统决策与设计。这一定义可从以下几个方面加以理解。

1. 教学策略是有效教学的一种具体实施方案。所谓"有效"主要是指通过教师在一段时间的教学之后，学生所获得的具体进步或发展。因此，教学是否有效，并不只是看教师有没有完成教学内容，也不只是看教师教得认真不认真，而是看学生有没有学到什么或者学得好不好。

2. 教学策略是以学习策略为基础。教学是教师的教与学生的学有机构成的一种双边互动活动，教师教的策略与学生学的策略是紧密相关的。有效的教学策略不仅应该包括教师对教学内容、教学手段和教学方法在教学实施活动中的选择与利用，同时也应该包括教师对学生学习规律的把握以及对学生学习活动与学习方法的调控。

3. 教学策略不同于一般的教学方法。它是将教学方法的选择置于更为广阔的教学情境之中，并将其提高到策略性水平的高度来加以考虑。教学策略的制订，除了考虑教学方法以外，还应该考虑有效教学资源的利用等问题，也就是说，教学策略的制订不同于一般教学方法的选用，更不是教学方法的总和。

具体来说，教学策略包含目标的设立、媒体的选择、方法的确立、活动的组织、反馈的方法、成绩的评定等等。一般而言，教学策略指的是为了达成教学目的，完成教学任务，具体实施教学活动并对其进行有效调节和控制的一系列执行过程。它包含以下几层含义：第一，教学策略包括教学活动的元认知过程、教学活动的调控过程和教学方法的执行过程。教学活动的元认知过程是教师对教学过程中的因素、教学的进程的反思性认知。教学活动的调控过程是指教师根据教学的进程及其变化而对教学过程的反馈、调节活动。教学方法的执行过程是指教师在教学过程中采取的师生相互作用方式、方法与手段的展开过程。第二，它是教师在现实的教学过程中对教学活动的整体性把握和推进的措施。第三，教师在教学策略的制订、选择与运用中要从教学活动的全过程入手和着眼，要兼顾教学的目的、任务、内容，学生的状况和现有的教学资源，灵活机动地采取措施，保证教学的有效有序进行。第四，教学策略是一系列有计划的动态过程，具有不同的层次和水平。

### （二）教学策略的基本特征

认识和了解教学策略的特征，可以帮助我们加深对教学策略的把握，更好地开展教学设计与教学活动。归结起来，教学策略主要有以下四个基本特征。

1. 目的性与适用性。目的性是指运用教学策略实现教学目的的适合与有效程度。教学策略的选择和运用是为了教学目标，是为它服务的，是以解决教学中存在的问题、掌握特定的教学内容、达到预定的教学目标、收到预期的教学效果为目标指向的。适用性是指教学策略对于教学内容、教学主体、教学过程及其规律的契合与适宜程度。教学策略是否适用，取决于其反映教学过程规律的程度，取决于它遵循正确的教学原则要求的程度。当然，教学策略的适用性有一定的条件，符合这些条件，它才发挥自己的作用；一旦适合它的条件发生变化，与其相应的手段、技巧就不再继续运用，而转向新的教学策略。

2. 共性化与个性化。共性化指的是教学策略必须反映教学系统各要素的本质特征，遵循教学的基本规律。教学系统的要素是由教师、学生、教学内容、教学方法和教学环境构成的，其中主要因素就是教师、学生与教学内容。

不同的教师面对不同的学生，采取的教学策略会因人而异；同一个教师教学不同的内容，所选择的教学策略也会不同。每个教师在实际工作中，根据实际情况，在学习、借鉴、加工、吸收他人经验的基础上结合自己的个性以及所处环境，发展和创造出带有鲜明个性化色彩的教学策略，因此教学策略具有个性特征。尊重共性，有助于教师把握教学的基本规律；发展个性，有利于教师创造性地开展工作。

3. 稳定性与变通性。教学策略一旦制订，在一定范围内能够广泛运用到相似的教学情境，即它具有相对稳定性。但在实施过程中，教学情境的复杂性、教学条件的多变性以及教师教学能力的差异性决定教学策略不是单一的和固定不变的。教师根据不同的教学目标、内容和任务的要求，参照学生的现有知识水平，将最合适的教学方法、形式、手段等组织运行起来。同时，教师把整个教学的运行情况作为意识的对象，随着课堂情境的变化及时而恰当地进行调节。这种在稳定的基础上对教学策略进行适切性调节与创造，就是教学策略的变通性。

4. 综合性与最优化。在实际教学活动中，教学过程的各个因素是综合地、共同地发挥作用的。构建和运用教学策略就是整体把握教学系统的诸要素。教学策略的综合性，指的是教师在制订或运用教学策略时，对教学活动的元认知过程、教学活动的调控过程和教学方法的执行过程以及构成教学系统的各要素进行全盘考虑与整体安排，达到各要素优化组合、合理构建，从而产生整体功能的特性。教学策略的综合性并不意味着它是盲目的、随意的综合，它需要发挥教学策略的整体功能，因此，需要将教学策略最优化。“最优化”这一术语是从拉丁文（最好的）一词演变而来。所谓最优化并非特别的教学方法或教学手段，而是在遵循教学规律和原则的基础上，教师有意识地、有利学根据地选择最适合于该具体条件的课堂教学和整个教学过程的教学策略。这是教师对教学系统各要素进行细致分析和综合、演绎与归纳的结果。其目的在于通过对最优教学策略的选择的安排，争取在现有条件下用最少的时间和精力，去获得事半功倍的效果。

5. 可操作性与可调控性。任何教学策略都是针对教学目标的每一具体要求而制订的，具有与之相对应的方法、技术和实施程序，它会转化为教师与学生的具体行动，因此它必须具有可操作性。教学策略的操作性具有三种含义：其一是指教学策略可由教师按照一定的操作程序、步骤和准则进行建构和运用；其二是指可以把在特定的教学情境中建构起来的教学策略迁移到相同或类似的教学情境中；其三是指教学策略具有可教性。

同时，教学策略的建构与运行离不开教师元认知的参与，元认知实质上是教师对教学活动进行有意识地监察、评价、反馈、调节和有意识地自我控制，尽可能地协调好教学活动各要素间的关系，使教学活动达到最优化，使学生得到最好的发展。这种对自身认知活动的自觉意识和自觉调节活动就使得教学策略具有可调控性。它与各种形式的外在调控不同之处在于强调教师的自主管理和自我调节，建立在教师自愿和自主的基础之上的。教师正确认识教学策略的自我调控性，能够根据教学活动的要求，选择适当的解决问题的办法，监控认知活动的进程，不断取得和分析反馈信息，及时调控自己的认知过程，维持和修正解决问题的方法和手段，并且由于形成自觉的习惯，教师对教学策略的运用几乎不需要意志努力，就能够随机应变地进行自我反馈调控；同时由于自动化，教学策略的运行过程变得极为简捷，没有或极少有多余的步骤和环节，教师就能对自己的教学状况和学生的反应迅速做出评价和反馈，并能迅速地采取有效措施进行调控。

6. 外显性与内隐性相统一。尽管作为策略组成要素的学习的调节与控制和元认知意识是一种内部意向活动，但是，策略的使用却是伴随着某种外部活动的操作过程，是外显的、有形的行为，并可用语言描述。也就是说，我们可以把它转化成一种陈述性知识或程序性知识。

教授和学习过程中调节和控制方法的使用是以元认知为基础的，而元认知包含有关学习情境的知识，以及有关何时和如何使用不同学习方法的规则的知识。这些知识都是可以通过教学直接传授给学生，并通过学生对学习方法的使用而逐渐充实和完善的。学生在教学情境中所获得的元认知体验也能激活他们这部分认知知识，使教学策略知识的传授成为可能。

尽管策略具有内隐性的特点，呈现出个别差异，但不同的个体处于同样的社会和时代，具有许多共性，他们在学习过程中所使用或表现出来的策略也可能具有一定的规律性。通过内省法或言语报告法等心理学研究方法，可揭示出表现在学习中的元认知、学习的调节与控制和认知技能，并通过对记录报告的分析、概括和总结，形成一定的可表述的知识体系，这就为传授策略提供了可能。只要条件具备，策略是完全可以进行专门教学的，策略教学能够促进学习者对知识的掌握和能力的增强。

7. 策略教学的有效性。策略教学的有效性是考察学习者是否记住了有关策略的知识，但更重要的是考察他们是否能够脱离教师的监控（教学的外部控制），自觉地或自发地迁移所学策略到相关的教学或学习情境中。

能使我们的策略教学既能让学生记住有关策略的知识，又能很好地迁移运用到相关的教学情境中，其具体步骤如下：

（1）注重策略知识的掌握。问题解决能力的高低很大程度上决定于某一领域所积累的知识经验的多少，尤其是决定于所形成的知识结构的特点。离开了坚实的知识基础和良好的认知结构，也就阻断了提取信息完成任务的源泉。因此，进行策略教学和训练必须以策略基础知识的熟练掌握为前提，以策略知识的条件化、结构化、自动化为前提。

（2）教师的策略教学应有技巧。首先，应采用灵活多样的教学方法，激发学习者学习策略的需要。其次，策略教学次序的安排要科学，先易后难，先一般后特殊，符合学习者认知发展特点。再次，训练大声及时复述策略的使用。最后，训练不宜密集进行，因为适当延长训练间隔，能使学习者有充分消化、理解的时间，每次训练应围绕一个中心进行。

（3）促进学习者学习策略迁移的发生。首先，应教给学习者“情境化的知识”，使他们不仅掌握知识的内容，而且了解这些知识的适用条件和运用范围，并激励学习者在不同情境中运用策略。其次，提供足够的练习和反馈，使策略学习达到熟练和自动化。再次，引导学习者对策略学习的有效性进行评价。因为只有当学习者有改进学习的要求，并意识到训练的有效性，外在指导的策略才会内化为自己的策略。最后，引导学习者生成新的策略，使他们真正地“学会学习”。

### （三）教学策略制订的基本依据

教学策略包括对教学过程、内容的安排，教学方法、步骤、组织形式的选择，在制订教学策略时涉及对这些因素的不同组合。组合的不同就从一个方面决定了教学策略是否具有有效性。另一方面最终要衡量教学策略是否有效，通常以能否实现教学目标和激发与维持学习者的学习积极性和主动性为主要标志。某些灌输、强制的方法有时也能实现部分教学目标，但若未能使学习者的学习积极性和主动性得以激发与维持，这些教学策略也不能评价为有效。由此可见，有效教学策略的制订或选择的基本依据主要应从教学目标、教学对象、教学者以及在什么教学情境下使用等方面进行考虑。

1. 教学目标是制约教学策略制订或选择的决定性因素。教学目标不同，所需采取的教学策略也不同，即使是同一学科的教学也如此。例如，一门学科教学之初，教学的起始目标是提高学习者对所学学科的兴趣和信心，然后才是促进学生掌握具体的知识与技能和发展智能的目标。针对不同的教学目标，教学者应采用不同的策略。前者可选择对本学科的最新发展动态、与社会生活的紧密联系、对学习者自身发展的重要作用等方面都有效的教学策略，进而达到提高或保持学习者的积极性的目标；后者则应根据知识与技能内在的逻辑联系、知识与技能掌握对学习者认知结构的促进作用、知识与技能迁移的规律、学习者的主观状态等进行综合考虑，然后制订或选择相应有效的教学策略。因此，教学目标的分析是制订或选择有效教学策略的关键。

2. 学习者的初始状态是制约教学策略制订或选择的基础。学生的初始状态是指学习者现有的知识与技能水平、学习风格、心理发展水平等。实践表明，如果仅根据教学目标制订教学策略，无视学习者的初始状态，那么所制订或选择的教学策略就会因缺乏针对性而失效。在具体分析学习者初始状态之后，可以采取两种策略：一是依据学习者现有的知识与技能水平、学习风格、认知风格、心理发展水平等的长处或学生偏爱的方式相一致的教学策略，称之为“匹配”策略；二是针对学生初始状态中的短处或劣势有意识地采取补救性措施，并在学生的实际发展水平与潜在发展水平之间找到“教学最佳期”，鼓励学生“跳一跳”，引导他们向着潜在的、最高的水平发展，称之为“失配”策略。这两种策略的使用都是以认识和把握学习者的初始状态为前提的，因而可以说，对学习者初始状态的分析是制订有效教学策略的基础。

3. 教师自身的特征是制约有效教学策略制订或选择的重要条件。如果说教学目标和教学对象是影响制订教学策略的客观条件，那么影响教学策略制订有效性的主观因素则主要取决于教师自身特征，包括教师的教学思想、知识经验、教学风格、职业心理素质水平等。在教学过程中，教师是制订和实施教学策略的主体，他们一般都倾向于选择与其教学思想、知识经验、教学风格、心理特征相一致的教学策略。在制订或选择教学策略时，不仅应重视教学目标和学生初始状态的分析，还应充分发挥教师自身特征中的积极因素的作用，并有意识地克服自身特征中的消极因素对制订或选择教学策略的不利影响。

4. 教学环境与情境制约有效教学策略的制订或选择。教学环境是教学活

动赖以进行的重要因素，它由物质环境和心理环境两部分构成。物质环境如校舍、教学设施、教学场所以及教室的光线、温度、空气等；心理环境如学校中的人际关系、校风、班风、群体规范、社会信息、教师期望、课堂教学气氛、班级规模和座位编排方式等。从表面上看，教学环境只处于教学活动的周围，是相对静止的，但实质上它却以自己特有的影响力潜在的影响着教学与学习过程及活动的效果。在科学技术迅猛发展的今天，学校教学环境正变得日趋复杂和多样化，因而对教学策略的制订与选择的影响也日益突出。教学情境是被个体所意识到并直接影响个体心理与行为的各种因素的组合体，是在教学环境背景下产生的个体当时所意识到的特定的、具体的情境。如果说教学环境更多地制约着教师对有效教学策略的制订，那么教学情境则更多地影响着教师对教学策略的选择和调整。

（四）教学策略与教学设计、教学观念、教学方法、教学模式的关系

1. 教学策略与教学设计。从教学策略和教学设计所涉及的范围来看，教学策略主要涉及课堂教学中教师怎样教以及实现怎样教所必需的课堂教学组织、实施、管理等方面的活动方式或行动方针。教学策略与教学设计的关系是局部与整体的关系，教学策略仅是教学设计的有机组成部分之一。

2. 教学策略与教学观念的关系。

（1）教学策略与教学观念的联系：①教学策略是教学观念中的一个属概念，其本身的制订与选择受教学观念的制约；②教学策略与教学观念都对教学行为和技巧具有指导与支配作用。

（2）教学策略与教学观念的区别：①从教学策略和教学观念范畴大小来看，教学观念是一个很宽泛的概念，如学生观、教师观、教学原则等均属于教学观念的范畴，而教学策略的外延相对较窄；②从教学策略和教学观念的可操作性来看，教学观念是存在于个体头脑中的支配个体行动的思想、原则等概念性的知识，抽象性较强，而教学策略则支配着教师怎样教，对教师的教学行为具有直接的指导作用，可操作性较强。

3. 教学策略与教学方法。虽然两者均涉及具体的教学进行方式，但教学策略的外延比教学方法宽广，层次比教学方法高。教学方法可以被视为具体的教与学之间交互作用的方式，暗含有具体教学程序的意思。而教学策略不仅包括对教学方法的选择，还包括对教学组织形式、教学媒介的选择等内容。

4. 教学策略与教学模式。首先，一般说来，教学模式规定着教学策略和

教学方法，居于三者的最高层次，策略、方法的选择均遵循模式的要求。教学模式是一种简化的、理论化的教学范式，各种具体的教学模式一般包括理论依据、教学目标、操作程序和操作策略四个部分。其次，在反映某种具体的教学程序时，教学策略比教学模式更详细和具体，因而教学策略的内涵比教学模式丰富。最后，从稳定性的角度来说，教学模式是一种比较定型化的教学范式，一经确定，便是相对稳定的。而教学策略却可以也应该随教学情境、目标、对象的变化而调整，并可能打破既定教学模式的束缚，因而变通性较强。但教学策略一旦制订并执行，也具有相对的稳定性。

可见，这三个概念的逻辑关系是：教学模式（上位）—教学策略（中位）—教学方法（下位）。

教学策略是教学设计的有机组成部分，是在特定教学情境中为实现教学目标和适应学生学习需要而采取的教学行为方式或教学活动方式。这个表述包含三层基本意思：①教学策略从属于教学设计，确定或选择教学策略是教学设计的任务之一；②教学策略的制订以特定的教学目标和教学对象为依据；③教学策略既有观念驱动功能，更有实践操作功能，是将教学思想或模式转化为教学行为的桥梁。

### （五）教学策略的分类

教学策略主要涉及教学内容、教学组织形式和教学方法以及教学资源等因素的选择、设计和组合。在实际操作过程中，不同的教学策略虽然呈现出千差万划，但是总的来看，则表现出对教学内容、教学组织形式、教学方法以及教学资源等因素的关注，也就是说，教学策略的制订一般是以教学过程的主要构成因素（教学内容、教学组织形式和教学方法等）为中心，建立起一定的策略框架. 并将其他相关要素有机地组织起来，形成一类相对稳定完整的教学策略。因此，还可以根据居于中心地位的不同因素，将教学策略分为“内容型、形式型、方法型和综合型”等四种主要类型。

1. 内容型教学策略。教学过程中如何有效地提供学习内容是教学策略的核心内容。人的学习，就个体接受输入的知识、经验而言，总是离散的、不连续的，即人的学习就是接受一个一个有限的知识点。

内容型教学策略有强调知识结构和追求知识发生过程两种不同的类别，也就是结构化教学策略和问题化教学策略。结构化教学策略是强调知识结构教学的策略，主张抓住知识的主要部分，弱枝强干，构建简明的知识体系。

问题化教学策略认为，未来的学习着重于考虑和发掘问题，因此，及时培养学生的问题解决能力是教学的重心。

2. 形式型教学策略。形式型策略就是以教学组织形式为中心的策略。班级授课是我国学校教学的基本组织形式。然而，为了更好弥补集体教学这种教学组织形式所存在的不足，以学生为中心的教学策略是项十分有效的策略。学生增长知识的形式，既可以是以教师为中心的讲授，也可以是在教师引导下由学生自己去发现和获得。以学生为中心的教学策略，就是为适应学生个人学习方式而提供高度灵活的。学习系统，在这个教学策略中，教师和学校是起支持或辅助的作用，而不是决定的作用。实施这种教学策略，最重要的是要考虑学生个人的实际需要，有效地利用多种教学资源，让学生个个都积极投入到学习中去，通过自主努力，分别去达到各自不同的目标。

3. 方法型教学策略。方法型教学策略是以教学方法和技术为中心的策略，这是一个包含着各种各样方法、技术、程序和模式的领域。面对如此纷繁的领域，长期停留在“教学有法，教无定法”的认识水准上是不够的，我们可以通过试验性的比较和分析，揭示所有方法的共同要素和每一种方法各自具有的特点，建立起方法型教学策略的体系。今天现代教育信息技术和互联网络已经进入学校，这为方法型教学策略提供了新的发展前景。

4. 综合型教学策略。综合型教学策略与前面所述的三种策略不同，它不是按教学过程的某个构成因素为中心，而是直接从教学的目标、任务出发，对教学内容、教学形式和教学方法等进行有机整合的一种教学策略。它更多地以教学经验为基础。

### （六）教学策略的构成要素

任何教学策略都有一定的内在结构。教学策略的结构是由它所包含的诸要素有规律地构成的系统。探讨教学策略的结构，首先应当分析教学策略的构成要素。从教学策略的运行机制来看，构成一个有效的教学策略一般应包含以下几个要素：指导思想、实施程序、操作技术和效用评价。探讨教学策略的结构便于教师理解和把握构成教学策略系统各个要素之间的内在联系，掌握建构和运用教学策略的程序、步骤以及策略运行的内部机制，从而增强教学策略的可操作性，提高实践运用的能力。

1. 指导思想。指导思想就是指构成教学策略所依据的理论基础，它能对具体的教学策略作出理论解释，是教学策略的灵魂。不同的教育思想、教学理念的指导，就会产生不同的教学策略。例如，灌输式和启发式等教学策略就基于不同的指导思想。理论是行动的先导，有目的、有意识地。学习教育教学相关的理论，以此作为构建教学策略的指导思想，能够减少因盲目而造成的失误，更好地发挥教学策略的作用，提高教育教学效率和质量。

2. 实施程序。实施程序，即教学策略按时间展开的逻辑活动步骤以及每一步骤的主要做法等。教学策略是围绕一定教学目标而进行的程序化设计，必须考虑教师运用某一教学策略操作教学的先后次序，尽管这个次序是要随着教学情境的变化及教学过程的推进而不断调整和变换，但保持操作程序的基本稳定，有助于教师教学有序化和科学化。

3. 行为技术。行为技术，即教师运用教学策略的操作方法和技巧。制订出明确、易行的操作要领是实施教学策略的有效保证。操作技术是教学策略结构中最基本的要素，是教学策略最直接的手段。它存在并作用于教学过程的各个阶段，其实质在于保证教学活动的顺利进行。教学策略的操作性技术有多种，一般包括以下几个方面的内容。①教师方面：教师在教学策略中的角色、作用或对教师的要求。②教学内容方面：包括教学策略的根据及教师对教学内容的处理。③教学手段方面：除平常教学所需的教学手段外，还包括运用本策略所需特殊教学手段。④使用范围方面：包括本策略适用的学科性质、问题性质或年级层次等。

4. 效用评价。效用评价是构成教学策略的重要因素，主要是对教师操作某一教学策略的行为进行调控和对实施这一策略所产生的效果进行评估。其实质是对影响教学活动的因素进行监督、调控的意向活动过程。主要的任务是激活与当前教学任务有关的所有因素，通过分析，识别任务的重点、难点，辨明个人的教学特点和确定使用方法的特性，预计可能产生的效果，以及对各种因素之间相互作用。通过评价，可以检测、调节甚至校正教学策略实施的结果和途径。评价标准在于它与教学目标的一致性、与教学对象的沟通性、与教学情境的协调性、与教学过程的同步性等。

### （七）教学策略的实施要求

教学策略的实施，要求教学活动的目标、师生主体互动过程、师生活动方式、活动效果评价等方面都要与之相适应；同时自身也会随着教学实践活动的展开而不断得到修正和调整。在基础教育新课程改革背景下，教学策略实施的要求主要有以下几点。

1.“三维”整合的教学目标。新课程对教学目标的定位具有三维性。从培养学生的创新精神、实践能力和促进学生身心健康出发，立足于学生的“综合素养”的培养，从“知识与技能、过程与方法以及情感、态度与价值观”三个维度建构，体现了新课程的价值追求。

要实现这种价值追求，我们一方面要继续重视传统课程提倡“基本知识、基本能力”的培养，在此基础上强调认知与情意的统一。另一方面，应赋予情感、态度、价值观以新的内涵：情感不仅涉及学习兴趣、学习热情、学习动机，更是指内心体验和心灵世界的丰富。态度不仅指学习态度和责任，更是指乐观的生活态度、求实的科学态度及宽容的人生态度。价值观不仅强调个人的价值、科学的价值、人类的价值，更强调个人价值与社会价值、科学价值与人文价值、人类价值与自然价值的统一，使学生确立对真、善、美的追求及人与自然和谐的、可持续发展的理念。情感、态度、价值观是教学目标的重要组成部分，必须通过教学设计渗透到教学内容中去，贯穿到教学过程中去，使其成为教学的灵魂。

2. 师生互动的教学过程。教学过程是师生交往、互动、共同发展的过程。传统课堂教学基本上是“灌输接受”的单线性、静态传输知识的活动，学生完全处于一种被动接受的状态。新教学要求师生间的影响是双向、交互的，同时，这种交互作用和影响又不是一次性的或间断的，而是一个链状、循环的连续过程。这是一个包括发生在情境中的、具有多种形式、多种内容的“多元互动”体系。“多元互动”的“元”即“要素”，是指跟学习有关而又能相互作用的各种教学因素，包括教师、学生、教材、教学条件与环境等。“多元互动”的“互动”是指用素质教育思想作指导，充分利用各种跟学习有关而又能相互作用的教学因素，促使学生主动积极地学习与发展，进而达到高质高效的教学效果的新型教学模式。这种互动的交互性、连续性和网络性避免传统课堂教学大脑思维开发平面化发展的弊端，从而使学生大脑开发向“立体化”思维方向发展。这就要求教师的教学设计不拘泥于某些程式化的东西，在实施教学过程中开放地吸纳直接经验、富有弹性而灵活的成分及意料之外的体验，鼓励即兴创造，超越预定的目标要求，废止满堂灌，变教师的“唱独角戏”为以师生双向互动为主轴的“协奏曲”。

3. 主动积极的学习方式。新课程改革的具体目标之一就是要改变课程实施过于强调接受学习、死记硬背、机械训练的现状，倡导学生“自主参与、乐于探究、善于合作”的主动学习方式。根据脑科学的研究结果表明，大脑的基本机能是兴奋和抑制，在学习过程中，采用单一的学习形式、用单一的方法刺激，时间一长，不但不能引起兴奋，反而导致抑制。而主动学习、多种学习方法交替使用，就会使大脑接受的刺激经常变化，学习才会有高效率可言。

在教学设计中，如果能从根本上革除传统教学方式过分强调接受式学习、冷落和贬低发现与探究的弊端，实行主动积极的学习方式，特别倡导自主学习、合作学习、探究学习和综合实践，使学习方式真正多元化，真正体现“以学生为主体，以学生的发展为本”的理念，教学才会真正促进不同层次的学生均能够有特色地、可持续地发展。

4. 注重发展的教学评价。新一轮课程改革要求改变课程评价过分强调甄别与选拔的功能，发挥评价促进学生发展、教师提高和改进教学实践的功能。受“应试教育”的影响，我们的课堂教学评价常常用一个标准衡量学生，其唯一的目的是鉴别对错、区别优劣。它使教师与学生成了对立的两面，而不是获得共同发展。同时，教学评价多在教学结束后进行，未能与课程、教学有机结合，未能有效地反馈信息，失去了主动调控的机制。这种评价用条条框框限制被评价者，在一定程度上剥夺了学生发展的空间。

现代教学设计要强调发挥评价的诊断、反馈、改进、激励、强化等教育的发展功能，让学生在课程中找回自己，肯定自己，找到进一步提高的方向。同时，要通过深入有效的评价，及时强化和矫正教学的信息，更好地实现课程目的，提高教学质量，促进学生提高自我意识、自我调节、自我完善。一句话，以评价促进学生不断发展。

## 二、教学准备策略

教学准备策略是指教师依据教学目标要求，选择教材、分析自我和学生、钻研和组织教材、选择教法、制订教学计划的过程。教学准备策略是教师的复杂的智能活动过程。

### （一）教学制料的处理与准备

无论是需要自己编制所教教学内容的教师，还是根据已经规定好的教学内容进行教学的教师，根据教学目标或意图对教学材料进行处理和准备，都是教学准备工作中不可缺少的环节。

所谓“教学材料”是指教学内容的各种形式的载体。主要包括：课程标准、教科书、教学参考书、补充读物以及各种用于教学的图片音像资料等。在所有教学材料中，课程标准和教科书是两种最为基本的教学材料。

1. 对“课程标准”的研读。教师在作课堂教学准备时，必须认真研究所教学科的课程标准，对所教学科课程的目标、内容、要求以及教学建议和评价建议等有一个全面的认识。教师在研究和学习课程标准时，最重要的是要把教学内容同课程目标、教学要求、教学原则和教学方法等有机联系起来，理解它在特定学段所要达到的特定目的，同时要将各学段的教学内容纵向联系起来整体把握，这样才能更好地把握当前所教教学内容的侧重点。

2. 对“教科书”的分析。教科书是根据课程标准编写而成的教学用书，通常按照学年或学期进行分册，划分单元或章节，它是传递课程内容的主要载体，是师生进行教学活动的主要依据。教师在授课之前，除了深入学习课程标准以外，还必须认真分析和研究教材，领会教材的编写意图。在分析教材的过程中，教师要仔细研究教材的体系结构以及各部分知识之间的内在联系，教学的重点、难点和关键所在，以及教学内容中所蕴涵的思想方法和教育功能，从而确定较为合理准确的教学目标。教材的重点是指该知识直接影响其他知识的学习、在整个教材体系中占据重要的地位的教学内容。教材的难点一般是指教师难以讲解、学生难以理解和掌握的教学内容，或者是容易引起混淆和产生错误的教学内容。因此，难点是根据学生的学习水平进行确定的，同一教学内容对不同班级的学生来说不一定都是难点。教材中有一些内容对掌握某一部分知识、解决某类问题起决定性的作用，这些教学内容就是教材的关键。

通过认真学习课程标准，全面分析教材，准确把握教材的重点、难点和关键，不仅能够确保学生正确理解和掌握教学内容，而且能在教学过程中做到有的放矢，取得事半功倍的教学效果。

### （二）加工教材的策略

在教学活动中，教师如何对教材进行加工处理，会直接影响学生对教学内容的理解与接受，是学生能否进行意义学习的重要影响因素。学生进行意义学习需要内外两方面条件。外部条件主要是指新学习材料本身应具有逻辑意义，即对学生具有潜在意义。内部条件有三个：首先是在认知维度上，具有逻辑意义的新知识对于学习者来说必须具有潜在意义；其次是在情感维度上，学习者必须具有意义学习的心向；最后是在行为维度上，学习者必须积极主动地使这种具有潜在意义的新知识与他认知结构中的有关旧知识发生相互作用，使原有的认知结构或旧知识得到改善，新知识才能获得实际意义，即心理意义。

1. 教材结构化策略。教材结构化策略是指教师根据学生的知识水平、自己的教学风格和教学环境，分析和组织教材内容，使其在本身的逻辑结构基础上对学生具有潜在意义的策略。

教材结构化策略是基于对课文形式了解的基础上对课文结构作出的加工处理。课文形式主要有如下几种：①问题——解决式；②原因——结果式；③比较——对比式；④群集式；⑤概括式；⑥主题词式；⑦整体－部分式。

根据课文的结构，教师可以采取的结构化方法主要有以下几种。①图解。教师可以采用图解的方法表征基本概念或观点与概念之间的关系。②框架。教师可根据课文内容列出主题词，形成框架，让学生能从整体把握课文内容。③分类。教师可以使用以下几种方法：A. 比较－对照，表现出相似点与不同点；B. 问题－解决，呈现问题，逐步解决；C. 原因－结果，表述结果与事件发生的过程；D. 表述－列表，包括主要的概念或论点以及支持材料。

教材结构化策略是教师吃透教材的一个方面，是教师教学准备的一个重要环节，有利于学生进行有意义的学习。不但如此，结构化策略虽然对少数优等生帮助不大，但对多数非优等生训练的收获很大。

2. 心理匹配策略。心理匹配策略是指教师在教学过程中，恰当处理教材，使之呈现的教学内容被学生主观上感到满足其需要，从而达到教学材料与学生需要之间的统一，以有效调节学生的学习心向，提高学习的积极性。其实质就是尽可能使教学材料变成激发学生内在学习动机的诱因，以调动学生学习的积极性。

该策略在教学实践中的应用又可归纳成两种。第一，“认知匹配”策略，即教师通过调整学生对教学材料与其需要之间的认知评价来达到心理匹配的一种策略。因为客观事物是否符合人的需要，既取决于人的需要状况，也取决于客观事物本身，但最终要受人对这两者之间关系的认知评价的制约。第二，“形式匹配”策略，即教师通过改变教学材料的呈现形式，来达到心理匹配的一种策略。因为有的教学材料可能确实不符合学生当时的需要，但我们完全可以设计一种符合学生需要的教学形式来呈现材料，这便将不符合学生

需要的教学材料寓于符合学生需要的教学形式中，从而引发学生的学习心向。

3. 超出预期策略。超出预期策略是指教师在教学过程中恰当处理教学材料，使呈现的教学内容超出学生的预期，引发学生的兴趣情绪，以有效调节学生的学习心向，提高其学习的积极性，从而使学生产生有意义学习的策略。

在实践运用中，教师应尽可能将看似比较平淡的教学内容，出乎意料地与奇异现象联系起来；将看似枯燥乏味的教学内容，出乎意料地与生动事例、有趣知识联系起来；将看似简单易懂的教学内容，出乎意料地与学生未曾思考过的问题、未曾接触过的领域联系起来；将看似“教条性”的内容，出乎意料地与现实社会、生活实际、生产实践和未来工作与事业联系起来；将看似经典性的内容，出乎意料地与现代社会、高新科技联系起来，使学生惊奇地发现其中所存在的不可思议的事实、蕴涵的趣味、深沉的内涵、实用价值与时代气息，产生要深入领会和探索的学习兴趣。

总之，教师要舍得花工夫去钻研教材，使教材结构化，了解学生，使教材的呈现形式能尽量让学生感到惊奇，并转化为兴趣情绪，进而引导学生产生注意与探究行为。

（三）教学行为的选择

1. 选择教学行为必须与教学领域以及所要达到的学习水平联系起来。行为的方式必须与教学目标、数学意图、教学内容等因素联系起来。例如，要进行问题解决或某种动作技能的教学时，就不能单纯选用语言这种呈现方式。

2. 选择教学行为必须与学生的成熟水平和学生已有经验相符合。当某种教学行为方式适合学生的能力、需要和兴趣时，他们将感到非常的自如，并将学得很好。例如，对年龄比较小或缺乏听讲能力的低年级学生过多运用语言呈示的方式就不合适，而这种方式对于具有一定听讲能力的中高年级的小学生来说，却是比较合适的。

3. 选择教学行为必须同教师个人经验、教学技能和个性品质联系起来。教师在考虑选择教学行为时，最好选择自己比较熟悉而且运用自如的方式。在此基础上，进步培养自己熟练运用不同方式的能力，能够依据教学目标或意图、学生的具体情况以及其他教学条件等因素，灵活设计行之有效的教学行为，并能够不断将各种行为方式有机结合起来，逐步形成一套富有个性的教学策略，逐步形成自己的独特的教学风格。

（四）教学组织形式

教学组织形式主要是指教学活动中教师与学生为实现教学目标所采用的组合方式。基术的课堂教学组织形式主要有三种：全班组织形式、分组组织形式和个别组织形式。

1. 全班组织形式。全班组织形式也称班级授课制，它是指把学生按照年龄或在某学科上的大体程度分成若干个人数较多的教学班，教师同时面对全班学生进行教学，所有学生每次的学习内容、学习进度和采用的教学行为都是相引的。这种组织形式效率比较高，而且增加了学生“互相激励、互相帮助”的机会。但是它也有一定的局限性，比如难以适应学生在学习速度、学习方式和个性等方面的个别差异。

2. 小组组织形式。小组组织形式主要是指根据教学或学习的各种需要，把全班学生再细分成若干个人数较少的小组，教师根据各小组的共同特点分别与各小组接触，进行教学或布置他们共同完成某项学习任务。各组在学习内容和进度上不尽相同。这种组参与形式促进了个别化的区分，同时保持增强小组成员合作学习、互相激励的能力。但是，这种组织形式必须具备两个前提：一是分组要有科学的依据，二是要有足够的教师配备。再进一步分析，由于小组中各个学生的情况依然不完全相同，因此这种组织形式依然存在不一定适合个别人需要的局限性。这是必须看到的。上述这种组织形式，表现在一些师资和办学条件比较有限的地区或农村，广泛采用一种特殊的小组教学组织形式——复式教学组织形式，它是把若干个年龄段（年级）的儿童编在一个教学班中，由一位教师在同一堂课内分别对不同组学生进行教学的组织形式，教师直接教学与学生自学或做作业交替进行。

3. 个别组织形式。个别组织形式主要指由学生个人与适合个别学习的教学材料发生接触，并辅以教师和学生之间的直接接触。这种形式允许学生有比前面两种组织形式更为灵活的学习进度和学习时间安排。教师根据各个学生的不同需要，与学生一起制订学习范围和学习进度，并提供各种教学材料，同时给予相应的反馈和评定。在这里，个别组织形式与个别辅导是两个不同的概念，个别组织形式是指与全班组织形式并立的独立教学组织形式，教师分别与每个学生接触，以学生自学为主，教师进行必要的辅导；而个别辅导只是作为全班组织形式的一种补充，对学习进度慢的学生进行一种必要的补习，对学习进度快的学生提供进一步提高的活动的一种方式。

教师在教学组织形式的编制和设计中，应该学会运用各种组织形式，并最大限度地发挥它们各自的优点，这就要求教师必须掌握各种组织形式的基本要领。如全班教学需要考虑班级的规模、分班的灵活性等；分组教学需要考虑学生具体特点的同质与异质性、组数、小组的人数以及分组的灵活性等；而个别学习需要教师去寻求或创造适合学生自学的学习材料以及学习环境。

（五）教学方案的形成

教学准备的结果是教学方案，也就是通常所说的教案。它是为课堂教学开展而准备的书面计划，除了有规范化问题以外，还有个性化问题，这主要取决于教师自身的个性品质、教学经验、学习活动的性质以及教案管理的具体要求等。

一份完整的教案，至少必须包括以下几部分：教学内容、教学目标、材料准备、教学流程以及课后反思等。其中，教学流程的设计是教案的主体部分，通常纵向分成左右两栏，左侧空间比较大，右侧空间比较小，左侧为“内容栏”，右侧为“备注栏”。在“内容栏”中，教师可以清晰具体地陈述想做些什么，同时考虑如何使教学内容尽量按照逻辑顺序排列起来，根据内容的数量和性质，合理设计每一个教学环节，并设计每一个教学环节的具体教学步骤，在每一个步骤中还可以再设计各个小步骤。在“备注栏”中，教师可以阐述或表明教学设计的理论依据、教学设计的意图、注意事项以及教学以后的反思等。

实际上，教案是个性化、情境化的产物，它随不同的理念、不同的教师、不同的学科、不同的目标以及不同的情境而有所差异，因此教案没有固定不变的格式。同时，教师也不必拘泥于教案的格式，教师应该在自己的教学过程中，充分展示自己的个性，发挥自己的特长。进行大胆的创新，争取逐步形成自身的教学风格和特色。

学校对教师教案的管理，只是一种手段，而不是根本目的。管理教案的目的是为了后续的教学实施行为即一堂课的课堂效益。目前我国中小学对教案的管理有走向过于烦琐地要求所谓规范化、标准化的倾向，对所有的教师采用同样的模式进行统一管理，而且管理的要求过于具体、过于详尽、过于死板。这是不适当的。教案的规范化管理对新教师以及欠合格教师来说是必要的，但对合格教师尤其是优秀教师而言，过于强调形式化的规范要求可能是弊大于利，反之，教案应该是多样化、个性化的，而不应追求同一种形式或模式。教学实施本质上说是一种艺术，没有个性化的教学（包括教案），就不可能有独特的教学风格。另外，教案只是一份物化的书面计划，是上课之前的一种预先设计，教师在教学的实施过程中，不能一味想着贯彻事先拟订的计划（教案），而应该随着教学的进程，根据当时的具体情景和学生的实际反应情况随时作出相应的调整。

（六）教学设计操作的策略

设计教学操作是指教师根据教学对象和教学内容，确定合适的教学起点和终点，将教学诸要素有序、优化地安排，形成教学方案的过程。

1. 任务分析策略。任务分析策略就是指在开始教学活动之前，为了教学目标取得期望的结果，需要对学生习得的能力或倾向的构成成分及其层次关系详加分析，为学习顺序的安排和教学条件的创设提供心理学依据。也就是教师从既定的终点目标出发追问自己，若要达到终点目标，学生必须具备哪些次一级的构成能力；若要获得这些次一级的能力，学生又要具备哪些更次一级的能力……直到把达到终点目标的所有主要下属技能分析完毕为止。通过这样的分析，就清楚了到达终点能力的从属能力及其上下左右的关系。具体操作程序如下：

（1）确定学生的起点能力。起点能力是指学生在接受新的学习任务之前原有知识和技能的准备，是学生习得新的能力的内部前提条件，它在很大程度上决定着教学的成败。掌握学习教学策略的最重要原则，就是学生必须达到规定的教学目的的85%以后才能进行下一步学习，其目的就是确保学生在接受新知识前已具备适当的起点能力。教师可通过诊断测验、平时作业批改和提问等方式对学生的起点能力加以确定。

（2）分析中介目标。从学生已有的起点能力到将要达到的终点能力之间，或多或少都有一些知识和技能需要掌握，这些需要学习的知识和技能越多，则中介目标也越多。不过一般中小学教材的编写，以及教师先后两次教学的知识和技能差距较小，因而中介目标并不多。只是由于学生掌握先前所学知识的程度和水平不同，才导致了不同学生会有不同的中介目标。从理论上说，教师应该针对不同的学生采取不同的教学起点和确定不同的中介教学目标。

（3）分析学习的支持性条件。中介目标是保证终点目标达到的必要条件，有效的学习除了必要条件外，还要有支持性条件。认知策略则是促进这一学习的支持性条件。这里的认知策略是把新知识转化为已有的知识，即用已有

的知识来推论或表述新的知识。如在学习圆柱体体积时，可以把它转化为等底等高的长方体的体积。教师要对这些支持性条件加以分析，让学生能迁移过去所使用过的认知策略等支持性条件。

任务分析是一门需要有坚实的理论基础为指导的复杂的技术，很多教师一般不愿做这样的麻烦事，而是依据个人的经验或者通过模仿别人而作出教学设计，这样的教学设计往往缺乏针对性和有效性，或者由于缺乏系统分析而顾此失彼。因此，在教学设计中，虽然教师的经验是宝贵的，但它不能取代有教学理论指导的任务分析工作。

2. 单元水平设计策略。单元水平教学设计是基于整体学习比分散学习更有效的理论，研究教师应清楚在一个单元内应教什么内容和用什么方法的问题。这促使教师提前考虑教学目标中的困难而进行全面的考虑，使教学设计更有效。

单元水平设计包含以下六个基本成分：①目标，是行为目标、主题词和问题式的非行为目标的结合。②内容，即整个单元教学内容的轮廓，而非具体的知识点。③技巧。基于教学内容提出而且区别于内容的技巧主要有：批判性阅读、略读和速读技巧；写作、记笔记技巧；合作和竞争技巧；报告和研究技巧等。④活动。这里只需把特殊的活动如演讲与辩论、参观与考察、实验与实习等活动写出来，而把常规活动作为课堂设计的内容。⑤手段和材料。根据教学活动和教师、学生的特点选择的阅读材料、视听设备、程序、图表和模型等来实施教学。⑥评价，包括由教师、学生或两者共同完成的形成性评价和总结性评价，如学生演示、展览、讨论、小测验、考试、讲评、订正和特殊训练等，用以评估目标是否实现和为改进单元水平设计获得反馈信息。

3. 课堂水平设计策略。课堂水平设计是为每天的教学提前设置程序和教学活动。一般来说，课堂水平的设计应围绕典型的学校计划（如每堂课 30 ~ 50 分钟），虽然一些特殊的课堂设计也许需要缩短或延长课时，但应提倡设计的活动在规定的时间内完成。

课堂水平设计一般要考虑以下成分的组合，即目标、动因、发展、方法、材料和媒介、概括、总结、作业等。

教师在进行课堂水平设计时应考虑以下因素。①学生的差异。即学生的起始能力和要达到终点目标所需的中介能力的差异。②课堂时间分配。注意选择主要内容的关键点作解释、讨论、训练和总结。③应具有变通性。在设计时，应考虑到实际可能出现的意外情景而留有余地。④教师心中应装着所有的学生，尽量多的学生参与。⑤评价与反思。教师应总结每堂课的成败与得失，记录学生对不同方法、媒介和活动的反应，问自己教学目标是否达到，哪些问题与活动设计得好，课堂的哪部分应被省略、压缩和精制，以便下一次更优化教学设计。

## 三、教学选择策略

教学策略指教师采取的有效达到教学目标的一切活动计划，包括教学事项的顺序安排、教学方法的选用、教学媒体的选择、教学环境的设置以及师生相互作用设计等。

教师应根据教学目标、课题特点以及所持学习理论取向不同，采取相应的教学方法、媒体以及环境来实现这一程序。

有些课题主要包含高度有结构的知识和技能，如果教学目标是要求学生尽快地掌握这种知识和技能，则宜于采用通过以教师为中心的讲授教学策略；但有些课（如创作等）则是比较灵活开放的，需要学生积极参与和实践，如果教学目标重在提高学生的创造性、抽象思维能力和解决问题的能力，则宜于采用开放的、非正式的方法，如发现教学和探究教学策略。如果教学是为了增进学生的学习态度、刺激学生的好奇心、加强学生之间的合作，则宜于采用合作学习的策略。此外，还可以根据学生在学习能力和先前经验上的差异进行个别化教学。

### （一）以教师为主导的教学策略

直接教学是以学习成绩为中心、在教师指导下使用结构化的有序材料的课堂教学。由于在这种教学策略中，由教师设置教学目标，选择适合学生能力的教学材料，控制教学进度，设计师生之间的交互作用，所以这是一种以教师为主导的教学策略。在直接教学中，教师向学生清楚地说明教学目标；在充足而连续的教学时间里给学生呈现教学广泛的内容；监控学生的表现；及时向学生提供学习方面的反馈。并且主要是学业性的。交互作用是结构化了的，但并非是权威性的。学习在一个欢乐的学业气氛中进行。

直接教学一般包括六个主要活动：①复习和检查过去的学习。②呈现新材料。③提供有指导的练习。④提供反馈和纠正。⑤提供独立的练习。⑥每

周或每月的复习。这六个活动不是六个步骤，而是有效教学的因素。例如，反馈、复习、补教只要有必要就要进行，并且要与学生的能力倾向相匹配。这些活动可以被看作是教授结构良好的基本知识和技能的框架。

这些活动并不一定遵循上述顺序而展开，例如，反馈、复习、补教只要有必要就要进行。教学活动的顺序可以根据学生的能力状况以及他们对内容所要掌握的程度而做出调整。学生对内容的掌握程度与他们有效运用课堂时间以及积极练习直接相关。

直接教学模式尤其适合于教授那些学生必须掌握的、有良好结构的信息或技能。直接教学甚至在某些方面是必不可少的，例如，学生对某些基本事实、规则和动作序列必须达到熟练掌握的程度，或者为了促进后续学习而必须进行过度学习。当然，如果教学的主要目标是深层的概念转变、探究、发现，或者是开放的教学目标，那就不宜使用直接教学。

### （二）以学生为中心的教学策略

1. 发现教学。发现教学是指学生通过自身的学习活动而发现有关概念或抽象原理的一种教学策略。一般来说，发现教学要经过四个阶段：①创设问题情境，使学生在这种情境中产生矛盾，提出要求解决和必须解决的问题；②促使学生利用教室所提供的某些材料、所提出的问题，提出解答的假设；③从理论上或实践上检验自己的假设；④根据实验获得的一些材料或结果，在仔细评价的基础上引出结论。

与指导教学相比，发现教学对学习过程的关注超过对学习结果的关注，也就是说要求学生主动参与到知识形成的过程中去，否则，学习结果将无法得到。

发现教学的原则：①教师要将学习情境和教材性质向学生解释清楚。②要配合学生的经验，适当组织教材。教师要在研究教材和学生的实际的基础上，根据教材内容设计一个一个的发现过程，教师要仔细设计要问的问题，排列好例子，确保参考材料和设备充足，以促进学生进行自我发现。③要根据学生心理发展水平，适当安排教材难度与逻辑顺序。④确保材料的难度适中，以维持学生的内部学习动机。材料太容易，学生缺乏成就感；材料太难，学生容易产生失败感。

发现教学要进行得顺利，关键在于恰当地确定学生可进行独立探究的力所能及的最近发展区。发现教学的特点是：不能在最短的时间内以最快的速度使学生掌握必要的知识和技能。

2. 情境教学。情境教学指在应用知识的具体情境中进行知识的教学的一种教学策略。在情境教学中，教学的环境是与现实情境相类似的问题情境；教学的目标是解决现实生活遇到的问题；学习的材料是真实性任务，这些任务未被人为地简化处理，隐含于现实问题情境之中，这些任务最好能体现学科交叉性；教学的过程要与实际的解决问题的过程相似，教师不是直接将事先备好的概念和原理告诉学生，而是提出现实问题，然后引导学生进行与现实中专家解决问题的过程相类似的探索过程。

## 四、教学行为策略

教学行为是教师在课堂教学中为了完成某一具体教学目标或教学内容等定向的任务所表现出来的行为，主要有讲述行为、提问行为、讨论行为等三种，下面介绍这三种教学行为及其相应的策略。

### （一）讲述行为策略

讲述行为是指教师以口头语言向学生呈现、说明知识，并使学生理解知识的行为。从信息传播方向上看，讲述行为的传递具有单向性，它不要求学生有对应的互动行为。讲述行为是教师课堂上最常用的教学行为。因此，对于一名教师来说，掌握讲述行为是十分重要的。

1. 语音准确，语词适当，语流连贯，语速适中。教师语音应以普通话为准，保证学生听清楚每一个字。教师讲述中应使用普通话词汇，避免使用方言词汇。教师也要适时、恰当地使用本学科的专业词汇，对此不使用日常生活词汇。为准确表达自己的思想和教学内容，教师应选择最精确的词汇，防止使用笼统和容易引起歧义的词汇。为了表达连贯流畅，教师在讲课时要把教案中的书面语言转换为口语语言；讲述时尽量使用短句子，戒除口头禅和多余语气助词的不良习惯。教师讲述时的语速以稍慢于日常生活中讲话速度为宜，大致在每分钟200～300字。

2. 当讲述学生不太熟悉的新内容时，教师可向学生呈现“先行组织者”，目的在于让学生明确新知识的内在结构和新旧知识之间的联系。“先行组织者”是指新材料学习之前向学生呈现的引导性材料，它比新材料本身有更高的抽象性水平、包容性水平。它的主要功能是展示所学习的材料是如何组织的，用以说明学生已有旧知识与新知识的联系，增进学生对新材料的理解。

3. 在讲述时应该注意结合所讲述内容本身的结构，选择合适的组织形式，展开讲述。讲述可按以下几种组织形式具体展开。

部分一整体关系把一个课题分成若干个小课题，如有必要，还可进一步分成更小一级的课题。教师由一个课题向另一个课题过渡时，要向学生发出“转承”信号，提示学生旧课题已结束，新课题要开始。如“这样，我们就结束了有关……问题的讨论，接下来要考虑的问题是……”

序列关系这种组织关系以某种顺序，如时间顺序、因果顺序或事件发展顺序等为基础而展开。

相关关系这种关系有一个核心思想和论点，教师讲述时要围绕核心论点来选择并依次展开相关的论据。

过渡（连接）关系教师可重复使用某一短语，来表明讲述内容的组织结构，告诉学生所讲内容是某一个系列思想的各个组成部分，或者教师可使用某一短语暗示学生，接下来要给出一个小结。如“当……时，我们可以从……角度分析它；当……时，我们可以从……角度分析它；当……时，我们可以从……角度分析它；总之，我们可以从多种角度分析它”。

比较关系教师对两类或多类事物作比较讲述，可以先列出或界定第一个比较的维度，然后说明各类事物在这一维度上的异同；接着列出第二个比较维度，重复上述过程。

组合技巧如果一个课题可以从不同维度上进行两种或多种区分的话，教师则可将这些区分组合在一起，展开讲述。

4. 在讲述过程中，尤其是在讲述新概念、新原理时，应该以“规则——例证——规则”的形式向学生提供足够的肯定例证和否定例证。掌握新概念即把握概念的关键特征，向学生提供多种肯定例证和否定例证，有助于帮助他们澄清对新概念关键特征的认识。所谓肯定例证是指包含关键特征的例证，其中隐含着最利于概括的特征；而否定例证是指不包含关键特征的例证，它隐含了最有利于辨别的信息。

5. 有意识地使用连接词并适时地提醒学生，在所呈现信息中哪些部分或方面是重要的。连接词可以恰当表述各部分思想之间、句子之间或短语之间的关系。例如，“因为……所以”“因而”“如果……那么……”“结果……”“通过……（手段）”，等等。提醒学生的具体表达方式有：“请注意……”“这一点非常重要……”“认识到……是特别重要的”“如果你记住……将对你理解……有很大帮助”“现在，我们该讨论最重要的问题了，即……”，等等。

（二）提问行为策略

毫无疑问，提问是最重要的教学行为之一，它是满足一个人的好奇心的当然方式。当儿童开始意识到他们周围的世界，并开始发展说话能力时，他们会问许多的问题，这是一个贯穿人的一生并且逐渐减弱的过程，当一个人开始停止问问题时，他也就开始停止了学习。

在教学中，提问这一教学策略，不仅适合于任何学科，而且适合于任何年龄的学生，同时，也是教师必须掌握的关键性的教学技能之一。我们说，良好的课堂提问可以加强师生之间的交往，激发学生的学习动机，激起教师的教学热情，有效调控教学过程，收到良好的教学效果。然而，拙劣的提问却会影响师生之间的正常交往，容易使学生陷入一种全然被动的状态，在这种情况下，很难取得好的教学效果。因此，对于一名教师来说，掌握提问行为策略是十分重要的。那么，如何进行合理有效的提问呢？

1. 注意问题的构思与表述。通常情况下，在构思与表述问题时，应该考虑所提问题与客观事物及提问的目的相适应，特别应该注意：问题应该合乎语法，所采用的句法应该容易让人理解；问题的表述要清晰，便于让学生理解，并以适当的方式做出回应；如果所提问题需要学生表达自己的意见或见解，那么教师应该学会倾听并准备好接受学生的任何一种回答；教师在表述问题时应该尽量用鼓励性的声调或语调；问题的表述应该具有思考性，而不能让学生从问题的表述中不加思考就直接找到答案。

由于问题的表述直接影响到提问策略的实际效果，因此，教师在课堂教学中表述问题时，应该特别谨慎，不可大意，最好在课前做好充分的准备，尤其是实习教师或者新教师更应该认真对待。实践表明，新教师即兴发挥所提的问题，很有可能是糟糕的，效果不好。

2. 注意问题的呈现顺序。教师在课堂教学中所提的问题，必须符合一定的逻辑顺序，而不能随心所欲、漫无目的地提问题，问题的呈现顺序要有助于对知识的理解，由浅入深，循序渐进，尽量避免那种跨越式或跳跃式的提问方式。

3. 注意控制好问题的节奏。问题的节奏通常与提问的速度有关。提问的速度太快或者留给学生回答的时间太短，都将直接影响提问策略的效果。因

此，教师在课堂教学过程中应该尽量放慢提问的速度，而不应该太快地重述并澄清问题，年轻教师尤其应该特别注意。同时，教师在提出问题以后，要留给学生充足的时间进行思考和回答，不要急着要学生的答案，我们说问题的设计要能够激发学生的思考，而思考需要时间，因此教师应该学会等待。教师在课堂教学中，如果能够注意上述两点，那么就能较好地控制问题的节奏。

4. 正确处理好评论。有的教师似乎认为他们应该对每一个问题所作的回答情况作出评价，并用“是的，非常正确”或“不，那不对”的语句进行评判。这种是不妥的。我们说教师可以对学生的回答都作出相应的评价，但是，不能简单用“是的，非常正确”或“不，那不对”这样两种极端的语句进行表述，这样不利于激发学生的学习兴趣，也不利于大多数学生的发展，更不利于进行课堂讨论和交流。在现代课堂教学过程中，同一问题的结论同样重要的是通过问题这一载体，进行情感交流和思想交锋，师生互动、共同发展。因此，教师应该正确处理好课堂评论的问题，更多关注不同学生的闪亮点和进步，更多使用一些激励性的语言，对学生所作出的努力和所取得的进步哪怕是细微的进步，都进行及时的鼓励和肯定，特别是要能够包容和理解学生错误的回答。

### （三）讨论行为策略

班级内的讨论是班级成员之间的又一种互动方式，他们交流观点以形成对某一问题较为一致的理解、评价或判断。尽管讨论有其他行为所难以实现的功能，但在教学实际中教师却往往不乐于组织讨论。教师不组织讨论的主要理由是，讨论不易控制，耗费时间，而且讨论结果无法预料。由此可见，要掌握引导讨论的策略，必须作出一定努力，教师既要熟悉基本理论知识，又要多组织讨论，在实践中培养技能技巧。

1. 做好讨论前的准备。问题是讨论成功与否的关键，首先，教师应该慎重考虑和设置合适的问题，问题要能够激发学生的思考和讨论的兴趣，问题的难度要与学生的能力水平相符。一方面问题不可太容易，让学生无须多思考就能解决，这样的问题没有讨论价值；另一方面问题也不可太困难，让学生费尽思索也不得要领，这样的问题会使学生灰心气馁，丧失学习兴趣。所以教师要慎重选择和提出问题，使学生既能够理解，又能够发表自己的意见。这样，学生之间才能够展开讨论、交换观点、互相启发，达到解决问题和提高问题解决能力的目的。

其次，教师还应该做好讨论之前的分组工作，教师在掌握班内学生基本情况的基础之上，尽量将相互之间比较喜欢而且经验和观点又不同的同学分在同一组。这样既使小组内具有较强的内聚力，各成员之间还可以相互启发共同受益。小组组数一般是5~6组，组数不宜太多，因为教室空间有限，相互之间容易产生干扰，从而降低学生对本组讨论的参与程度，小组成员的数量可以根据班级的规模、分组的组数、教学的目标以及讨论的主题等具体情况进行确定，一般以5~8人为适宜。

2. 做好讨论的启动。教师首先要向学生说明他们在讨论小组中所承担的角色。这一点对于首次开展讨论的班级尤为重要，让学生了解自己应该做什么，有助于他们学会怎样进行讨论。在讨论中，教师应该要求学生做到以下几方面。

（1）说明自己解决问题的办法。

（2）详细阐明自己在与其他同学交流过程中的想法。

（3）敢于为自己的观点辩护。

（4）善于根据一定思想，修正自己的观点。

（5）每位同学都要辩证地评价其他同学的观点。

然后，教师可以将所要讨论的主题写在黑板上或者展示在屏幕上，并说明为什么要把它作为讨论的主题。

3. 做好讨论的组织。在讨论过程中教师要专心倾听，并对其谨慎地作出反应。所谓谨慎反应，是指教师应该尽量少说活，把更多的讲话时间让给学生，这样学生才能从讨论中获得更多的收益；另一方面，当教师不得不对小组的讨论情况做出评价时，应做到客观公正，不要带有偏见和个人感情色彩。也就是说，教师提出讨论主题后，主要扮演的是听众的角色，不应再提其他问题，否则将破坏讨论的进程。教师虽然基本保持沉默，但要密切关注学生的讨论情况，要做好讨论笔记，对讨论过程中的逻辑线索、讨论是否切题和讨论的事实基础等适时地予以分析和评价。同时，教师还要做到适时、适量地介入讨论，以确保讨论不离开主题并能顺利进行。

4. 做好讨论的总结。讨论结束时，教师要对讨论的结果作必要的总结，归纳学生对讨论主题的新认识或解决办法，提醒学生面临的新问题，为后面的其他教学活动做好准备。

## 五、课堂教学管理策略

课堂教学管理是指教师为了保证课堂教学的秩序和效果、协调课堂中的人与事、时间与空间等各种因素及其关系的过程。课堂行为管理是课堂管理行为中的重要组成部分，它不仅有助于维持良好的课堂教学秩序，约束和控制有碍学习的问题行为，而且有助于激励学生潜能的释放，引导学生从事积极的学习活动，提高学习效率。教师在课堂管理过程中，主要采用的是课堂规则。

### （一）课堂规则的制订

规则是一种指引或约束。订立课堂规则的目的是要使课堂教学活动得以顺利进行，使学生享有愉快、和谐的群体生活。要达到这一目的，就必须认真细致地对待课堂规则的制订。

1. 课堂规则制订的依据。课堂规则的制订受多种因素的影响。一般来说，课堂规则的制订主要依据四个方面：法令与规章；学校及班级传统；学生及家长的期望；课堂风气。

2. 课堂规则制订的原则和要求。主要有以下四个方面：课堂规则应符合四个条件，即简短、明确、合理、可行；课堂规则应通过教师与学生的充分讨论，共同制订；课堂规则要少而精，内容表述以正向引导为主；课堂规则应该及时制订与调整。

3. 课堂规则制订的方法。课堂规则常用的制订方法，主要有自然形成法、引导制订法、参照制订法和移植替代法等四种。

### （二）课堂规则的常见内容

课堂规则的内容是多种多样的，几乎涵盖课堂的所有方面。根据适用规则的活动性质而言，主要有出入课堂规则、点名规则、下课规则、课间规则、值日生规则等内容；根据适用规则的项目性质而言，主要有道德方面的规则、秩序方面的规则、人际方面的规则、安全方面的规则和学习方面的规则等内容。教师在具体使用时，应该根据自己班级和学生的实际情况，与学生一起制订。

### （三）课堂规则的执行

要塑造良好的课堂行为，确保良好的课堂秩序，仅有课堂规则是不够的，还必须重视课堂规则的执行。即使最好的课堂规则，如果流于形式，或执行不当，那么也是枉然。因此，在执行课堂规则时应该注意以下几个方面。

1. 执行规则前应检查规则是否适宜。不是所有的课堂规则都有利于学生的学习活动。事实上，消极、负向、形式化的规则还对学生的学习起阻碍作用。因此，在执行课堂规则前，应首先对规则进行检查。

2. 执行规则应始终如一，而且应该坚决果断。规则一旦确立，就要坚定地贯彻执行。学生如果遵守课堂规则，就要得到相应的肯定与奖励；如果违背规则或选择不当的行为方式，教师就要立即指出其不良行为理应伴随的自然后果。

3. 执行规则既要公平一贯，又要相对灵活。课堂规则是约束课堂内成员的行为准则，为学生的课堂行为划定了方向，成为引导学生行为的指南。通过执行规则，使学生保持认知、情感和行为上的一致。因此，执行规则首先应保持公平性和处理方式的一贯性。同时，教师在执行课堂规则时还必须考虑学生的个别差异，采取灵活的方式。执行课堂规则时，标准是统一的，但由于学生有个别差异，他们的家庭背景和以往的生活经验致使他们在对事对人方面有不同的反应。因此，教师还应充分考虑学生的个别差异，做出灵活和弹性的处理。

4. 执行规则应采用积极的方法。心理学研究表明，行为一旦获得适当的强化，如赞许、表扬等，就会增加其强度，增强其再发生的可能性，并逐渐巩固起来而成为牢固的良好习惯。因此，如果学生在行为上表现良好，教师就应该予以关注、赞赏和鼓励，学生以后就会争取表现得更好，这是很有效的策略。如果学生违反课堂规则，教师就应该多采用间接暗示的方法，让学生在某种暗示情境中自动遵守课堂规则。要尽量避免采用强令禁止的方法，不在迫不得已的情况下，不宜使用惩罚。因为惩罚缺乏正面和积极的教育作用，甚至容易造成学生的恐惧心理，影响师生间应有的融洽交往。

### （四）课堂教学评价策略

课堂教学评价策略主要是指对课堂教学活动过程与结果做出的一系列的价值判断行为。这说明了评价行为贯穿整个教学活动的始终，而不只是在教学活动之后。教学评价策略主要涉及两个方面，一是学生学业成就的评价，二是教师教学专业活动的评价。

学生学业成就的评价是指根据一定的标准，对学生的学习结果进行价值

判断的活动，即测定或诊断某一学生是否达到教学目标及其达到目标的程度。因此，它是教学评价的主要内容，也是衡量教学是否有效的重要指标。假如评价的结果是学生取得了进步，说明该教师的教学是有效的；反之，假如评价的结果是学生没有什么进步，说明该教师的教学就没有多少效果。

教师课堂行为的评价特别是学生对教师的评价在西方国家是非常普遍的，然而在我国却很难推广。这里主要有两方面的原因：一是观念与认识问题，如学生观、评价观、感情分等；二是技术问题，即不知道怎样操作。如果要使学生的评价达到一定的信度与效度，必须处理好以下这些技术问题。

1. 首先必须明确本校教学过程中主要存在哪些问题，并针对这些问题设计评价指标。

2. 评价指标控制在15个以内，而且必须具体、明确，学生根据自己的体会就能做出判断。

3. 尽可能搜集定量与定性两方面的信息。

4. 指标的产生尽可能广泛听取本校教师和学生的意见。

5. 开学初就应把评价表发给每位教师，并告诉教师在期末将由学生从这些方面来评价教师的教学，便于教师学会自我管理。

6. 尽可能每次让一个学生同时评价几门或更多门学科的教师。这样每班随机取样几名即可，以避免个别班主任集体作假。

7. 由于所有量表都有一定的风险，因此统计结果的处理需要谨慎，例如不能给教师排名次，也不能当做发奖金的唯一依据。可以告诉每一位教师两个分数，一个是他本人的总分，另一个是全体专职教师的平均分。得分较差的教师可以用个别谈话的方式处理，或者对他们下个学期的教案进行规范管理。

## 六、指导学习策略

学生进行独立学习时，教师的任务并没有因此而改变或者结束，而是对教师提出了更高的要求，这时教师实现教学任务的方式已经发生了根本性的改变，这就是指导学习。指导学习策略是一种重要的教学策略，在实际课堂教学活动中，主要包括有练习的指导策略、阅读的指导策略和活动的指导策略。

### （一）练习指导策略

练习指导是教师通过帮助学生成功地完成课堂练习，达到学会知识或掌握技能，保证教学顺利进行的一种教学行为。具体策略如下：

1. 帮助学生做好知识、技能的理解与运用的准备。

2. 均衡安排独立练习的题量和题型。

3. 座位的安排要便于教师监控全班学生。

4. 建立独立练习的常规。

（二）阅读指导策略

阅读指导是教师在学生独立阅读教学材料时，帮助学生理解阅读内容和学会阅读方法、策略的指导行为。具体策略如下。

阅读开始时，要先帮助学生获得有关阅读材料的背景知识。教师最初可以直接向学生讲解有关背景知识，也可以组织讨论，使学生对阅读材料的主题内容有大致了解。经过一定指导后，教师要让学生逐渐学会自己检测并弥补背景知识，以向完全独立阅读过渡。

采取一些具体的步骤，帮助学生学会阅读的具体策略。优秀阅读者在阅读过程中经常采用的阅读策略主要有三种，即：把握结构策略、推理策略和元认知策略。研究表明，除元认知策略受个体自我意识发展水平制约，训练效果不佳外，其他两种策略均可经训练而掌握。对把握结构和推理两种策略的指导和训练步骤：

1. 告诉学生并让学生记住策略的基本内容。

2. 在教师示范和指导下，学生将策略应用于具体的阅读过程。

3. 经过大量的练习，使学生理解应用该策略的适当条件，以实现该策略向不同阅读情境的顺利迁移。

（三）活动指导策略

活动指导是指教师对学生独立从事的操作或实践活动的组织、引导和促进其行为。学生独立从事的操作和实践活动的场所既可能在课堂内，也可能在课堂外。而且真正的活动是在课堂外。课堂外的学生活动是课堂内学生活动的延伸，两者是统一的。学生的自主性实践活动对促进学生各学科知识的融合、能力的迁移和个性养成有着不可替代的价值。学生要在活动中充分发挥积极性和主动性，但这与教师指导并不矛盾，相反，教师的合理指导是有效自主学习的保证。

1. 指导学生进行活动方案的设计。设计活动方案是体现教师指导价值的

重要方式之一。教师要帮助学生设计好具体的活动方案，至少应该考虑以下问题：确定活动的主题；制订活动的目标；设计具体的活动内容；确定合适的活动场所；选择具体的活动方法和组织形式等。

2. 协助学生引入自主活动。引入自主活动时，教师应使学生明确活动主题、活动目标和活动内容，并激起学生参与活动的兴趣。教师提出的明确目标和合理的要求，对学生活动全过程都会有很好的引导作用。为了有效激发学生的活动兴趣，教师可以通过问答、讨论、参观或观察等方式引入课题。让学生讨论或师生共同商讨自主学习活动的方案设计，既有助于学生对学习目标、内容和安排方式的理解，又可以让学生提出自己的修改意见，使他们感到这些活动是自己的活动，提高他们的参与意识。

3. 促进学生自主活动的展开。学生的自主活动展开后，教师应把学习的主动权交给学生，教师主要通过间接指导来维持、促进学生的积极参与和学习。为此，在学生自主活动过程中，教师应启发学生独立思考，提高小组成员的团结合作意识，让学生力争自己解决遇到的难题；鼓励学生创新、探索、尝试，提醒他们认识到成功的方向；允许学生失败，让学生从失败的体验中认识到计划、分工、合作、方法等因素的重要性；让学生填写“个人活动记录表”和“小组活动记录表”，分别了解个人参与学习的态度和行为表现、小组成员间的合作与交流情况，使学生对活动过程实施自我监控。

4. 组织学生进行成果的交流。成果交流的组织形式有报告会、辩论会、表演剧、展览会等，教师可依照活动内容特点和预期结果的形式指导学生选择使用。教师对学生展示成果过程不要施加任何限制，应让学生自由地表现自己的成果。但在展示的内容方面，教师要提醒学生不仅要展示最终的活动成果，也要展示活动过程。

## 七、教学实施策略

教学实施是实现教学目标的关键阶段，涉及教学的组织、内容的传输与深化等。教学实施的策略主要包括组织教学的策略、传输教学内容的策略和深化教学内容的策略等。这些策略的选择应以教学理论为依据，既要符合教学目标、教学内容的要求，适合教育对象的特点，又要考虑在特定教学情境中的必要性和可能性。

### （一）组织教学的策略

组织教学是指教师依据教学目标和学生特点将教学内容有效处理的过程。它一方面要符合教材的知识序，另一方面又要符合学生的认知序。因此，有效的教学组织，不仅包括对教学内容的科学组织，而且这种组织必须符合学生的认知特点。这里主要介绍三种组织教学的具体策略。

1. 先行组织者策略。先行组织者策略是指学习新知识材料时呈现一种起组织作用的、抽象概括程度较高的材料，把新内容与学生已有的知识联系起来，帮助学生组织要学习的材料。先行组织者具有“教学定向”的作用，是为学生学习新知识提供的一个要领和概括的参考框架，并以一种有组织的形式把新知识内容、观点、概念和事实纳入该结构框架之中。

（1）先行组织者有三种类型，即定义、概括和类推。当学生学习新的或不熟悉的内容时，可用定义作为先行组织者。如学习各种地形时，可用“地形是具有各种独特形状和结构的地面”作为先行组织者。当信息比较多，学生难以把握时，使用概括作为先行组织者用以总结和概述大量信息是很有效的。如用“人类获得的知识和技能越多，自然环境对人们生活的限制性影响就越少”作为先行组织者，就是以学生理解“技术”、“限制”和“自然环境”为前提的。前面两种组织者属于陈述性组织者，目的在于为新的学习提供最适当的类属者，使之与新的学习产生一种上位关系。当新知识与学生认知结构中的某类知识具有结构、功能、性质上的相似性时可使用类推，即使用比较性组织者。如把河流系统与血液系统比较，这里假定学生对血液循环系统的活动方式是理解的，两者一比较，可以增强似是而非的新旧知识之间的可辨别性。

（2）先行组织者教学策略的基本实施步骤和方法。①呈现先行组织者。在阐明本课目的之后，教师使用学生熟悉的语言和观念呈现“组织者”，使学生认知结构中已有的知识和经验与“组织者”相联系，为学生进一步组织学习内容做好准备。②逐步分化，即以一种结构化的逻辑组织和层次来逐步展示材料，让学生层层理解和系统把握。③综合贯通，教师帮助学生将新材料与认知结构中的适当知识相互联系和协调一致的过程，可通过让学生回忆认知结构中的有关观念、概括新学习材料的主要特征、复述精确的定义、说出新旧材料间的差异等途径完成。

2. 因材施教策略。因材施教就是针对学生在年龄、能力以及认知风格等

的差异而采取的有针对性的教学策略，以保证教学目标的实现。

（1）针对年龄差异的教学组织策略。有关研究表明，学生所处的年龄阶段不同，其心理反应和行为表现存在着明显差异，教师应针对不同年龄段群体间的差异采取相应的教学策略。如针对不同年龄段学生对教师的要求和期望，采取“突出关注焦点”的策略；根据不同年龄段学生间人际关系的特点，采用外控与内控相结合的组织教学策略；针对不同年龄段学生对地位和威信需要的意识程度，采取“照顾合理需要”的教学策略；针对不同年龄段学生注意保持时间的长短，采取“合理分配教学时间”的教学策略；针对不同年龄段学生认知发展水平，采用认知促进的教学策略等。

（2）针对能力差异的教学组织策略。学生的能力差异可能跟其学习动力有关，也可能跟其对学业成败的归因倾向有关，另外学习能力水平不同的学生对教师个性的要求也不同，因而需要教师采取相应的教学策略。如针对学习动力的差异，采取激发学习动力、增强学习态度系统正向力量的教学策略；针对学生对学业成败归因倾向的不同，采用“发展积极归因倾向”的教学策略；针对学习能力较差的学生，采取“耐心+个别化”的教学策略。

（3）针对学生认知方式的教学组织策略。认知方式是描述人在感知、储存、转化和提取信息时习惯采用的不同方式，一般分为场独立性和场依存性两种类型。在知识结构呈现方面，启发程序和算法程序适合于场独立性的学生，而分支程序则适合于场依存性的学生。因此，在教学组织过程中，把知识结构与认知方式联系起来考虑，合理组织、安排讲授内容的知识结构，能提高教学效率。

3. 问题教学策略。教学中运用问题教学策略有以下主要方式。①控制问答间隔时间。教师问一个问题和学生作出回答的时间间隔平均为1秒钟，问答间隔时间增加到3~4秒对学生的反应有几个益处：回答长度增加；主动回答且合适的回答增加；失败的回答减少；自信增加；推理回答增加；学生回答增加；证据推理回答增加；学生问题增加。尽管如此，教师在教学实践中却趋向于等待很短时间，且不愿向低成就学生提问。②先提问后点名，即先提问题再点学生的名字的方法。这种方法比先点学生的名字再提问题的效果好。这种方法也会使更多的学生考虑所提的问题，在低年级和低成就学生中使用效果更好。③变换与探讨问题。当一个学生的回答不正确或不合适时，教师不能就此提供答案，而是变换问题让别的学生回答，或者与这个学生共同探讨。④评论和表扬。通常认为，真诚的表扬、肯定的反应（简单的微笑、点头）或表示赞同或接受的简短的评论（好、正确、不错等）都能增加成就动机。⑤将问题附加在课文中。课文中附加问题，学生测试成绩最好。这可能是因为附加问题引起了学生对该知识点的注意的缘故。⑥诱导学生自我提问。学生要成为积极理解和独立思维的主体，就必须提出问题来引导注意力和促进思维活动。

最后，教师在实施该策略时要注意优选问题，把握提问的时机，问题的难度应适中并具有不同的层次，以满足不同层次学生的需要。

（二）传输教学内容的策略

课堂教学的基本任务就是将教学内容传递给学生，而课堂教学内容广义上是指传授给学生的全部信息，包括在课堂上所传授的学科知识、技能，所表现的态度、情感、价值观念和心理特征，包括一切直接的或潜在的、琐细的或庞大的、浅层的或深奥的信息。

如何将这些信息有效地传递给学生呢？这里介绍四种策略：教学言语循环策略、媒体—教学镶嵌策略、板书结构化策略、直接和间接教学策略。

1. 教学言语循环策略。教师的语言修养在极大程度上决定着学生在课堂的脑力劳动效果。教师的课堂教学言语是整个课堂教学构成的关键要素之一，有效的教学言语策略的使用是产生有效的课堂教学效果的保证。

（1）辨别言语行为，即分清什么是独自言语行为，什么是情节言语行为。前者是指站在一组人面前，说话人单个说话的行为；后者是指两个或多个说话人之间的言语交换。最有效的教学言语行为不是教师—学生或学生—教师，而应是教师—多个学生。

（2）将言语行为系列化，即将独自言语行为或情节言语行为分为八个部分，形成一个系列。①定义：对事物进行界定。②描述：对某事的解释。③名称：对某事的指代与确认。④陈述：对事实、证据、规则、理论等的呈现。⑤报告：整个内容的摘要。⑥替代：获得一种符号的操作行为，通常是教学或科学评价。如："谁能在黑板上写出这个等式"⑦评价：对某物或某事的价值进行判断或估计。⑧观点：根据证据得出肯定或否定的结论，并说明为什么。

（3）教师将自己的教学言语行为的上述八个部分形成一个系列并进行循环。这样，教师的课堂教学言语就被定格，使师生交流的逻辑性增强，有利

于将问题讲透。

总的来说，教师的课堂教学言语不能只停留在定义、描述和名称水平，因为这只能导致知识和事实的教学，不能达到创造性教学的水平。教师要尽量完整地使用教学言语行为的八个部分，并反复使用形成习惯。同时在教学时注意表达技巧和对学生反应的敏感性，尽可能为学生提供词义理解的机会，与学生建立合作、和谐的师生关系，为教学信息传递提供良好的保证条件。

2. 媒体教学镶嵌策略。媒体教学镶嵌策略指教师在教学时把选择媒体和合理运用媒体联系起来考虑，使教学媒体与教学内容统一，与教学方法协调，与学生的认知结构相容。

良好的多媒体与教学镶嵌的整体结构应具备以下几个特点：①传递的信息量大；②能调动多种感官共同参与，相辅相成；③各种教学媒体的主要优势都得到充分发挥；④各种媒体都唾手可得且使用方便；⑤各种媒体应与学生的认知结构、教学内容相互协调。

3. 板书结构化策略。板书结构化策略是使教学内容的逻辑结构、课堂教学的设计程序、学生的认知结构，在板书中达到艺术性和科学性高度统一的方法。该策略适合于以讲授为主的班级课堂教学情境。

板书的形式有很多，如总分式、对比式、线条式、雁行式、辐射式、归纳式、网络式、对称式、表格式、阶梯式等，不同教学内容、不同年龄阶段的课堂教学采用的板书设计，常常在表现上有所不同。但好的板书，不应该只把知识原原本本标示出来，而应启迪学生的思维，锻炼学生独立思考问题的能力。

使用板书结构化策略时要注意以下几个问题：①对教学内容要充分理解和加工；②板书要有利于学生记忆和思考，特别要突出启发性；③板书的字迹要端正和清楚，在黑板四周留空，保持结构美观；④书写板书时应站在一边，尽可能让你的视线与学生接触，不要对着黑板讲话；⑤可使用彩色粉笔，使结构化板书更具有艺术性；⑥尽量形成习惯，将黑板分成两部分，一部分是教学内容结构化，一部分是辅助性板书。

4. 直接和间接教学策略。直接教学策略是指教师通常采取讲演与朗诵的形式，附加解释和举例，并提供练习和反馈的机会，以尽可能直接的方式把事实、规则和动作序列传达给学生。间接教学策略是教师引导学生通过将刺激物转换为一种回答来获取信息，这种回答不同于呈现的刺激物和学生先前所作出的任何回答，即通过概括和辨别过程，调整和提炼刺激材料，获得概念、模式和理论的一种探寻活动。

（三）深化教学内容的策略

深化教学内容的策略是指教学内容经过有效组织和传输给学生后，就应该将教学内容引向深入，让其尽快融入学生的认知结构，形成学生自己的知识结构中的一部分。深化教学内容的策略包括成对学生策略、合作学习策略、个别化程序策略和探究教学策略。

1. 成对学生策略。成对学生策略，是在教与学的情境中，安排一个或一组学生去帮助一个学生或一组学生的方法。包括三种形式：①在相同班级里，一个学生是另一个学生的教师；②高年级学生辅导低年级学生；③两个学生平等的互相帮助。

成对学生策略是一项非常有效的策略，这可能是因为学生相互之间很少有威胁而敢于问同学问题，学生用的解释语言也更容易被同学理解，实施帮助的同学在这个过程中也得到进一步的锻炼。

教师在使用成对学生策略时应注意以下几个问题。①教师要在班集体中营造一种相互学习的气氛，使每一个学生认识到任何人都有优点，每一个人都能在别人身上学习知识，并且在帮助别人的过程中不但可以使自己的知识更牢固，而且可以锻炼自己的能力，融洽同学间的关系。②教师要准确地评估学生的需要，合理地配对。③对成对学生加以指导和训练，使学生明白各自的作用。

2. 合作学习策略。合作学习策略就是学生在一个小组内一起学习，共同实现教学目标的过程。每个人根据自己的经验背景和方式建构对世界的理解，因而产生对事物不同方面的认识，只有通过合作学习才能使自己的理解更为深刻和全面。

实践证明，合作学习能够在一定程度上避免在传统的班级结构中，学生为获得教师的认同和分数而竞争，以及敌对、偏见和失败带来的消极影响，并可能取得如下一些收获：①积极的个性特征；②自我认识和自我尊重；③对别人的信任和了解；④交流；⑤对别人的接受和支持；⑥整体观念；⑦冲突减少。

保证合作学习策略的实施：①为促进合作的目标，考虑能力和性别等差异进行分组，并为各组提供必要的学习空间、范围、教学媒体与设备等；②

呈现小组目标，并设置奖励结构去促进小组目标实现；③小组成员交流打算和期望，明白教师期望他们做什么，小组里的同学希望他们做什么，并在合适的时候按能力进行分工；④鼓励学生共享思想、材料和设备，对别人的观点采取讥笑和批评的行为将被制止；⑤检查和评估每个人的进步和作为整体的小组的进步，把个人进步和小组进步联系起来，使用奖励或适当的帮助给予及时的反馈；⑥对合作学习的时间应该有明确的规定，并有充分的保障。

3. 个别化程序策略。个别化程序策略就是允许学生按照自己的步调和水平学习，促使教师教学必须与学生的能力、需要和兴趣相匹配，并及时评估、反馈的方式方法。

个别化教学程序最大限度地促进个体的学习：①诊断学生的成就水平或学习缺陷；②提供一对一的教师—学生或机器—学生关系；③介绍教学资料和结构，并有一定次数的联系和训练；④允许学生按照自己的学习节拍超前。但是，个别化设计在实施中是昂贵的，大多数学校仍然使用班级教学，故在20 世纪 60 年代兴起了个别化教学中的自学程序研究。

一个自学程序应包括：①为学生设置清楚的目标；②各种资料和手段使学生能用；③学生有可以遵从的步骤及方法、图表，以便完成任务和作业；④应在一定的时间间隔检查评估学生的进步与问题；⑤对学生遇到的问题和可能遇到的问题进行讨论；⑥按期进行个别的研究和指导；⑦注意教室内外兴趣区域的安排。

在使用个别化程序策略时教师要注意以下问题。①自学大多在初中、高中水平使用，因为他们大多掌握了某些基本技巧。小学生只是在他们有特殊能力、需要和兴趣时，才从依靠教师的学习向自学过渡。②必须让学生明确他们的责任，即知道做什么和怎么做，目标、任务和成就水平应清楚叙述。③基于学生的需要和能力选择各种各样的材料和媒体，并按照小步调、序列单元的方式呈现。④为高成就学生提供丰富的活动，使他们获得成就感；对低成就学生给予更多的帮助，允许他们按照自己的步调学习。⑤监控和检查学生的学习，为他们提供直接而及时的反馈。

4. 探究教学策略。探究教学是一种涉及形成问题、观察、建立假设、分析数据、解释预测、得出结论等多环节和多侧面的复杂的教学活动，在这个活动过程中，教师不直接把构成教学目标的有关概念和认知策略告诉学生，而是创造一种智力和社会交往环境，让学生通过探索发现有利于开展这种探索的学科内容要素和认知策略。

根据师生在探究教学活动中所起作用的程度不同，可以把探究教学分为定向探究和自由探究。定向探究是指学生所进行的各种探究活动是在教师的指导和帮助下完成的。它既包括教师提供的具体教学事例和程序，由学生寻找答案的探究，也包括教师给定要学的概念或原理，由学生自己发现它与具体事例的联系的探究。自由探究是指学生开展探究学习时，极少得到教师的指导和帮助，而是自己提出探究的问题，确定探究的对象，设计探究程序，收集所需数据，检验假设，直到最后得出结论。

根据学生在探究活动中使用的思维方式的不同，又可将探究教学分为归纳探究和演绎探究。归纳探究是指在探究活动中，学生先获得一系列观察资料，然后对它们进行观察分析，形成假设，经过检验后形成概念、原理或得出某种概括性结论，即从个别或某类事例出发，经过探究得出一般结论的探究性教学和思考方式。演绎探究是使用从一般到个别的思维方法或推理形式引起学生积极的探索活动。

## 八、教学监控策略

教学目标的达成离不开教师对教学计划实施过程的检查、评价、反馈、控制和调节，教师在这个过程中所采用的教学谋略或措施就是教学监控策略。教师运用教学监控策略的水平既受自身对有关策略的熟练掌握程度的影响，又受教师的教学监控能力的制约。教学监控策略是从教学实际情境出发，以教学目标的达成为前提，以教学主体的互动为本，以课堂教与学的行为为中心，综合考虑教学活动诸要素而提出来的，主要包括主体自控策略、课堂互动策略、教学反馈策略、现场指导策略等。

### （一）主体自控策略

教学活动是以教师和学生为主体的活动，教学监控的实质就是对师生行为的监控，而对人的监控最有效的方式就是促使其自控。教学中，教师根据教学要求和主体状态，激发培育主体自控机制的方式方法，就是主体自控策略的具体应用。主要表现在以下几个方面。

1. 激发主体动机，提高抱负水平。动机是一个与态度、抱负、兴趣和努力有关的含义丰富的概念，众多的研究表明，动机对学生的学习起着直接的动力作用。教学中师生的动机、抱负水平越高，教与学的热情越高，目标趋

向越一致。

激发学生的学习动机需要注意三个方面的问题：①教学内容应难易适度，使学生感到只要努力是能够学好的；②提供及时清晰的反馈，使学生能体验到成功或进步；③使学生认识到知识与能力的重要性，激发其产生一定知识和能力的缺失感以及弥补缺失的强烈愿望。

在教学中教师必须注意以下几点要求：①帮助学生认识学习任务的价值；②确保学习任务适合学生的能力；③帮助学生对他们的成败进行正确的归因；④帮助学生设置和完成合理的目标，特别是现实的、短期的目标；⑤提供合作学习等多样的学习方式，以减少压力和焦虑；⑥使用新颖的和师生互动的教学方式，以帮助学生维持注意力，避免产生厌倦情绪；⑦对学生的学习要提供及时的反馈，表扬进步，并对缺点和错误提供建设性的评述和改进的方法。

2. 提高主体的自我认知水平。主体的自我认知既包括学生的自我认知，又包括教师的自我认知。从学生来看，主要是使学生形成正确的自我概念和自尊态度。因此教师有责任使学生在适合自己的能力水平上体验到学习成功的快乐，尽可能使学生形成积极的自我概念和自我尊重的态度与人格特征。从教师来看，主要是要重视教师认知的自我矫正。一是多方面收集信息，全面而客观地估价自己；正视自己的不足，努力改进；看到自己的优势，增强自信。二是要随时消除对学生的片面认识，以大度的胸怀和发展的眼光看待学生，对学生满怀热情和寄予希望。

3. 提高元认知监控水平。元认知是个体对自己认知活动的自我意识和自觉调节。元认知监控是指主体将自己正在进行的认知活动作为意识的对象，不断地对其进行积极、自觉的监控和调节，主要包括制订计划、实施控制、检查与评价等。为了提高学生的元认知监控水平，教学中教师应将上述方面作为重要的教学内容，教会学生制订计划、自觉控制学习过程、及时检查和客观评价学习效果等方面的策略，并通过教学训练，使之达到自觉运用的水平。

### （二）课堂互动策略

课堂互动策略是使教学中师生行为有序、积极、多向交往的一系列方式方法的总称。主要包括以下几个方面。

1. 规范学生行为。有成效的教师除了开学第一天表现得有组织性外，他还在头几个星期坚持教课堂规则、复述日常规则，并解释其理由。违反规则的行为会很快受到禁止，教师还经常提醒学生记住规则。教师明白课堂行为规则如同加减法规则一样，是需要经过练习和反馈才能学会的技能。因此，利用适当的规范约束是促进课堂积极互动的策略之一。

2. 营造课堂气氛。和谐的课堂气氛是课堂教学适宜的心理环境的体现，也是课堂互动的基本条件。要使课堂气氛和谐，教师平易近人、谈吐诙谐、胸怀大度，师生间高度信任、尊重和诚实相待是关键。为此，教师要努力塑造学生所喜爱的形象，实行民主管理，建立和谐的师生关系，并努力激发学生积极的学习心向，尤其是求知兴趣显得十分重要。

3. 多向交往与合作。现代教学观主张，教师要变传统课堂教学中师生单向、双向交往为多向的全通道式的课堂交往，教师将教学内容和问题面向全体学生，使师生彼此处在一种心理期待和认同的情境之中，努力提高每个学生的参与率。师生多向交往的有效策略是“合作学习”，这种策略以“积极的相互依存与个人责任相统一”为精髓，把师生交往改变为师生、生生交往等多种形式，有利于多通道地传输和接受信息。

4. 行为塑造与矫正。这是指通过对规范行为的练习和不良行为的矫正，保证课堂积极互动的策略。①教给学生自我管理的方法。教师控制学生行为的总方向，引导学生行为达到特定的目标，其主要步骤是教给学生行为的原则和技巧，教给学生自我管理的计划，实施和修改自我管理计划，避免不良的随机行为。具体的方法包括示范、督促、强化和指导。②规范行为的练习。建立一系列模式化的教师行为，如明确课题目的、环节和内容，呈现新信息，控制练习时间，通过语言提示学生掌握技能，个别指导，提供机会使学生独立练习等，通过对这些模式化的步骤多次练习后，学生不需要征求教师意见即可知道自己该做什么，从而提高课堂教学的效率。③对不良行为的矫正。教师在对学生不良行为观察分析的基础上，弄清引发不良行为的具体因素，以强化原理为指导，对学生不良行为予以矫正；同时对良好行为加以积极的强化，并结合行为塑造方法共同使用。

### （三）教学反馈策略

在教学中，教师运用教学反馈策略的目的，是为了使自己对教学各环节及效果有一个准确而客观的认识。正确评价自己的教学效果和学生的学习状况，是教师改善教学、进行教学监控的重要依据，也是学生不断改进自己的

学习、提高学习效果的重要信息来源。

教学反馈策略包括多种形式。从反馈源上分，有教师反馈、专家反馈、学生反馈、同行反馈等形式；从反馈方式分，有现场言语反馈、测验反馈等。教学中采取何种形式的反馈策略更有效，需要具体问题具体分析。

提问是为学生创造获得反馈机会的有效方式。高成效的教师比低成效的教师更善于向学生提问，他们对回答正确的学生爱提出另一个问题，以鼓励他们进一步思考；对错误的回答不是简单地否定，而是指出学生错在什么地方、该如何去思考或提出相似的另外一个问题；当学生开始评价时，高效率的教师比低效率的教师更多地以反馈来加强其效果。总之，高效率的教师会给学生创造更多的反馈学习机会。

（四）现场指导策略

现场指导策略是指根据不同的教学情境条件、学生学习的实际状态，选择最佳的学与教的策略，以达到最佳的教学效果，使教师和学生最终能达到对课堂教学的有效调节。

有成效的教师一般都善于运用现场教学指导策略，包括对学生给予学习明确的指导和解释、引导课堂活动和讲解家庭作业、给学生足够的机会接受反馈和复习事先的知识。

有成效和无成效的教师在清楚地叙述目的、使用多样化的教材、以资料充实教学、明确的指导、清楚的展示、寻求推理或分析、对课程设计广度的考虑等多方面有所不同。

有成效的教师是懂得何时需要复习，何时应该给予指导的。

总之，教学监控策略的使用，是对教师和学生行为的调节和控制。对学生的学习给予现场指导，对教师的教学和学生的学习给予反馈，促进课堂教学中师生的多向交往，特别是促使教师和学生对自己的活动与行为的自我控制，都是为了使教与学有序和更有效地进行，达到高效率地教与学的目的。

## 九、创造性教学的策略

创造性教学的策略就是在创造性教学过程中采用的一切能有效提高学生的创造心理素质的方式、方法等系统。

（一）创造性教学的策略

创造性教学的策略是指教师在实施创造性教学过程中为实现创造性教学

的目标而采取的策略。创造性教学以培养学生的创造心理素质为主要目标。因此，教师在创造性教学的各个环节所采用的策略都应为这一目标服务。具体而言，可以分为教学准备、情境设置、成功展示、反馈激励等。

1. 教学准备策略。作为创造性教学策略体系的一个组成部分，其重要内容是要求教师要深入挖掘知识的全面内涵，为全面创造性发展提供丰富资源。教学中的知识是创造性发展的重要基础，只有包含知、情、意和体现真、善、美的全面的知识资源才能滋养全面的创造性。教学中不仅要注重以语言、文本等形式呈现显性知识，更要注重营造良好的教学情景、人际交往环境、心理氛围等，以此来调动学生潜意识中暗示的、个体体验性的知识成分，在逻辑认知活动中，渗透、激发、感染、暗示等非逻辑方式是学生体验和获得知识的隐形成分。这些都是需要教师在课前做好充分的准备才能达到的。

2. 情境展示策略。情境展示策略是指借助各种直观手段，创设与教学内容相应的，有利于丰富学生感知、启迪学生探究、引导学生联想和想象、激发学生学习兴趣的、为实现课堂教学目标服务的、具体形象及富有情感性的教学环境和氛围。因此，教师应根据学生学习的内容，创设一定的教学情境，营造一种学习的氛围，以此来激发学生的求知欲。情境的设置包括两个方面的内容：一是新知识的呈现。把知识和问题通过情境的艺术渲染呈现给学生，造成悬念，引起学生的注意，使之产生学习动机。二是人际关系。良好的人际关系是学生创造性学习的基础。在课堂教学中，教师要尊重学生的人格，发扬教学民主，给学生提供发表不同见解的机会。教师对学习困难的学生更要关注，要善于发现他们的闪光点，让这些学生提高自信心，积极主动地参与学习。

3. 成功展示策略。在教学过程中，学生的学习各有所长，教师要因势利导，通过恰当的时机、途径和场合，让学生的特长得以充分展示，使学生能够体验到学习成功的喜悦，产生成就感，再把成功的喜悦化作学习的动力，增强学习的自信心。学生一旦体验到学习成功的乐趣，自然会产生更大、更多成功的欲望，诱发更为主动的参与、更为积极的思维，从而使主动参与学习成为一种持久强烈的意识，最终形成自我学习的内在机制。

4. 反馈激励策略。教学过程是师生间为实现教学目标而有目的的信息传递和调控过程，教与学双方均需在信息输入与输出的基础上及时获得反馈信息，及时进行控制。因此，教学内容的取舍、教学进度的快慢和教学方法的

选择都要根据课堂教学的实际灵活掌握。教师要善于捕捉和搜集教学反馈信息，并根据反馈信息及时调整教学内容和方法，灵活地控制教学过程，而不应被已设计好的教学方案所束缚。特别是对那些有求异思维和创新精神的学生，教师要不失时机地进行引导和鼓励，鼓励这些学生质疑问难，为学生的大胆求知、主动发展创造条件。

（二）师生互动策略

从教学过程的结构来看，教师的教实际上是为了学生的学而存在的，没有师生之间的人际互动，教学目标就不可能实现。因而，师生互动是教学活动得以实现的必然要求。在创造性教学中，师生互动策略是一类重要的教学策略，它包括教师示范策略、合作学习策略、延迟批判策略、适度期望策略等。

1. 教师示范策略。教师示范策略是指教师在指导学生进行创造性学习的过程中，提供学生创造性学习的“样例”供学生模仿。创造并不否定继承，而积极的模仿是创造的前奏。模仿也是一种重要的学习方式，它包含着对模仿对象的观察、比较、概括的心理过程，积极的、创造性的模仿有利于提高模仿学习的效率。发明是指学习者独立形成新的文化型学习；模仿是学到他人限定的知识和技能的学习机制，主要通过模仿教师而掌握；当达到同一化时，学生的创造性思维活跃，创造人格奋发，学习效果显著提高。因此，创造与模仿并不是对立的，模仿也不完全是机械式的，学生在对教师的样例行为的模仿中学会创造。任何发明创造也都是受到相关“原型”的启发而产生的。在解决具体教育教学问题时，教师能够不遵循固定的程序和模式而是根据当时的实际情况，合理组织教学内容和过程，并将自己的创造性蕴涵其中使教学达到最优化。这其实就是一种示范作用。

2. 合作学习策略。合作是互动的一种形式，它不仅存在于生生之间、小组之间，也包括师生之间。师生之间的互动合作是一种最有利的学习方式。研究性学习就是师生合作学习的一种形式。在师生合作学习过程中，教师既是“问题”的最初引出者，又是共同的问题解决者。在师生和谐、平等的智慧碰撞中学生的智慧潜能被挖掘出来，起到“润物细无声”的效果。

3. 延迟批判策略。该策略最初源于奥斯本发明的“头脑风暴法”，是指小组内部成员不对他人提出的观点和想法作任何评价，只求数量不求质量，充分开发人的发散思维能力。师生互动中的延迟评判策略，就要求教师以欣赏的眼光对待每一个学生，以最大的宽容心理解每个学生的观点，充分激发学生的创造潜能。在教学中，教师对于学生所提的问题，无论回答对错均不马上作出判定，而是延迟一段时间后在鼓励其创造性的前提下再适当地指出其错误之处，这样给学生一种心理安全感，使学生在良好的心理状态下接受创造性教育。

4. 适度期望策略。期望是对他人或自己取得特定行为后果所作出的预期。研究表明，积极合理的期望会成为人际交往中的润滑剂，有利于形成良好的人际心理氛围和积极的自我概念。“罗森塔尔效应”表明，教师对学生的积极期望会成为学生努力达成预期的心理动力。教师对学生适度的期望会增加学生对于自己创造才能的预期，从而成为开发自我潜能的精神动力。

# 第十四章　教学方法

## 一、教学方法概述

### （一）教学方法的含义

教学方法指在教学过程中师生双方为实现一定的教学目的、完成一定的教学任务而采取的教与学相互作用的活动方式、手段和程序的总和，它是整个教学过程整体结构中的一个重要组成部分，是教学的基本要素之一。在教学设计中，当确定了教学内容之后，教学方法便成为教学成败、决定教学目标能否实现的一个关键因素。

### （二）教学方法选择的影响因素

任何一种教学方法都是为促进学生学习和提高学生学习满意度服务的，其本身无所谓优劣、好坏，只有对特定教学目标、教学内容、教育对象以及教育情境适宜程度之别。教师在选用教学方法时可综合考虑以下四个因素。

1. 教学目标的要求。根据不同的教学目标选用不同的教学方法是走向教学最优化的重要一步。因此，围绕目标的实现来选择方法是一条重要的原则。根据教学目标来选择方法要考虑以下几方面。

（1）特定的目标往往要求特定的方法去实现。教学目标不同，所需采用的教学方法也不同，在选用教学方法时，教师首先要考虑它与教学目标的协调性。

（2）各种教学方法有机结合，发挥最佳功效。由于教学目标的多层次化，教学环节的多样性，必然要求教学方法的多样化。特定的方法只能有效地实现某一或某几方面的目标，完成某一或某几个环节的任务，要保证教学目标的全面实现，教学中往往要求选用几种能互补的方法，并把它们有机结合起来。

（3）扬长避短地选用各种方法。每一种方法都有助于实现一定的教学目标，具有其独特的功能和长处，同时也都有其局限性和不足之处。因此，我们选用不同的教学方法时要尽可能地避免其缺陷。如选用发现法时，要注意克服其费时、费力的缺点；若用讲授法时，则要努力调动学生学习的积极性、主动性。

2. 教学内容的特点。不同教学内容也制约着教学方法的选择。即便是同样的教学目标，学科性质不同，具体内容不同，所要求的教学方法也往往不一样。例如，同样是为了培养操作能力，物理、化学多是采用实验法，而音乐、体育、美术则常是采用练习法。

3. 教师的素质与个性特点。由于教师个性的影响，不同教师使用同一种方法的效果显然会有差异。这里的个性主要是指在教师个性心理特征基础上表现出来的教学风格，对不同的课堂气氛的好恶，与学生的亲疏程度等。教师的素质差异也制约着教学方法的选择。如果一个教师善于根据自己素质的特点，选用某种教学方法来弥补素质的不足，会收到意想不到的效果。例如一个口语较差的英语教师，可采用视听法，利用电教设备，如录音机播放课文、读单词，来弥补素质的缺陷而取得良好的教学效果。因此，作为教师，要正确地选择教学方法，首先要正确地认识自身的素质、教学风格；其次，要善于扬长避短，根据自己的特点选用恰当有效的教学方法。

4. 学生的年龄特征和学习特点。对处于不同年龄的学生及思维水平不同的学生要采取不同的教学方法。例如，发现法和讨论法对于小学低年级学生或思维水平低下的学生，往往不能达到预期的教学目标。角色扮演法对于低年级学生来说，往往更有利于激发他们的学习动机和兴趣。学生的思维类型差异和个性差异也影响着他们对不同方法的好恶和适应性。如有的学生必须在教师讲解后才能清晰地把握知识，也有的学生要通过亲自动手操作后才印象深刻，还有的学生则对经过充分讨论或自己发现的知识才能过目不忘。

除受上述因素制约之外，还要受教师世界观、个人风格、能力特点、所教具体内容及其目的、所教学生身心特点及思想状况制约。现代正在使用的各种教学方法，实际是教师和学生为了完成某种教学任务而特别组合在一起的教学活动成套化、系列化的总称。教学，总是要实现某种目的，总是要通过若干教学活动来实现的。

总之，教学方法的选用必须以教学目标为轴心，综合考虑学科特点、学生特点、教师素质、教学环境、教学时间及技术条件等诸多因素，以反映学

生的主体性要求，促成学生最有效学习为宗旨，充分发挥教学方法设计的整体效应。

## 二、教学方法的分类

中小学常用的基本方法，各有其特点和用途，它们在教学过程中，常是互相联系、互相补充相辅相成的。教师应当根据学科性质和教材内容特点，根据教学任务和大纲规定完成任务的教学时间。根据学生年龄特征、知识水平和教师本人的特点，精心选择适当的教学方法，巧妙地搭配，紧紧围绕提高教学质量的总目标、综合构成有效的、适应具体情况的教学方法。

### （一）讲授法

讲授法是教师通过简明、生动的口头语言向学生系统地传授知识、发展学生智力的方法。根据教学科目、教材内容的不同，教师的讲授，有时是叙述事实、描绘所讲的对象，有时是解释、论证概念、公式和规律，有时是讲解词汇、分析课文或结合课文师生边读边讲。讲授的形式可以多样化，可长可短，可中断也可持续进行；可以是正式的，也可以是非正式的；可以是现场的，也可以是报告式的。由于当前社会上利用多媒体及网络技术等传递信息日益普及，培养学生听讲能力也是未来终身学习的一项基本功。

由于语言是教师和学生传输思想认识的最基本工具。运用讲授法，教师可以通过合乎逻辑的分析和论证，以生动形象的描绘和陈述，以及启发诱导性的设疑和解疑，使学生在较短的时间内获得较为全面系统的知识，并把知识教学、思想教育、情感熏陶和智力发展等有效地结合起来，使之融为一体，相互促进，共同发展。

精彩的讲授对讲授的准备、实施和结束环节都有一定的要求。在准备环节，教师应确定讲授的概述性和详细的教学目标，广泛收集与讲授课题有关的信息，并对信息传递的方式进行策划。在实施环节，教师首先应巧妙导入课题，吸引学生的注意，呈现、描述学习的类型和目标。其次，最好使用“先行组织者”、例证和图解，为学生提供清晰的、结构化的、渐进式呈现的信息。再次，在讲授过程中应加强对学生学习的监控，教师应要求学生做课堂笔记，应努力促进学生之间的互动，要求他们提出从一般到具体的见解，对所学内容进行反思并学会运用。最后，要控制讲授的容量、时间和范围。讲授的内容既不要太多，也不能太少；对最重要的部分的讲述应安排在头 15

分钟之内；讲授时应避免跑题。在结束讲授时，教师应对所讲内容进行复习和总结，检查学生对新知识的理解程度。

1. 运用讲授法的基本要求。

（1）讲授内容要有科学性、系统性和思想性。既要突出教材内容的重点难点，又要系统全面。哪些是学生的已知，哪些是未知，哪些可以留给学生自己阅读，哪些需要略讲或详讲，然后写成自己的讲稿或教案。详略深浅适度，使学生能透彻理解，融会贯通；既要使学生获得可靠知识，又要在思想上和情感上有提高。

（2）注意启发。在讲授中要提出问题，并引导学生分析和思考问题，使他们的认识活动积极展开，自觉地领悟知识。

（3）组织好自己的言语，讲究语言艺术。力求语言清晰、准确、简练、生动、有趣、形象、条理清楚、通俗易懂；音调高低、音量太小都要控制得合适，节奏上注意音调的抑扬顿挫；以姿势助说话，提高语言的感染力和讲授的吸引力。还要注意恰当的板书配合，以强化讲授效果。要做到这一些，需要平时注意锻炼自己的口头表达能力。

（4）要注意组织学生积极听讲，培养学生听讲能力。首先，教师提出问题，要能引起学生学习新课的积极动机。一般说，先提出某个问题，建立学生解决问题的需要，或建立学生的疑点，然后再展开讲授，更适于吸引学生积极投入新课题的学习。其次，讲授过程中，就着学生心领神会或困惑的目光，提一两个值得思考、难度适当的问题，促使学生的思维积极参与活动；最后在讲授结束时，要注意作出简明的结论，由学生复述所讲内容，或由学生小结等等。培养学生听讲能力，一般包括：较长时间集中注意排除杂念和干扰；能从教师的讲授中，区分出有效信息，舍弃无效信息；对教师传输的信息进行及时加工，精缩成纲要，并能用笔记的形式保存下来。

2. 讲授法的优点和不足。

（1）讲授法的优点。①从效能上看，教师通过精彩的讲授能够把教学涉及的大量新信息、新内容较快地向较多的学生传输。②使用讲授法能满足教师与工作相关的需要，如控制需要、学生成功需要、时间管理需要。③精彩的讲授还有助于发展学生的倾听、做笔记和思考等学习技能。

（2）讲授法的不足。①讲授法对教师的素质和教学风格有较高要求。比如，教师应是友善的、幽默的、口语流畅的。②它主要是一种单向的教学交

流，比较单调乏味，学生不容易卷入其中，学生间的相互作用较少，教师也不能及时地获得学生的反馈信息。③它更适合于传递信息，但不利于促进学生的思考。④学生的活动主要是“听讲”。对有些学生来说，中小学生自制力不强，注意力不能持久，讲授15分钟后注意力就会迅速下降，进行了30～40分钟时，学生所能接受的信息量就相当有限。完全由教师讲学生听，会妨碍学生的积极性，也难以使学生长时间保持注意力。⑤它容易使那些缺乏良好的注意力、记笔记技能差或记忆技巧较差的学生遇到学习挫折。

（二）谈话法

谈话法是教师按一定的教学要求向学生提出问题，激发学生积极思考，引导学生根据已有的知识经验，通过判断推理来获得或巩固知识的教学方法。问答法特别有助于激发学生的思维，调动学习的积极性，培养他们独立思考和语言表述的能力。

1. 谈话法获得教学成功的基本条件。

（1）要准备好问题和谈话计划。在上课之前，教师要根据教学内容和学生的知识基础和生活经验，准备好谈话的问题和顺序，认真考虑如何从一个问题引出和过渡到另一个问题。

（2）有充分的准备。向学生提出的问题要具体、明确、有趣味、有启发性，能引起学生思考。内容有一定的逻辑连贯性，能推进到新的认识、新的结论。在教师选用问题时，要注意穿插运用求同性、求异性、求联性等不同类型的问题。求同性问题，是从变化发展中找相对稳定、从特殊性中找普遍性、从重复性中发现规律性的一类问题；求异性问题是从同中找异，从常规模式、最平常的现象、大家都承认的道理中找特殊性，找不同于别人的答案，找大家没说的问题、见解、可能性、新方案，有时要找尽可能多的答案或办法并从中选优；求联性问题是找单个的、分散的、表面孤立的现象和事物间的关系和联系，确定这些关系和联系的相关程度和作用，特别是找出本质联系。解答这些问题，达到培养目的，一般要花费较多的时间，因此不可能处处使用。但在关键的知识、重点处穿插运用，对培养学生思维的独立性、全面性、创造性和抽象能力是大有好处的。

（3）问题的难易程度要因人而异。一般说，引路性问题、难度较大的问题，要问优等生；锻炼性的问题，要比较均等地照顾到一般中等生；鼓励性的问题，穿插点问后进生；检查讲课效果的题，主要应了解占大多数的中等生；也适当照顾到后进生。

（4）要善于启发诱导。当问题提出后，要善于启发学生利用他们已有的知识经验或对直观教具观察获得的感性认识进行分析、思考，启发学生研究问题或矛盾的关键所在，因势利导，让学生一步一步地去获取新知，获得相应的发展。

（5）为了把全班都组织到谈话中来，应当培养学生关心同学回答的习惯。在谈话的过程中，教师还应该对学生好的回答，用简短的话或点头微笑表示肯定，以鼓励学生的积极性。谈话结束时，应该有明确的结论。为了培养听、说的技能技巧，也可广泛采用模拟某种生活情境，由学生扮演角色在课堂上"交谈"。

（6）要做好归纳与小结。当问题基本解决时，教师要及时归纳或小结，使学生的知识系统化、科学化，并注意纠正一些不正确的认识，帮助他们准确地理解和掌握知识。

2. 用谈话法进行教学的优点。学生在教学中能通过对所提问题的积极思考，跟教师一起活动有利于激发学习积极性；有利于培养学生独立思考、运用知识去获得新知识或解决新问题的能力；有利于锻炼学生口头表达能力；有利于了解学生掌握知识的情况。

（三）讨论法

讨论法是通过为学生提供一种交谈情景，促成学生之间或师生之间分享信息、观念或见解的教学方法。在教学情境中讨论法的实施方式比较灵活，既可在教师与学生之间进行，也可只是发生在学生之间；教师既可以积极主动地作为讨论的引导者或参与者卷入讨论之中，也可仅仅作为一个观察者；讨论可以将全班卷入进来，也可以分组或举办小型座谈会。讨论法对教师和学生都有一定的要求。它要求教师（引导者）能控制自己的讲述，而且是一个富有技能技巧的促进者、人际关系学家、澄清者和总结者。它要求学生能有效地进行思考，说出他们对某信息、观点、主题或问题的想法，并通过思考和有效的互动获得心智和社会性的发展。一般地说，学生通过讨论、争辩，掌握的知识将更深刻、准确，考虑问题的思路和语言表达的能力将更敏捷。

1. 运用讨论法的基本要求。

（1）讨论法应用的条件。首先，要区分两种不同性质的学科领域：高度一致的领域和高度不一致的领域。某些学科，如数学、物理、化学，它们中

的概念、原理和方法是高度一致的，尤其是在基础阶段如此。相反，在另一些学科，如历史、政治、文学、艺术，它们中的许多概念和原理都存在着争论。这些领域存在着许多学派，不同学派有不同的研究方法和评价标准。拿一个物理学概念去问物理学家，10 个物理学家得出一种定义；拿一个心理学概念去问心理学家，10 个心理学家将得出 10 种不同的定义。即在高度一致的领域，主要教学目标是传授知识和发展技能，在高度不一致的领域也需要知识，但不是接受现成的知识或一家之言，而是要有广博的知识背景，能对各家各派的学说提出自己的看法。由此看来，讲授法较适合于高度一致的学科领域，而在高度不一致的领域，比较适合用讨论的方法。通过讨论，学生能比较各种观点的异同，形成自己的看法。其次，在讲演的条件下，课堂以教师为中心，完全在教师的直接控制之下。在讨论的条件下，教师的角色不同了。一旦讨论开始以后，他的主要任务是听、看或记下学生的发言。他用自己的言行直接控制班级的作用减少到最低限度。这就要求班级和小组有较好的自我控制能力。如果一个班级纪律很差，学生中缺少好的骨干，一旦分组讨论开始，班级可能失去控制。这样讨论不仅达不到它的较高认知教学的目标，甚至连传授知识的功能也会丧失。因此，从班级的条件来看，讲授法用于纪律较差的班级里比较好，它至少能保证知识的传授。讨论法比较适合于班级纪律较好、学生自我控制能力较强的班级。

（2）讨论法对教师人格的要求。成功的讨论也依赖于教师的人格特征。某些教师过分维护师道尊严，在他的这种人格特征影响下，学生养成听话、守规矩的人格特征。但他们会缺乏批判思维能力。所以良好的讨论，要求教师尊重学生的意见，哪怕是错误的意见，也不要随便否定，要设法让学生通过自己的讨论，来澄清自己的认识。有些教师平时总是对学生批评多，表扬少。批评只能让学生不做什么，而不能教育他们主动做什么。在平时受批评过多的班级，从学生不做什么的标准来看，纪律可能是不差的，但他们经常变得沉默寡言。采用讨论法要求学生积极配合教师，以主动的姿态，充分表现自己的才智。所以良好的讨论要求教师平时多看到学生积极向上的一面，培养学生敢想敢说，甚至敢于同教师展开争论的精神。在讨论的条件下，教师对学生的直接控制降低，代之以学生自我控制。但教师又不能放弃自己的主导作用。教师必须机智地处理讨论中的问题。因此，良好的讨论也要求教师有机智地满足学生的认知要求的能力。

（3）讨论的问题要有吸引力。抓好问题是讨论的前提，问题要有吸引力，能激起学生的兴趣，问题要有讨论和研究的价值。

（4）在准备阶段。教师应确定好讨论的目的和程序，在分析学生对讨论的准备性的基础上确定讨论的实施方式、教师应扮演的角色以及讨论的时限。

（5）在实施阶段。教师首先应确信学生已理解了讨论的目的、任务和要求，提醒他们在讨论中要遵守的行为准则；其次，教师要加强对学生的组织，鼓励学生积极参与讨论并学会倾听和尊重他人的发言；最后，教师只有在完成讨论任务和相关信息发布以及组织发动任务之后，方可让学生自由讨论。要善于在讨论中对学生进行启发引导。要启发他们独立思考，勇于发表自己的见解，把大家的注意力集中到讨论的主题和争论的焦点上，引导讨论向纵深发展，研究关键问题，以便使问题得到解决。在讨论过程中教师不要暗示问题的结论。

（6）在结束阶段，做好讨论小结。教师要对学生讨论所得的发现、结论、解决方案进行总结，使学生获得正确的观点和系统的知识。要及时纠正学生在讨论时的错误、片面或模糊的认识。同时，还要评价学生参与讨论的态度、表现及学习效果。

2. 讨论法的优点和不足。

（1）讨论法的优点。①讨论法既可以发挥教师的主导作用，又能有效地凸现学生的学习主体地位；②组织得当的讨论一般是富有动机激发性的，能吸引和维持学生的学习兴趣；③培养学生批判性思维能力。围绕同一个问题开展讨论，这迫使学生不得不学会用基于事实、概念和原理的推理来维护自己的意见。培养发散性思维的教学方法就是通过小组或班级讨论进行的；④学生在群体思考、人际互动的过程中相互启发，相互激励，既可以提高学生的交流能力，也可以加深对所学知识的理解；⑤培养集思广益的技能。许多问题不是靠个人的智慧所能解决的。这就要求学生具有集体合作共事的技能，能倾听别人的意见，能对别人的意见作出评价，而且能通过集思广益形成自己的观点；还要能克服自己的偏见，既不钻牛角尖，也不人云亦云，顺从于多数人的意见。这些技能都是可以学会的，而最适当的途径就是通过自由的没有压力的讨论；⑥培养口头表达能力。讨论为学生提供了练习自己的口头表达能力的极好的机会。它需要清晰的语言阐明自己的论点。他的发言要口齿清晰，合乎逻辑，而且在许多场合，必须即兴发挥；⑦讨论法也有助于转

变个人的态度。

（2）讨论法的不足。在新知识传授阶段不宜用小组讨论法，因为讨论必须以学生对某一课题有所了解，掌握了一定的知识为基础。小学低年级不宜用分组讨论法。这一方面是因为小学低年级学生缺乏必要的知识基础和表达技能，另一方面他们学习的内容不适宜于讨论。许多基本技能，如阅读、写作、计算技能需要大量的个别练习，不必讨论。

### （四）演示法

演示法是教师通过展示实物、直观教具或实验，或者由教师向学生作示范性的动作，向学生提供感性经验或用来说明、印证所传授的知识的方法。

演示的特点在于加强教学的直观性。随着教学手段的现代化，演示的内容大大扩充，它的作用日益重要。演示不仅是帮助学生感知、理解书本知识的手段，也是学生获得知识、信息的重要来源。

演示的作用是在于能使学生获得生动而直观的感性认识，加深对学习对象的印象，把书本上的理论知识和实际事物联系起来，以帮助学生形成正确、深刻的概念；演示教学，由于能提供一些形象的感性经验，较易引起学生的兴趣，集中学生的注意，使学生学的知识也较易于巩固；在演示教学中，教师如能运用语言指导观察，结合观察对象提问，直至导出结论，还有利于发展学生的观察力和思考能力。

运用演示法的基本要求如下：

1. 作好演示前的准备。演示前，要根据教学的实际需要，作好材料准备，选择典型的实物、教具，放大需要认真观察的部分，最好用色彩突出易被忽略的地方。还要考虑好运用教具进行演示的过程。特别是演示实验，应先试做一遍。

2. 要使学生明确演示的目的、要求与过程。让他们知道在演示过程中要看什么、怎样看，需要考虑什么问题，让他们主动、积极、自觉地投入观察与思考。

3. 讲究演示的方法。演示要紧密配合教学，及时进行，过早拿出直观教具或用完后迟迟不收藏好都会分散学生的注意力。演示过程中，教师要向学生提出问题，必要时要作适当的讲解和指点，引导他们边看、边听、边思考、边议论，以获取最佳效果。

4. 演示教学对学生来说是观察活动。演示教学时，应使全班学生清晰地感知演示对象。因此，教具的大小、演示的位置、进行的速度、反复的次数都要安排适当。演示时要和讲解、谈话结合，进行指导，告诉学生应该重点观察演示的主要特征、主要方面或向学生讲解受演示教具局限，不能直接观察到的有有知识。必要时尽可能让学生用多种感官去看、听、触、嗅，帮助学生在观察认识事物主要特征和变化的基础上，通过思考，达到理性认识。

（五）参观法

参观法是教师根据教学任务的要求，组织学生到工厂、农村、展览馆、自然界和其他社会场所，通过对实际事物和现象的观察和研究而获得知识的方法。如地理学科、历史学科参观名胜古迹、博物馆，理化学科参观科学馆，艺术学科参观美术展览、戏剧表演等。参观是以大自然、大社会作为活教材，能打破课堂和教科书的束缚，使教学与实际生活、生产密切地联系起来，扩大学生的视野，能使学生在接触社会中受到教育。运用参观法的基本要求如下：

1. 做好参观前的准备工作。教师在教学中运用参观法，必须根据课程标准的要求和教学任务的需要，做好准备工作。例如，要订出参观计划和步骤，明确参观的目的和要求等。

2. 引导学生有目的、有重点地进行观察。在参观时，要引导学生有目的、有重点地去观察、去思考。在这个过程中，教师要适当结合讲解、谈话等方法，引导学生把注意力集中到观察的对象上，把感知与理解结合起来，从多方面认识所学的对象，以便更好地理解所要掌握的内容。为了更好地达到这个目的，教师还要教给学生观察的顺序与方法，尽量发挥学生多种感官的作用。

3. 引导学生做好参观后的总结工作。参观结束后，教师要组织和引导学生通过问答、练习、讨论等方式，对参观活动进行有益的总结，要求学生把观察的现象与书本知识联系起来，使这种方法真正起到获得感性经验、验证和理解理论知识的作用。

4. 以实际训练为主的方法。教学过程中，以实际训练为主的方法主要有练习法、实验法和实习法。这是通过练习、实验、实习等实践活动，使学生巩固和完善知识、技能和技巧的方法。这类方法是以学生的实践活动为特征的。通过实践活动使学生的认识水平向高一层次发展，把技能转变为技巧。

### （六）练习法

练习法是学生在教师指导下，运用知识去反复完成一定的操作以形成技能技巧的方法。练习的过程，包含运用知识、进行独立思考、解决问题等活动；所形成的技能技巧，又是构成一定能力的因素；合理的练习，具有发展学生智慧能力、操作能力或体能的作用。练习法是教学中广泛运用的一种方法，也可以融合其他教学方法，成为训练学生某方面技能或能力的综合教学方法。各年级各学科都需进行不同的一些练习。

练习的种类很多。按培养学生不同方面的能力来分有：各种口头练习、书面练习、实际操作练习。按学生掌握技能、技巧的进程来分有：模仿性练习、独立性练习、创造性练习。

运用练习法的基本要求如下：

1. 明确练习目的。进行练习时，要使学生明确练习的目的与要求，掌握练习的原理与方法。任何练习都以一定理论为基础，都要掌握一定的程序、规范、要领与关键。只有明确目的、掌握原理与方法，才能提高练习的自觉性，保证练习的质量，防止学习中可能产生的盲目性。让学生知道为什么要做这样的练习，应达到怎样的要求，提高学生练习的自觉性和积极性。

2. 循序渐进，逐步提高。在练习的数量、质量、难度、速度、独立程度和熟练程度、综合应用与创造性上，对学生都应有计划地提出要求，使学生由浅入深，由易到难，由单一的练习到综合性练习上。逐步提高，达到熟练、完善。

3. 严格要求。无论是口头练习、书面练习，或操作练习，都要严肃认真，要求学生一丝不苟、刻苦训练、精益求精，达到最高的水平，具有创造性。

4. 掌握与练习内容有关的基础知识和练习的方法。教师应使学生在理论知识和正确方法的指导下进行练习，教师在组织学生练习之前，首先应通过讲解或复习，使学生理解练习需要运用的基本知识和正确的练习方法。

5. 从时间上看，适当分散的练习比过度的集中练习好，应当适当减少课外作业练习，增加课堂练习；要注意练习质量，以能达到教学目的为。

6. 要注意练习结果的信息反馈对教师来说，可以帮助教师了解学生对自己所教知识、技能掌握的程度和存在的问题，有利于及时采取改进教学的措施；对学生来说，及时知道了自己练习的效果和缺陷，形成正确的技能技巧，又能通过认识到自己运用知识的成功，增强学习信心，提高学习兴趣。

（七）实验法

实验法是在教师指导下学生运用一定的仪器设备进行独立作业，观察事物及其过程的发生和变化，探求事物的规律，以获得知识和技能的方法。实验法的优点在于它能够按照教学需要创造和控制一定的条件，引起事物的发生和变化，使学生看到事物的因果关系，不仅有助于学生理论联系实际，掌握实验操作技能，而且能培养学生对科学实验的兴趣和求实精神。运用实验法的基本要求如下：

1. 做好实验前的准备。要制订好实验的课时计划；准备好实验用品，分好实验小组；要求学生作好理论准备（复习、预习）。

2. 使学生明确实验的目的、要求与做法。懂得实验的原理、过程、方法和要注意的事项，提高学生实验的自觉性。

3. 注意实验过程中的指导。教师要巡视全班实验情况，如发现重要或共同的问题要及时向全班作指导，对困难较大的小组或个人要给予帮助，使每个学生都积极投入实验。

4. 做好实验后的小结。教师应当小结全班实验情况，指出优缺点、分析产生原因和提出改进意见；要求学生收藏好实验用品，打扫好实验室；布置学生写好实验报告。

（八）实习法

实习法是学生在教师的指导下进行一定的实际活动以培养学生实际操作能力的方法。这个方法在自然学科的教学中是必不可少的，如数学的实地测量、地理的地形测绘、物理与化学的生产技术实习、生物的植物栽培和动物饲养，都是很有价值的实习。运用实习法的基本要求如下：

1. 做好实习准备。教师要制订好实习计划，确定好实习的地点，准备好实习所需的仪器，编好实习小组。

2. 作好实习动员。使学生明确实习的目的、任务、程序、组织领导、制度、纪律和注意事项，提高学生的自觉性。

3. 作好实习过程指导。教师要认真巡视，全面掌握学生的实习情况，发现问题和经验，要及时进行交流与辅导，以保证实习的质量。

4. 做好实习总结。由个人或小组写出全面的或专题的总结，以巩固实习作业的收获。

（九）发现法

发现法是指学生学习概念和原理时，教师只是给他们一些事例和问题，让学生自己通过阅读、观察、实验、思考、讨论、听讲等途径去独立探究，自行发现并掌握相应的原理和结论的一种方法。它的指导思想是在教师指导下，以学生为主体，让学生自觉地、主动地探索，掌握认识和解决问题的方法与步骤，研究客观事物的属性，发现事物发展的起因和事物内部的联系，从中找出规律，形成自己的概念。

1. 发现法的基本过程。

（1）创设问题情境，向学生提出要解决或研究的课题；

（2）学生利用有关材料，对提出的问题作出各种可能的假设和答案；

（3）从理论上或实践上检验假设，学生中如有不同观点，可以展开争辩；

（4）对结论作出补充、修改和总结。

发现法对于激发学生学习兴趣、培养学生解决问题的能力、发展学生创造性思维品质和积极进取的精神都有较大的优越性。

2. 运用发现法的要求。

（1）依据教材特点和学生实际，确定探究发现的课题和过程。教师要组织学生进行探究发现活动，首先要依据教学要求、教学内容的特点和学生知识、能力水平的实际，把教材中的某一知识或问题确定为学生进行探究的课题。如果教材难度大，学生基础较差，自学能力较弱，就应该把课题分解得细一些，知识容量少一些，发现过程的时间短一些，让学生在力所能及的范围内开展探究活动。随着学生发现能力的提高，发现过程的跨度应逐步增大，知识量也相应增多，让他们在更高水平上锻炼独立思考的能力和创造能力。

（2）严密组织教学，积极引导学生的发现活动。学生的探究、发现绝不是一种自发的、随心所欲的活动，它是在教师的严密组织和积极引导下进行的。学生在发现的过程中可能会遇到各种障碍，这就需要教师随时帮助学生，启发和引导他们进行联想、对比和分析，使学生思维活动不断深化。这样可以减少发现过程中的曲折，让学生以尽可能少的时间获取最好的学习效果。

（3）努力创设一个有利于学生进行探究发现的良好情境。学生在教师指导下进行探究活动，是一种十分紧张、艰苦、具有很大情意倾向的劳动，需要各种条件的配合。学校、教师要从各个方面为学生创造一个良好的情境，使学生在发现学习的过程中，始终保持注意力高度集中、思维极其活跃、探索精神十分旺盛的最佳状态。为此，除了在活动场所、教学设备、教学时间等方面给学生创造良好条件外，更重要的是要通过师生的努力，创设一种互尊互爱、好学深思、奋发向上的良好的心理环境。在这种环境下，学生乐于开展深入的讨论，交流心得体会，也敢于发表不同见解。这对学生的探究和发现是非常有利的。

（4）学生的独立性得到高度发挥，培养和发展学生的探索能力、各种活动能力和创新能力。在这类方法中，教师有意识地让学生有较大的活动自由，并且使自己作为成员参与到学生的探究活动中去。但这并不意味着可以离开教师的指导，反而由于学生探究活动的复杂化，要求教师的指导更加细致和全面。

（5）由于学生的探究活动是在学校教学条件下进行的，所以教师在向学生提出探究性质的任务时，一定要考虑课程标准的要求、学生在知识和能力方面的准备情况以及学生完成作业的时空条件等，否则会影响教学的进程和效率。

3. 有指导的发现法。有指导的发现法是指在教师的指导下进行发现的方法。有指导的发现法的大意是：首先，有计划地向学生引入教学的内容，如提问或出示材料；然后，有步骤、有计划地向学生提供诱发、引导性的线索，如已有的知识或相关的经验；最后，重视让学生自己来得出有关的概念、公式或原理。在发现学习过程中，教师呈现样例，学生对这些样例进行分析直到发现样例的内部关系，即客体的结构。通过特殊的样例推论出一般的规则。例如，给学生呈现足够多的三角形与非三角形的样例，学生最终能够发现任何三角形所必须具备的特征。以此方式激发学生的归纳推理，有时又称为样例规则法。在学校学习的情形中，学生所进行的发现基本上都是有指导的发现。在这种教学方法中，教师给学生一些指导，以避免学生进入“死胡同”，或是避免学生“钻牛角尖”。在指导学生发现一般原理或基本概念时，教师要向学生提出有启发性的问题，或设计一些需要解决的两难问题，并给学生提供适当且有趣的材料，鼓励学生形成并检验假设。值得注意的是，虽然学生是在教师的指导下，运用问题解决的一般方法进行发现学习，但是学生也难免作出错误的发现，如答案不正确，证据与假设不匹配等。这些错误对发现学习常常是有利的，因为能促进学生从错中学，帮助学生获得正确的发现结果。

有指导的发现学习更具迁移性，对科学概念和原理的长期保持更稳固。在有指导的发现教学中，教师讲述和解释的时间更少，提问的时间更多，学生的参与程度更大，并有更多的机会来练习高级思维。

4. 以发现法为核心形成一种以学生为中心的教学方法。学生处于教学活动的中心，以平等的身份与教师互动。教学过程主要依据学生身心发展的需要进行，强调学生主动学习。教师扮演咨询者、辅导者和学习动机激发者的角色，他们往往采取民主参与的方式，在教学目标设计、教学组织、教学方法选择等环节上寻求学生的反馈信息，并依此作出相应的调整。将学生置于学习过程的中心，引发了教师的角色转换。教师不仅仅要呈现与解释知识，而且要引导学生建构自己的知识。从这一转变出发，有研究者提出“为理解而教学”的口号。“理解”远非字面上那么简单，它寓意了很多需要运用思想的过程，如解释、寻找证据、验证假设、提供补充的例子、概括、将部分与整体相联系等等。所以，教师如果关注于理解，并将学生置于学习过程的中心，将有助于学生建构知识并承担学习责任；反过来说，学生获得知识并体验到责任感，也会促进他们的自我调控学习。

5. 发现教学方法的优点和不足。

发现教学法的长处主要有以下几点：

（1）学习时自己动手动脑，所学知识更为巩固，也更易于应用。

（2）通过学习懂得怎样思考、怎样获取知识和解决问题，从而能掌握一定的认知策略。

（3）教学无固定程式而显得生动活泼，易于激发学生的好奇心和探究心理，产生学习兴趣。

（4）不仅使学生的逻辑思维能力得到锻炼，而且形象的、直觉的思维能力也得到锻炼，有助于发展智力。

（5）使学生减少对教师的依赖和对书本的迷信，有助于培养独立性和创造性。

发现性教学方法的不足：

（1）发现性策略要随情境的千变万化而加以灵活运用，一般教师会感到难以掌握；

（2）有失控的风险，即实践中难免会驾驭不当而“放野马”，造成学习低效并打击学习积极性；

(3) 因学生在智力水平和个性特点上的差异，教学中先发现者常会干扰其他同学的思路；

(4) 发现过程中会因纠缠于细节问题而大大减缓教学进度。而且需要学生具有相当的知识经验和一定的思维发展水平，还需要逻辑较严密的教材和素质较高的教师。

(十) 接受法

奥苏伯尔认为，人类学习以演绎推理的方式而非以归纳推理的方式进行，或者说学习是从原理到样例而不是从样例到原理。

奥苏伯尔提出接受法教学模型以促进有意义学习，避免机械接受学习。这种教学方式要求教师提供精心组织的材料，以便使学生以最有效的方式获得最有用的信息。

使用接受法进行概念教学主要有三个步骤：步骤一，呈现先行组织者，所谓先行组织者是对关系或上位概念所作的介绍性的描述，这种描述通常较为宽泛，包括了即将学到的所有信息。步骤二，依据新旧信息的相似和差异之处以样例方式呈现内容。在学习任何材料之前，不仅应当向学生呈现新信息与已知信息的相似之处，也要呈现两者的差异之处，这样，新旧材料的干扰就可以避免。步骤三，将内容和先行组织者联系起来。

在接受法教学中，让学生自己提出一些新旧信息相似及差异之处是相当有益的。在比较的同时，也要向学生提供必要的样例。由于呈现样例是凸显新旧信息相似与差异之处的最有效的方式，所以教师应当呈现一些含有逗号及分号的样句。当所有的材料都呈现之后，教师应当激励学生讨论这些样例如何扩展了已有的先行组织者。

通过解释法来进行接受学习，能为学生节约很多学习时间，而其运用的关键在于确定清晰的教学目标。因此，要在短时间内将大量信息传递给大多数学生，接受法是一种比较适合的教学方式。接受法在导入新课题、给出背景知识，并激励学生独自学习等方面也比较有效。讲授法还可帮助学生学会正确、批判地听课，并且在学生觉得疑惑的时候，教师能够随机作出变化，以帮助学生理解。

以接受法为核心，可以形成一系列以教师为中心的教学法，其共同点为：教师是课堂的焦点，在整个教学过程中起主导作用。他们通常采用强制性的训导方法，伴以奖励和惩罚行为，协调与学生的互动关系，最终达到将知识

与技能传授给学生的目的。而学生的地位则比较被动，仅仅作为教师备课时的想象对象，以及上课时的教授对象，他们更多地采取顺应、被动等行为。

以教师为中心的教学，并不排除课堂教学中存在互动。从人际关系角度讲，课堂教学的互动主要有两种：师生互动和生生互动。在以教师为中心的教学互动中，教师具有控制权，他决定讨论的主题，设置话语的转折点，并且直接影响学生反应的质量；而对学生的要求则是他们的言语参与。在这一师生互动中，交谈意味着学习，而沉默则被解释为缺乏知识。例如，具体到提问这一环节，教师首先向学生提问，然后学生举手，教师点名或走到学生面前，学生开始回答，经过多次“提问回答”后，教师完成既定的教学目标。

教师在主导教学时，同时要关注课堂中存在的生生互动形式，例如观察学生之间的言语、眼神以及动作交流。理解学生言语模式的教师比不理解的教师，能更多地接受并利用学生的反应；也就是说，教师越理解学生的言语或行为模式．就越能帮助学生逐渐获得可提高他们学业成就的互动模式。而关注生生互动模式的时机可以是，学生没被提问时、学生不愿意回答问题时、学生进行小组活动时等。

总的来说，以教师为中心的教学具有如下一些特点：①制订教学计划时，教师确定特定的教学目标，并设计学习活动来帮助学生达到目标；②整个课程都须围绕这些目标；③教师的任务是让学生学会一些清楚而明确的知识；④在指导学生学习上，教师承担主要责任。

值得注意的是，当教师传授一些明确的知识，并且期望所有学生都能掌握这些知识时，以教师为中心的教学比较有效。这是因为在这一教学形式中，教师的要求比较明确，课程内容具有一定结构，而学生有大量练习与反馈的机会。

### （十一）欣赏法

欣赏法是指教师在教学中创设一定的情境，或利用一定教材内容和艺术形式，使学生通过体验客观事物的真善美，陶冶他们的性情，培养他们正确的态度、兴趣、理想和审美能力的方法。

欣赏法最主要的特点是，通过教学中的各种欣赏活动，使学生在认识了所学习的事物的价值之后产生出积极的情感反应。若这种方法与其他方法有机地结合起来，则能大大激发学生自觉、愉快的学习动机，形成有益的兴趣和强烈的求知欲。因此，在音乐、美术和文学作品教学中，欣赏的方法应作为一种常用的、主要的教学方法。运用欣赏法的基本要求如下：

1. 引起学生欣赏的动机和兴趣。教师在指导学生欣赏之前，要先讲述或讲解某种文学或艺术作品的创作背景、作者生平、故事、轶事等，学生有了这些必需的知识准备，就能产生欣赏的动机和兴趣，引起欣赏的心向。

2. 激发学生强烈的情感反应。欣赏活动是认识事物价值的情感反应。教师在欣赏教学中，要善于利用各种情境，或通过声调高低缓急、面部表情及动作表情的变化等，给学生以暗示，激发他们惊讶、赞叹、钦佩、景仰等一系列情感反应。同时，教师还要随时注意发展学生的想象能力。想象力越强，情感反应越容易产生。

3. 要注意学生在欣赏活动中的个别差异。每个学生知识和能力水平不同，兴趣各异，所以，对同一艺术作品的欣赏能力各不相同。教师要对欣赏能力低的学生进行耐心辅导，帮助他们提高欣赏水平。但是，不能拔苗助长，勉强行事，不能用同一水平标准要求所有的学生。

4. 指导学生的实践活动。学生对欣赏的对象产生了强烈的情感反应，就会表现出进一步学习与探究的愿望。教师要抓住这个机会，指导学生读课外读物，进行创作、表演等，使学生身体力行。通过实践锻炼，使学生把审美情感、道德情感、理智情感内化在自己的言行之中。

在教学中，不少教师往往只注重知识技能的传授和训练，忽视理想、态度、兴趣和欣赏能力的培养。这些方面在人的成长中具有很重要的作用。学生只有树立崇高的理想，形成正确的态度和兴趣，具备了对美的欣赏能力，才能保证他们所学得的知识和技能为社会发挥积极作用。因此，现代教学理论和实践都强调教学中对以欣赏体验为主的教学方法的运用。

各种具体的教学方法都有其优点和局限性，各种方法只有互相联系，互相配合，互相取长补短，才能在教学中发挥出更为积极有效的作用。因此，教师在实际教学中，必须结合具体的客观条件和自己的主观情况，周密计划，选用并组织好具体教学方法的实施程序，这样才能取得优良的教学效果，这就需要教师在实际教学中不断努力和总结。

### （十二）自习法

自习法是指教师要求学生独立地完成与课堂作业或实践性练习有关的自由学习方法。教师让学生自习的目的主要是为其提供复习和实践以及学会怎样学习的机会。自习法既是经常被教师运用的又是相当有价值的教学方法。

因为“教是为了不教”，学校教学的最终目标是要教会学生学会学习，以逐步减少他们对学校和教师的依赖。需要指出的是，自习法既不是完全放任学生，也不是教师和学生互不相干，各干各的事，其有效运用同样有赖于教师的引导和调控功能的发挥。在准备阶段，教师应该确定作业的性质和类型，确保所提出的作业目标符合学生的兴趣和能力水平。在实施阶段，教师应清晰地陈述作业的目的和要求、作业的步骤与时间限制。在结束阶段，教师应及时收集作业，对其进行批改和评价，为学生提供详细的反馈，必要时进行补救教学。自习法的最大优点是可以提高学生对所学知识的理解和巩固程度，可以培养学生的学习自主性。其缺点主要与其运用有关。如果学生对自习的目的和要求不明白，或者认为它们不合理，就会消极应付或抵制作业任务；如果教师引导、调控或评价不当，也会影响学生的学习成效。

（十三）指导法

指导教学又称为明晰教学。它是指掌握基本技能的教学。指导教学是指以学业为中心，在教师指导下使用有序性的结构化的材料的课堂教学。在指导教学中，学生清楚教学的目标，分配给教学的时间是充足的和连续的，所包含的内容是广泛的，学生的表现受到监视，给学生的反馈是及时的和主要是学业性的。在指导教学中，教师控制着教学目标，选择适合学生能力的材料，控制教学的进度，交互作用是设计好了的，但并非是权威性的。学习是在一个欢乐的学业气氛中进行的。

1. 复习和检查过去的学习。开始上课时改正学生的家庭作业。复习近来教的内容，以此来开始新课。如果学生误解了或有错，重新教一下。

2. 呈现新材料。告诉学生新课的意图。然后一次一点地呈现新信息，示范某个程序，给出许多正例和反例，一定要确信使学生理解。

3. 提供有指导的练习。让学生在老师的指导下使用新信息进行练习，问学生许多问题，从而给学生大量的机会来正确重复和解释刚教的程序和概念，要能倾听学生的误解，如果有必要，重教一遍，学生的参与应当是积极的，直到所有学生都能正确回答80%的问题。

4. 提供反馈和纠正。在有指导的练习中，给学生大量的反馈，当学生回答不正确时，如果有必要，重教一遍，当学生回答正确时，解释为什么这个回答是正确的。即时反馈自始至终都是很重要的。

5. 提供独立的练习。让学生使用新学的信息自己进行练习，或者做课堂练习，或者做家庭作业。教师应当对学生的疑问提供简短的答案，应当容许学生彼此相互帮助。独立练习的成功率为95%。这意味着，学生在前面的讲解和有指导的练习中，为这些作业作好了准备，作业不能太难。对于学生关键是要做练习，直到所学的技能已被学生进行多次的练习并且达到自动化。注意保证让学生理解他们所做的作业。

6. 每周或每月的复习。每周或每月复习一下，以巩固学生的学习。每一周开始时，教师都应当复习上一周的课，在每一月末都应当复习这四周所学的东西。学生不能学了新课就把旧课给忘了。每周或每月的复习包括做家庭作业、经常性的测验、补习在测验中未通过的知识，这些功能活动并不是遵循某种顺序的一系列步骤，而是有效教学的因素，例如，反馈、复习、补教只要有必要就要进行，并且要与学生的能力倾向相匹配。

指导教学方法可以划分两个不同的类型，一类可以称为“熟练教师”模式，因为它们以最为有效的教学的实践为基础的。另一类指导教学法可以称为“系统教学”模式，它们的基础性原则与熟练教师模式中的原则相似，只是更结构化了。一个典型的这种模式会提供具体的教学材料和高度组织的系统的教学方法、激励学生的方法、管理课堂的方法以及评定学生进步的方法。

### （十四）自学法

这种模式是利用美国程序教学专家斯金纳关于程序教学的“小步子”和及时强化等原理，运用学习心理学的规律，对初中数学进行自学辅导的教学实验，并逐步完善，形成了较为完整、规范、在教师指导和辅导下以学生自学为主的教学模式，即自学辅导教学模式。

这一模式一改传统数学课堂教学以教师教授为主为在教师指导和辅导下以学生自学、自练和自批作业为主。基本做法是：每节课上，教师要保证学生有连续的30～50分钟的自学时间，在这段时间里教师一般不打断学生的思路，只对个别学生的问题采取个别辅导，或做小结启发点拨。课堂上，教师除管理学生外，每节课需要10分钟左右时间对教学内容进行开导、提问、答疑和小结。教学材料则是自编的三个本子：课本，供学生阅读；练习本，印有习题，并留有做题的空白；答案本，供学生核对答案。学生利用三个本子通过自学、自练、自批作业独立思考，掌握数学知识，培养数学能力。

自学辅导教学模式主张，教材是编给学生看的，应适合学生的自学。根据实验结果，提出了程序教材编写的基本原则，主要有：适当步子原则，即

由小步子逐渐过渡到大步子；及时知悉结果原则，即让学生及时知道自己正确与否；直接揭示本质特征原则，即一开始就讲规律，不绕弯子；从展开到压缩原则，即解释、论证、推理等从展开到压缩，由详细到简约；铺垫原则，即前者启发后者，后者复习前者，步步有根据；变式原则，即尽量采取变式练习，避免机械重复等等。

（十五）八字法

读读，即引导学生阅读课文，了解大意。教师对教学内容加以组织与处理，对于新课内容要求学生上课时阅读，在新课阅读之前根据学科内容提出要求，使学生带着问题去读书，主动地从教材中获取知识。

议议，即为了广开思路，活跃思维，向学生提供议论的机会，使学生针对所遇到的疑难问题相互交流和切磋，以加深理解，获取共识。“议议”是该模式的关键，一般将学生分成由四人组成的小组，便于从总体上控制课堂和及时了解学生的议论情况。

练练，即让学生在课堂上进行必要的练习，在练习中进一步消化教材，掌握与巩固新的知识与技能，做到当堂理解、当堂消化、举一反三，触类旁通。

讲讲，即教师在学生读、议、练的过程中，针对学生提出的问题，给予点拨、解惑、总结等工作，从而把学生的各项活动提到高一级水平。

这种模式较有利于提高学生的阅读能力、语言表达能力以及分析问题和解决问题的能力；有利于调动学生的积极性和自觉性，有利于师生双向交流、互相启发；有利于减轻学生的课业负担；有利于因材施教。应注意的是，运用时对不同学科或年级要有所区别。该模式要求教师都是要具有较高的业务水平和组织能力。

（十六）课型单元法

1. 自学。学生在教师指导下，在已有知识技能的基础上，通过读书、思考和独立作业等方式，有目的、有计划、主动地掌握新知识与新技能。

2. 启发。教师从学生实际出发，突出并围绕单元教学重点，讲清学生在自学课上还没有弄懂的共性问题，加强新旧知识的沟通，引导学生全面透彻地理解教材内容，培养学生分析和解决问题的能力。

3. 复习。学生在教师的指导下，对所学的新知识进行初步的系统化和概括化，加深和巩固对所学的新知识的理解与记忆，为新知识应用于实际、形成新技能创造条件。

4. 作业。学生独立思考，完成作业，教师巡回指导，这是学生将所学的新知识灵活应用于实际，促进学生智能发展的过程。

5. 改错。学生在教师指导下发现作业的错误，认真分析作业错误的原因并改正错误，掌握正确的作业方法。

6. 小结。学生在教师指导下，根据教师的小结提纲，将所学的知识系统化、概括化，所学的技能进一步综合化、熟练化，并在此基础上进一步提高学生的自学能力。

这种教学模式较有利于调动师生双方的积极性，以及学生自学能力的培养。

（十七）学导式法

1. 自学。包括课前预习和课上自学，教师提示要点与要求，学生独立自学教材，并写自学笔记，找出疑难问题。

2. 解疑。学生查阅参考资料，教师个别辅导。

3. 精讲。教师针对学生解决不了的重大难点和教材的关键进行精讲（或示范、演示、操作），让学生举一反三。

4. 演练。在教师指导下进行作业训练，共有五项内容：学生弄不懂的问题；学生把学习要点和心得记入笔记；学生精选习题演练，完成作业；作业在同学之间互相批改，教师可指定几名学生上讲台评改或宣读批改结果，进行评分；学生把所学的内容归纳小结，加以系统化、概括化。该模式的主要特点是：学在导之前；教师的教集中在“导”上，因材施教，学导结合；课堂上大部分时间是学生独立进行学习活动，包括预习、解疑、演练、作业等，教师巡回辅导，对普遍存在的共性问题加以精讲或演示，同时进行验收、把关。

（十八）情境教学法

1. 创设情境。根据教学目标，教师围绕教学内容，通过语言描绘、实物演示、幻灯或绘画、音乐渲染等手段为学生创设一个富有情感、美感，生动形象，蕴涵哲理的特定氛围（即情境），以激起学生的学习情绪。

2. 情境体验。通过参与各种游戏、表演、唱歌、听音乐、谈话、操作等

活动，使学生在特定的气氛中主动积极地从事各项智力活动，潜移默化地进行学习。在活动中做到以情启思、以思促情。

3. 总结转化。通过教师的启发总结，使学生从情境中获得科学知识，领悟学习内容主题的情感基调，做到情与理的统一，并使这些认识、经验转化为指导学生思想行为的准则。该模式较有利于对学生进行个性的陶冶和人格的培养，提高学生的自主精神与合作精神。

（十九）掌握教学法

掌握学习是一种适应学生个体差异并确保所有学生都能达到一定学习水平的教学理论。所谓“掌握学习”，就是在“所有学生都能学好”的思想指导下，以集体教学为基础，辅之以经常、及时的反馈，为学生提供所需的个别化帮助以及所需的额外学习时间，从而使大多数学生达到课程目标所规定的掌握标准。因此，通过适当的学习条件，让几乎所有人都能学会学校所教的知识，使所有学生都不成为落伍者。他要求教师应促使每个学生去完成每一次学习的任务，学生完成了前一个学习任务才能进入对后一个任务的学习。如果学生在前一个学习任务中成绩没有达到预定的标准，那就得重新完成这一学习任务，直到他达到要求后才能进入下一个学习阶段。所以，教师应编制与单元目标相对应的形成性测验，以帮助学生找出学习中的错误和误解，并规定掌握标准，以确定学生在该单元学习上达到的程度。布卢姆的掌握学习教学理论把使大多数学生获得发展作为核心思想，强调形成性评价，从而使大多数学生达到对课程材料的真正掌握，推动了当代教学改革。

1. 使学生准备学习。上课的开始几分钟，完成下列 3 个活动：①复习，要求学生口头回答几个复习问题，或者写下或总结上一节课。②建立期望定势，把学生的注意力集中在所呈现的材料上，提示他们已经知道的知识，刺激他们对本课的兴趣。可以利用先行组织者，简短的练习等等。③表达课的目标（除非作为总的计划的一部分，需要把这一信息推迟一会儿）。

2. 有效地提供信息。确定一些基本的信息，并组织好它。使用基本的结构作为课的支架。以逻辑的、组织良好的顺序，用清晰的语言、熟悉的术语、例子、模型、演示以及类比来呈现信息。一开始用言语呈现信息，然后在黑板上总结，使用简单的图解、模型和记忆术。她还强调给概念提供一些常见的例子，使其意义更加明了，从明了易懂的例子开始，逐渐转向需要反思的例子或例外，以此准确表达你的意思。

3. 检查理解并给以有指导的练习。检查所有的学生是否理解刚学的信息。教师可以问一个问题让每个学生都作出反应（如举手表示“对”，不举手表示“不对”），教师也可以要求一个混杂的反应，如“你们说这是一个动词还是一个名词”有指导的练习则是一次给学生一两个问题，立即检查他们的答案。

4. 独立练习。当学生表现出他们已经理解课的要点之后，就开始让他们进行独立练习。开始几个问题可以让学生一起做，确保他们做对。独立练习要相对地简短，并且要尽快给学生提供反馈。

掌握教学程序的模式训练的教师其班上的学生成绩比未受训练的教师的班好。

### （二十）归纳与演绎教学法

在概念、公式或原理的教学中，归纳法和演绎法是两种普遍使用的方法。

归纳法是按教学要求先为学生提供所教概念、公式或原理的具体实例，让学生观察或操作，在比较和分析之后得出有关概念的名称和定义或相应的公式和原理。如，学习平衡原理，教师先提供并让学生观察或操作不同重量的砝码及其摆放的位置从而使天平达到平衡，在比较和分析各种情况的数据后最终归纳出“合力矩为零”的平衡原理。

演绎法则相反，教学时先按要求对有关的概念下定义或陈述有关的公式和原理，然后举证或让学生举例来加以说明。如，同样学习平衡原理，先直接提出该原理，再按原理来变化砝码重量和力点距离，使天平保持平衡。

归纳法的教学易于由浅入深、由具体到抽象，较为符合学校学生年龄特点。但是，归纳法所花的教学时间一般比演绎法多，归纳有时也很难穷尽。而且，从发展理论思维和培养创造性来考察，归纳法的教学逊于演绎法。

为此，对归纳的和演绎的教学方法的选择，一般应作如下考虑：

1. 学生年龄较小、年级较低或所教的概念、公式和原理本身较为抽象，教学应考虑用归纳法，同时引导学生不只是观察对象的现象，更要看其本质属性和联系。

2. 学生年龄较大、年级较高或所教内容较为具体，教学则应考虑用演绎法。但是在教学过程中，要注意引导学生按定义、公式或原理中语词及符号的内涵来进行分析和理解。

3. 随着学生知识经验的扩展、生活经历的丰富，以及智力水平的提高，教学应尽可能从归纳法过渡到演绎法上，以促进学生思维能力和创造性的

发展。

### （二十一）生成课堂教学法

真实有效的课堂是学生发展的天地，学习的过程是学生享受教师服务的过程。理想的课堂是在价值引导下自主建构的过程，是真实自然的师生互动过程，是以互动生成的方式推进教学活动的过程。

1. 情感互动，给生成搭建平台。教师不仅是组织者和引导者，而且是学生的伙伴和真诚的朋友。好的老师应该善于营造一种生动的教学情境，一种平等的对话情境。课堂教学就是在这样的情境中所进行的“对话”，教师和学生不仅仅通过语言进行讨论或交流，更主要的是进行平等的心灵沟通。在对话的过程中，教师凭借丰富的专业知识和社会阅历感染和影响着学生，同时，学生作为一个个具有独立完整的精神的个体展示在教师面前。这种互动下的课堂教学过程，对师生双方来说，都是一种“共享”。

（1）师生情感互动，从“权威”走向“伙伴”。学生自信心的缺失主要缘于教学中缺乏民主平等，对学生专制、压抑，渐渐淹没了学生的活力、自信。

（2）教学评价互动，从“结果”走向“过程”。传统的教学评价只看结果不看过程，不论是学校领导还是学生家长衡量一个教师优劣大多以他所教学生的分数高低下定论，忘却了“十年树木，百年树人”的教学规律，教师对学生的评价也往往如此。

（3）师生评价互动，从“独奏”走向“合奏”。摈弃传统中只是教师评价学生，这样只会使学生的思维受到老师的时刻控制。学生总是以被评判的姿态者出现在课堂中，不当的评价时间一久，必将压制学生参与课堂的兴趣，甘做听众。

2. 预设互动，为生成创设空间。

（1）预设互动空间，激活知识生成。多元智力理论强调每个学生都具有各种不同的智力，他们的智力是多元的。如果我们在预设时能充分考虑学生的差异性，积极开发，刺激、影响直至激活学生主体的潜能，使之始终处于活跃状态，并通过不断释放潜能来获得知识，提高能力。①预设目标的空间。预设好起点和目标间的空间是生成至关重要的一步。发展是主体活动中的发展，因此课堂上要真正获得发展，惟有在学习主体积极参与建构教学的活动中才能实现。建构活动是学习主体经验对课程资源的意义加工和重组，由此教学过程中调集学生已有的经验并促成其与要学习的内容间发生相互作用而建立起实质性非人为的联系就显得尤为重要。教师在教学方案的预先设计中，可能已经对学生的直接经验有所估计，但恐怕只有在与学生的教学交往中，才能对学生拥有的直接经验的状况做出准确判断。如果课堂中获取的反馈与预先估计有不一致时，我们应该对教学做出调整，使教学成为学生已有直接经验的逻辑归纳和引申，增加教学的体验性和生成性。②预设环节空间。从一个环节到另一个环节的过度是一堂课的关键，教师只有充分的预设到可能出现的情况，并设计好学生会出现的各种结果的处理方式，使学生的生成能够完全的显示出来，让学生的潜力得到释放。课程生成需要学生积极的主观倾向性，需要学生经验、思考和兴致的投入。因此预设时要改变平地型设计，要想方设法激发学生的好奇心，激发学生探究的心向，要让学生爬坡的过程中，在接受智慧挑战的过程中，发挥出他们的一切才智，让课堂成为充满生气和乐趣的、激情与智慧综合生成的过程。③预设问题空间。学生个体由于家庭背景、知识经验、思维方式的不同呈现出多样性。面对同一个问题，他们会提取各自不同的已有经验，运用各自不同的思维方式和习惯进行思考，因而他们对问题的解决方法也各不同。因此教师在预设时必须把问题的呈现空间留给学生，才能使学生的生成得到实现。生成的课程要让学生去获得深刻的感受，并不只是“知道”。因此，不能只把浓缩的知识呈现给学生，而要把知识展开，尽量地让学生像数学家一样去经历知识的创造，体味发明的苦与甜，让学生在动用心智的建构过程中，在经验世界与学习内容间动态作用中获得深刻的感受，真正生成新经验。

（2）加大自主力度，发挥学生潜能。鼓励学生独立思考，引导学生自主探索、合作交流是新课程所强调的。我们的课堂应关注学生的活动，加大自主力度，让学生在活动中发现自己的潜能，促进学生的真正发展。①解放思维，让学生选择。人的自由是以人的独立性为前提的，在课堂中赋予学生自主的机会，把学生应有的权力还给学生。首先是“选择权”，尊重学生的选择权，是主体自主活动的重要体现。因为选择权是学生自己作出的，不是被动的。学生一旦作出选择，就意味着对自己的选择负起责任，此刻学生将步入自己独有的生活，表现出充分的自由。教师的作用是为他们提供机会和可供选择的学习材料。②解放嘴巴，让学生说话。在课堂中，学生往往是练多说少，即使有时“说说”也是为了回答教师提出的一系列零散问题，很少用来

表达自己的想法、见解。要让学生“初步学会运用思维方式去观察、分析现实社会，去解决日常生活中和其他学科学习中的问题”，要做到这一点，就需要教师在课堂中能解放学生的嘴，让学生说自己在生活中碰到的一些数学问题，说自己对题目的不同解法以及对一些法则原理的质疑。③解放双手，让学生活动。传统课堂中，学生一如既往地围绕着老师出的训练题埋头于识记、模仿、熟练，丧失了原有的和应有的自主，迫于应试的压力、教师的威严，敢怒不敢言，只能渐渐消失学习的兴趣。这与“让学生在观察、操作、猜测、交流、反思等活动中逐步体会数学知识的产生、形成与发展的过程，获得积极的情感体验，感受知识的力量，同时掌握必要的基础知识与基本技能”相违背。所以要让学生大胆的动手，在操作中得到全面的发展。

3. 多向互动，让生成绽放异彩。

（1）生境互动，从封闭到开放。在教学中，应引导学生与自己的生活环境进行互动，以达到课程总目标：获得适应未来社会生活和进一步发展所必需的重要知识以及基本的思想和必要的应用技能。假如教师陷入教材设置的固有樊篱而不能自拔，那么，教学走向生成必将成为一句空话。从这点看，关注现实、革新教材，应该是促进教学走向生成的起点。通过与家长交流得来的现实知识来展开的生成性内容，代替了用做题目来达到对知识的巩固，较好地接轨了学生的生活现实、激活了学生的探索兴趣。

（2）生师互动，从独白到对话。传统的课堂，往往是教师将某种知识、概念和盘托出，学生只能死记硬背，拼命练习，去完成所谓“熟能生巧”的使命。其实，只有师生们活力在课堂中得以有效发挥，才能真正有助于学生的培养，课堂上才有真正的生活。所以，在课堂中应构筑自由对话的平台，让学生在与教师对话中处于积极、活跃、自由的状态之中，在与教师对话中学习、领悟和生发出前所未有的知识、经验和情感体验。当教学中针对教材的关键处，学生的疑难处，教师要积极引导学生展开讨论，并亲身参与进去。

（3）生生互动，从单向到多边。学习是一种个性化的行为，每一个体都有不同的生活体验、独特的思维方式和情感态度。所以，教师在教学中应该多为学生创造条件，把单向信息传递变为多边信息交流和多向思维撞击，既最大限度地增大信息量，又提高信息的转化率，使学生的主体地位落到实处。学会与人合作，并能与他人交流思维的过程和结果是解决问题的目标之一。合作学习认为，生生互动是教学系统中尚待进一步开发的宝贵的人力资源，是教学活动成功的不可缺少的重要因素，因此，合作学习把生生互动提到了前所未有的地位，并作为整个教学过程的一种十分重要的互动方式来加以利用，充分开发了和利用了教学中的人力资源，为现代教学系统注入了新的活力，把教学建立在了更加广阔的交流背景上，这对于我们正确的认识教学的本质，减轻师生的负性负担，提高学生学习的参与度，增进教学效果，具有重要的意义。学习群体动力原理指出：学生集体对问题的探究是积极和有效的，小组合作还可大大增加学生与教师，学生与学生之间交流思想与情感机会。

在课堂上充分让学生合作交流互动，必然使学生学得更生动、更扎实。尤其是在小组合作互动中，小组成员可以互相交流，彼此争论，互教互学，共同提高，既充满温情与友爱，又像课外活动那样充满互助与竞赛。同学之间通过提供帮助而满足了自己影响别人的需要，同时，又通过互相关心而满足了归属的需要。在小组中，每个人都有大量的机会发表自己的观点与看法，倾听别人的意见，使学生有机会形成良好的人际技能。当学生们在一起合作融洽、工作出色时，他们学到的就会更多，学得也就更加愉快，由此可以实现认知、情感与技能教学目标的均衡达成。

课堂教学不应以延续教案预定的思路、带领学生参与学习为重点，而应以营造适宜的课堂生态场景、引领学生体验学习全程为宗旨，只有这样，教学才可能真正走向生成，并在生成中放出异彩。

生成性学习是一种强调积极整合新信息于已有图式的理论。生成性学习策略是要教学生一些具体的心理加工新信息的方法。例如，可以成功地教学生对所学材料提问题、作总结和类比，教学生讲解他所听到的内容。这些生成性活动都有益于学生的学习和记忆。

如果训练学生对他们所阅读的东西产生一个类比或表象，他们的理解就会增强。这些表象可能包括图形、图像、表格和图解等，这种方法最重要的一点，就是你需要对你的学习进行积极的加工，你不是简简单单地记录和记忆信息，而是要改动对这些信息的知觉。把你所学的信息和你自身的知识和经验联系起来从而产生一个理解。

（二十二）有效教学法

1. 有效教学的含义。有效教学是指教师在达成教学目标和满足学生发展需要方面都获得成功或表现俱佳的教学行为。这一概念可以从以下三个方面

进行理解：①促进学生的学习和发展是有效教学的根本目的，也是衡量教学有效性的唯一标准；②激发和调动学生学习的主动性、积极性和自觉性是有效教学的出发点和基础；③提供和创设适宜的教学条件，促进学生形成有效的学习是有效教学的实质和核心。

2. QAIT 模式。

（1）Q 即教学质量，指教师所呈现的信息和技能的易学程度。教学的质量主要取决于课程的质量和课程呈现本身的质量。有效教学最重要的一点就是课程在多大程度上对学生有意义；其次，教师在多大程度上监控学生的学习，并采用适当的教学进度。

（2）A 即教学的适当性，指教师确保学生做好学习新课的准备程度，如学生必备的知识和技能程度。课堂组织的最大困难在于学生在知识和技能的准备、学习进度和学习动机的水平差异很大。学生之间的差异不可避免地影响教学的有效性，并要求教师提供的教学水平要适当。

（3）I 即教学诱因，指教师对学生完成学习任务所作的激励程度。学习动机既可以来自学习任务本身（如学习材料的吸引力），也可来自学生的特征（如好奇心），还可来自教师或学校所提供的奖励（如等级、证书等）。

（4）T 即时间，指教师让学生学习所教材料的时间是否充足。可供学习的时间通常依赖于两个因素：一是教师预定的教学时间量和教师教学实际所用的时间量；二是学生集中注意力上课的时间。这两者都受课堂管理和纪律的影响。

QAIT 模式中的每个因素都像一个链中的一个环，整个链的力量和力量最弱的环一样大。有效教学 QAIT 模式有一个共同的特点，即只有当以上四个因素都合适时，有效教学才能成为可能。不管教学的质量多么高，如果学生缺乏必需的知识和技能准备，缺乏学习动机或学习时间，学生也学不好新课；反之，如果教学质量很低，不管学生有多少知识和技能储备，学习动机有多强，有多少学习时间，学生同样也学不好新课。QAIT 模式就如同一个大链条，只有环环相扣，才能显现出整个链的力量。

（二十三）活动教学法

活动教学模式是教师指导学生在实践活动中，主动认识和发现知识及其关系，完成某一特定任务或解决某一具体问题的一种教学模式。

1. 教师创设问题情境；

2. 引导学生发现需要解决的问题，提出解决问题的方案（假设）；

3. 指导学生完成解决问题的过程（实验、理论推导）；

4. 帮助学生展开讨论、进行总结和评价。

活动教学模式的指导思想是：重视儿童在认识活动中的主体能动性；前提是遵循儿童智力发展的自然和自发过程；根本目的是培养聪明才智者、知识探索者，鼓励学生从事积极的实践活动和思维活动，从活动中学会思维；中心问题是要建立学科知识结构与儿童心理结构之间的联系；关键是要引发儿童认识上的不平衡，从而激发他们学习的兴趣和需要。

## 三、教学方法的优化整合

当前，我国教育界寻求最优化的教育教学效果是教育大发展时期的必然要求。系统科学认为，各部分功能之和不等于整体功能。各部分优化整合可以发挥最大的功能。最优化的实现之所以可能，最根本的原因在于系统的复杂性和多样化。教学方法的复杂性和多样性，为教学方法的优化整合提供了可能条件。教学方法的优化整合主要包括以下几个方面：

1. 教师的教法、学生的学法、多媒体组合法三者协调一致、有机统一。当前，教学科技在教学中的地位和作用十分突出，三方面方法的优化整合运用是教育界同仁的共识。

2. 不同类型的教学方法要互相配合。从大教学方法观角度看，教学设计的方法，教学组织的方法，教学活动开展（过程）的方法要互相配合；群体教学法与个别教学法互相配合；近距离教学法（包括传统的课堂教学法）、远距离教学法（包括现代网络教学法）互相配合；学校教学方法、家庭教学方法、社区教学方法互相配合。

3. 在对各种各类教学方法进行整合时，要善于寻找最佳结合点。例如，善于寻找传统教学方法与现代教学方法的最佳结合点、教学活动方式与教学媒体之间的最佳结合点、多种教学方法之间和多种教学媒体之间的最佳结合点、教学过程各个阶段之间的最佳结合点以及教学工作方法各个环节之间的最佳结合点。

4. 教学方法与学生特征的适切性。即探索某种教学方法对哪种（类）学生特征最适切以及针对每种（类）学生特征应选择运用哪些种类的教学方法最为妥当由于学习者特性制约着教学方法，所以，“没有一种教学方法对任何

学生来说都是最优的。相反，某方法对一些学生是理想的，而另外一些方法则可能对具有不同特性的其他学生最为有效”。每种（个）教学方法都有其特长和优点，同时也存在着局限性和缺点，单一地运用或脱离学生特征去运用教学方法，常不能较好地完成教学任务、提高教学质量。所以，当代教学方法改革要重视探索各种（类）教学方法之间的优化整合和教学方法与学生特征之间的优化整合，寻求最优的效果。

## 四、基础课程改革中教学方式的转变

课程改革的核心环节是课程实施，而课程实施的基本途径是教学，没有教学及其方式的改革创新，基础教育课程实施是不可想象的。因此，我们必须探索新课程实施中的教学方式的改革创新之路。

### （一）注重探索性教学

《基础教育课程改革纲要（试行）》指出：在教学过程中应注重培养学生的独立性和自主性，引导学生质疑、调查、探究，在实践中学习，促进学生在教师指导下主动地、有个性地学习，以改变以往教学过程中过分依赖教材。过分强调接受学习、死记硬背、机械训练的现状。倡导学生主动参与、乐于探究、勤于动手，鼓励学生对书本的质疑和对教师的超越，赞赏学生独特和富有个性化的理解与表达，爱护学生批判意识和怀疑精神，培养学生搜集信息和处理信息的能力、获取新知识的能力、分析解决问题的能力以及交流与合作的能力，大力开展探究性教学。

所谓探究性教学，其实是模拟性的科学研究活动，它强调教师要创造一个以“学”为中心的智力和社会交往环境，让学生通过探究发现来解决问题。探究性教学的根本目的不是把少数学生培养成科学精英，而是要使学生成为有科学素养的公民，它既重视结果又强调知识获得的过程，既关注意义建构又注重应用，突出以学生为中心的全体参与。因而它十分有利于素质教育和创新教育的有效实施。

### （二）关注体验性教学

新课程强调，教学要从学生经验和体验出发，密切知识与生活之间的联系，引导学生不断深入地观察和体验真实的社会生活，积极主动参与学校和社区的各种活动，在实际活动中体验和发现并综合运用各种知识去解决问题，增强学生参与社会的实践能力。当前，在新的课程理念背景下，教学中的情境因素和教学的过程被提高到一个新的层面来理解。我们知道，在人的所有的知识结构中，有显性的知识，也有隐性的知识，前者以概念、命题、原理、原则、事实来表征，后者以态度、价值、信念、习惯来表征。显性知识往往可以通过理性的方法来获得，而隐性知识的获得则要复杂得多。一般说来，丰富而深刻的体验是获得隐性知识的有效途径。首先，内涵变得丰富了，新课程强调情感、态度、价值观三个要素。情感不仅指学习兴趣、学习热情、学习动机，更是指内心体验和丰富的心灵世界。态度不仅指学习态度，而且指宽容的人生态度和价值观；不仅强调个人的价值，更强调个人价值与社会价值的统一；不仅强调科学的价值，更强调人类价值与自然价值的统一，从而使学生从内心确立起对真、善、美的价值追求以及人与自然的和谐，实现可持续性发展的理念。其次，情感、态度、价值观本身成为课程目标的重要组成部分，它们不再是附属的而是有独立意义的。第三，情感、态度、价值观必须有机地渗透到教学内容中去，并有意识地贯穿于教学过程之中，使其成为教学的血肉，成为教学过程的灵魂。体验是以生活情境为依托，以生命存在为前提的，体验主体往往用自己整个生命去领悟和体会生活的意义，探寻生命存在的价值。学生一旦在丰富的教学情境中体验感悟到生命的价值和生存的意义并将之内化，便会形成一定的态度、价值和信念等，进而将之转化为一种教养，实现对象世界与生命意识的整合。

体验教学强调学生对学校以及社会生活的参与，关注学生对学习活动的体验和反省，突出学生的个体性、独特性、多样性和差异性，把学生看做是非常具体的、历史的个人，他有他的个性，他以自己独特的方式认识和感悟对象世界并将之内化为个人的智慧与价值。正如《学会生存》一书所指出的："每一个学习者的确是一个非常具体的人，他有他自己的历史，这个历史是不能和任何别人的历史混淆的，他有他自己的个性，这种个性随着年龄的增长而越来越被一个由许多因素组成的复合体所决定。"

（三）关注课堂教学控制方式的变化

传统课堂教学中的教师往往倾向于"结构化"、"封闭式"控制方式，强调学生对教科书内容的记忆与内化，因而，这种控制方式是维持式的，教科书知识占绝对优势，很少有教师个人知识的发挥，几乎没有师生互动知识的产生。在新课程中，教师将更多地采取"非结构"、"开放式"的控制方式，

特别注重学生的情感体验和创新品质的境况，因而，教科书知识的比例相对减少，教师个人知识和师生互动产生新知识的比例增大。这样的一种“控制方式”是对传统教学方式的挑战，它是生成式的，是可持续发展的。所以，在新课程的教学中，由于学生学习的主体性得到更充分的发挥，学生成为学习的主人，课堂教学方式也发生了相应的变化，它造成了教学中不确定性因素的增加，这对教师课堂调控技能和技巧的要求将更高。这样，教师自身课堂调控技巧偏低的现状与新课程要求之间的矛盾，必然会在课堂教学中反映出来。为了提高教师课堂调控技巧，教师首先要掌握课堂控制的基本理论，在熟练掌握课堂教学控制理论的基础上，提高自己课堂调控能力。其次，教师要在教学中不断地反思。教学方式的变革对于教师和学生来说都是新的事物，都是在摸索中前进。教师只有在课堂教学后不断地反思，总结经验得失，才能提高自己课堂调控的技巧，才能适应课程改革的需要。

（四）关注课堂教学常规经验的变化

当教师以知识传授为重点的时候，他的做法是：将知识、技能分解，并从部分到整体、有组织地加以呈现，学生通过倾听、练习和背诵，再现由教师所传授的知识。教师让学生回答教科书中的问题，记课堂笔记。

当教师以学生发展为中心的时候，他的做法是：通过相互矛盾的事物引起学生认知的不平衡，引导学生完成解决问题的活动，监测他们发现后的反思。教师参与学生开放式的探究，引导学生掌握真正的研究方法和步骤。

教师在课堂的位置，将不再是知识传授者的固定位置——讲台，而在教室里流动起来，将参与到学生活动之中，与学生分享知识并获得情感体验。

教师的课前准备，将不再局限于知识点的微观课程结构之中，而是活跃在课程因素组合的中观课程结构中，倾心于教学情境的设计和教学资源的组织方面。

用新课程的理念看过去，原课程中的教学目标、环节、步骤都带有讲授为主的痕迹。原课程中的练习、提问、作业都需要赋予新的含义和形式。从课桌椅的摆放到课堂秩序，都需要重新设定。

（五）关注课堂教学环境的变化

如果我们对前后课程环境进行一下比较分析，从教师对课程内容的把握来看，可以发现在课程“确定性”方面存在着差别。

过去，基础教育课程的确定性特征十分明显，全国同年级同学科的课堂教学几乎如出一辙。这种机械化的教学活动，教师依赖于教科书及参考书，缺乏独立性和创造性。这种课堂环境影响了教师教学水平的发挥，也掩盖了教师的不同专业水平。

新课程体现出教学中本身具有的那些不确定性。不确定性的表现有：教学目标与结果的不确定性，如知识、能力、态度、情感、价值观等多无价值取向；教学内容的不确定性，如课程的综合性加大，教材、教参为教师留有较大的余地；教学方法与教学过程的不确定性，如教师有较大的自主性，更为灵活地选择与使用教。学方法，教学过程中教师可支配的因素增多；等等。

教学的多样性、变动件要求教师做一个决策者，而不再是一个执行者。在这种课程环境下，教师具有创造新形式、新内容的空间。例如，创造出班级气氛，创设某种学习环境，设计教学活动，表现自己的教育概念等。

课程历来推动着教学的运行。新课程对教学的影响力也明显地加大。课程不再只是特定知识的载体，而是教师和学生共同探讨新知的过程。新的课堂环境可以保证课程标准更高质量的实现，创设和营造丰富多彩的学习环境。教师要在新的课堂环境下塑造自己的新角色。

# 第十五章　教学环境

教学活动的展开有赖于一定的教学环境。教学环境是指在教学活动中，影响教师的教和学生的学的一切内外环境。从主体构成看，包括教师教的环境和学生学的环境；从内容构成看，包括物理环境和心理环境。分析和研究各种适宜的教学条件，必须充分考虑影响教学的各种环境因素，充分重视教学环境中各种因素对教学的影响。

人的任何活动都是在一定的环境中进行的。在与环境的相互作用中，人类既受环境的影响，要适应环境，同时还要努力控制和改造环境，使之为自己服务。师生相互作用的教学活动也不例外。只有了解、适应、控制教学环境，努力使教学环境为教学工作服务，教学活动才能获得理想的效果。

## 一、教学的自然环境

教学自然环境是指教学赖以进行的一切物质条件所构成的整体，是一种人为的环境，它是教学活动的物质基础。它的创设要以教学目标和学生心理发展的需要为基本依据。教学自然环境主要包括教学进行的自然环境（校园校舍、教学设施、教学场所的色彩、光线、温度等）、学校的地理位置、班级规模、座位编排等因素。这些尽管都属于物质的条件或状况，具有客观和可度量的特性，但是它们会对教学中的教师、学生产生特定的心理效应，从而对教师教和学生学的效果产生影响。良好的教学环境应该是校园优美，教室优雅安静，室内干净整洁，使学生轻松愉快，大脑神经活动不易受外物干扰。相反，如果教室外嘈杂，教室内布置得花花绿绿，就可能引起学生情绪的波动，导致注意分散。

### （一）班级规模

班级规模主要是指班级内学生的人数，它与教室的空间密度紧密相关。班级规模既影响学习的心理活动，又影响学生参与课堂活动的机会。班级规模越大，学生的平均成绩越差；班级规模越小，学生成绩越高，越有助于学生的学习动机、兴趣、自我认识、注意力、创造性等因素的培养。因此，学校应对班级规模进行适当的调控，以保证每个学生有足够的学习空间。班级规模对教学的影响如下：首先，影响学生参与课堂活动的机会和程度。规模较小的班级，每个学生都有参与课堂讨论、回答问题的机会。人数较多，就会有部分同学，尤其是个别内向或学习能力稍差的同学难以参与到课堂活动之中。其次，影响课堂管理和学习纪律。每个人都有自己的活动空间，人与人之间都会自然而然地保持一定的人际距离。当人群密度过大时，人的活动空间容易受到他人的侵犯，人的行为也会随之发生消极性的改变。

（二）教室安排

课堂设计将取决于教室的大小、班里学生的数量、桌椅的尺寸和形状、可移动家具的数量、固定设施如门窗壁橱等、黑板的位置、供使用的视听设备、学校的实践活动、教师的方法和经验。

1. 在安排课堂时应考虑的因素。

（1）教室设备的摆放以及空间安排。教师在进行设备存放和安排时要考虑教室里固定设施，所有的材料和设备都应当保持干净和能够正常运转，并放在易于拿到的地方，以便及时开始和结束活动，将不必要的时间降低到最少。学习区和设备区应尽量分开，使学习免受干扰。

（2）教师要考虑可见性。教师应当能从屋子的任何部分看见所有的学生，以减少管理上的问题，加强教学监督。学生应当能够不必移动自己的书桌或伸着脖子就能看见教师、黑板、投影的图像和演示。

（3）课堂设计应尽量灵活，以便能做出修改以适于不同活动的要求和教学的不同分组。只有经过长时间的实践，教师才能了解到某一个安排是否适于他们的教学方式和他们学生的需求。可能要经过多次尝试和不断的改进，才能使自己的课堂设计能使学生有效地学习、使所需的材料最好地被利用，自己教学和监督学生都很容易进行。

（4）维持最大的活动区。教学的自然环境以教师和学生都似乎意识不到的方式限制着学生的参与，坐在教室中间的学生似乎是最积极的学习者，言语交流大多集中在教室的这个区域以及在教室正中一条线上，教师大多时间都站在这条线的前面，研究者把这一区域称之为“活动区”。前面座位似乎能增加那些喜欢发言的学生的参与，后面的座位则使得学生难以参与，并且使学生更容易走神。此外，即使多数教室有一个参与最多的活动区，但这些区

并非都在前面和中间。在有些课堂，这个区可能在一边或某一特定学习中心。因此，许多教师都经常变化课堂中的学生座位，使同一个学生并不总是坐在后面。

总之，教室座位的安排应按教学活动的具体要求和条件来进行分析和选择。对尚未积累丰富的课堂管理经验的教师来说，还是保持传统的座位模式为宜，同时可间隔一段时间调整学生之间的座位。

座位把教室分成了不同的学习区域，不同排列方式具有不同的空间特点和功能，它不仅影响师生交往和人际关系的建立，而且影响学生的学习动机、态度、课堂行为和学习成绩等。学生的课堂行为受其座位影响。因此，座位排列和分配既要考虑对课堂行为的有效控制，预防违纪行为，又要考虑有利于学生之间的正常交往，形成和谐的师生关系，以利于学生个性的发展。

2. 课堂空间设计。

（1）基本的课堂空间设计。传统的教室座位安排一般是秧田形的纵横排列式。传统排列教室是学生学、教师教的场所，教室的设计应考虑教师和学生有效展开各种活动的需要。这种座次安排可减少学生之间的视线联系和彼此交往，有助于提高教师的控制力度，适于独立的课堂作业、提问和回答，有助于学生将注意力集中于教师，使学生更容易配对学习。传统排列也最适于演示，因为学生更接近教师。但这也有降低学生主动参与感的可能。此时，相对于后排和四角，教室的前面和中间是教师给予较多关注和学生相应作出较多反应的“活跃区”。活跃区的学生易被教师关注而会表现出较多的积极的课堂行为；非活跃区的学生常常会觉得被教师忽视，容易放松对自己的要求和约束，表现出某些消极行为，有时为了引起教师注意还会故意出现过分的不当行为。所以，教师要注意自己的位置，适当地使活跃区、非活跃区有所变化，如教学过程中在教室的一定范围内走动，或讲解时有意识面对两边的同学，或多请后排和四角的同学参与课堂活动，或座位定期轮换等，总之要尽可能使每位同学有均等机会处于课堂教学的活跃区。

（2）特殊的课堂空间设计。在进行以学生为中心的、非指导性的教学活动时，课堂座位可作各种特殊的安排，如矩形、双矩形、马蹄形、双马蹄形、环形、双环形等等。矩形式安排容许学生谈话，相互帮助，但是，对全班讲解可能差一些，并且使班级控制变得比较困难。环形比较适合讨论，并且仍然能够做课堂作业。这种方式适于学生交流，当任务需要较多的学生讨论时，这些模式较为有效。但由于在这些模式中，学生彼此面对面坐着，将有可能使那些缺乏内在控制力的学生表现出更多的不当行为，其结果是他们花在学习任务上的时间减少，因此没有把握的教师以及不擅长课堂管理的教师在应用这些模式时，应当慎重。马蹄形中，教师处在“U”字缺口的对面，与学生目光接触的频率会提高，可以让全班学生尽可能多地参与课堂活动，比较适合于教师和学生一道讨论研究问题。

在这些特殊的座位安排中，每位学习者可以与教师一样面对较多的其他同学，当然这时候教师就可能会面临较多的教学管理和课堂控制问题。所以，教室座位的安排应按教学活动的具体要求和条件来进行分析和选择；对尚未积累丰富的课堂管理经验的教师来说还是保持传统的座位模式为宜，同时可每隔一段时间调整学生之间的座位。另外，教室房间的表面，包括边墙、地板等都应注意作一定的处理，以求有较好的声音传播效果和视觉效果。矩形、环形和马蹄形模式一般不超过25人，25人以上需要使用双矩形、双环形和双马蹄形模式。教室里有许多书架、桌子和工作区供学生小组教学和个别化教学使用。

辩论安排和兴趣站都适用于辩论会或者演讲会，而合作学习则主要采用兴趣站的形式。在堆式中，学生紧坐一起，靠近注意的中心（后排甚至可以站着），利于产生凝聚力，比较适合呈现演示、让全班以脑激励法解决问题，或者媒体教学。由于增加了学生的交流，这些特殊的安排方式可能会产生纪律问题，这种方式要求教师有良好的管理技能。但是，所有这些设计都能使教师灵活安排活动，也能创建小组凝聚感和合作感。

3. 课桌椅。课桌椅应适合学生的人体高度。这样不仅使人舒适，而且使学习活动更能持久和有效。一般来说，椅子应有靠背，座位应有衬垫，其轮廓与人体接触面相吻合；课桌必须有良好的稳定性，又易于学生进出。使用水平桌面最好；一般书写、阅读，课桌水平面可以有15度倾斜，可以较好地改善书写和阅读的姿势问题；如果视觉信号在教室前呈现而又有笔记任务时，向上倾斜35~45度的课桌会使学习者舒适而高效地工作。

有证据表明，不合适的课桌椅是造成11~16岁少年儿童骨骼异常发育的原因之一。发达国家或地区强求身材差异悬殊的学生在教室里使用同一规格的课桌椅是不科学、不合理的。

国外有的学校已提倡使用升降可调气动椅来满足身材不同学生的需要，还

把课桌面的前1/3涂成草绿色，以保护视力，产生轻松、舒适的感觉；而靠近身体的2/3涂成淡黄色，以使人的神经系统活动兴奋，引发对未来的联想。

4. 黑板。传统黑板“黑白分明”，其颜色不利于教学效果的提高。因为黑板的黑色和粉笔的白色都属于冷色调，易使人产生冷静的感受，导致大脑皮层活动的抑制。因此，绿色的“黑板”和白色的粉笔，白色的“黑板”和深灰色的粉笔以及绿色的粉笔和浅橙黄色的“黑板”相继问世。因为它们不仅能大大减轻眼睛疲劳的程度，而且有利于集中注意，增强记忆，活跃思维，进而提高教学效果。

5. 关注自然条件。教室是最重要的自然条件，它包括照明、颜色、声音、通风、温度等要素。

（1）照明。教学活动需要具备必要的照明条件。教室的采光、照明是与学生视力关系最密切的环境条件。光线过强或过弱，都会给学生带来视觉疲劳、厌烦心理和大脑的发育造成极大的危害，、不利于教学活动的进行。一般来说，教学活动的照明需要300～500x，光线达到课桌面、黑板时要有足够照度，光线分布均匀且避免直射和眩光。在视觉起决定作用的活动（如绘画、手工等）中，教学环境的照明要高于此值；以听觉为主的活动中环境的照明则可低于此值。眩光既会造成视觉系统紧张和不适，又会降低视觉敏锐性。为避免眩光，可以使用窗帘或遮光帘避免光线直接射入教室，对黑板面、课桌面进行哑光处理，不用色泽过于光亮的油漆涂刷室内设施。照明灯具的安排，要避免其主传递路线落在学生视线的40度区域之内。

（2）颜色。颜色对学生的认知和情绪会有明显影响。教学环境的主色调不同，会激起师生不同的心理意识水平和不同的情感、态度反应，从而产生不同的心理效应。研究表明，教室墙壁和桌椅的色彩过于强烈和鲜明，容易使学生兴奋好动、难以集中注意力。当然，教室色彩要以具体教学活动为依据。比如，以运动技能活动为主的体操房、舞蹈室等场所可以设计成红、黄、橙之类的暖色调，可使学生情绪激动。以智力技能活动为主的教室、图书馆等场所可以设计成淡蓝、浅绿之类的冷色调。这样，有助于学生稳定情绪、集中注意力和提高学习效率。

（3）声音。噪音是令人不舒服的、不当的听觉刺激。会干扰活动的有效进行，甚至引起人的不良生理变化。教学环境应尽可能避免噪音，以免影响正常的教学活动。

一般来讲，教室内的背景声音只要不超过一定程度，如45～50分贝，就不一定对教学活动产生消极影响，有人还喜欢有这样的背景声音。但是，在噪音环境中学习、工作，使人容易疲倦、肌肉紧张、注意力分散，容易出现攻击性、多疑、发怒等不良症状。对于需要一定紧张度或精神高度集中的教学活动，环境中突然出现的一般声音也会干扰活动进行。而且，这种声音越熟悉亲切，就越能使人引发联想、造成分心和干扰，就越影响正常活动。这种声音不具有噪音的自然特性，但因其对当前活动是不适当的，从心理意义上分析它仍然属于噪音。在教学环境中，应该尽量把噪音控制在一定的范围之内。如，教学场所使用吸音、隔音的建筑材料。又如，利用校内树木作天然屏障，降低外界噪音对室内教学活动的干扰。

（4）通风、温度和湿度。教室内的空气状况会直接影响学生的学习效率和身体健康。通风不良会使室内氧气成分减少、二氧化碳增加，这样会遏制环境中个体的感知和思维等认知活动的有效进行。另外，通风不良也会导致环境的温度和湿度增加，容易使人产生疲倦、头痛等不良生理反应。所以，教学环境要保持良好的通风条件。

（5）教学环境中的温度和湿度也会影响学习活动，会影响人们的舒适水平、心理警觉水平，也影响着完成任务的效率。据研究，温度过高，如超过35℃，人脑的消耗会明显增加，容易造成大脑疲劳，智力活动水平和活动持续时间会大大降低和减少；温度过低，大脑的工作效率也不理想。吉利兰德的实验证明，一般而言，最适宜学生智力活动的教室温度是22℃左右，环境温度每超过这个适宜温度1℃，学生的学习能力相应降低2%；相对湿度以30%～60%之间为宜。从对人的舒适环境来看，要结合季节把握温度，冬季可以稍低、夏季可以稍高。另外，温度与湿度可结合考虑，温度稍低时湿度可以高一点，温度偏高时要尽可能降低湿度。因此，保持用脑环境的适宜温度，有助于提高大脑处理信息和解决问题的能力。其次，教学的自然环境影响学生的情绪体验。

（6）教学的自然环境影响学生的学习行为。良好的自然环境，有助于产生积极主动的学习行为而提高教学效率，反之，则导致消极的学习行为而干扰教学活动。

## 二、教学的心理环境

教学环境，除了自然环境之外，还包括学生群体（主要是班级集体）、师

生关系（及其派生的教师威信等），以及学生问题行为的影响与控制等心理因素。这些因素与教学活动中学生之间、师生之间的人际交往密不可分，既是人际交往的产物，又反过来对人际交往产生影响。它们所造成的某种特定的心理气氛、心理环境，会对教学活动及其效果发生不可低估的影响。

（一）教学心理环境及其作用

教学心理环境是指在教学过程中，教学主体之间以及教学主体与教学客体相互作用的过程所形成的一种心理氛围，它是教学活动的心理背景。在教学过程中，教师、教材、学生和教学手段等因素之间，既存在物质的联系，又有心理的相互作用。这种心理的相互作用就形成了一定的教学心理环境。良好的教学心理环境对教学活动有重要的影响。首先，它有利于沟通教学信息、交流思想，促进师生、生生之间产生心理相容和情感交流。如果教师传递的信息是对学生的热爱、尊重、理解、信任和积极期待的态度，则会使学生对教师产生认可、好感和信任的积极体验，在教学过程中，学生乐于接受教诲，形成情感共鸣和情感交融的效应。其次，它有利于克服和消除学生的生理、心理疲劳。在良好的心理环境中开展学习活动，学生学习动机强烈，容易产生愿学和乐学的渴求，能够体验积极的情感，从而使学生的智力活动和非智力活动保持在最佳状态，进而提高教与学的效率。最后，它有助于维护正常的教学次序，使教学任务得以顺利完成。

（二）教学心理环境的构成要素

1. 人际关系。学习作为一种个体活动，是在一定的社会环境中进行的，会不同程度地受到同伴、师长的影响。教学环境中重要的人际关系包括同伴关系和师生关系。

师生关系对学习活动有重要影响。正所谓“亲其师，信其道”。课堂上教学信息传递有效性与师生关系的和谐度呈正比。良好的师生关系不仅有利于形成轻松愉快、生动活泼的教学气氛，而且有利于传递教学信息，使教学活动得以顺利进行。因此，教师应在教学过程中着力创造一个良好的教学人际环境。

同伴关系对课堂教学也有重要影响。具有相似学业成绩背景的学生容易组成同伴团体，而这种团体的气氛、价值规范对团体中学生的行为及学业成绩有重要影响。一方面它通过影响学生的价值观和行为模式来影响教学活动；

另一方面它通过影响学生的心态来影响教学活动。在积极的同伴交往中，学生的心态，如学习兴趣、思维活动、注意力、情绪体验等都能得到极大地激发，从而影响课堂教学的效果。

2. 集体气氛。教学活动是在一定的班集体中展开的，不同的集体依据各自的规范的独特的作用方式形成一定的集体心理气氛，它是构成教学心理环境的重要因素。学校集体气氛对教学活动有明显、直接和具体影响的是校风和班风。

校风表现为学校的集体行为风尚，是学校领导和师生员工共同具有的典型、稳定的集体心理倾向和行为特点。主要包括学风、教风、领导作风、师生言谈仪表、精神面貌等，它是一种无形的群体心理环境因素。积极的校风可以促进教师奋发向上、锐意进取、潜心钻研、精心育人，激励学生努力学习、积极上进、刻苦钻研、立志成才。

班风是指班级所有成员在长期的教学交往活动中形成的一种共同心理倾向。班风对班级内每个成员均具有约束力，它影响着学生在教室内的学习活动。良好的班风主要表现为尊师爱友、勤奋学习、关心集体、遵守纪律、讲究卫生、热爱劳动等风气，它对教学活动有积极的促进作用。相反，在消极的班风中，学生自我约束能力差，同学之间相互干扰，就不能形成接受知识的向心力，从而影响教学效率。

3. 教学氛围。教学氛围主要指在课堂教学过程中通过师生之间的相互作用而形成的一种心理环境，主要包括师生的心境、态度、情绪和课堂次序。积极的课堂教学氛围是指课堂情境符合学生心理特点，师生之间、同学之间和谐相容，形成了满意、愉快、互助的积极的情感体验。积极的课堂教学氛围有利于师生之间的情感和信息交流；有利于教师及时掌握反馈信息，根据教学情境不断调整教学内容和教学策略；学生学习情绪高，反应敏捷，思维活跃，有利于教学活动的正常进行。消极的课堂教学气氛使师生之间不融洽，同学之间不和睦，容易产生不满、敌对、紧张、焦虑、厌恶等消极的情绪体验，不利于师生之间的情感和信息交流，使学生的智力活动水平下降，机械、重复、混乱的反应增多，阻碍了教学活动的正常进行。

4. 个体心理因素。个体的心理因素也是影响教学的重要心理环境，主要表现为个体智力发展水平、个性特征、动机、情意以及焦虑水平等对教学活动的影响。自我意识水平低的学生总是选择教室中更为保险的座位（如后面

或靠边），他们不愿意参与课堂教学活动，表现为缺乏自信心。关于焦虑水平的研究表明：高焦虑者较为紧张、忧虑，表现为信心不足，对问题不能作出明确回答；低焦虑则会使人情感冷漠，高估自己，表现为把问题看得过分容易，它们均不利于学习。但在完成高难度的学习任务时，低焦虑效果较好。

### （三）创设良好教学心理环境的策略

教师是教学心理环境的创设者和调控者，对良好教学心理环境的创设起主导作用。

1. 激发积极情感，引起主动学习的心向。这是创设良好教学心理环境的基础。使学生产生主动学习的心向，首先必须激发学生肯定而积极的情绪情感体验，以学为乐。学生积极的情感体验包括愉快、喜欢、热爱、尊重等，学生的消极情感体验包括苦恼、惧怕、过度焦虑、憎恨等。在学习活动中，学生的情绪体验不同，所接收信息的效果不同。教师以愉快、高兴的情绪进行课堂教学并促使学生产生同样的情绪体验，所产生的效果比一般情绪状态下进行教学的效果有较大幅度的提高；反之，教学效果则会大幅降低。学习心理的研究也表明，凡是伴随着使人满意、愉快情绪体验的学习活动，其活动常常受到强化；而不满意的情绪体验则使人活动受到抑制。因此，主动学习心向的创设必须以调动学生积极的情感，产生良好的情感体验为前提。教师可以采取以下措施来激发学生良好的情感体验：①对学生尊重信任，态度和蔼可亲，以诱发积极的情感；②注意学生的情绪变化，及时消除不良情绪的干扰；③充分发扬教学民主，建立生动活泼、民主和谐的教学气氛；④建立和谐的人际关系，巩固和交流积极的情绪情感；⑤保持积极的教学情感状态，并与教材情感因素有机结合，引起师生情感共鸣。

2. 启发思维，培养学习的主动性和创造性。只有当学生处于积极的思维状态，其注意力才能集中在学习活动上，保持良好的学习心理环境，展开积极的智力活动，实现主动学习，创造性地学习。因此，启发思维，培养学习的主动性和积极性，是创设良好教学心理环境的有效途径。

3. 树立信心，重视对学习活动的肯定性评价。重视肯定性评价，产生成功体验，树立学习自信心，是创设良好教学心理环境的重要保证。学习活动的评价是教师对学生的学习行为、学习习惯、学习成绩等依据一定的标准作出的评价。对学习活动的评价是师生间相互沟通的重要桥梁。它可以是口头的表扬、鼓励或批评，也可以是书面的评分、评语。通过评定，一方面，教师可以了解学生的学习情况和自己教学的情况，为进一步教学提供依据；另一方面，学生可以从评定中了解教师对自己的看法、态度，找到行为的依据。学生对学习的兴趣、自信心在很大程度上决定于教师的评价。他们可能因为教师某次对自己学习活动的肯定性评价而喜欢某教师，进而喜欢该教师所教的课程。教学实践表明，对学生学习结果评价的描述不同，对学生学习的影响也不一样。顺应性评语，即教师针对学生答案中的优缺点所给予的简短评价，具有最高的强化作用，对学生学习具有最大的促进作用；其次是特殊性评语，即教师所拟订的千篇一律的评语，这种评语由于不针对学生的个别特点，其影响弱于顺应性评语；而无评语组的成绩最差。因此，教师对学生的作业除了给予分数或等级外，还应给予适当的有针对性的评语。对学习评语还应该充分考虑学生的年龄特点和个性差异。因为不同年龄段学生对评语的要求不同。如低年级学生可采用特殊性评语，高年级学生可采用顺应性评语。中学生对教师评定含义理解的比较研究表明：小学生对教师评定的理解是直观的，认为教师表扬的学生一定是能力强的；中学生和成人则能够从教师评定的含义来加以分析理解。

### （四）学生的理智活动在不同气氛下的表现

1. 教学的自然环境。了解和把握教学的自然环境，可以使人与客观环境获得最佳的匹配，从而取得预期的良好教学效果。最佳匹配，指环境条件的设计充分考虑了学习者生理和心理的特点，符合有关的科学研究结论。在这样的环境中，学习者只消耗较少的生理的和心理的能量就能使感知、注意等认知活动以较高的效率进行；学生之间、师生之间能顺利进行交往和相互作用；教学传媒能更充分地发挥其功能和作用。

2. 把握学生群体。了解和把握学生群体，可以掌握学生人际交往的动态，进而更好地组织班集体活动，更有针对性地对学生友伴群的形成和活动加以引导。学生群体，不管是作为正式群体的班集体和团、队组织，还是作为非正式群体的友伴群，对学生的学习动机、态度、价值观均有很大影响。是教学心理环境的一个重要组成部分。对教学活动及其效果来说，它们是不可低估的重要的环境因素。良好的学生群体，可以为教与学创造一种积极向上的群体心理气氛，对促进学生知识学习和品德发展具有双重意义。

3. 发展师生关系。师生关系会影响教学活动中双方的心理活动和心理状态，是教学心理环境的又一重要组成部分。了解和把握师生关系，应重视并

更好地利用影响师生相互作用的种种因素，进而建立良好的师生关系和理性的教师权威。这样做可以为师生提供一种心情舒畅、气氛融洽的心理环境。在这样的环境中，教师与学生彼此具有更大的心理相容性，双方的相互作用会更加积极和主动，教与学就能以较高的效率展开。在这样的环境中，学生会形成一种真诚接纳教师教学指导和教育措施的心理倾向，教师的一言一行能起到“隐蔽强化”的作用，教学与教育就更容易收到预期的效果。

4. 了解和把握问题行为。学生可能发生的问题行为常会波及他人和环境，也是教学心理环境不容忽视的重要组成部分。了解和把握问题行为，可以正确认识其与心理健康的关系，进而帮助学生正确对待和克服问题行为。这样既能帮助学生更好地适应学习的环境和要求，又可避免问题行为进一步恶化而成为心理障碍。了解和把握问题行为，有助于预测教学过程中或课堂内的偶发事件，及时采取防范措施，一旦发生则能妥善化解，使课堂纪律得到控制，教学秩序得以维护。

注重自然刺激对学生心理的愉悦性，保持积极的学习态度。具有心理愉悦功能的教学自然环境可以引起学生积极的学习心态，从而把智力活动保持在最佳水平。教学自然环境设计应考虑其能激发学生积极的心理反应，产生良好的心理状态。学生在审美化的自然环境中学习，不仅会增进其体力和智力活动的效果，而且会陶冶学生的情操和审美情趣，提高其审美能力。

# 第十六章　教学主体

## 一、教学主体概述

### （一）教学主体的内涵

教师和学生不仅是教学活动的主体，而且是教学的客体，同时又是各自活动（“教”或“学”）的主体和对方活动的客体。

### （二）教学主体的特征

1. 同时性。在主体－行为－客体关系链中，师生双方教与学的行为是同时发出的，表明双方的主体地位也是同时获得的，具有同时性。并非在某个阶段某个环节只有一方是主体，而另一方是客体；或者教师先是主体，而后学生随着智能增加逐渐取代教师的位置而成为教学的主体。实际上，师生的主体地位不会随时间的推移而发生“动态的”或“错位式”的转化改变。

2. 社会性。在教学过程中，教育双方的主体地位是一种社会生成。当进入教学过程的双方按照社会要求一方充任教师、另一方充任学生并发出相应的教与学行为时，他们各自就获得了这种社会角色所具有的主体地位，无论他们是否自觉意识到，也不管人们是否承认，其主体地位都是客观地存在着。

3. 客观性。教学活动是一种特殊的社会实践活动。教学必然有行为主体，教学活动中现实的人即教师和学生就是主体。教学活动是人的活动，是为了人、促进人发展的活动。因此，教师和学生是教学的主体，教学活动就是由两个教学主体的教和学活动所构成。教师和学生作为教学的主体是一种客观存在，是现实的、不可超越的。否认师生主体的客观存在，就否定了教学活动的特殊本质。

4. 平等性。教师和学生都是作为主体的人主动参加到教育活动过程中，主体地位的平等性要求教师和学生在人格上相互尊重热爱，在教学上共同协商合作，民主参与，教学相长。认识到这一点，对于搞好师生关系，提高教

学质量非常重要。

5. 差异性。这是由师生的年龄特征、知识能力以及身心发展水平和特点及教学活动的水平决定的。作为教师一方，身心发展已达到较高水平，行为已高度社会化，是学生人生发展的引导者。对知识，他闻道在先，是已知者或知之较多者；对教育教学活动，他术有专攻，懂得教育教学和学生身心发展规律，掌握了教育教学的方法技巧，是教育教学活动的设计者、组织者、指导者。作为学生一方，身心发展水平较低，行为正处于社会化过程中，表现出发展性和未完成性。对知识，他是未知者或知之不多者；对教育教学活动，他是主动参与、积极配合，水平较低。认识到这种差异性，对于充分发挥教师的主导作用和学生的主动作用极为重要。

正确认识教学主体的特性，树立科学的教学主体观，就能处理好教育过程中师生之间的关系，有效地开展素质教育。素质教育是主体教育，是师生主体共同进行的促进学生主体发展的教育。素质教育过程中，既要重视学生的主体地位，也不能忽视教师作为主体的存在，既要发展学生的主体性，也要凸显教师的主体性。要调动两个主体的积极性，发挥两个主体的能动作用。

### （三）教学的主体性及其表现

1. 教学的主体性。主体性是主体的人在与客体、与他人和与自我的现实复杂关系中所具有并通过对象性活动（自然、社会、他人和自我都是这种活动的对象；人的活动表现在人与自然、人与他人、人与自我关系的丰富多样形式中，不仅有物质的也有心理的，不仅有认知的也有情意的，不仅有外显的也有内隐的）展现出来的功能特性。主体性是个体在现实复杂关系的对象性活动中对自我非理性属性的内在把握和全面占有，它不是个体天然拥有的，而是在各种关系活动中逐步获得这种规定性，并通过活动不断强化、培养形成起来并确认的，即主体性是一种活动生成。对象性活动是人的主体性生成机制。

主体性具体表现为能动性、自主性、创造性、独特性等特征。主体性包含于主体属性内，是人性中最深刻、最高级的层次。

教学主体的主体性是在教学过程中作为教学主体的人在与客体（课程内容）、与教学中的人（教师、学生）和与自我（同样包括教师和学生）的现实教学复杂关系中所具有并通过对象性的教学活动展现出来的功能特性。教学主体的主体性也是一种活动生成。对象性教学活动是人（师生尤其学生）

的主体性生成机制。

教学主体的主体性同样表现为能动性、自主性、创造性、独特性等内容。但在教学过程中，具有能动性不一定必然具有主体性，如教学内容具有一定能动性特征，却不具有主体性。另外，由于受师生的年龄、知识、能力及身心发展水平和特点以及教学活动的水平所影响，师生双方的主体性存在明显的强弱高低的差别。教师主体由于自身各方面的特点，其主体性特征的各方面在教学活动中表现得很突出强大；学生主体则由于自身的未完成性，其主体性特征的某些方面如自主性、创造性就显得相对弱小。教学过程就是教师充分发挥其主体性逐步培养并增强学生主体性的过程。

2. 教学主体性表现。

（1）教师的主体性。①教师的能动性：自觉地按照社会发展的客观要求与个体身心发展的特点和规律，选择和利用教学内容客体、科学合理地安排教学过程、巧妙艺术地使用各种教学方法技术手段，引导学生的发展。②教师的自主性：对教学的静态客体（内容）、动态客体（学生）采取什么行为、以何种方式行为，并非是毫无选择的，而是不全受他人支配的，具有一定的自主选择。事实上，教师的活动是相对主动的、自由的。自主性是能动性的逻辑延伸和发展。③教师的创造性：对教学内容的创造性加工改造和发展，对教学方式方法手段的创造性选择和革新，对学生发展的创造性设计和引导等。这是教师主体自主性的外在表现和进一步发展。④教师的独特性：这是教师主体的自主性、创造性和教师劳动的个别性特点决定的，表现在教师个性化的教学风格、教学特色上。

（2）学生的主体性。①学生的能动性：自觉地按照社会发展的客观要求与自我身心发展的特点和规律，主动参与到教学活动中，积极配合教师的施教活动，以自己先前的生活经验和已有的认知结构为基础，理解、加工、改造教学内容客体，并将其内化为自己的知识、智慧、能力、技巧、方法和情感、个性，促进认知结构和个性结构的发展。②学生的自主性：由于学生主体的未完成性，即受到自身经验、知识、能力等限制，学生对教学内容的认识及整个学习活动的安排不能脱离教师的指导，即学生的学习活动是在教师的指导下完成的，从而学生的自主性受到很大限制，或者缺乏学习活动安排、学习内容选择、学习目标实现的自主性，而存在更大的对教师的依赖性。但由于学生是处于发展过程中的个体，具有发展性，学生的学习又是一个由自

主性弱逐渐到自主性强的发展转变过程。③学生的创造性：在学习过程中对教学内容的再创造和创造。即学生在教师的引导下将经教师加工改造过的知识内容进行再加工改造，内化为自己的认知结构和个性品质，外显为实践操作行为，学生最后掌握的是经过自己加工创造过的知识体系。④学生的独特性：这是学生主体的自主性、创造性和学生学习活动的个别性特点以及学生个体间的个别差异决定的，表现在学生个性化的学习风格、学习特点上。

### （四）主体性教学及其实现

1. 现实教学主体性的审视。在主体与客体、主体与他人、主体与自我的多重关系中，客观地存在着形式主体与实质主体、外在主体与内在主体的现象。在现实教学的大多数情境中，教师和学生大多只是以形式的、外在的教学主体存在，而尚未或者说很少作为实质的、内在的教学主体存在。

某个教师若没有发挥应有的教育影响，虽不能否认他是教师，但由于他并未成为教育者角色，只能把他算作“名不副实”的教育主体。当他的教学行为是受外在评价标准所限被迫发出而他自己并不情愿时（如什么“上线率”“升学率”“达标率”“优秀率”等等），当他身在教室心在外时，当他不能自主进行教学而只是把教学视为不得不完成的工作任务时，当他只把教学视为生存需要而未感受到教学是其生命价值的最高体现时，乃至当教育、教学对师生来说都只是功能性知识传递、“经验的积累”（知识递增、技能熟练等）而非乐以忘忧的审美式“生命的体验”时，在所有这些情况下，教师都不可能真正成为形式和实质、外在和内在相统一的名副其实的教育主体。

个体主要是通过活动获得主体及主体性规定的。主体及主体性的活动生成性质以及主体及主体性的复杂特征，决定着主体及主体性生成机制的结构及其形式的复杂多样性。人的主体性活动不应是单一的主体与客体结构，而应是主体与客体、主体与主体、主体与自我的多重复杂结构，具有“以主体变革客体为主的改造或创造活动、以主体反映客体为主的认识活动、以主体占有客体满足主体需要为主的欣赏审美活动、以主体检测客体为主的评价活动以及主体与主体之间的交往活动”、以主体全面占有自我为主的生命体验活动等多种形式。由于主体性是个体对其生命本质的全面占有，而这种占有依赖一定条件即生成机制，因此教育的当务之急就是要通过深化改革，创造条件，营造机制，以满足弘扬主体性、培养能够自主而独创地进行社会实践活动的主体性人才的要求。

2. 主体性教学的实现。在当今时代，只有主体性强的人才能适应社会迅猛变化的需要。同时个体为了更主动地参与生活、服务社会，更好地把握自己的生命价值和发展前途，必然和必须提升自我的主体性。因此具有高度主体性的人是社会时代的热切呼唤和个体自我的内在要求，培育这种人乃是教育的最高目的。于是，对现行教学主体性缺陷和不合理性的反思与对最终理念的追求汇成一股强大的主体教学思潮，并且人们对主体性教育进行了广泛的实践探索。

（1）确立整体教学观和科学主体观。主体性教学应当是充分重视教师和学生主体。充分发挥教师的主体性，逐步培养学生的主体性的养成过程，也是教师的主体性得到高扬提升，学生的主体性由不完善到完善、由弱小到强大的发展过程。这就要求我们加强两个教学主体及其主体性在教学活动中的具体表现形式或发挥作用的方式的探索研究。师生双方作为教学主体在教育过程中所起的作用是不同的，教师主体表现为“主导作用”，学生主体表现为“主动作用”，师生的主体性及其作用在不同的教学阶段以及不同的教学环节上也存在周期性的涨落现象和大小强弱转换规律。

（2）充分发挥教学主体的积极作用。在教育过程中，主体性不仅仅表现为对内在生命价值的全面占有和自由创造，而且表现为对教学活动的主动参与和积极奉献。当把教师视为太阳底下最光辉的职业而献身时，教师的主体地位就得到极大凸显，积极性得到充分发挥，主体性得到高扬和展现，其生命价值散发出绚丽迷人而夺目耀眼的光辉。另一方面，当学生主动积极参与到教育情境中时，当学生在教育活动中感受到的不仅是知识的增加、技能的熟练、经验的积累，而是精神的鲜活与丰富而充分地入境入神、明心会意、神游怀想、移情忘怀、悦志畅神即进入审美体验境界时，当学生自由、自觉、自主、创造而愉悦地学习时，这何尝不是其主体的极大张扬，主体性的高度提升。

教学是两个主体共同参与、相互交流的有机多边活动。只有当他们的主体地位都同时得到肯定、主体性及其作用都同时得到最大限度的展示和发挥，才能取得最好效果，进入最佳境域。强调一方而淡薄另一方，重视一方而忽视另一方，都不能使教学绽开鲜艳美丽的花朵，奏出和谐悦人的乐章。

（3）促进学生的主体性和谐发展。教育的根本目的是促进学生素质的健康和谐发展。根据师生主体及主体性存在差异的特点，教师主体及主体性主

要是如何得到充分而最大限度发挥的问题，而学生主体及主体性则不仅有如何发挥，更有如何培育生成的问题。在现代社会及教育条件下，学生的主体性呈现出由不完善到完善、由低到高、由弱到强的变化发展过程。从某种意义上说，学生的主体性是一种教育生成。因此，主体性教育就是充分发挥教师的主体性逐步培养、生成、增强学生的主体性的教育。一方面，做到通过突出学生的主体地位，增强学生的主体意识，发展学生的主体能力，培养和完善学生的教育主体性，使他们真正成为教育活动和自我发展的主体；另一方面，做到通过进一步培养学生的一般主体性，使他们将来真正成为自主、能动并且创造性地参与社会生活、为人类发展做出贡献的人，同时又是具有丰富多样鲜活个性的人。

（4）重视活动对生成学生主体性的价值。主体性是在教育活动中形成的，因此学生的活动是主体性教学非常重要的途径。特别应重视实践性教育活动对学生主体性形成发展的积极作用。学生在教育情境中的活动包括三类，即脑力活动－发展思维能力、手工活动－训练实践能力、情感活动－培养情绪体验。只有这三类活动的有机结合与统一，才能有效地促进学生的主体性发展。基于此，基础教育新课程改革设置了“综合实践活动”课程，目标是：密切学生与生活的联系，推进学生对自然、社会和自我之内在联系的整体认识与体验，发展学生的创新能力、实践能力以及良好的个性品质。这些活动对培养学生的主体性将具有非常重要的价值。

## 二、教学主体的作用

### （一）教师主体作用的具体表现

在教学过程中，教师主体及其主体性外显为主导作用，学生主体及其主体性外显为主动作用。这两种作用都是积极的，但作用的方式、范围、内容则有区别，在教学的不同阶段和环节上存在强弱大小的不同。教师的主导作用是在教学活动过程中表现出来，在育人实践中得到发挥，但随着学生的主动作用增强而逐渐减弱；学生的主动作用则是在教师主导作用下形成并随着年龄和文化程度的增长而发生由小到大、由弱到强的变化。在教学过程中，不仅要认识师生作用的形式及其发展变化特征，还必须分析师生作用的具体表现。

1. 教师主导作用的具体表现。

（1）切实保证教学目标实现。教学目标反映在教育方针、课程计划、课程标准和教科书中，主要通过教师表现出来。教师是教育方针政策的执行者和落实者，他们按照课程计划、课程标准和教科书的要求教育学生，引导学生朝着教育目标指示的方向发展。因此，教师是实现教育教学目标的关键。

（2）负责组织实施教学活动。教师是学校整个教育活动的设计者、组织者、领导者和实施者。他们精心创设教育活动和教育情境，合理安排教学活动内容，自始至终调控着教学过程。学校的各种教育教学活动绝大多数都是由教师去设计、组织、安排、协调和实施，学生的学习活动是学校教育活动的重要组成部分，也主要是在教师的指导下进行的，教师指导、调整、控制着学生的学习活动，对学生学习的方向、内容、方式方法、进程和结果都起着决定性的影响作用。

（3）积极引导学生的身心发展。教师是学生知识的传授者、智慧的启迪者、心灵的塑造者。学生的成长发展，很大程度上取决于教师的创造性劳动。从知识传授掌握来说，首先必须经过教师的消化、理解、加工、组织，才能转化为学生的知识、观点和能力。从思想品德形成来说，教师是一定社会规范的代表，起着示范和榜样的作用。教师将一定社会的思想意识、道德规范、行为准则，首先内化成自身的道德、思想、人格、风范和外显为行为习惯，才能传播给学生，塑造他们的心灵，陶冶他们的情操，培养他们的个性，影响他们的行为，使他们成为社会所需要的人。

2. 学生主动作用的具体表现。

（1）现实体现教学目标。学生凝集了社会的教育期望和要求，表现着国家的教育目的，反映着教师的辛勤劳动。学生的体现是一个自觉能动的过程。社会对人才和教育的要求、国家的教育方针、教学的目标、教师的教学效果，最终要由学生体现出来。

（2）自觉积极主动参加教学活动。学生的能动性表明，他始终是教学活动的积极参加者，是自我学习活动的主人。学生对教师传授的文化科学知识，对教材内容，对教师的教育影响，是在自我已有的知识经验和心理结构基础上加以选择、筛滤、理解，自动地做出积极的选择性应答。只有通过学生的自主活动，外在事物才能进入他的认知结构中并成为其认知结构的有机组成部分。教师无论把人类的认识成果转化为学生的知识、能力，还是把经验、规范转化为学生的观念、情感、意志、习惯，都要通过学生自己的理性思考和实践活动，教学活动只有在学生的积极主动参与下才能进行和完成。

（3）自我实现与自我发展。一方面，发展有赖于先天遗传素质的成熟和逐步展开。这是发展的内在生物学前提。另一方面，学校教育的影响是在学生的已有经验和能力基础上进行，学习者在接受学校教育之前已具备了一定的经验、知识和能力。同时，学生发展的任何外在影响都只有通过其内在的活动才能起作用，接受教育是学生发展的内在需要。所以学生身心（特别是心理）的发展，从根本上说，是在教师指导下的自我实现过程。“外因是变化的条件，内因是变化的根据，外因通过内因而起作用。”教学过程，实质上就是学生在教师指导下通过学习实践而获得自我发展的一种认识活动过程。学生由不知到知、知之较少到知之较多、不会到会、不能到能和由素质较低到素质较高、能力较弱到能力较强，从根本上说，都是在由学生的兴趣、爱好、欲望、需要、追求等心理因素所产生的主观能动性推动下，在内隐心理活动和外显操作行为的双重作用下实现的。所以，学生的成长和身心素质的完善，即学生的发展，是在教师引导教育的外因和在自身内在矛盾的推动下进行的自身否定，是学生的自我运动、自我发展、自我实现的辩证过程。

（二）教学主体作用的动态转换

1. 教育阶段整体过程中教学主体作用的转换。由于教师和学生的主体性存在差异，并且教育过程是教师充分发挥其主体性逐步培养学生主体性的过程，教育过程始终离不开教师的指导和调控，所以教师自始至终发挥着主导作用。学生虽然是具有能动性的教育主体，但其主体性是在教育过程中在教师的规范和引导下逐步形成的，经历了从弱到强、由小到大的发展过程。因此其主动作用也经历了从弱到强、由小到大的变化过程。

在教育过程中，教师的作用大小与学生的年龄和受教育程度成反比，学生的作用与其年龄和受教育程度成正比。学生年龄越小，受教育程度越低，教师的主导作用就越大，学生的主动作用就越小；学生年龄越大，受教育程度越高，教师的主导作用就越小，学生的主动作用就越大。

这种原理表明，在整个教育过程中，教师始终发挥着作用。教师的作用不仅在于引导学生的发展，而且在于培养学生的主体性和增强学生的主动作用。当学生的主动作用随着年龄的增长和教育程度的提高而达到一定强度以至发展到自立而不需要教的时候，教师就完成了他的历史使命，教育就达到了“不教”的最终目的。学生的作用不仅在于自觉主动地参加教育活动，而且在于能够自觉主动接受教师的教育指导，能动地做出积极的反应。学生的学习活动自始至终需要教师的指导，在教师的主导作用影响下逐步培养主体性和增强主动作用，逐步摆脱教师的作用影响，从而达到不需要教的目标。这样，在教育过程中，逐步实现了师生作用的转换位移，这个过程就是教师引导学生成长发展的过程。

2. 课堂教学过程中教学主体作用的转换。教学过程由课前准备、课堂教学、课后复习三大环节。课前准备包括教师的备课和学生的预习，课堂教学包括师生的检查复习、接受新知识、课堂巩固练习、辅导问难、课堂总结评价、布置课外作业等环节。在各个不同环节，由于教学矛盾的主要方面（即支配教学过程的那一方面）不断发生转移，教师和学生的作用就不断地发生着动态的周期性的转换位移现象。

课前准备、检查复习、授受新知环节，教师始终是教学矛盾的主要方面，支配和决定着教学活动的开展。在这几个环节上，教师不仅要备教材（按照课程标准的要求和本门课程的特点，结合学生学情，认真钻研和理解教材内容，并将规定的教育内容转化成教师理解的教育内容，即内化为教师的知识、观念、技能等）、备学生、备方法，还要进行诊断性测评和反馈式教学（复习），并在此基础上通过一系列外显行为（如讲解、演示、试验、问题等）将所理解的教育内容外化为学生能够直接感受到的知识、观念、技能、行为；而且要指导学生预习和复习，引导学生弥补知识、能力方面的漏洞和缺陷，还要引导学生通过积极能动的认知加工、情感体验和行为训练，将教育内容内化为自己的知识、观念、技能。在这几个环节，教师的作用发挥得充分与否，直接关系到整个教学过程的状况、教学活动的成效、教学效果的好坏。学生不仅预习、复习是在教师的提示启发下进行的，而且主要是进行接受式学习时即在教师的作用下去认识新知识、理解新知识，体验新观念、新情感。这时，学生尽管是能动的，却是矛盾的次要方面，对教学活动不起支配和决定的作用。

在探索练习、辅导问难、掌握练习环节，教学矛盾的主次方面发生了转化，教师由矛盾的主要方面降到了次要方面，学生则由矛盾的次要方面上升为主要方面。教师逐渐失去了支配和决定权，学生则逐渐取得了这种权利，其作用逐渐增强并越来越明显。学生通过积极主动和独立自主的学习行为（如练习、讨论、提问、试验等），消化和巩固新知、消除疑难、改组认知结构和个性结构，促进发展。在这几个环节，教师只起着答疑者、辅助者的作

用，在学生需要之时给予一些必要的帮助和指导。

课堂总结测评环节，主要是对课堂教学的内容进行概括提炼，使学生对其有一个完整全面的印象，并对知识的掌握由零散的事实材料的水平上升到系统的概念原理的水平。由于学生受知识、能力等局限，它只能是矛盾的次要方面，不可能支配总结活动，所起的作用就比较弱小。所以，课堂总结活动主要是由教师支配并以教师为主进行的，教师是矛盾的主要方面，起着主导的作用。但教师要让学生积极参与总结活动，逐步培养学生的自我总结概括能力，将学习由记忆事实材料的水平提升到理解概念原理的水平，促进学生思维能力的发展。

课后复习准备环节，既有学生的家庭作业练习和课文预习，又有教师的批改作业和备课。师生的活动是在不同的时空场进行的，教师和学生各自都支配和决定着活动过程，都是矛盾的主要方面（矛盾的次要方面这时转移到了师生活动的对象——教材知识和作业练习与批改上），因此，双方的作用都表现得十分强烈和明显。

# 第十七章　教学交往

## 一、教学交往概述

### （一）教学交往的含义

教学交往是一种特殊的人际交流与沟通过程，它是指在教学情境中师生相互交流信息、思想、感情和共享信息的人际沟通活动。

虽然在教学活动中，既有教师与学生的交往，又有学生与学生的交往，但从抽象的意义上说，教学活动所必需的交往主要指师生交往。而且教学活动有着不同于其他社会实践活动的特殊性，这就决定了教学交往和其他交往在交往主体、交往目的、交往方式等方面的不同。

1. 教学交往是教学情境中的人际交往。在教学过程中的交往与教学是密切联系的，只有发生人际交往的教学，才是真正意义上的教学，才能实现教学的育人功能。所以，教学交往的发生必须以教学情境中的人际交往活动为前提条件，离开了教学这一情境中的人际交往不属于教学交往，属于一般意义上的学校人际交往。因此，教学情境中的人际交往是教学结构中的重要组成部分。

2. 师生是教学交往的主体。由于教学活动中的师生之间相互作用的复杂性，教育者、受教育者自身本质力量及他们的目的、需要的差异性，因而使教学交往中的主客体地位以及构成的主客体关系，具有不同的表现形态，但在教学过程中，教育者和受教育者都是有意识、有目的、有主观能动性的人，他们始终处于有交往的自觉的主体意识状态，从而使教学交往的内容和形式产生一种动态变化。其中，师生主体性发挥的程度将直接影响交往活动的质量。

3. 教学交往是师生间的信息交流与共享活动。教学情境中的师生交往，涉及教师与学生在教学的各个环节、各个层面中各自认知、情感、技能、人格、社会适应性等方面。通过以上各方面信息的交流与共享，使师生彼此了

解、交互作用并形成共同的观点和思想，达到师生间的人际沟通，进而协调学与教的认知活动、情感活动，保证教学目标的实现。

（二）教学交往的主要特点

1. 主体之间的互动性和连续性。教学交往是主体间动态的活动和交流，教师与学生、学生与学生之间，均以语言、行为、思想等信息作用于对方，导致双方观念或行为的适应和调整，进而促进人际沟通和互动。互动是一种交互影响和相互作用，互动中的双方总是基于对方行为来作出自己的反应。师生作为教学交往的主体总是根据自己的交往需要、交往对象的特点和反应来确定和拓展交往的主题，通过相互讨论增强双方的相互理解，通过思想载体转换增强互动的活力。同时，师生间的双向、交互影响不是一种时断时续的，而是连续的、循环的，不但对当前互动的双方产生较大影响，而且还会对后继的互动行为产生影响，从而表现为一个既交互又呈链状的循环过程。

2. 信息内容的整合性和创造性。师生交往涉及主体的精神世界，精神从本质上看是一个有机的整体，包括知识的、思想的、情感的、人格的、生活经验的等多元信息的相互影响和相互协调。这就意味着教学交往中的信息内容将会是全面的和有效的，是在相互倾吐与接受的过程中实现精神的相遇、生命的融合。尽管有时是以精神的某些因素开始的，但是主体所表达的永远是自己整个的思想。只有从整个思想去寻找其意义，表达的内容才会丰富，才能获得全面的真正的理解。同时，师生在教学交往中从主题的提出到对话内容的理解，以及从理解中产生的新问题到新问题的解决都反映了双方对信息整合的能动性和创造性。

3. 情绪体验的愉悦性。交往是人的基本需要，教学交往能够给人以身心发展需要的满足，使人产生愉悦的情绪体验。教学交往是以师生平等对话为前提，将主体之间的关系转换为“你—我”关系，由此构建的课堂气氛必然是全开放的。“心交心”的对话状态，将使交往的双方获得彼此理解和沟通，使课堂教学充满着愉悦、宽松的气氛。同时，作为知识的亲历者、生活的体验者的双方通过相互对话与沟通，将使教学的功能得到有效放大，使教学过程变得更加生动形象，更具有情知的融合性和体验性，使主体获得多种意义的满足。

4. 教学效益的互惠性。交往中存在普遍的个体差异性，人们总是希望通过交往满足自己某些方面的需要。在教学中师生之间存在知识、能力、智慧、个性等方面的差异，这为实现交往双方的互补互惠提供了前提条件，即差异是交流的基础。交往中教师以自己的知识才学、人格魅力为手段去影响学生，促进学生的发展，学生以自己的积极行为反馈于教师，使教师从学生的成长中受到鼓舞，体会到自己的劳动价值，实现自己的事业理想。所以教学交往的结果并非只是学生受益，而是师生双向受益，互补互惠，即“教学相长”。

5. 师生人际关系的可控性。教师处于领导者、组织者和教育者的地位，在教学活动中起主导作用，教师完全可以根据教学目标、学生身心特点和教学情境，通过创造或调节控制某些影响因素来引导教学交往的方向。从这一意义来说，教学交往中的师生人际关系具有可控性的特点。因此，在教学交往中，教师的教学行为往往能影响或改变师生人际关系的基本倾向，决定师生人际关系的性质。当然，这种可控性也有一定的局限，因为教学交往中人际关系还受到其他诸多因素的影响。

（三）教学交往的基本类型

1. 从交往主体的构成来看，可分为师生间的交往和生生间的交往，其中师生间的交往是最基本的交往。具体来说，师生间的交往又可分为教师个体与学生集体间的交往和教师个体与学生个体之间的交往；生生间的交往则可分为个体间的交往、三人以上小团体的交往、小团体之间的交往、小团体与群体间的交往、个体与团体的交往。

2. 从交往主体的发展来看，既有补充性的交往，又有对称性的交往。所谓补充性的交往，是指在交往过程中，教师起主导作用，使学生在经验、知识、理解等方面得到补充的交往形式；而对称性交往，则是指师生在交往中处于平等的地位，双方具有同等的权利。从学生主体性的发展程度来看，教学交往是从补充性的交往向对称性的交往过渡。

3. 从交往的方式来看，既有单向交往、双向交往，又有多向交往。单向交往是指师生之间仅仅保持“授—受”的单线信息联系。其特点是信息传递的单向性、学生学习的被动性，师生缺乏交互作用，课堂气氛单调、沉闷，教学效果差。

双向交往是指师生之间进行双向的互送、互收、互相反馈的交往方式。这种交往模式刺激了学生交往的欲望并能够使学生的交往目的迅速实现，容易形成比较融洽的师生关系。在一定程度上克服了学习的被动性，课堂教学气氛相对比较活跃，但不能满足学生之间的交往需要。

多向交往是指师生之间、学生之间在知识信息、情感信息、行为信息等方面进行全面开放，多向传递、反馈的交往形式。并使这个过程处于积极和活跃状态。这种交往方式既体现了教师的主导作用，又能体现学生的主体作用，是提高教学与管理效能的一种较为理想的交往模式。教学实践证明，多向交往有以下优点。首先，有助于学生接受多方面的知识信息。学生既能够接受来自教师的知识信息，又能够接受来自同学的知识信息，从而扩大知识面，提高学习的兴趣和效率。其次，有助于学生主动学习。在多向交往中，教师确信学生是有能力从事教学认识活动的独立的个体，尊重学生的思想和能力，有助于学生主动学习，能提高学生独立解决问题的能力及合作学习的精神。再次，有助于活跃课堂气氛，发挥学生的学习潜能。在多向交往中，师生平等相处，互相尊重，学生易获得肯定的评价和成功的体验，而同学之间在交往中交流学习目的、动机、方法等，行动趋于协调，因而学习气氛友好、和谐，有助于充分发挥学生的学习潜能。最后，有助于因材施教。在多向交往中，教师由主讲、主问变成了主导，学生有更多的学习自主性，可以有较多机会获得教师的指导，教师也可对一部分学生给予更多的点拨，而让其余学生独立思考，有助于因材施教。

4. 从交往的信息媒体看，既有言语交往，又有非言语交往。人际交往必须借助于一定的手段才能实现。语言符号系统和非语言符号系统是主要的人际交往工具。所谓言语交往是指以语言符号系统实现的交往。由于语言是最为规范化的符号系统，所以在同一种语言背景中，不同的人对以一定声、形符号为载体的字词所建立起来的概念的理解是高度接近的。语言的这种特点，客观地决定了人们在日常社会生活中的大部分沟通都能够借助于言语来实现。而非言语交往则是运用非语言符号如表情、姿势、手势、目光、人际距离等进行的人际沟通，它对增强言语交往效果能够起到极为重要的作用。

教学交往是以语言符号为中介的精神沟通，但并不意味着把言语当做唯一有意义的交流方式，实际上，言语的交流方式只有和非言语的交流方式相结合，才能使“死”的语言符号“活”起来，达到良好的交流效果。所以，教育中的师生双方的知识交流和情感沟通，是通过言语和非言语两种基本形式进行的，交往的过程是交往双方言语和非言语协调统一的过程。但必须指出的是，教师应在言语活动方面加以规范，以达到满意的效果：①认真、科学地组织教学信息；②提高对自己言语的意识及对学生反应的敏感性；③尽可能为学生提供词义理解的机会；④建立合作、默契、和谐的师生关系。此外，教师还要教会学生使用各种交流符号的技能，让学生善于表达自己的思想，增进与教师、同学的相互了解，建立、维持和发展良好的人际关系。

## 二、教学交往的原则

为使教学交往有利于师生间的人际沟通、信息传输、情感交流、教学目标的实现和教学质量的提高，必须遵循以下五条原则。

### （一）尊重性原则

尊重性原则是指在教学交往中，师生之间要相互尊重，教师要尊重学生的人格，体谅学生的情感和要求；学生要尊敬教师，理解教师的要求，尊重教师的劳动。教师对学生的尊重尤其要做到：尊重学生的主体地位，不包办代替；尊重学生的自尊心，不挫伤学生；尊重学生的个体差异，不搞“一刀切”。在教学交往中贯彻相互尊重原则的关键是师生之间的相互理解。只有在师生相互尊重、理解的基础上，才会建立起良好的交往关系，否则就只能是只有教学交往的形式表现而无实质性交往的假教学。

### （二）互动性原则

互动性原则要求对于同我们发生交往的人，我们应首先接纳、肯定、喜爱他们，保持在人际关系的主动地位。只有这样才能建立融洽、愉快的气氛，产生互动效应。在教学交往中，贯彻互动原则：一是指教学交往信息与交往意图的协调一致，通过师生之间的情意沟通以引起心向或达到目标一致性；二是师生交往应与具体课堂教学心理气氛协调一致，使师生处于相互促进、相互作用、相互影响的互动之中。

### （三）适度调控原则

适度调控原则指运用交往规范和目标对教学交往过程的有效组织。它包括教师的调控和学生的自我调控两个方面。教师对教学交往过程的调控是教师作为教学组织者的职能的体现。从现代教育心理学观点看，教学交往既不应以教师为中心，控制过死过严，又不应放任自流；教学组织者既应给学生适度的交往自由，教会学生自我调控，又要根据交往规范和教学目标进行适度控制。

（四）最佳组合原则

最佳组合原则指教师在教学交往中对交往条件或形式的最优化安排。一般情况下，教学交往中言语交往和非言语交往都会运用到，关键是如何有机组合，最佳搭配。组合得当，搭配合理，交往的效果就好，反之则会弄巧成拙。教学交往中如何才能达到有机组合、最佳搭配呢？首先，教师应熟练掌握教学交往中言语交往和非言语交往的知识、技能，并对此有一定的研讨和较多的经验，对它们之间的相互关系有清醒的认识；其次，对具体教学情境和课堂心理气氛有准确的判断力、灵活的应变能力与驾驭能力；最后，根据教学交往中的突发事件及时调整交往形式的教育机智和教育技巧。

（五）合理交往原则

合理交往原则主要指交往各方以合作的精神、平等的态度、民主的意识、求知的兴趣进行的自由自主的交往。合理交往应具有如下特点：①合理的交往是一种合作式的交往；②交往者都能放弃权威地位，相互持平等的态度；③在交往中不是使民主流于形式，而是真正做到民主；④由于交往的参加者实际地位不是同等的，因此必须促进师生之间的相互取长补短，理智地采取合理的行为；⑤建立不带支配性的交往条件；⑥相互传递的信息是最佳信息；⑦现在的交往将为以后的合理交往创造条件；⑧合理交往的结果将取得一致的认识，但并非一切交往都必须达到一致认识，尤其不应在交往结束时盲目作出决定。

## 三、教学交往的心理功能

在学校教学情境中，师生交往是教学交往的基本形式。揭示和认识教学交往的心理功能，掌握有效的教学交往的方法和措施，是保证教学交往心理功能得以实现的重要条件。因此，努力探索教学交往的心理功能及其实现的条件，不仅有利于从整体上把握教学交往的发展规律，提高教学质量，而且对于构建教学心理学理论体系具有重要意义。

（一）教学交往的交互影响功能

教学交往的交互影响，主要指目标、态度和规范等因素的交互作用对交往效果的影响。

1. 目标追求的交互影响。师生教与学的积极性及其方向的协调一致性是教学有效性的条件之一。师生的积极性主要受各自内在动机的驱使，而内在动机又是在相互需要和满足需要的目标的共同作用下产生的。因此，需要和目标追求一致是师生积极性趋向同一方向的心理条件。在这种情况下，师生交往顺利，教学效果好。反之，如果师生的需要和目标不一致，那么需要和目标相差越悬殊，双方的心理距离越大，交互影响的正效应越难以发挥，以致师生交往流于形式或受阻。因此，确定师生都能接受的目标，是师生有效交往的前提。

2. 教与学态度的交互影响。师生对待教与学的态度，直接影响教学交往的效率，尤其是教师的态度至关重要。在教学交往中，教师主导作用的发挥通常存在两种截然不同的态度：一种是权利主义或专制主义的态度；一种是民主的或人道主义的态度。前者倾向于用分数、奖惩、升留级等制度性措施来制服学生，对学生施加压力，以强迫的方式让学生接受影响。这种态度可能使学生顺从，也可能引起对抗。后者善于运用教学中师生的情感因素，对学生怀着真诚的爱和尊重，乐观地看待学生的成功与失败，精心设计教学过程，善于把自己教学目标变为学生自身积极追求的目标，把学生的学习兴趣引向认识世界并完善自我的正确方向。

3. 群体规范的交互影响。师生都生活在特定的群体之中，各自群体的不成文的规范会影响彼此的交往行为，进而制约彼此交互影响的效果。学生群体的非正式规范，有许多是与教育者群体的规范相矛盾的。例如，学生向教师报告伙伴的违纪行为（教师群体制订的规范），可能被其所属的非正式群体视为“告密”而受到该群体的心理制裁。因此，许多学生不敢按学校要求向教师报告同学的缺点。即使一些优秀生，在公开场合（尤其是非正式场合）也会顺从非正式群体的规范，否则就会受到孤立。

### （二）教学交往的相互认同功能

相互认同是在相互认知基础上达成的，这里是指彼此在相互认知的基础上的相互接纳。相互认同既是人际交往的内容又是人际交往的条件。

1. 师生相互认同的过程。师生相互认同是一个复杂的社会认知过程，这一过程要顺利完成，一般需要在头脑中形成“四个形象”和“一种关系”的认知。“四个形象”是：①双方各自客观存在的本来形象；②双方通过自省形成的自我形象；③对方在自己头脑中的形象；④自己在对方头脑中可能的形象。“一种关系”的认知即对双方人际关系的认知。师生对“四个形象”和

“一种关系”的认知水平影响着师生教学交往的协调程度。一般来说，如果这“四个形象”比较同一，双方的交往关系就比较稳定，教学交往协调，成效高；如果这“四个形象”不同一，交往关系就易产生障碍，教学交往不协调、成效低或无效甚至产生负效。因此，师生相互认知对其交往的影响，取决于师生自我认知和对对方认知的同一程度。

2. 个性因素对师生相互认同的影响。在教学交往中，师生不时表现出喜欢或厌恶对方的某些品质。如有研究表明，中学生喜欢有理解力、耐心温和、可信赖、公平、能使学生学懂、开朗、不感情用事、热心负责、不缺课、学识广、上课生动有趣、活泼、守信用、讲民主、人格高尚、教法好的教师；他们厌恶经常训人、情绪不稳定、布置作业过难、要求过高、不耐心、缺乏同情心、态度拘谨、讨厌学生、不接近学生、体罚、偏爱、不公正、缺乏知识和修养、教法不好的教师。师生间相互喜爱的个性品质越多，彼此关系就越融洽；反之，则容易发生矛盾。在教学情境中，也存在学生对教师的客观形象的认知与教师自我感知形象的不一致，究其原因主要有：第一，教师本身不善于表现或不能正确表现出自己的特点；第二，学生缺乏认知能力，对观察到的现象产生推断或归因的错误；第三，人际知觉效应的影响，有的学生因对教师的第一印象不好，形成了偏见或成见。

3. 角色扮演对师生相互认同的影响。在教学交往中，师生都在扮演与自己地位和作用相适应的角色，并根据对方的角色表现去认知对方。例如，教师因意识到自己的角色地位和作用，在学生面前表现出标准教师的行为方式，用以身作则来要求自己，使表现的自我比真实自我在形象上更高大些。学生观察教师时，借助课堂教学情境，以教师的角色身份为信息来源，把教师神圣化，对教师的错误言行也深信不疑。另外，当学生以其自身的角色身份评价教师时，对教师的期望就特别高、要求特别苛刻，似乎教师不应有缺点和错误，而一旦发现教师隐藏着污秽之点时，就对教师失望，甚至产生排斥心理。因此，师生之间的相互认同度是建立和维持良好师生关系的重要条件。

4. 所属群体对师生相互认同的影响。学校和班级群体的声誉影响着师生的自我认知和相互认知，甚至影响着他们的言行表现和个性形成。教师对一个学生群体若已形成印象或成见，就难以认清这个群体中的个人的真实面貌。同样，学生群体对某个教师有了评价倾向，群体中的个人无形中也会如此评价这个教师。此外，参照群体也会影响人际认知。如教师一般总是对优秀生产生好印象，对后进生产生坏印象。

研究表明，师生相互认同经常出现脱节现象。为了增进师生相互了解，克服相互认同上的脱节，教师可采用以下方法：①创造师生相互接触的情境，以便相互捕捉能反映对方真实面貌的信息；②师生间进行平等的相互评价和互相“画像”；③提倡教师尊重学生、理解学生；④师生经常在心理上进行角色互换。

（三）教学交往的信息交流功能

师生教学交往的过程实际上是师生之间信息的传输与反馈的过程。教学的知识、教师的要求、学生的反映等都是教学信息。因此，师生必须努力提高教学交往效率，实现教学信息交流功能的最大限度发挥。

1. 师生信息交流的基本任务和运作程序。教师对学生的影响，在教学过程中主要是通过师生间的信息交流来实现的。教学过程中的信息交流有三项基本任务：①把信息转换为学生头脑中的知识；②学生将已掌握的知识转化为能力；③促进学生人格的良好发展。

教学是一个动态过程，信息在信源、信宿之间必须形成正向输入和反向回流，才能产生作用，发挥功能。对教学信息交流而言，教师即信源，学生即信宿，中介即信道信号或共用信号，其主要形式为语言、板书、模型等。当然，教学不是信息的单向运行、线性联系，而是一个二元串联耦合系统。其耦合行为决定于逆向直接反馈信号，其主要形式为问题、作业、试卷等。据此，有的研究者主张用以下指标来衡量教学信息交流的成效。

在教学信息交流程序中，教学效果取决于：①在特定时间内教师发送的信息中有多大信息量被学生接受；②学生对接受的信息是否理解，达到的抽象概括水平有多高。一般情况下，教师发送的信息不可能全部转换成学生的知识、能力和人格特征。这里存在教学信息交流中的信息流失问题，解决这个问题的关键是弄清教学交往中信息流失的主要原因。

2. 师生交往对教学信息交流流通量的影响。在教学中信息不足或过多都会影响教学效果。而教学信息交流的流通量不仅取决于教师发送的信息量的大小，而且受师生个性、角色、群体的气氛、学风、规范等因素的影响。

从个性层面上看，学生在教学中接受的信息量受多种个性因素的制约。学生的学习兴趣、注意力和智能水平有差异，因而造成各人的信息接受率不等，流失量各异，如冲动型学生在接受与理解信息上就与反思型学生有差异。

从角色扮演层面上看，教师代表成人社会对学生施加影响，倾向于依据国家规定的课程标准、教学计划和教科书来决定信息流通量。而学生处在成长期，对信息的需要常出现角色矛盾：一方面好奇心强，希望教师多传授些他们感兴趣的新鲜信息；另一方面，因受某些心理需求的驱动，又要求教师减少信息量。例如，当学生期望在考试中获得高分或免遭考试失败时，他们可能要求教师仅把与考试有关的信息发布出来才好。显然上述角色扮演都会妨碍教学信息量的最佳流通。

3. 师生教学交往对学生理解教学信息内容的意义和抽象水平方面的影响。在教学中，信息内容决定着信息的价值和科学意义，学生对信息内容的理解及其达到的抽象程度是决定教学效果的主要方面。师生交往中的个体发展水平、角色扮演和群体作用对教学信息的转换有重要的影响。

从个体发展水平上看，学生不能理解或不能更高水平地掌握信息，是因为存在以下问题。

（1）智力操作系统的问题。教与学活动的智力操作程序不同。教师发送信息从理解教材信息的含义进行信息编码（把教材用信号形式，如语言、图表、公式和非语言信号系统等组成一个表达系统）——用一定方式发送教学信息。学生感知和接受信息（发送者发送的符号系统）进行信息译码（即将编码还原）——反复地多层次地理解信息含义，并逐步提高抽象水平。这两种不同过程，前者是编码过程，理解信息内容先于符号表达；后者是译码过程，感受符号系统先于对信息内容的领会。教学实践证明，师生双方在智力操作过程中的任一误差，都会影响信息的有效转换。例如教师对信息理解不确切，编出的符号系统缺乏逻辑性，发送信息时不善于运用交际手段，缺乏表现力和吸引力；学生在接受信息时发生感知障碍、译码偏差，对信息遗漏、误解、曲解或断章取义，都会损害信息的有效转换。

（2）文化和知识系统问题。师生有不同的文化习俗背景，因而有不同的语言和非语言的表达系统，有不同的习惯和偏好态度。学生接受新信息的动机和知识准备不同，师生双方社会观的差异和共同语言的多寡等都制约着学生对信息的理解。

（3）性格系统问题。师生双方存在着性格差异。例如，一方敏感、不耐烦，另一方迟钝、反应不敏捷；一方胆小、害羞，另一方交际主动；双方都过分自尊，甚至傲慢，互相瞧不起；双方或有一方对信息交流不抱希望。凡此种种都会制约信息交流的效果。

(4) 角色层面问题。从师生扮演的角色来看，教师负有把学科的系统理论知识传递给学生的责任，因而在教学中注意理论的系统性、深刻性和概念术语的准确性；而学生的角色地位使其喜欢接受趣味性、实用性和思考性的知识，这种角色差异也可能影响对信息内容的理解和掌握。

(5) 群体层面问题。从群体作用层面上来看，师生信息交流的沟通网络对教学信息的转换有一定影响。一般来说，学生理解信息的含义和提高其抽象概括能力与群体的心理氛围和规范密切相关，积极、开放、互动的群体心理氛围有助于个体成员对教学信息的理解与概括。因此，教师要允许学生群体间多向交流或广泛讨论，要杜绝教师讲、学生听的传统的单向信息流通方式。

以上分析表明，为了促进教学的顺利进行，教师应提高自己输出信息的技能，顺畅师生信息传递的通道，改善学生感知和处理信息的心理准备状态，并注意进行师生信息交流的适应性训练，把握教学信息的最佳流通量和教学的最佳节奏。

## 四、实现教学交往的条件

### (一) 教学交往的主体心理条件

教学交往必然产生主体（教师和学生）之间的交互作用。交往主体的心理水平、心理状态、心理特征，对交往的质量有极为重要的影响，是教学交往的心理条件。

1. 教学交往主体的心理基础。教学交往主体的心理基础，是指在教学交往中，师生双方的心理要素及其相互关系系统。主要由以下心理要素构成。

(1) 心理背景因素。心理背景因素是指师生在教学交往开始前已有的心理水平，也叫心理基础因素，包括知识基础、智能水平、个性品质以及心理定势等。在教学中，师生具备与其年龄特征和教学内容要求相适应的心理背景因素，是顺利实现教学交往和提高教学质量的前提条件。

(2) 心理动力因素。心理动力因素是指推动教学活动进行和完成的主体心理动力的各个方面。它包括师生双方教与学的动机、目的、兴趣、志向、态度、求知欲、责任感和成就动机等，是驱动主体进行教学交往的内部动力，其水平的高低直接影响交往的成效。

（3）心理状态因素。心理状态因素是指教学交往中，师生双方心理运行的机能状态，如注意、热情、觉醒、创造等。在教学交往中，良好的心理状态可以促使心理背景因素和心理动力因素得到最佳发挥并产生最大效能。

（4）心理成果因素。心理成果因素是指通过教学交往，在师生心理发展、变化中产生的影响。这种影响，对学生来说，不仅包括知识、智能等认知因素的变化，还包括品德、情感、性格等非认知因素的变化。同时，上一阶段的心理成果因素，又会成为下一阶段教学交往的心理背景因素。

教学交往主体的上述心理结构要素是一个统一体。若这些心理因素都符合主体年龄特征和教学目标要求，就具备了有效教学交往的心理条件。

2. 师生关系。师生关系是学校教学中最主要的人际关系，教学过程是教师与学生在理智、情感和行为诸方面进行的动态人际交往的过程。有效的教学交往必须以融洽的师生关系为前提。有了融洽的师生关系，学生的想象力和创造力就能得到充分发挥，学习的自觉性和坚持性就会增强，教师传输的信息学生才乐意接受。

3. 学生的学习心向。学生的学习心向包含比较广泛的内容，主要包括学习动机、学习积极性和学习态度。学生的学习心向也是教学交往主体心理基础中的心理动力因素，因其在教学交往中的重要作用，故单列出来。

（1）学习动机。学习动机是推动学生进行学习活动的内部动力，是学习需要的体现，表现为学习的意向、愿望或兴趣等形式。为也更富于建设性。因为他们的工作动机不是为了应付上级的检查，而是为了学生的全面发展。

（2）中等程度的焦虑。焦虑是个体对当前或在预计到对自尊心有潜在威胁的情境时产生的一种担忧的反应倾向。焦虑对教学交往起促进作用还是抑制作用，取决于教师原有的焦虑水平、教材难易程度和教师的能力水平等因素。一般来说，焦虑过高或过低的教师，都难以取得好的教学效果。焦虑过低，缺乏激励力量；焦虑过高，容易产生恐慌反应，使人固执、呆板，缺乏随机应变的能力。只有当自尊心受到威胁而产生的焦虑达到中等程度时，才会激起教师努力改变现状而进入唤起状态，推动教师不断努力以谋求达到教学目标。此外，焦虑对教学交往的影响还与教师的能力有关：高焦虑与强能力结合，效果好；高焦虑与中等以下能力结合，则会阻碍教学交往。

（3）较强的挫折忍受力。教学工作是一项非常复杂艰辛的工作，在教学中出现挫折是不可避免的。教师的挫折感可能由自然环境和社会环境等客观因素引起，也可能由自身的容貌、知识经验和个性品质等主观因素引起。挫折感一经产生就给人以心理压力，影响行为效果。面对同样的挫折，不同的教师产生的心理压力不同，究其原因，主要是个人对挫折忍受力的差异。研究表明，只有挫折忍受力强的教师，才能较好地适应环境，取得良好的教学效果。

（二）教学信息的有效传输

教学交往的过程实际上是主体间信息的输出、传递、转换、加工和储存的过程。教学信息传输的程序、转换的特点影响教学信息传输的效能，而教学信息传输的效能又制约着教学交往的成效。

1. 确保教学信息传输的畅通性。

（1）教学信息明确、清晰。教学信息不应含糊、不确定、似是而非。这就要求教师正确理解教材，语言表达准确、鲜明。研究表明，学生接受的信息同教师表达的清晰度呈显著正相关。

（2）教学信息的传输必须有“序”。“序”，即教学信息传输的先后次序、前后联系和组织方式。有序的教学信息分层次、有系统，便于学生接受、理解和保持；无序的教学信息是支离破碎的知识，缺乏系统性、规律性，学生难以接受和掌握。

（3）心理上的同步效应。心理同步效应不仅要求学生适应教师，也要求教师适应学生，教师不但应适应“尖子”学生，而且应适应中等生和后进生，针对差异，因材施教。

（4）排除干扰、疏通信道，及时调控。为了信息传输的畅通，教师应及时排除各种干扰，保持信道的流畅。例如当学生不认真听课时，教师用目光注视或临近控制，都可起到及时调控、排除干扰、疏通信道的作用。

2. 提高教学信息传输的效率。教学信息传输率是指单位时间所传输的信息量。据此，提高教学信息传输效率应注意以下几点：

（1）简化信号，合理编码。达到特定教学目标的信息量会因教师的编码不同而有很大的差异，简化的编码能够使单位时间传输的信息量减少，提高学生的掌握程度。认知心理学的研究表明，信息一般以组块为单位储存在人脑中。增大组块信息容量的有效措施就是教师根据各门学科知识的特点，化繁为简，彼此联系，减少信息组块的数量，增大每个组块的信息容量。

（2）多通道传输信息。教学交往中，传输信息的渠道越多效率越高。

（3）重视非语言信息在教学交往中的作用。

（4）传输的教学信息量要适度。学生在单位时间内所能接受的信息量是有限的。以记忆为例，据研究，一个信息组块进入短时记忆需 0.5 秒，少于 0.5 秒就难以记住。一个信息组块从短时记忆到长时记忆需 8 秒，少于 8 秒，就难以记住。由此可见，在其他条件一致的情况下，教学信息传输的效率主要取决于信息量多少。过多，超过学生心理的接受负荷，欲速则不达；过少，学生“吃不饱”，造成智力资源浪费；适度，才能达到效率最高，效果最佳。

3. 提高教学信息传输的有效性。

（1）教师在教学交往中要增加有效信息，减少无效信息。有效信息是指能消除或减少学生不确定性的信息；无效信息是指不能消除或减少学生不确定性的信息。

（2）传输的教学信息要能够为学生所接受、理解。实践表明，教学的有效性，不是以教师传输多少信息来决定，而是以学生接受、理解了多少信息来衡量的。教师讲得很多，学生听不懂或不愿听，其教学的有效性仍然是很低的。

（3）遵循教学信息有效性的条件进行教学。①保证教学信息的清晰度和强度。②语言适度简明、富于情感的表达，使信息简单直接。③使信息具体和完整，给出一切所需要的信息，确保学生正确理解。④保持语言描述和非语言信息协调一致。⑤鼓励学生思考性倾听和作出适当的反应。⑥建立良好的师生关系。⑦增强教师传输信息的度。⑧学生具备相应的接受、理解信息的能力。这种能力首先表现在具备接受、理解新知识的基础；其次应具有一定的接受信息的能力，如理解力和记忆力等；最后学生应具有一定的信息转换能力，包括对信息理解加工、储存提取、语言表达等方面的能力。

### （三）教学反馈功能的有效发挥

反馈就是某一系统将信息传出后，将其作用的结果返回原系统，用以调控传输信息的过程。教学中有无反馈信息，其效果大不一样。

为了充分发挥教学反馈的功能，教师在教学交往中应注意以下几点。

1. 主动接受教学反馈信息。教师传输的信息是否被学生接受、理解，只有通过教学反馈信息来了解。要想取得好的教学效果，教师应主动积极去收集教学反馈信息，不断改进自己的教学。教师在接受教学反馈时有两种不正确的态度需要克服：一种是缺乏责任心，不愿接受教学反馈信息，不管学生有什么反应，照讲稿讲完就算完成任务；另一种是喜欢按自己的主观意图去“操纵”教学，拒绝依据学生的反馈信息调节课堂教学。

2. 善于接受教学反馈信息。教师要善于捕捉学生对教学的反馈信息，善于从他们的目光、表情、姿态、答问中了解学生对教学信息的接受情况，进而判断自己的教学内容是否适度、教学方法是否得当、要求是否合理等。这对教师提出了以下要求：

（1）应有一定的灵敏性，对反馈信息的捕捉及时、敏感，不迟疑、不迟钝。

（2）应有一定的辨别力。反馈信息多种多样，重要性各不相同，教师应有洞察力与辨别力。

（3）获得全面的反馈信息，扩大反馈面，了解不同层次学生的反应。

（4）讲究策略，提高反馈的积极性。如对答问不准确甚至错误的学生多鼓励、引导，而不是讥讽和指责。只有这样，才能收集到不同层次学生的反馈信息，使教学面向全体学生。

3. 分清反馈信息的主次，及时将学习结果反馈给学生，恰当进行教学调控。教师获得反馈信息之后，应分清其主次，抓住主要问题，根据教学的任务，进行调节控制，达到教学交往的最优化。亨利等的实验证明，教师将学习结果及时反馈给学生是提高教学效果的重要条件。他们把一班学生分为三组，每天学习后进行测验。对第一组每天告知其学习结果，对第二组每周告知其学习结果，对第三组则不告知其学习结果。如此进行八周后，学习成绩明显不同：第一组最好，第二组中等，第三组最差。八周后改变办法，第一、三组对换，第二组照旧，即第一组不再告知其学习结果，第三组每天告知其学习结果。这样再进行八周，结果学习成绩也随之改变，第一组由最好变成最差，第三组由最差变成最好。这一实验，不仅表明反馈在学习上的效果显著，而且表明，每日的及时反馈比每周反馈效率更高。

教学信息的反馈很少是一次性的，一般都要经过多次反馈，但教学反馈并非越多越好，只有数量得当，才能起到调控作用。就整个教学过程而言，主要应抓好四次大的反馈：①温故知新阶段的反馈，主要了解学生对新旧知识的连接点和新知识的生长点的把握情况；②理解新知识阶段的反馈，了解学生对新概念本质的理解和掌握新知识时的思维过程；③应用新知识阶段的反馈，着重了解学生运用新知识解决问题的方法和步骤；④巩固和迁移新知

识阶段的反馈，着重了解学生对新旧知识的联系和区别的掌握的深度。

（四）教学交往风格的灵活运用

教学交往风格是指教师在长期教学交往实践中逐步形成的、富有成效的、较稳定的交往观念和交往习惯，是交往作风的综合表现。大量的实证研究证明了教师的教学交往风格与教学有效性有极大的关系。美国学者诺顿的研究结果表明，教师的教学交往风格特征与教学有效性息息相关。教师认为教学有效性较强的教学交往风格应具有的特点是：关心学生的态度、情感、学习的进展情况；在整个教学过程中密切注意学生的反应，根据学生的不同反应对教学计划进行相应的调整，并且教学要富有特色，能给学生留下深刻的印象。学生认为富有成效的教师的教学交往风格在具备以上三个方面特点之外，还应该是放松的，即教师要对学生表现出友好的态度，为学生的学习创造一个宽松的环境。

由于受教学内容、班级规模、教学环境、学生个性特征、心理发展水平以及教师个人的个性特征等多种因素的影响，因此，每个教师在教学交往过程中的交往风格特点存在差异。研究发现，目前我国中小学教师的教学交往风格主要有权威型、逻辑型、争论型、放任型和民主型五种。权威型（专制型）教师对学生是绝对权威，教师的话好像具有法律效应一般，学生只能执行不能违抗，师生沟通不畅，很少交流。逻辑型教师注重知识的内在逻辑结构，按照知识的内在联系进行有层次的讲解，教学语言简洁、明确、富有逻辑性和层次性，教学环节严谨，衔接恰当，使学生思维能够按照教师的讲解有层次地递进，不断地深入。争论型教师注重与学生对话，通过提出各种具有启发性的问题，让学生思考，并引起争论，从而使学生掌握知识并能促进学生的发展。放任型教师对学生放任自流，缺乏明确而严格的要求，教学缺乏完善的计划，教师把教学质量低的责任推给学生及其他客观原因，师生缺乏沟通与交流。民主型教师的主导作用与学生的主动性结合较好，在教师引导下，学生能主动积极地学习，师生情感沟通流畅。

（五）教学中有效交往风格

1. 从学生的喜欢程度上看，学生对风趣幽默型的教师及运用这种风格进行教学的喜欢程度，明显高于其他类型。

2. 从课堂纪律和教学气氛上看，风趣幽默型教学交往风格呈现活跃、轻松、愉快的特征，学生学习积极性高，交往意识强，活而不乱，秩序井然。而权威型、逻辑型教学交往风格则呈现紧张严肃的教学气氛，学生易于疲劳，导致许多学生注意力不集中，有小动作。特别应该强调的是逻辑型教学交往风格，从学生课堂纪律性和思维的积极性上看有明显的两极分化现象。这主要是，一部分学习好的学生能够适应教师的风格，跟上教师讲课的思路，能够很好地理解教师讲授的内容。相反，基础差的学生，跟不上教师的讲课思路，因此影响其学习的积极性，甚至放弃学习，造成两极分化现象。

3. 从课堂教学的效果上看，逻辑型优于权威型，风趣幽默型优于逻辑型，特别是在语文、外语两个学科表现更为明显。

4. 最富有效性的教学交往风格并非是绝对的哪一种，不同的教学交往风格有其不同的功能，各有其优点和缺点。选择什么样的教学交往风格应该根据不同条件而定。没有一种极端的教学风格可以被期待适用于大多数学生。同样，某位教师能以某种教学交往风格取得满意的教学效果，但对于另一位教师来说，则未必如此。因此，教师应根据不同的教学交往环境、交往对象——学生的特点和自身的个性特征以及学科的不同特点，有意识地选择和学会灵活运用不同的教学交往风格，以提高交往的有效性。

### （六）对于有效教学交往的建议

1. 在教学交往过程中投入更多的精力，这是教师能够在教学过程中充满热情、思想活跃和使行为及语言更具戏剧性变化的基本条件。

2. 事先考虑怎样吸引学生的注意力，考虑到不同交往风格特征的运用。

3. 向富有成效的教师学习怎样使学生对教学内容感兴趣。

4. 学习如何使班级教学交往气氛保持活跃，如改变教学形式，从而使学生注意教学内容。

5. 学习怎样控制班级的情绪，这要求良好的时间安排、权力的适当使用、在教室里充满自信地使用新技术。

# 第十八章　教学媒体

## 一、教学媒体概述

教学媒体是指直接参与教学活动，在教学过程中传输信息的手段和工具。从形态上看，教学就是教师向学生传授一定知识、技能、策略、规范等信息的过程。信息本身是既看不见又摸不着的观念性事物，它必须借助于一定的教学媒体才能进行传输。在教学过程中，教师只有运用媒体才可把教学内容的信息传输给学生，学生也只有通过媒体才能接受教学信息。在教学过程中，教师应当按照教学任务、教学内容、学生的需要和水平以及教学条件进行恰当的选择。

### （一）教学媒体的特点

1. 多媒体化。即由多种媒体的结合而成，有文字、图像、图形、声音、视频图像、动画等多种形式，为学习者创设多样化的情境。

2. 超文本方式。即信息内容的组织方式是非线性的，可以根据人的联想方式进行跳跃、反转。这与通常的课本或电视录像逐一呈现不同，能提供多种教学信息进程结构，供不同需要者使用。

3. 交互性。人接受媒体信息，也可以反作用于媒体，这是现代教学媒体的一个突出特点。如计算机教学的人机交互作用，能激发学习者的兴趣，提高主动参与的积极性。

4. 信息丰富。随着互联网的高速发展，能为学习者提供丰富的学习资源，并形成获取信息的心理定势。

5. 传输网络化。学校最常用的计算机网络可以实现教学资源的共享，有助于教师对学生的监控和个别指导，还可以利用网络开展远程教学与合作学习。从信息论的角度看，教学的外部条件是信息和信息载体。前者为教学内容，如知识、技能等；后者为教学传媒，如课本、挂图、录音带等。教学设计时，需要分析教学传媒的特性和选择的影响因素。

（二）教学传媒的特性

1. 从提供信息及引起的反应来考察传媒。

（1）感觉形态。感觉形态是传媒的特性之一，不同的教学要求需要不同的感觉形态。通常，同样信息由一种以上感觉通道来传递，如阅读教学的语言材料可用视觉和听觉的传媒形态。一般认为，传媒以两种感觉形态呈示优于单一形态，但前提条件是它们呈示的信息有紧密联系；信息量多且超过一定冗余度时，双通道呈示并不合适；传媒在两种感觉通道呈示的信息完全无关且信息量大时则学习者会难以接纳而降低教学效果。

（2）符号形态。符号形态也是传媒的一个特性。一般地说，传媒以语言形态呈示的信息具有抽象性，利于连续回忆；以非语言形态呈示则较为具体、直观，有利于自由回忆；大量接触表示情感的音乐符号系统和表示数量关系的数学符号系统有利于培养智力技能。

（3）提示设计。提示设计是教学传媒的又一特性，是指运用特殊手段使传输的信息起更好效果。色彩、动感、音乐等提示设计能使教学生动活泼、激发兴趣、提高教学效果；提示特性与教学内容一致会促进学习，如色彩提示有助于进行辨色教学；设计提示促成关注可能被忽视的基本内容时就有助于教学；相反，设计提示若只引起对非基本内容的注意则会使教学受挫；设计提示如能起到编码作用则教材会组织得更好，教学效果也会更好。

（4）控制程度。教学传媒为使用者操纵和控制的程度也是它的一个特性。操纵、调控教学传媒能使教学进程符合学习者情况而收到良好效果。教学传媒中，电影、录音带、录像带等的顺序、速度，一般是固定的，使用者较难加以调整和控制；辅助教学中的计算机允许使用者自己操纵教学的步骤和速度；教科书之类的印刷材料有一定的结构，设计中为防止过分容易获得知识而作了一定的处理，是最大限度允许使用者自行控制的教学传媒。

2. 从知觉、认知活动来分析教学传媒。教学过程的整个知觉、认知活动既围绕着教学目标，又要求传媒具有相应的特性。

（1）知觉、认知的定向活动与传媒的新奇和复杂性。教学过程开始时，知觉、认知活动主要是一个定向问题。这时要求传媒应具有一定的新奇性和复杂性，吸引学习者的注意和兴趣。如可以夸大概念的关键特征，可以运用色彩对比和背景对比，可以运用设疑、反诘、先行组织者等设计手段。当然，对此要把握一定的“度”。新奇过分就成离奇，会造成分心和误解；复杂亦须

适当，以略高于学习者的水平而又不会造成挫折为宜。

（2）知觉、认知的辨别活动与传媒的区分性。感知教学材料后的心理活动主要是辨别。它要求教学传媒具有区分性的特点。为此，应努力使有效刺激从称名刺激中突出出来。称名刺激指所有可能获得的信息，如整个一页的教材；有效刺激指学习者进行具体检索、搜寻、比较的那部分信息。教学设计时可以安排主题句或主题画面，也可以使用箭头、划底线、粗体字、斜体字、添加色彩、赋予动感等手段，力求使传媒具有区分性，帮助学习者把有效刺激从称名刺激中分化出来，并与教学目标加以比较，以达到分析的目的。

（3）知觉、认知的整合活动与传媒的冗余度。学习者分析感知材料后需要对信息加以综合和概括。这时，心理活动的主要任务是整合。为此，教学传媒应当具有适当的冗余度。只有大脑中继续保持分析时所形成的有关信息，整合活动才能进行。那些速度固定的传媒如电影、电视等，呈现时间尤其不能太短促。知觉、认知的辨别是辨异，知觉、认知的整合是归类，所以相似性和接近性就有助于整合。教学传媒的设计可以通过举例来强调有关事物的相似性，也可以控制时间顺序和空间距离来强调事物的接近性，还可以利用和强调事物的因果关系、功能关系、隶属关系、层次关系等等来促进知觉、认知的整合活动。

需要指出，传媒选择时教师常常会只考虑教学任务和学习者这两方面的因素。因为教师是教学过程的具体执行者和实施者，自然更多从“需要”角度考虑。但是，“可能”与否同样重要，要重视教学传媒在管理、经济、技术诸方面是否可行。选择教学传媒应该既考虑教学的“需要”，又要顾及现实提供的“可能”。另外，上述五方面因素中，有的能以较为精确的甚至是量化的形式来表示，而其他许多因素，今天仍有赖于教学设计者个人凭借自己丰富的经验进行主观判断，作出尽可能明智的选择。

### （三）影响教学媒体选择的因素

由于不同教学媒体的特性不同，各种媒体都有自己的优缺点，不存在对任何学习目标和任何学习者发生最佳作用的媒体。但是对于某些具体的教学目标来说，还是存在某种媒体，其教学效果明显优于其他媒体。因此，教学媒体的选择便成为教学媒体设计的关键。那么，为了达到预期的教学目标，在功能各异的、丰富多彩的教学媒体中应如何选择适宜的、有效的媒体呢？

教学媒体的选择是一项比较复杂的工作，它涉及众多的影响因素。在进行媒体的选择时，教师应在综合考虑众多影响因素的基础上作出谨慎的抉择。

1. 特定教学目标制约着教学媒体选择。教学目标是贯穿教学活动全过程的指导思想，它不仅规定教师进行教学活动的内容和方式，指导学生对知识内容的选择和吸收，而且还控制媒体类型和媒体内容的选择。因此，媒体选择首先要遵循教学目标控制原则，即依据不同的教学目标，选择相应的教学媒体。以外语教学为例，要求学生掌握某一语法规则与要求他们就某一题材进行情景对话是两种不同的教学目标，前者往往采用教师讲解并辅以板书或投影材料，帮助学生在各种实例运用中掌握语法规则；后者则适合采用角色扮演，辅以幻灯或录像材料，让学生在情景交融的条件下获得外语会话技能。

2. 根据媒体的特点选择符合教学要求的媒体。作用于人体的不同感官的媒体各有所长，各有所短，可以互相补充，而很少能互相代替。一般来说，广播、录音属于以时间因素组织信息的媒体，它的表现力受到时间先后顺序的影响。其优点是生动、感人，能借助语言、音乐及音响效果的组合，有轻重缓急地表现事物的特征，但瞬时即逝，不便考察。幻灯、投影的最大特点是能以静止的方式表现事物的特性，让学生详细地观察放大的清晰图像或事物的细节。电影、电视的表现力极强，它以活动的画面、鲜艳的色彩、动听的旋律呈现出事物正在变化的过程，形象逼真，能系统地描绘出事物的运动形式、空间位移、相互关系及形状变换。计算机辅助教学软件具有高速、准确、储存量大、能模拟逼真的现场和事物发生的进程的特点，且动静结合，表现力强。因此，教师要善于根据媒体特点，选择符合教学要求的媒体类型。

3. 学习者的特点有时也会直接影响到媒体的选择。教学媒体对信息的传输作用，取决于学习者的信号接收及加工能力。不同年龄的学生因其感知、接受能力、知识状况、智力水平、认知风格、先前的经验、兴趣爱好等经验发展水平不同，其内在的编码系统也不同，对教学媒体的接受能力不同。因此，在进行教学媒体的选择与设计时，教师必须充分考虑不同年龄阶段学生的上述特点，绝不能套用某种固定的、僵化的模式。如小学生的认识特点是具体形象思维占优势，注意力难以持久集中，对他们所采用的媒体应生动形象、色彩鲜艳、富于变化，如用简化了的动画或木偶角色要比真实角色更能吸引学生。随着年龄的增长，学习经验的增加，学生的抽象思维能力逐渐发展，注意力持续集中时间不断延长，此时可以选择适合用来分析、综合、抽象、比较、概括等思维活动的媒体，其选择范围可以广泛一些。

4. 优先选择可控程度高的教学媒体。对教学媒体的选择还应考虑媒体是否便于教师操作，操作是否灵活，是否能随意控制等因素。那些操作简单易行、无须专门训练就能掌握的媒体就是可控程度高的媒体，这样的媒体就便于教师驾驭。

5. 精心选择经济实用的教学媒体。媒体的选择还受媒体花费的代价所制约。一般来说，应选择代价小、功效大、有实效的媒体。如果有两种媒体代价相同，则应考虑功能多的媒体。从经济实用角度考虑教学媒体的选择，是我国当前教学媒体设计必须考虑的一个重要问题，那种不切实际地一味追求教学媒体现代化而不考虑经济实用原则的做法是不可取的。

（四）教学传媒的选择

教学传媒的选择受众多因素的影响，除了考虑媒体的特点和可控性、使用的专业要求及费用支持等条件外，还要注意以下几点：

1. 与教学内容一致。手段为目的服务，教学传媒的选择要与教学目的、教学内容一致。对此，要注意两点：一是从学科实际出发，学科性质不同对教学媒体会有不同要求，应从所教学科内容出发来选用相应的媒体；二是从教学目标出发，特定的教学目标会制约教学媒体的选择。

2. 与认知水平匹配。处在不同年龄阶段的学习者认知水平不同，选择教学媒体必须考虑他们的年龄特征。如小学生的认知特点是直观形象思维占优势，注意力较难持久，选用的传媒应该有较多的色彩、动感，但每次时间又不宜过长。

3. 保持一定的冗余度。学习者在感知刺激材料后，需要分析、概括，综合后才能上升到理性认识。这需要一定的时空条件，才能使大脑对信息的加工整合顺利地进行。呈现教学传媒的信息有适当的冗余度是重要的客观条件之一。教学传媒的选择要注意这一点。

4. 重视选择性注意和知觉。人在同一时间接受众多刺激时，只有那些被注意的才会被感知。选择的教学传媒要能够运用注意规律，突出主要信息，引发中等程度的不确定性来引起学生的选择性注意。

传媒中与背景信息有着明显差异的目标信息才容易被人感知。在感知信息刺激时，一般认为多种刺激形态比单一的好，其实现前提是不同感觉通道接受的刺激信息彼此要有关联。对此，在选择教学传媒时均应予以关注。

（五）教学媒体的运用

1. 多种媒体的组合运用。鉴于各种媒体具备不同特点，各自都有自己的适应性和局限性，且往往一种媒体的局限性又可用其他媒体的适应性来弥补，因此在可能的条件下最好采用多种媒体组合教学，以使各种媒体扬长避短，互为补充。例如，电视录像在表现动态情景上占有独特优势，但在表现静态放大画面时却不如幻灯、投影，若二者结合使用，便既能表现动态场景又能表现静态放大画面。但多媒体组合要发挥良好效果有一定的前提条件。在不同感觉通道中呈示的信息在信息有联系的情况下，同时给予两种感觉通道的刺激，会提高学习效果。但如果信息量太多且超过一定的冗余度时，双通道的呈示并不特别优越，这时用双通道呈现信息还不如只用单通道的效果好。因此我们在采用多媒体组合教学时，要特别注意：①不同通道传递的信息要一致或有联系，否则会产生相互干扰；②不同通道传递的信息并不是越多越好，单位时间内信息量过大，超过了学习者的接收率，反而会降低学习效果。例如，当学生还在抄写黑板上的图表时，教师就已继续讲后面的内容了，势必会给教学效果带来消极影响。

2. 一定程度的传媒冗余度促进信息整合。学习者对信息进行顺利整合，很大程度依赖于传媒的一定冗余度。因学习者要形成信息的整体印象，前后信息必须同时保存在大脑中，整合才能进行。因此，为了保证信息的分析、整合，一方面，媒体传递信息的速度不能太快；另一方面，应创造信息分析、整合的有利条件。如，可利用媒体的优势，以方便地控制时间顺序和空间距离来强调事物的接近性；利用或强调事物的因果关系、功能关系、种属关系、层次关系等来促进信息的整合。

3. 选择适合学习者思维水平的传媒符码。传媒的显示必须以某一特定的符号（或称符码）为形式。传媒的符码形式可分为语言和非语言两大类，也可分为模拟符码（例如芭蕾舞的动作）、数序符码（印刷、语言、文字）、形状符码（图画、图表、图解）。对形状符码的研究已引起研究界的极大注意，因这种符码容易储存，容易追忆，且易于迁移。

近十年来，对符码的研究发现，传媒的符码越与学生思考时所用的符码一致或接近，学生就越能有效地思考。这意味着，我们在用某种传媒符码教学时，应考虑学生是否能轻松地处理这种符码，即学生是否能用最有利于自己的形式来解释、储存、提取和最后使用、转用这种符码。关于这点，在我

们的个别教学中尤其应引起注意。

4. 在运用媒体设计的过程中应遵循学生学习的心理学规律。由于学习过程中主要的心理活动有注意、知觉、记忆和概念形成，所以对媒体的设计就要遵循注意的选择性、新异性、简洁性、适中性和期望性，知觉的整体性、相对性和对比性，记忆的组块性和有限性，要注意用从实例出发、正反例结合、列出表来定义等方法来有效地形成概念。

## 二、教学媒体

### （一）教学媒体的选择

选择教学媒体时，教师要综合权衡教学情境（如全班、小组和自学）、学生学习特点（如阅读、非阅读、视听偏好）、教学目标性质（认知、情感和动作技能）以及教学媒体的特性（如静止图像、动画、文字、口语）等方面的因素。

使用教学媒体是为了使教学遵循这样一个顺序而进行：从经验的直接动作表征、经验的图像表征直到经验的符号表征。因此，教师要确定学生的当前经验水平，利用教学媒体融入一定程度的具体经验，帮助学生整合新旧经验，促进学生对抽象概念的理解。

在当今以信息技术为标志的信息时代，多媒体计算机和网络对人们头脑中传统教学媒体观念产生了冲击。多媒体计算机能集成文字、图形、图像、声音以及动画等多种媒体，并且具有很强的交互作用，存储巨量信息的能力以及虚拟现实的能力，而网络则提供了信息结构非线性与远程通信能力，这些潜力是其他媒体所无法比拟的，极有助于营造出一个理想的学习环境，促进现有教学模式从教学目标、内容、方法到组织形式发生根本性的变革，因此成为教育改革的基本背景之一。

### （二）教学多媒体的呈现

当信息的呈现包括两种或两种以上的方式时，如文字和图片，该信息就是多媒体信息。学生在处理多媒体信息时，具有独立的视觉和听觉信息的加工通道，而每个通道在加工容量上是有限的。由于学生的工作记忆容量有限，如果同时从事几种活动，则存在资源分配的问题，分配遵循“此多彼少，总量不变”。当某种材料含有多种信息的相互作用，其所需的资源总量超过了学生所具有的资源总量，则会存在资源分配不足的问题，影响学习或问题解决的效率，这就是所谓的认知负荷超载。

认知负荷是指一项具体任务的执行给个体认知系统所施加的负荷。认知负荷包括内在认知负荷、外加认知负荷和生成认知负荷。内在认知负荷是由处理知识点之间相互作用为工作记忆带来的认知负荷，取决于学生需要在工作记忆中保持的、用于理解信息的信息单元的数量；外加认知负荷是因学习任务的设计和信息的呈现方式所带来的负荷；生成认知负荷是用于图式获得和技能自动化的认知负荷，具体用于保持表征以及生成意义等加工过程。

外加认知负荷、生成认知负荷和内在认知负荷三者相加，总和不能超过工作记忆可获得的资源总量。当三者之和超过资源总量时，就会导致前文所说的认知负荷超载。然而三者之间的关系不是平等的、对称的。内在认知负荷提供一种基础负荷，是不可能消减的。通过图式获得和技能自动化，内在认知负荷使用减少，余下的工作记忆容量可以让学生运用新的学习材料获得更先进的图式。同时，通过教学设计减少外加认知负荷以增加生成认知负荷的容量，从而促进学生的学习。

### （三）信息技术与教学整合

信息技术与教学整合主要是指如何将不断涌现和快速更新的信息技术工具和各种适切的数字化资源作为学习对象、学习工具和教学工具有机应用到教学和学习过程中，优化教师的教学和学生的学习过程，帮助学生掌握时代发展需要的各种新知识、新技能和新素养。信息技术与教学的整合可以包括传统的计算机辅助教学、网络学习环境、整合学习系统以及各种学习工具的应用等。

1. 计算机辅助教学。计算机辅助教学是计算机辅助教育的一部分，是指使用计算机作为辅导工具，呈现信息，给学生提供练习机会，评价学生的成绩以及提供额外的教学。

起初，计算机辅助教学和程序教学类似，以行为主义原理为基础。随着计算机辅助教学的发展，尤其是多媒体的发展，人们越来越认识到认知心理学对计算机辅助教学的重要性，逐渐开始强调知识结构、认知学习、自我调节学习、元认知控制、知识的非线性关系等因素在计算机辅助教学中的应用。计算机辅助教学在教学中具有 6 种模式。

（1）操练与练习。这种模式由计算机向学生逐个显示习题，要求学生联

机解答，然后计算机给予反馈。若学生回答正确，则计算机给予肯定，并领他进入下一个问题，否则，计算机或告诉他正确答案，再向他显示同类问题，或给予适当提示后再显示同一题。这种模式的教学目的不是向学生传授新知识，而在于使学生通过做大量的习题，达到巩固知识和形成技能的目的。

（2）个别辅导。这种模式模拟教师对学生的个别化指导情景，即让计算机扮演授课教师的角色。它基本上采用分支型程序教学方法。具体做法是将教材分成一系列小的教学单元，每一单元介绍一个概念或事物，有原理，也有举例。让学生略加思考和理解后，再向学生提出有关问题，检验他们的理解情况。如果回答正确则转入下一个单元，否则将转向相应的分支程序，进行更为详细和有效的补充学习，帮助他们成功地掌握当前的这一单元。

（3）对话。这一模式是通过计算机辅助教学与学生的频繁对话达到个别指导的目的，其特点是允许学生用自然语言来表述问题的解答，也允许学生用自然语言主动提出与教学内容有关的问题，它表现人、机之间的真正对话。这种教学情景与苏格拉底倡导的“谈话法”相似，因此又称为“苏格拉底教学模式”。

（4）模拟。所谓模拟指利用模型模仿真实现象的过程（自然或人为的现象）。模拟的方法是科研中常用的一种方法，而计算机的应用给科学的模拟工作带来了极大的方便。在教学中运用计算机来模拟各种自然现象、环境条件、社会特征等，形象直观，生动活泼，安全可靠，节时省事。非常利于培养学生解决问题的能力，收到很好的教学效果，受到广大师生的欢迎和重视。

（5）游戏。游戏是利用计算机产生一种带有竞争性生的学习环境，把科学性、趣味性和教育性融为一体，能大大激发学生的学习动机，起到寓教于乐的作用。

（6）问题求解。问题求解是指在各学科教学中运用计算机作为解决各种计算问题的工具，使学生在短期内就能解决较多的与实际背景较为接近的问题。

除了用作教学的目的，计算机也能用于管理的目的，确定错误率、学生的进步、班级的平均水平，根据对学生不足的诊断而布置学习任务等。这些功能属于计算机管理教学。

2. 专门的学习系统、环境和软件工具。整合学习系统是通过一个中央服务器连成网络并通过服务器统一提供课程、资源和进行其他核心控制，有别于此前由单个教师控制的单机；这些系统直接根据学生的需要面向学生提供内容演示、过程模拟、并支持学生的实验和探究。

整合学习系统主要由课件和管理系统两个部分组成。①课件部分：大多包括有关某个特定领域或技能的完整的教学序列或课程。系统中的课件集成了操练与练习、个别辅导、模拟、问题解决和工具软件等众多功能。②管理系统部分：整合学习系统与其他联网系统的最大区别在于其支持基于学生学习过程的个别化教学功能。其管理系统部分能提供某个学习群体（如一个班级或小组）的学习过程报告，而且能记录并保持每个学生如下学习信息：完成的课程和测验、每个课程单元中错误回答的问题数量和错误率、回答问题时正确尝试和错误的次数、花在每个课程单元和测验上的时间、前测和后测的数据等。

早期的整合学习系统是在局域网中运行的，因特网广泛应用之后，整合学习系统开始通过因特网在线提供。整合学习系统的课件和管理软件保存在服务器中，学生可以通过局域网或因特网登录并访问这些课件。学生登录后，文件服务器会将学生的作业和相关课件传送到学生所用的工作站中并开始追踪记录学习过程。教师的职责是向学生发送课程或布置任务、通过系统监控学生的学习过程等。必要时，教师也可为学生补课或提供必要的支持。

多媒体网络学习环境则为学生营造一个虚拟的教学环境和平台，学生可以通过利用其中的问题情境、学习资源、学习工具、交流平台以及评价工具，进行有效的学习和交流。例如，在资源型学习中，学生利用信息技术获取资源、分析资源、利用资源验证假设。又如，在网络探究中，学生使用互联网信息，进行分析、综合和评价，从而解决问题。其他还有基于案例的教学平台等。

信息技术还可以作为一种重要的认知工具，可以帮助学生获取、存储、处理和交流信息、表达思想以及解决问题等。例如，几何画板软件是一个平面几何工具软件。学生利用这一工具，可以自己作各种几何图形，并能测量图形的长度；可以对自己所作的图形，作各种操作处理，如缩短、拉长、旋转等，甚至可以制作作图程序，可以引入多媒体图像和声响，通过这些操作，学生可以创作各种特殊的图形，发现和研究图形的内在关系。教师可以利用这一软件制作各种呈现信息和演示图形、动画等。同时，这一软件中所包含的思想和操作本身也值得学生学习。

3. 常用软件工具的应用。目前，在教学中常用的软件工具主要有文字处理软件、多媒体演示软件、电子表格软件、数据库软件、绘图工具等。

（1）文字处理软件。文字处理软件可帮助教师节省写教案、做教学笔记、撰写研究报告、绘制各种表格、写信等工作的时间，尤其是当教师每年都要准备类似的材料时，只要在先前材料的基础上进行加工即可。对学生而言，文字处理软件可帮助学生撰写、编辑自己创编的诗歌、故事、小说等文学作品；撰写学科学习中或研究性学习中的研究报告；在课堂学习的过程做笔记或日志；在语文、外语等语言学习领域，文字处理软件可帮助学生识记字词、组词造句等。

（2）多媒体演示软件。多媒体演示软件可以集成文本、图片、动画、音频、视频等各类信息，既可以用来创作也可以播放多媒体演示文稿。教师可利用这类软件来制作教学课件或讲稿，以直观的方式呈现教学内容，尤其是突出教学重点，或者动态演示抽象的过程。而学生则可以利用该类软件展示自己对概念的理解，或者汇报研究性学习的研究成果；也可以表达观点，以激发他人参与讨论。

（3）电子表格软件。电子表格软件可以帮助教师处理很多与数据处理有关的工作，提高工作效率。例如，记录学生成绩、对学生的成绩进行整理和统计分析（如排序、计算平均数和通过率等）、制作学生成绩报表等。在数学学习中电子表格应用最为广泛，如利用电子表格制作成折线图、柱状图、饼状图等图示来直观地展示数字之间的关系，电子表格可以承担问题解决过程中繁琐机械的计算，使学生可以将精力更多地集中在高水平思维和复杂概念学习中，有助于学生更高效地开展问题解决活动。

（4）数据库软件。目前应用较多的主要有两种，一种是在本地机运行的基于光盘的数据库或基于局域网的数据库，另一种是基于因特网的数据库。教师可以利用数据库软件检索教学资源，搜索学生的信息等。在教学过程中，数据库的应用也日益广泛，例如，教师可以利用各种在线数据库或本地计算机上的数据库系统，示范或引导学生学习有关数据收集、数据整理，尤其是挖掘数据间关系的技能；借助数据库，教师可以引导学生就某个研究性专题形成自己的假设，并通过数据库验证自己的假设，培养形成假设、验证假设的能力。

（5）绘图工具。由于教学目的各异、所用绘图软件不同，应用的具体方式和复杂程度也差别很大。例如，在作文、报告或其他文字作品中，利用word的绘图功能在文档内绘制简单的图片或图示增强文档的表现力；在语言文学类的教学中，学生利用操作系统附带的“画图”软件通过绘制简单的图像，表达自己对课文情境或意境的理解；或者让学生（通常是低年级）使用“画图”软件绘制自己创编的图画书，结合图画讲述故事或看图说话等；艺术课上，教师可以安排学生利用“画图”软件或者功能更为强大的绘画软件等创作并修改艺术作品，例如，为班级或学校设计小图标、为自己设计名片、设计明信片等。

4. 信息技术与教学整合的影响因素。环境变量、教师变量与学生变量的相互作用共同影响了信息技术教学应用的效果。这三种变量都对信息技术的教学效果发挥各自的作用，它们相互之间也有交互作用，而教师变量发挥总的协调作用。只有这三种变量中的各项因素配合默契，才能使学生在利用信息技术学习的过程中持积极的态度，积极地参与计算机辅助教学过程并获得积极效果，实现学习目标。这种积极的效果反过来又发展了学生的认知结构，增强教师和学生对应用信息技术开展教学的动机，提高教师对教学的积极性。

5. 科技教学特点。科技不仅改变了生活，也改变了教学方式。不同形式的科技手段，包括计算机、影碟、录像带、因特网和教育电视等对提高教学效果都有巨大的潜力。尽管运用科技的教学需要付出更多时间和金钱，但它仍有许多显著优点。首先，当前社会越来越要求人们具有良好的科学素养，而在学校中学习有关科技的知识，能够为个体在科技社会中生存做准备。其次，科技能激发学生的学习动机，使用计算机和其他形式的科技手段，能够使学生投入更多时间到学习任务中。再次，让学生用科技手段来创造自己的成果（如使用多媒体，用计算机作图等），可使学生觉得学习更有意义。最后，使用科技手段能够增加学生自己对学习的控制感，从而提高学习动机。

无论哪种形式的运用科技的教学，都依赖于一定的学习基础，而大多数此类教学是建立在学与教的认知观的基础上，尤其是建立在建构主义的观点的基础上。在运用科技的教学中，教师与学生各自有新的角色：教师被看作是学生学习时的帮助者与合作者，而不是传授知识的专家；学生在自己的学习过程中要担负起更多的责任，确定自己学习的步调、形式甚至内容。与传统教学相比，使用科技的教学对学生所做的课堂作业的要求也有所不同，更加强调问题解决技能与研究技能的使用；同时，还要求使用不同的评估方法，

如不仅要评估学生所学的知识内容，也要评估学生所获得的问题解决、思维与研究技能，甚至还有学生的动机。

## 三、教学媒体的种类

### （一）传统视觉辅助媒体教学

这类教学媒体包括实物、模型、图表资料以及用于视觉呈现的黑板及其改进后的种种类型的呈现板（如磁力板、多目的板）。

黑板是目前使用最为广泛的教学呈现工具之一，它是讲授式教学中最常使用的传播媒体。在授课过程中，它可以用于支持语言交流活动，非常适合用于描述教学的内容，绘制和说明图表、框架结构等。但黑板最大的缺点就是需要使用者花费大量的时间和努力去书写，而当教师在背对学生书写时，往往容易失去对学生应有的控制，且无法看到学生对板书内容的反应，影响教学的效果。

实物是与人类经验最接近的教学辅助媒体，它能够将要学习的东西活生生地呈现在学生面前，诱发学习兴趣，帮助学生理解，加深学生的印象。但有时获得实物媒体需要花费很大的代价，且有时实物也不能提供对事物本质的认识。这时，模型便成了比较理想的替代物。

模型是实物的一种三维代表物，它可以比实物大、比实物小或与实物一样大。虽然模型没有实物那样真实，但它能够反映实物的一定特性，而且比较经济，还可以根据需要突出实物的某些性质，使学习者获得对实物内在本质的更加深刻的认识。

图表资料是一种经过特殊设计的二维的、非照片类的教学媒体，它的特点是可以将所要传达的信息及其相互关系以简明扼要的方式呈现出来，有助于学习者把握结构、加深理解、增进记忆。

### （二）视觉辅助媒体教学

这类媒体主要包括投影器和各类幻灯机，是通过光和各种放大设备将信息投射到一个投射平面上以便于学习者观察学习的教学辅助设施。

投影器是目前课堂教学中最为广泛使用的视觉辅助设备。它的优点很多：与黑板相比，教师可以事先把许多重要的内容写在透明胶片上，因而可以大大节省上课时用于板书的时间；教师使用投影器时，可以始终面对学生，保持相互之间的交流；投影器可以投射各种类型的透明胶片，并且可以在胶片上随意加上各种强调记号，便于教师进行教学；投影器操作简便，投影胶片容易制作，便于贮存。但是投影器无法马上对印刷资料和其他的非投影材料进行投影，有时使用起来不太方便；而且投影成像的扭曲也常常发生。幻灯机是与幻灯片配合使用的投影类视觉辅助媒体。它的特点是：成像清晰，便于观察；幻灯片尺寸小、易存放；幻灯机自动化程度较投影器高，可以进行远距离遥控；如果需要，还可与录音机配套使用，给幻灯片配上同步的解释。但幻灯机也存在突出的缺点，那就是使用时必须使周围环境暗下来，这便影响了师生之间的信息交流；而且幻灯片的制作也相对投影胶片更难，不便于教师根据教学需要及时制作使用。

### （三）听觉辅助媒体教学

这类媒体主要有录音机、收音机、激光唱机等，其中最主要的是录音机。录音机可以贮存和重放听觉材料，为教学提供必要的说明和支持；在语言学习中可用于矫正和训练发音和会话；而且，录音机造价便宜，录音磁带可以反复使用，经济方便。使用录音机进行教学最大的困难在于教师无法有效地控制磁带的播放位置和调整磁带的播放速度，从而导致教学时间的浪费，降低教学效率。录音机在使用时往往不是单独使用，而是与其他视觉辅助媒体配合使用，因为长时间地仅仅提供听觉信息而没有任何视觉刺激，会导致学生厌倦。

### （四）动态辅助媒体教学

这类媒体主要包括录像、电影、电视等。由于它们可以贮存和呈现伴有声音的动态图像，而且可以使学习者在一定程度上超越感官和时空的限制去认识和理解世界，所以成为现代教学活动非常重要的传播媒体。具体来说，这种媒体在教学活动中的优越性表现为：擅长描述动态概念（如匀速直线运动）和操作过程（如化学、生物的实验操作过程）；可以为学生观察无法直接观察的动态的宏观、微观现象（如天体运动、核反应）或危险性较大的活动（如地震、战争）提供方便；其图像和声音资料可以反复播放，从而为学生动作技能的学习提供反复观察、反复模仿、反复练习的机会；最后，这类媒体还能够通过真实的剧情使学习者获得对历史、文化的理解以及情感上的教育。这类媒体在教学中使用最大的障碍是制作技术较难，花费较大，因而使用范

围有限。

（五）多媒体系统教学

多媒体系统是指综合使用多种媒体而形成的来促进学习的一种教学方法。它既可能是由传统的视听媒体组成的多媒体装备，也可以是综合了文本、图像、图片、声音、录像等媒体的电脑多媒体系统。随着计算机技术的发展，电脑多媒体系统正越来越受到重视。与其他多媒体装备相比较，电脑多媒体系统除了可以为学习者提供丰富的视听等多媒体的刺激环境，诱发和增强学习者参与学习的动机和愿望以外，还可以为学习者提供更好的个人控制学习系统，使学习过程变得更富有个性，在实现教学活动个性化民主化方面拥有明显的优势。学生不仅能听能看，有时还能对其进行操作，故能有效地促进学生理解、保持与使用新知识，有助于学生解决直观性较强的问题，同时也使学生在学习中体会到更强的主体感，更愿意参与学习。此外，该种教学方法常鼓励学生整合自己的知识（如自然科学、数学与历史等），以促进自己解决问题。

（六）网络教学

网络教学就是运用因特网的搜索与传递功能，以及它所拥有的充足资源来促进学习的一种教学方法。其优点在于：①能提供更多的学习资料，学生与教师能够获得以前很难得到的信息、材料、专长与经验等；②往往是不同地区乃至不同国家的合作，有助于使用者理解不同文化，学会尊重并学习他人的观点与立场，陈述或反思自己的观点与立场；③常常提供一些现实的有意义问题，这些问题既可以由学生独立解决，也可以小组方式来解决，因而改变了学生的学习观念，鼓励了合作式学习；④提供学生控制自己学习过程的机会，进而有助于形成更多的创造性成果；⑤其多媒体性质使学生能够选择自己喜欢的信息形式（听觉的、视觉的、文本的或图表的）来学习，促进记忆与理解。

（七）智能辅导系统

智能辅导系统，就是在某一学科领域中为每一个学生提供个别辅导的机器。在某些情况下，智能辅导系统所包含的内容领域知识远远超过了一些教师的全部知识或技能，因此，它所呈现的新材料是每个学生都能理解的，所提供的样例与问题也是适合各种不同类型学生的。更为重要的是，智能辅导系统能够追踪学生的表现，确定其错误与误解之处，并且提供适当的指导与反馈。虽然有的智能辅导系统加快了学习的进度，而且没有降低学习者的成绩；同时，还改变了课堂中教师与学生的角色，学生也认为使用智能辅导系统充满乐趣且有启发性。

（八）盘式教学

盘式教学是发展最快的科技教学策略之一。它能够存储任何类型的大容量的数码资料，包括文本、数字、声音、图像以及数码电影。它包含有静态与动态的视觉信息与声音，常常以新闻胶片或动画的形式出现。较好的光盘教学系统都允许学生使用图像、文字与声音来提出他们自己的创意，还有程序可以大声阅读出学生的成果。到目前为止，对光盘教学系统的评估发现，它对诸如阅读、理解等各方面都有正面效果。

（九）虚拟现实的教学

虚拟现实是一种由计算机产生的三维空间，可以与使用者进行实时的、多感官的互动。例如，学生可能想象不到生活在火星上是什么样子，但是在一个模拟火星环境的虚拟现实系统中就能获得这种体验。再如，专攻生物学与医学的学生可以通过为“虚拟”的病人做手术来学习不同的器官系统，以及不同治疗方式的效果。上述这些学习活动在现实中是不可能进行的。应当承认，目前中小学几乎都没有虚拟系统，但这并不意味着该技术与学生无关，随着对虚拟现实的教学用途的研究不断发展及其费用的不断降低，相信这一系统将会渐渐走进中小学课堂。

# 第十九章　教学评价

教学评价是课程开发、实施与教学活动的基本问题、核心环节。开展有效的教学评价，有利于保证课程开发与教学设计的合理性。

## 一、教学评价概述

### （一）教学评价的内涵

教学评价是指以一定的方法、途径对教学及其教学计划、教学活动、教学结果、教学方法以及学生培养方案等有关问题的价值或特点作出判断的过程。本质上是根据一定的价值观对教学进行价值判断的一种特殊认识活动。

教学评价是研究教师的教与学生的学的价值判断过程，一般包括对教学过程中教师、学生、教学内容、教学方法手段、教学环境、教学管理等诸因素的全面评价与判断，主要是指对学生的学业成就和教师的教学质量的评价。教学评价为研究教学问题、总结教学经验和开展教学改革提供反馈信息。

教学评价是由评价主体、客体、方法、标准等基本要素构成，都是以对教学系统的事实性把握为前提，都必须以一定的标准为价值判断的依据。总之，教学评价是一种在搜集必要的教学信息的基础上，依据一定的标准对教学系统的整体或局部进行价值判断的活动。它既是教学过程的重要环节，又是教学活动的重要因素。

### （二）教学评价的特点

1. 重视教育功能性。当前的教学评价日益重视教育功能的发挥，强调作为教学活动的一个重要环节，要创造适合并促进学生发展的教育环境，提倡通过形成性评价、实质性评价等手段，自觉服务于教学宗旨，以有利于促进学生身心全面发展。

2. 重视过程性、发展性。重视过程性和发展性评价，注重课程实施运作过程的分析，注意揭示影响教学的各种因素及其相互作用。同时，强调通过评价，真正体现“以学生发展为本”的课程理念，注重给学生以教育意义，让每个学生都体验到学习乐趣和成功的喜悦，从而激发和提高学习动机；注重对学生的表现情况作全面的考查和反馈，及时发现学生在学习过程中出现的问题，给予提示和帮助，以达到促进学生不断发展的目的。

3. 评价方法多样化。为了保证教学评价的准确性和全面性，当前的教学评价已经注意到了评价方法与评价目的的契合；主张搜集和处理教学信息应具有立体层次性和全方位性；主张将各种不同的评价技术加以综合、改造；注意到了评价方法的多样综合问题。比如，强调定性与定量结合、模糊与精确结合、观察与测验结合、他评与自评结合等等。

4. 评价主体多元化。评价主体的多元化，即评价主体由单纯的学校管理者转向学校管理者、同行教师、学生以及教师本人等。评价主体的多元化可以从各个评价主体的需要和观点出发，对教学提出更多更全面的建议，特别是成为评价主体之一的教师和学生，通过对自身活动的反思性评价，可以实现自我调控、自我更新的评价目的。

5. 评价对象主动参性。随着当前教学评价主体的多元化发展，以自我评价为主，自评与他评相结合的形式，突出体现了教学评价改革中重视评价对象参与的发展趋势。在评价中，教师和学生是处于积极主动参与状态。这种主体性评价的理念要求教师和学生的参与是全方位、全过程的，要求参与到评价指标的制订、主动选择评价者、介入评价的实施以及对评价结果的选用等。特别是当前新的教学评价改革强调要突出学生的主体地位，让学生做评价的主人，关注学生自己的发展和进步，通过评价使学生掌握有关评价的原理、标准和方法，给予学生更多的评价自我和他人的机会，从而提高学生的评价能力，促进每一个学生的发展。

6. 评价范式质性。当前教学评价倡导从量化评价到质性评价，强调量化评价与质性评价的融合。追求评价的深度和全面性，重在对学生表现进行“质”上的鉴定而不是“量”上的描述；偏重于阐述和解释而不是测验和预报；强调教师和学生之间的互动、合作和对话；强调评价过程的所有价值等等。

### （三）教学评价的对象

1. 教学设计评价。教学设计评价主要是考察教学的目标、指导思想和实施策略等问题。其中，对课程设计的评价，主要是对课程要素的评价。课程

不是一个抽象的概念，它是由一些具体要素构成，这些要素主要包括课程计划（方案）、课程标准、教材、教学计划、教学过程及课程实施成果与总结等。对课程计划（方案）、课程标准评价的侧重点是看其是否符合课程开发的改革思路；对教材评价的侧重点是看其内容的科学性、可理解性及是否体现课程标准的要求；对教学计划评价的侧重点是看教学安排的合理性、内容体系的科学性；对课程实施评价的侧重点是看教学效果与效益；对课程成果总结的评价侧重点是看成果与问题。此外，课程设计评价还包括对课程目标设定、学习者对课程的心理适应性等方面的评价。

教学设计评价主要包括对教学目标、教学内容、教学策略、教学媒体、教学环节等方面的评价。评价是教学设计的有机组成部分，它使教学设计更加有效。教学设计评价的指标主要是课堂教学的评价指标和教学材料的评价指标两大类。课堂教学的评价指标包含与教学目标相关的指标、与学生因素相关的指标、与教师因素相关的指标、与教材因素相关的指标、与教学方法和管理相关的指标等等。教学材料的评价则强调教学材料的教育性、科学性、技术性、艺术性和效益性五项标准。

2. 教学实施评价。教学是课程实施的主要途径，在教师方面主要包括备课、上课、课外辅导、作业批改和考查考试等基本环节，其最基本的活动是教师钻研和使用课程标准、教材的活动及与此相关联的教学方法、手段的运用。因此，教学实施活动的评价主要是看教师是否以课程方案作为其教学策略的出发点；是否以课程标准、教材作为教学活动的基本依据。同时也考察课程、教材对教师完成教学任务和实现教学目标的适应性、可行性、有效性。此外，教学实施的评价还体现在为适应学生的不同需要，对既定课程所作的补充、删除和创造性生成，以及对教学方法、策略、媒体的调节与运用上。教学实施评价中，进行调查和收集数据信息的主要对象是教师。

3. 学生的学业成绩评价。师生教学活动的结果主要反映在学业成绩上，教学设计的目标、教学实施的效果最终也是通过学生的学业成绩直接反映出来。因此，学生的学业评价是教学评价中最核心、最基本的活动。学生的学业评价包括平时成绩和最终成绩的评价；评价的领域主要包括认知领域、情感态度领域和动作技能领域，其中通常以认知领域为主。当前我国新一轮课程改革强调教学评价要特别重视对学生整体素质的全面评价，以学生的创新能力和实践能力为评价的核心。

4. 教学系统评价。教学系统评价主要是考察教学系统中各有机组成部分的整体效应及环境的作用。其中，课程系统是课程决策和实施的系统，主要的职能是编订课程计划，使它通过教学系统得到实施，并根据评价的反馈信息使课程计划得到及时修改。教学系统由教师、学生、教学内容、反馈信息等组成，评价教学系统，必须考察系统的各部分及其整体流程，考察教学系统运作是否优化，它涉及教学时间、教学任务量、负担、成本及成绩等变量。

（四）教学评价的类型

1. 以评价性质为依据的评价分类。

（1）绝对性评价。绝对性评价的优点是：其标准比较客观，不受评价对象群体状况的影响，评价结果的好坏，只与对象自身的水平有关，而和其所处的群体无关。只要评价过程是科学合理的，那么绝对性评价的结果就可以在很大程度上反映出评价对象掌握客观标准要求的水平。而且在评价之后，每个被评价者都可以明确自己与客观标准的差距，有利于发扬优点，克服不足。同时，可以根据预设的目标或标准直接鉴别各项指标完成的情况，明确今后工作的重点。缺点是：其标准很难做到客观，在制订和掌握评价标准时，容易受到评价者的教育价值取向和经验的影响。

绝对性评价是一种在中小学教学评价实践中得到广泛应用的方法，特别适用于以鉴定资格和水平为宗旨的教学评价活动。学习目标是固定的评价标准，个人的学习越深入，评价结果就越好，这一结果不会受其他学生学习状况的制约。高中实行的会考，也属于绝对性评价。会考评价的标准是国家颁布的高中课程标准，这一标准不会因学校教学水平的高低而变化，是相对固定的。会考成绩反映的是学生掌握教学大纲要求的程度，即学习某学科课程所实际达到标准的程度。在实际工作中，确保评价标准的稳定性、客观性和准确性，是提高绝对性评价科学化水平的关键。

（2）相对性评价。这是指在评价对象的集合中选取一个或若干个基准，然后以此为评价标准来评定每个评价对象在集合中相对位置的一种评价类型。教学评价通常是以某一地区或学校、班级群体的整体平均水平为评价的基点，以参评对象的整体成绩或水平在总体中所处的地位来判断的。相对性评价的优点是：以某一类评价对象的群体整体状况为参照系，不受集体整体水平的限制，由评价对象组成的群体的整体状况决定着每个群体成员的水平，无论群体整体水平如何，都可以在群体内部比较每个评价对象的优与劣、先进与

落后。其缺点是：由于评价标准来源于该群体，自然会随着群体的不同或变化而发生变化，因而对在不同集体或变化了的集体中的个体就难以比较。评价结果并不必然表示评价对象的实际水平，体现的只是其在群体中的相对位置，同时容易导致激烈的竞争，对素质教育的全面实施造成负面影响。

相对性评价是一种适应性强、应用范围广的教学评价方法。尤其适合于以选拔为宗旨的教学评价活动。比如，智力测验和标准化测验是常见的相对性评价实例。智力测验常以大规模测试得出的结果作为常模（标准），然后对具体对象施测，将其应答情况与常模比较而得出智力商数。智力商数代表他在由所有同龄人组成的群体中智力的相对水平。标准化学业成绩测验则常以所有考生的得分为参照群体，用每个考生的标准分来代表他在考生群体中得分的相对水平。同一考生在不同的考生群体中，标准分数会相应地有所不同。

（3）个体内差异评价。这是把每一个评价对象个体的过去和现在进行比较，或者将评价对象个体的不同方面进行比较从而得出结论的评价类型。比如，对学生学业成绩的评价，大多采用个体过去和现在学习情况的纵向比较或各门课程成绩的横向比较进行差异评价。其优点是：有利于综合地和动态地考察评价对象的发展变化情况，有利于评价对象个体自我发现差距，同时照顾到评价对象的个体差异，不会给评价对象造成竞争压力。缺点是：由于不存在客观的标准，又未将评价对象与他人作外部比较，很难确定评价对象的真实水平，很难找出评价对象在群体中的真正差距，提供给评价对象或主体的有效反馈信息也很有限。

在教学实践中，个体内差异评价常常作为改变差生、促进教师和改善课程材料的有效措施而广泛使用。

2. 以评价主体为依据的评价分类。

（1）他人评价。亦称外部人员评价，是指由非评价对象的他人对评价对象进行的评价。在教学评价实践中，他人评价的主体一般是课程设计者或使用者（教师、学生）以外的其他人，包括没有参与设计的课程评价专家等。比如，对教师教学质量的他人评价，主要是由学校领导、同行教师、学生来实施，也包括来自家庭、社会的评价。

他人评价作为一种外部的显性评价，可以从外部反映评价对象的客观情况，通过外部人员对评价对象进行明显的统计分析或文字描述。由于外部人员作为评价的主体，他们通常是评价专家，了解评价的原理、设计、方法与技术，能胜任评价工作，可以发现内部人员发现不到的现象，“旁观者清，当局者迷”。因此，没有他人评价的教学评价是不真实、不科学的，无法作出准确的价值判断。从这一意义上看，他人评价是教学评价最主要的方面。

（2）自我评价。亦称内部人员评价，是指由评价对象作为评价主体对自我进行的评价。在教学评价实践中，自我评价的主体一般是课程设计者或者课程使用者等。自我评价的优点在于评价者了解课程设计方案的内在精神和技术处理技巧，评价的结果也可进一步用于课程方案的修订和完善。其缺点是：评价者有可能局限于自己的教学设计思想，不了解其他人对教学设计的需要，致使评价缺乏应有的客观性。

自我评价的过程有时是内隐的，它通过评价者思想内部的反省、自查、检讨、总结和自我批判等方式来进行；有时也具有外显性，通过自己给教学工作评分或写出自我评价报告等。对于某些隐性的评价内容，他人评价往往难以发现，只有自我评价才能反映出来，因此自我评价可以在一定程度上弥补他人评价的局限性。同时，开展自我评价活动，可以培养评价主体的自我判断和自我发现的能力，有利于促进自我教育和自我完善。

3. 以评价作用和性质为依据的评价分类。

（1）准备性评价。准备性评价一般在教学开始前进行，摸清学生的现有水平及个别差异，以便安排教学。通过配置性评价，教师可以了解学生对新学习任务的准备状况，确定学生当前的基本能力和起点行为。

（2）形成性评价。在教学评价实践中，形成性评价一般是指课程开发、课程实施与教学过程中对课程编制、教师教学和学生学习等方面动态状况的掌握性系统评价。它在计划方案实施过程各阶段进行，贯穿于教学活动过程的始终，旨在及时了解教学活动的效果，了解学生掌握知识与形成技能的情况并及时反馈信息，以便及时修正、及时调节、及时强化教学活动方案。比如：各种课堂测验、调研性考试、阶段测评等，都属于形成性评价。

形成性评价的作用表现在多方面：为改进课程编制、教师的教学、学生的学习服务和提供帮助；为学生的进一步学习定目标、定步子、定速度；强化学生学习的结果与动机；为教师提供反馈的信息，从而有针对性地改进教学工作；等等。总之，形成性评价不注重评价等级，只注重发现问题；只注重了解全过程活动的表现情况，而不注重活动的效果。为教学提供及时的反馈，为改进教学活动服务，并不与课程质量、教学质量和学习质量挂钩，这

是形成性评价与终结性评价的重要区别所在。需要特别指出的是：形成性评价重视质的分析和价值取向的判断，综合考察全过程的活动与表现状况，强调采用客观性和科学性标准对教学活动过程作出解释性描述。形成性评价通常在教学过程中实施，一般是由学生完成一些与教学活动密切相关的测验，也可以让学生对自己的学习状况进行自我评估，或者凭教师的平常观察记录或与学生的面谈。一般在教学初始或教学期间使用。

（3）诊断性评价。一般是指在某些活动开始之前所进行的评价，其目的是了解和掌握评价对象的基础和情况，为活动的开展和措施的制订提供准备性依据。在教学评价实践中，诊断性评价是为了使教学适合于学习者的需要和背景而在某门课程或某个学习单元开始之前对学习者所具有的认知、情感及技能等方面条件进行的评估，旨在使教学的计划或活动安排更具有针对性，为缺少先决条件的学生设计一种可以排除学习障碍的教学方案，为已掌握一部分或全部教材的学生设计出能发挥其学习准备优势的教学方案。比如，中小学分班前的各种摸底考试、学能测评等，都属于诊断性评价，其评分不作为正式成绩。在批改试卷时，教师要留意学生容易犯哪些错误，错误的成因是什么。诊断出问题后，教师要针对这些问题进行指导和治疗。过一段时间，再重新做一次测验，看经过辅导后学生是否还存在错误以至进一步采取补救措施。多半是在形成性评价之后实施。

诊断性评价作用是多方面的：既可用于确定学生的原有知识与技能的基础、学习质量、心理发展水平与特点、学习动机、身体状况等方面的学习准备情况；也可用于决定对学生的适当安置，通过对学生的知识、技能、能力、性格与学习积极性等方面差异性的准确判断，进而在课程实施与教学活动中对学生进行合理的分班分组，为学生提供合适的学习环境；还可用于识别造成学生学习困难的原因，以利于真正的对症下药或因材施教。

（4）总结性评价。总结性评价的主要目的是搜集资料，对活动的成效作整体判断，为制订下阶段活动计划、优化活动方案提供参考依据。总结性评价一般是在课程实施与教学活动结束之后，为了解并确定其成果而进行，旨在评定成绩，做出结论或者评定措施的有效性，确认教学目标的达成程度。比如各种期末考试、年终考评等，都属于总结性评价。

总结性评价的基本特点：在目标上，是对整个教学活动或者某一阶段的课程实施与教学活动取得的重大成果作全面的评定，并给学生评定成绩；在内容分量上，着眼于学生对某门课程整体内容的把握，分量常常较大；在评价内容的概括性上，概括水平较高，综合性较强；总结性评价，通常在一门课程或教学活动（如一个单元、章节、科目或学期）结束后进行，是对一个完整的教学过程进行测定。一般在学期或学年结束时使用。

总结性评价在教学工作中的作用：为学生评定成绩，确定学生达到教学目标的程度，对学生的学业成就作整体的价值判断，用以证明学生的学业资格；概括地反映学生的知识、技能和能力的总体水平，预测学生在后续学习中成功的可能性，帮助教师、学生确定后续学习的起点和前提；为学生提供学习反馈，使学生明确学习效果并对后续学习动机产生影响。

（5）发展性评价。发展性评价其实质是一种过程性评价。它主要考察活动的过程，其目的是从发展的角度去判断课程实施与教学活动的效果，了解课程的创造性生成和学生素质全面发展的情况，并用发展的目光去分析和判断教学问题及其成效。

我国当前实施的素质教育和新课程改革实验十分重视发展性评价，强调把评价作为一种促进学生发展的手段，更多地采用自我参照的评价方式，把评价结果跟学生以前的表现作比较，及时发现学生学习过程中的问题，针对性地给予补救、激励和帮助，以达到促进学生不断发展的目的。

4. 常模参照评价和标准参照评价。根据教学评价资料的处理方式，有常模参照评价和标准参照评价之分。

常模参照评价是指评价时以学生所在团体的平均成绩为参照标准（即所谓常模），根据其在团体中的相对位置（或名次）来报告评价结果。比较学生之间的学习差异，宜采用常模参照。

标准参照评价，是基于某种特定的标准，来评价学生对与教学密切关联的具体知识和技能的掌握程度。若教师要帮助学生达到某学科事先确定的水平，则以用标准参照为好。

5. 正式评价和非正式评价。根据教学评价的严谨程度，有正式评价与非正式评价之分。正式评价指学生在相同的情况下接受相同的评估，且采用的评价工具比较客观，如测验、问卷等。非正式评价则是针对个别学生的评价，且评价的资料大多是采用非正式方式收集的，如观察、谈话等。有时，教师可以采用非正式评价作为正式评价的补充。

### （五）教学评价的原则

教学评价的原则，就是依据教育目的、教育教学规律以及对教学评价活动的认识而提出的评价教学的基本规范与要求。评价原则既可以指导教学评价，也可以为衡量教学评价提供质量标准。

1. 方向性与发展性原则。这一原则要求在教学评价中，坚持正确的导向，有利于课程实施与教学质量的提高，通过评价活动，有利于学生的身心全面发展，促进学校把各项工作引导到正确的轨道上，避免误导教师工作和误导学生学习的情况。同时，把评价和指导实际工作结合起来，不仅要让被评价者了解自己的优缺点，而且要为其以后的发展指明方向。

为了贯彻方向性和发展性评价原则，需要树立新的教学评价理念。首先，要树立评价就是促进的理念，即把促进教学质量的提高和促进学生全面发展作为评价的最高追求；其次，要树立评价就是服务的理念，即视教学评价为教学的具体手段，发挥其服务于教学的作用；第三，要树立评价就是教学的理念，使教学评价自觉遵循教育教学规律，具有教育性；此外，贯彻方向性与发展性评价原则，还要求用发展的眼光对待评价结论，特别反对用僵化、静止的观点来看待、评价教师的教和学生的学。

2. 科学性与客观性原则。这一原则要求在教学评价中，科学地安排和设计评价的标准与方法，根据被评价对象的真实状况，作出正确的价值判断；评价的过程和结果都应符合客观实际，尊重客观事实，实事求是；评价过程的各环节都应符合科学要求并遵循评价活动的客观规律。

为了贯彻科学性与客观性原则，需要从多方面努力。首先，要整体提高教学评价的理论与技术的科学性；其次，要采取有效措施，帮助广大教育工作者掌握先进的科学的评价理论与技术，努力提高评价能力；第三，要确立明确、具体的评价标准，并保持评价标准的基本稳定性；第四，要规范严密、合理的评价程序，在评价过程中要切实保障程序的公正性；第五，要提高评价主体的职业道德修养，弘扬公正评价观念，尽量减少心理因素和外部因素的干扰。

3. 全面性与一致性原则。这一原则要求在教学评价中，不宜过分突出某一项目的评价，而忽视其他方面；不应出现前后不衔接甚至相悖的评价现象。比如，对教学质量的评价，就不能片面地以升学率、统考分数等为唯一评价指标。非全面性与非一致性教学评价将会导致学校教学偏离全面发展的教育目的，使教学评价迷失正确方向，阻碍个人的健康发展和学校教育质量的整体提高。

为了贯彻全面性与一致性原则，在实施教学评价时，需要注意以下几点：首先，需要在评价标准和具体评价内容上作细致规划，在搜集资料过程中更不能有遗漏，在处理和解释资料时应该综合辩证地进行；其次，实施程序需要严格遵守设计好的评价方案，不能中断或发生冲突；再次，阶段性评价的积累需要保持在同一层次，不能出现重叠、交叉以致影响评价的可靠性。

4. 可行性与实效性原则。可行性与实效性原则是指评价方案在实施时简便易行，评价指标和标准符合实际并能为广大师生所理解和接受，同时，评价工作应基于被评价对象的真实状况，能作出有效的判断。

为了贯彻可行性与实效性原则，在实施教学评价时，需要注意以下几点。首先，要明确评价是为教学服务的，满足与课程设计、课程实施与教学相关的机构、人员的信息需要，才能使评价获得最有效的利用；其次，要通过各种简便有效的反馈方式，及时、准确地为相关机构和人员提供评价反馈信息；再次，要因时、因地、因人、因事制宜，选择合适的评价指标与方案。比如，评价报告要能符合评价者的接受水平，供研究用的评价报告可以包括提供有关的数据和公式，供决策用的评价报告可包括许多的解释和建议。

5. 公平性与宽松性原则。公平性与宽松性原则是指在评价活动中，评价指标的制订要体现公平竞争性，评价结果的解释与处理要体现公正平等，评价过程要注重创设宽松和谐的心理环境，体现人文性关怀。

为了贯彻公平性与宽松性原则，在实施教学评价时，需要注意两点：第一，要努力坚持评价面前人人平等，一视同仁，秉公办事，评价者不存任何私心杂念，不搞远近亲疏；第二，要设法消除评价对象的各种不良心理效应和紧张情绪，减轻其思想负担和心理压力。

### （六）教学评价的功能

1. 为调整和改进教学提供充足的反馈信息。教学评价就是通过对学生学习过程特别是对学生在实践中应用知识的评价来反映学生的学习能力和应用能力，同时也可以反映教师的教学能力。对教学测量与评价结果的分析，可以让教师了解学生的学习类型，明确自己在教学上的得失，判断教材的可用性和教学方法的有效性；同时也可以诊断学生在认知结构上哪些地方有缺失，可以作为教师实施补救教学的依据。教师可以针对不同学习类型的学习行为

特征，以及不同认知结构缺陷的所在，有针对性地提出符合个别需要的补救教学的策略与措施，以达到因材施教的目的。

2. 是学校鉴别学生学业成绩、家长了解学生学习情况的主要方式。由于学生的学习能力、知识储备等不尽相同，不同学生的学习是存在差异的，甚至有些学生会表现出偏科、厌学、学习困难等问题。另一方面，不同的学生对教师教学的适应性也是不同的。对同一个教师，有些学生可能会接受他的教学方式，但是也可能会存在一部分的学生不能很好地适应该教师的教学方式，这样就可能造成学生学习及能力培养上的差别。那么学校要了解学生的学习状况，教师的授课状况，要发现学生在学习过程中或教师在教学过程中存在的问题，应该通过怎么的方式呢？教学评价就是学校鉴别学生学习成绩的有效途径；同时也可以帮助家长了解学生的学习情况，这样就可以使学校、家庭在教育教学过程中有机地联系在一起，促进学校与家长之问的有效合作，更有利于学生的培养和教学改革的顺利进行。

3. 是教学过程的一个重要组成部分。教学的目的是通过教学帮助学生获得一系列预想的学习结果，使学生的知识水平有所提高，得到全面的发展，把他们培养成为高素质的人才。但是如果只有教学，而没有评价，就无法确定教学是否达到了预期的目标，学生是否在能力上有了提高。从这个角度上来讲，教学评价是教学过程中一个不可或缺的重要组成部分，教师的教学、学生的学习、对教学的评价三者之间具有相互依赖性。

4. 作为教育评价和决策的依据。所谓教育评价，是指在系统地、科学地和全面地搜集、整理、处理和分析教育信息的基础上，对教育的价值做出判断的过程，目的在于促进教育改革，提高教育质量。课程和教学是教育的要素和实现教育的主要途径，教学评价是整个教育评价的核心内容，没有教学评价，就没有课程评价，也没有教育评价。比如说，如果对教师的教和学生的学没有有效的评价，就不能得到系统的、全面的信息，也不可能做出正确的教育评价，因此教学评价是进行教育评价的主要依据。同时因为教学评价具有导向和调控的功能，它会引导和激发评价对象朝着预期的目标努力。在教学评价过程中，对任何被评价对象所作的价值判断，都是根据一定的评价目标、评价标准进行的。因此，有什么样的评价内容，被评价对象就会认真做好那方面的工作；有什么样的评价标准，被评价对象就会按照评价标准的要求来开展什么样的工作。换句话说，教学评价的目标是什么，通过怎么样的手段、依靠怎么样的标准来实施评价，都会有力地引导被评价者在教育教学工作中做什么，怎么做。再者，通过评价可以获得有关教学活动对人才培养、实现教学目标等方面的信息。这些信息的反馈，将会对改善和调节教学目标、教师的“教”和学生的“学”等起到重要的作用。这种导向和调控的功能其实就是决策的具体表现形式，也是教学评价的积极结果。

## 二、教学评价的价值取向

教学评价质量观与价值观的确立是进行教学评价的基础，无论是教学评价标准的确立还是评价方法的选择，都直接受教学评价质量观和价值观的影响。在一定价值观和质量观支配下，运用有效的评价手段和方法使教学评价功能得以充分发挥，是一切教学评价活动的出发点和归宿。

### （一）价值取向的种类

教学评价的价值取向是指每一种教学评价所体现的特定价值观。评价的价值取向支配或决定着评价的具体模式和操作取向。一般说来，存在三种基本价值取向：目标取向、过程取向和主体取向。

1. 目标取向。目标取向的评价是指把评价视为将课程计划或教学结果与预定的课程目标相对照的过程。在这一过程中，预定目标是评价的唯一标准。目标取向评价追求“客观性”、“精确性”和“科学性”。这种评价的直接目的是获得被评价的课程计划或教学结果是否“达标”的数据，往往将预定的课程或教学目标以行为目标的方式来陈述。

目标取向的评价的追求对被评价对象是有效控制和改进。这种评价取向推进了教学评价科学化的进程，因其简便易行、容易操作而得以在实践中处于支配地位。但是，由于这种评价取向忽略了人的行为的主体性、创造性和不可预测性，忽略了过程本身的价值，特别是把人客体化、简单化和工具化了，忽略了人本身，因而对人的高级心理过程的作用相当有限。

2. 过程取向。评价的过程取向是指在教学评价中试图冲破预定课程或教学目标的束缚，强调把教师与学生在课程开发、实施以及教学运行过程中的全部情况都纳入到评价的范畴，强调评价者与具体评价情境的交互作用，主张凡是具有教育价值的结果，不论是否与预定目标相符合，都应当受到评价者的支持和肯定。

过程取向的评价承认评价是一种价值判断的过程，把人在课程开发、实

施及教学过程中的具体表现作为评价的内容，它强调评价者与被评价者的交互作用，强调评价者对评价情境的理解，强调过程本身的价值。它特别是对人的主体性、创造性给予了一定的尊重。这种评价取向的不足之处在于没有完全突破目标取向的束缚，对人的主体性的肯定还不够彻底、充分。

3. 主体取向。评价的主体取向是指教学评价是评价者与被评价者、教师与学生等共同建构意义的过程，是一种价值判断的过程，但这种价值是多元的。在具体评价情境中，不论是评价者还是评价对象，不论是教师还是学生，都是平等的主体，是意义建构过程中不可或缺的组成部分。这种评价取向反对量化评价方法，主张质的评价方法。

主体取向的评价倡导对评价情境的理解而不是控制，它以人的自由与解放作为评价的根本目的。真正的主体性评价不是靠外部力量的督促和控制，而是每一个主体对自己行为的“反省意识和能力”。在评价过程中，评价者与评价对象是一种交互主体的关系，评价过程是一种民主参与、协商和交往的过程，因而，价值多元和尊重差异是主体取向评价的基本特性，体现了当前教学评价的时代精神。

在我国当前的新课程改革背景下，评价的价值取向可以概括为：以学生发展为本，促进学生知识、能力、态度及情感的和谐发展。“一切为了学生，为了一切学生，为了学生一切”是教学评价的基本价值取向，学校的一切评价工作都应体现这一价值取向。

（二）教学评价的基本理念

现代教学评价观是对现代教学改革理念的集中体现。随着我国教学改革的不断深入，教学评价的基本理念逐步形成，教学的理论建设正迈向现代化。

1. 主体观念。主体性教育理念强调课程实施与教学要把学生视为具体的、活生生的、有丰富个性的、不断发展的认识主体，是具有主观能动性的独立个体和群体。主张将教学过程视为学生在教师的指导下，有目的地去获取对客观世界认识的知识，进行发展社会适应性的能动过程，要求教师在教学中努力增强学生的自主和主动意识，培养学生自我调节、自我控制的能力，使学生自己去争取并实现主体能力的发展。

2. 交往观念。在课堂教学中，存在大量的交往形式，既有明显的师生之间、生生之间的交往，也有从课堂外部投射进来的隐形的错综复杂的社会关系交往等。现代教学观主张这种交往不是教学的重要形式，是全面实现教学目的和功能的重要手段。通过在教学中确立交往观念，可以使师生关系得到全面改善，丰富教学的情感功能，促进学生的社会性学习，也使学生之间进行有序竞争和高效合作成为可能。

3. 活动观念。现代教学观主张活动是学生个体认识和发展的基础，要求在教学中充分认识到活动的重要性和多样性，为学生设计多种性质的活动，组织学生在活动中进行不同形式的学习，在活动中充分发挥学生的主动性、自觉性和创造性，通过不同形式的活动内化与外化，促使学生的知识、能力和个性获得充分发展。

4. 建构观念。现代教学观强调对教学中学生的认知结构和学习结构进行再认识，要充分利用知识结构在教学中的作用。教师的主要精力要放在探索教材中的知识结构上，并在课堂教学中努力指导学生探索知识的内在联系，将具体的知识与抽象的结构性知识结合起来，帮助学生把凌乱的知识纳入到完整的知识体系之中，同时，注意学习策略的指导，让学生探索并掌握特定的学习过程，形成自己特有的学习方法。

5. 差异观念。教学要从面向部分学生转向面向全体学生，促进每一个学生得到尽可能全面的发展，承认每个学生发展的自主性和独特性。现代教学必须承认学生发展的差异性，不强求平均发展，要让每个学生在原有的基础和不同起点上获得最优的发展，同时，必须承认学生发展的独特性，尽可能发现学生的聪明才智，努力挖掘他们的创造潜能，重视个性的形成与发展，使每个学生都能形成自己的特色和鲜明的个性。

总之，上述教学观的形成，无论是在教学评价标准的确定中，还是在教学评价实施的全过程，都具有很强的指导性。只有在这些观念的指导下，教学评价才能进入良性发展的轨道，才能真正有助于提高教学质量。

## 三、教学评价的方法

### （一）专家判断法

专家判断法就是利用专家的知识专长来提供对教学的意见、判断。专家具有权威性、中立性和说服力，并且成本比较低。

专家在教学评价中，可以起到提供、选择、批评、引导和支持的作用。不过需要找准专家并选择不同专长的专家。搜集专家的分析判断意见，可以采用送审法、调查法、会议法、对抗评价法及内容分析法等。

（二）测验法

学科成就测验法也称考试，是最常用的评价学生学业成就的教学评价方法。考试又分为教师自编测验与标准化考试两种基本类型。在教师自编测验中，教师依据具体的教学目标、内容，设计若干题目并编成试卷，然后对学生施测，一般由教师自己组织、设计和实施，能针对学生实际，比较灵活，但评价质量常受教师自身水平的制约。标准化考试一般由专门的机构设计、组织并实施，按科学的考试原理、方法和程序进行，操作规范、严格，评价质量较高，科学性较强，控制较严格，但投入的成本往往比较大，主要适用于大规模的教学评价。

考试主要包括前后相继的三个环节：试卷编制、施测与评分。试卷编制是寻求合理的测查学生学业成就的行为样本的过程。这一环节主要涉及确定考试目的、确定评价标准、规划具体的试卷结构，并具体编写题目等工作。考试题目有主观性试题和客观性试题两类。客观性试题是指那些答案唯一、评分标准不受评分者主观因素干扰、评价对象不能自由发挥的试题，其题目形式主要有填空题、选择题、是非题、匹配题和简答题等。主观性试题是指那些允许评价对象自由发挥、存在多种答案、评分容易受评价者主观因素干扰的试题，其题目形式主要有论述题、作文题、应用题、操作题、联想题等。两类试题各有优缺点，具有互补性，在命题时，需要根据考试目的把两类试题科学组合起来。在标准化考试中，编制好的试题和试卷往往还要预先进行测试，以获得试题的难度、区分度，并对试卷的效度、信度作评估，从而进一步筛选试题、修订试卷，提高试题和试卷的质量。考试的第二个环节是施测，即让学生在规定时间、地点和条件下解答试题。为了提高考试质量，施测过程中的自然环境、心理环境和组织管理既要严格、统一，又要合理、科学。考试的第三个环节是评分。为了有效地控制评分的误差，应该努力保证评分标准的统一性和明确性，提高评分人的责任心，加强评卷的复核与审议工作。

考试作为测查学生的知识、技能掌握水平以及其他方面的发展状况的主要手段与方法，适用范围较广，实用方便，结果相对公正，为社会广泛认同，因而在现实中得到广泛的应用。但需要特别指出的是，对考试的作用要辩证地认识，任何考试都不可能完全真实地反映学生学业成就的整体面貌，过于迷信分数和简单地追求分数，甚至无限夸大分数的意义，必然导致分数主义，甚至出现以分数取代教学目的的错误导向，从而对正常的课程实施与教学造成冲击和破坏。

（三）日常考查法

这是一种伴随着日常教学而进行的经常性的检查和了解学生学习情况的方法。通过日常考查，可以从多方面获取学生学习的动态信息，为师生提供及时反馈。

日常考查的具体形式主要有以下几种。①口头提问或让学生板演。这种形式便于及时反映学生当堂学习的情况，帮助教师了解学生对某些具体知识、技能的掌握程度。教师一般地对学生的回答或板演情况给予口头的评价，以求激励和教育学生。②批改作业。通过批改学生的书面作业，教师可以了解学生理解与运用知识的质量，发现教学的漏洞与不足，也可以了解学生有关的能力水平，从而为改进教学提供信息，给予学生及时的反馈与强化。③课堂测验。主要是在课堂教学中进行的小型考试，一般在课题或单元教学结束后进行，以便用较短的时间了解到在阶段时间内全体学生的学习状况。为了有效地发挥课堂测验的作用，应当适当控制测验频率，加强考后评析。

（四）综合测评分析法

综合测评分析法是一种在通过对教师教学工作的相关方面进行了定性、定量评价的基础上，再进行综合的定性分析，以评定其总体质量优劣的评价方法。一般没有专门的评价指标和评等标准，主要取决于评价人员的学识和经验，评价结果以定性描述为主。

这种评价方法既可用于他评，也可用于自评。学校领导或同行在观摩了教师的教学活动、调查了有关教师的教学情况或者对教师的授课质量也进行了量化的评定后，可凭借评价者自己对教学目的、教学原理的理解，凭借自己的有关教学经验的积累，针对单方面评价的结果，分析教师的教学优缺点，得出综合性结论。而教师自己在教学后的分析评价，主要侧重于寻找教学的成功之处和薄弱环节，关注的是最突出的问题或特点。这种自主评价方式对于教师改进教学工作、提高教学水平具有极其重要的意义。

综合测评分析法简便易行，能突出主要问题或主要优点。其局限性是标准不够明确，受主观因素影响较大，规范性差，因而主要适用于日常以改进教学工作为直接目的的教师授课质量的评价，而不宜运用于规范的以评定等

级为主要目的的管理性教学评价。

（五）教学评价的实施过程

1. 教学评价的准备阶段。这一阶段是确定需要解决的评价任务，明确评价目的、作用和标准，制订评价原则和计划，设计评价方案的过程。在这一阶段所要做的准备工作主要有三个方面。首先，做好思想准备工作。在开展教学评价时，要有明确的评价目标和意义，要有明确的评价对象，要考虑到评价的各种因素并估计可能出现的各种情况，特别是要善于估计评价过程中可能出现的新问题，做好充分的思想准备。同时，还要学习各种文件，掌握好有关政策、原则等。其次，做好评价材料和工具的准备工作。在正式开展评价之前，要设计好评价方案，设计并印制好各种问卷、调查表格，制订好评价工作实施计划和有关规定的文本，撰写开展评价活动的宣传资料等。此外，还要做好统计、计算工具的准备工作。再次，要做好组织准备工作。包括确定评价活动的主要组织者，确定评价对象，成立专门的领导机构，成立不同类型的评价小组，宣布评价工作的有关组织纪律，做好评价人员的分工及相关知识的学习、培训工作。

在准备阶段的重点任务是教学评价实施计划、方案的设计和制订。具体地讲，主要涉及：评价目标的确定、评价任务的分解、明确受评价影响者；分析影响评价的环境因素、确定评价的成本效益；确定评价的关注点、明确评价关键问题；设计评价信息的搜集方法和分析处理方法、评价报告方式、评价的管理以及进行元评价的方式方法。在设计环节，最基础性的工作是研制评价工具，设计评价表格。

2. 评价活动的实施阶段。教学评价实施阶段的核心工作是信息收集，它主要包括确定搜集信息的类型和要求，使用合适的方法、技术搜集评价信息，同时采取合适的方法、技术存储已经获得的评价信息。在实际操作中，评价活动的进行可分为两步：自评活动与他评活动。

（1）自评活动。这是指学校、班级或个人在教学方面的自我评价。自评是重视评价主体地位的重要表现，有利于全面搜集资料、准确形成判断，有利于自我诊断问题、寻找问题差距，以便针对性地开展工作，促进改革和提高。

在开展自评时，要正确认识教学评价的目的、意义，学习和掌握好评价标准和程序；应该成立自评小组，制订自评计划，开展宣传活动，指定专门人员搜集资料，组织自评会议，及时撰写自评报告、填写评价申报表。

（2）他评活动。他评一般是在自评的基础上进行的，由别人进行的“再评价”，其评价者包括校内有关部门或人员、校外部门或人员等。他评可以避免弄虚作假现象，结论较为客观可靠，有权威性，容易为大家接受。

在开展他评时，要以评价对象自评情况的汇报作为评价的依据，包括文字材料、数据资料；要以评价对象提供的证据或实物、现场的参观考察作为评价依据；要采取多种方法得出评价结果，比如，通讯评审法、上级管理部门客观评分法、专家会议评审法等，此外还要组织座谈会和访谈活动等；要将多种评价结果表明并加以比较分析，互相印证，最后科学地整合为一个评价结果；要做好他评工作的总结和评价结论，写出客观、可信的他评报告。他评报告一般包括：基本情况，他评组织领导及参与人员、被评价者的成绩和问题，不同看法的分析，指导意见或建议、结论。做好他评的关键是评价对象的合作态度。要求被评价者实事求是地提供各种资料和情况，评价者则要杜绝一切弄虚作假行为，努力做好评价对象的心理调控，防止心理偏差对评价者的干扰。

需要指出的是，在教学评价实施过程中，无论是自评还是他评，都要注意正确运用各种评价方法，熟悉评价规程与要求，以科学认真的态度去进行评价，以确保评价资料的准确性和可靠性；认真做好资料的搜集工作，注意资料的全面性；做好资料的初步整理与分析，对搜集的资料要认真审核、科学归类和建立档案；要充分运用现代化技术手段进行资料统计、分析与储存。

3. 评价结果的处理阶段。

（1）评价结果的分析判断。根据预先制订的评价指标体系中的标准，对照自评与他评的资料，逐一分析判断达标的程度。要重视自评与他评的结合，综合思考问题，但在作出结论时，主要应该以他评资料和自评所提供的实况为依据，自评结果仅能作参考。同时，要检查评价程序的每个步骤、角度，做好评价结果的检验工作，检查评价结果是否可信。

（2）作出综合评价的结论。在分析判断的基础上，将分项评定的结果进行合成或汇总，并对整体的评价结果进行数量上的综合评价和文字上的综合描述，写出综合概括性的评语和意见。作结论时，要注意评价对象内部的差异性比较，发现问题、找出差距，指出努力的方向和达标的有效方法；同时，还要注意校际间的比较，从单项和总体水平上找差距，以发扬成绩、克服缺

点。评价的结论要以事实为依据，具有客观性、权威性和正确的导向性。

（3）评价结果的信息反馈。为了充分发挥评价的指导与激励作用，评价活动的结果要及时反馈给有关方面。具体地讲，可以向有关领导汇报评价结果，为他们的教育决策提供参考；在一定范围内的同行中公布评价结果和结论，提供给同行借鉴；向被评价者提供反馈意见和改进建议。在信息反馈的过程中，对结论的解释要慎重，同时做好耐心细致的思想政治工作，要把重点放在指导今后的工作上。因此，在反馈信息时，要对评价结果和评价信息资料加以具体明确的分析诊断，帮助被评价者总结成功经验，指出存在问题或努力方向。

（4）评价活动的总结。评价活动的工作流程全部结束后，需要对评价活动的质量和效果进行总结和评价，即所谓的“元评价”，撰写总结报告，还要注意保存本次评价的重要资料等。

对评价工作的元评价，就是要对评价过程、评价结果本身进行评价，以判断其价值和效果；这就要求解决怎样应用元评价、由谁来进行元评价、如何应用元评价标准等问题。至于评价总结报告，就是应在评价工作取得结果的基础上，将评价的目标、宗旨、任务、背景、活动及结果、结论等，撰写成书面报告。撰写评价总结报告时，应当注意其内容与结构的规范性。

## 四、教学评价的改革与创新

教学评价是基础教育教学领域的重要组成部分。它既是基础教育教学改革对教学评价提出的新要求，也是在全面认识传统评价优缺点的基础上，结合我国基础教育教学实际而进行的新尝试。

### （一）基础教育教学改革的要求

《基础教育课程改革纲要（试行）》明确规定：建立促进学生全面发展的评价体系。评价不仅要关注学生的学业成绩，而且要发现和发展学生多方面的潜能，了解学生发展中的需求，帮助学生认识自我，建立自信。发挥评价的教育功能，促进学生在原有水平上的发展。《纲要》还规定：改变课程评价过分强调甄别与选拔的功能，发挥评价促进学生发展、教师提高和改进教学实践的功能。

首先，要求教学评价要关注评价过程，发挥评价的发展功能。评价的意义在于通过对学生学习情况的考察，发现教学存在的不足，找出学生在学习中存在的缺陷，从而提出改进的建议，以有利于教学的改进和学生学业成就的不断提高，更好地促进学生的发展。因此，评价作为一种过程，应该不仅仅关注结果，评价过程也具有重要的教育意义。关注评价的过程，在于更好地发挥评价对学生发展的促进功能。新的评价观更多地采用一些自我参照的评价，是为了在原有的水平上促进学生的发展。发挥评价的发展功能，就在于把评价看作是教学的一个有机环节，也是教育学生的重要途径，是促进学生发展的有效手段。

其次，要求教学评价打破量化评价形式，注重质性评价。当前的新一轮课程改革要求改革单一的评价方式，全面考察学生的综合素质和创新能力，倡导用质性评价对学生的成绩表现进行全面的评价，建立起符合素质教育要求的教学评价新体系。特别是新课程改革背景下，出现了一些新的课程形态，比如从小学到高中普遍开设的综合实践活动课程，它是一种综合性、关注学生生活经验的课程形态，根本无法采用传统的考试评价方式，而只能采用质性评价方式来进行。综合实践活动中的研究性学习更多的是一些主题探究、课题研究、方案设计等学生自主学习的活动内容，传统的考试不适合它，只能采用诸如档案袋评定、研讨式评定、学生自我评价等方式，才能对教学以及学生的表现进行全面、深入的评价。

（二）教学评价对象的多元性

评价的目的就是为了促进其发展，评价应具有创意，同时要求做到科学性、可行性和灵活性的结合。

首先，对学生评价应该是多元的。评价目标不应只针对学生成绩和学生现有知识水平，学生兴趣、爱好和学习动机都应成为评价的重点。通过评价发现学生多方面的潜能，关注学生发展中的需求；书面测验仅是评价的一种形式，应运用多种方法综合评价学生在情感、态度与价值观，知识与技能，创新意识和实践能力等方面的变化与进步；评价不仅仅关注学生学习的结果，而且要应用多种手段对学生的学习过程进行评价，及时发现学生学习过程中的问题，及时反馈与矫正，以促进学生的发展。教师应对每一位学生的阶段性学习成绩作出分析说明，在肯定优点的同时指出将来需要进一步努力的方向。

其次，对教师评价也应是多元的，包括对教师教学水平、教学技能和教学准备情况的评价。在教学中，教师既是评价的客体，又是评价的主体，教

师应对自己教学行为不断进行分析和反思。学校管理者、同行和学生以及家长都应参与到对教师的评价中来，多角度、多立场地对教师的教学行为提出自己的建议，以便教师能多渠道获得信息，不断调节、改进教学。教学结束后，教师应对前一段的教学在综合多种信息的基础上进行自我总结、分析其中的得失，以便在下一次教学中加以改进，提高自己的教学水平。教师教学评价是一个复杂的多边系统，它涉及的内容比较广泛，层次又比较多，既要进行多方面横向比较，又要进行发展性纵向比较；既要进行定量精确评价，又要进行定性模糊评价；既要进行自我评价，又要进行他人评价，做到评价的主体互动化；构建全方位动态性教师教学评价系统。

再次，教学评价内容的多元性。基础课程的内容设计必须符合学生的年龄特征，必须为学生进一步发展打下良好的基础。课程的设置应做到精简化、现代化、实用化、操作化相结合。世界各国课程结构的共同特点就是向多样化方向发展，即学校课程结构由封闭走向开放、由单一走向多元。具体表现为，学校课程结构与社会多种因素保持着积极回应的态度，在相对稳定的基础上，通过专家分析、调查、课堂观察和学生学习效果的检验，对教学内容进行评价，并积极主动地对课程结构作出调整改革，设计出灵活多样的课程类型，以适应不同地区、不同学校、不同学生的实际。

（三）教学评价主体的多元性

为了保证课程评价的科学性，信息来源的渠道应该是多方面的，评价的主体应该是多元的。评价的主体应是变化的和多元的，评价的主体与具体的评价情境有关。如果一种课程评价所具有的目的是总结性的，那么课程评价人员最好应从那些不受评价对象制约、影响的人中去选择。如果是形成性的评价，其主体最好是教育系统内的个人或集体。个人或集体对那些评价的人应具有可信性；在评价人员方面不存在利益冲突；对在进行评价工作的教学体系内外的课程人员都应该有所考虑。

同时，由于课程评价的内容非常的广泛，结构非常复杂，所以要发挥课程评价的分析、诊断、激励和导向功能，就必须多渠道、多方式地获得相关信息。要做到这一点，就必须使课程评价主体多样化。在具体的课程评价中，教师、学生、学校管理者、家长以及其他相关人员都应该参与到课程评价中来。无论谁是课程评价的主体，课程评价人员都应该具有课程评价方面的知识与经验。

（四）教学评价方式手段的多样性

教学评价从一定意义上讲就是将实际表现与理想目标加以比较的过程。因此，要提高课程评价的质量，必须把握课程评价的方法，由于课程评价应当坚持发展性理念，所以课程评价的方法也应该与之相适应。

同时，由于发展性评价具有的特点，使用任何一种单一的评价方法来评价都是不全面的。按照课程评价的不同特征，其具体方法大致可以分为以下几类：①按评价的依据分，可以分为目标评价法和目标游离法；②按评价信息搜集的途径分，可以分为问卷法、行为观察法、成果分析法；③按评价结果的处理手段分，可以分为定量评价法与定性评价法；④按评价的主体分，可以分为自评与他评。

了解了课程评价的原则，明确了课程评价的指标体系和方法后，要想顺利地、科学地进行课程评价，还必须掌握课程评价的工具。课程评价的工具是指对被评价者进行测定时所采用的方式和手段。课程评价的工具很多，常用的工具有考试和测验、问卷、座谈、观察记录等，在现代课程评价中还应引入网络技术等先进的评价手段。

（五）教学评价过程的动态性

课程评价是一项系统工程，是一项技术性很强的工作，也是一个有序的活动过程，因此，课程评价有其科学的实施程序，只有按照一定的操作程序进行，才能保证课程评价的质量。

在具体的发展性课程评价中，评价过程固然可以如前所述分为准备、实施、结果处理三个阶段，但实际的评价过程是动态、变化的。当前世界各国课程改革都呈现出活跃态势，课程结构向多样化方向发展，表现为课程标准的层次化，课程类型的多样化，课程内容的现代化、实用化、人本化、综合化和多元化。我国基础教育课程改革也正走向精简化、现代化、实用化、操作化和人性化。

虽然教学评价在教学改革中的作用已经广为人知，但是由于课程评价过程中的许多因素难以确定、不易把握。为了保证课程评价的科学性，教学评价必然随着教学的改革和发展而不断创新和发展，只有这样，课程评价才能真正体现出自己应有的价值。

（六）自我接受评价

自我接受评价是指以学生自我评价为中心，结合教师等他人的评价，引

导学生在形成积极自我意识的基础上发展现实主体性的评价。它包括四个方面的内容：需要充分开发和彰显教学评价的教育性功能；以学生自我评价为主，以教师等他人的评价为辅；使他人评价与自我评价协调一致；积极鼓励每一个学生以健康乐观的态度接受自我、肯定自我。

自我接受评价是当代教学评价思想的彻底转换，是教学评价追求当代教育的终极目标——“平民化自由人格”的必然抉择。当然，在具体实施中，有许多问题需要进行深入的研究和探讨。但是作为一种理想的教学评价，自我接受评价是一种从学生主体出发，尊重并鼓励学生的自我意识、促进学生主体性发展的评价，它真正做到了将学生放在主体地位，是对主体性教育的必然应对。

## 五、教学测量的方法和技术

### （一）教师自编测验

1. 自编测验的含义与特点。教师自编测验是由教师根据具体的教学目标、教材内容和测验目的而自己编制的测验，是为特定的教学服务的。由于学校科目繁多，教学检查需经常进行，而教师自编测验操作过程容易，应用范围一般限于本班、本年级，施测手续方便，是学校中最多和教师最愿意用的测验。教师自编测验通常用于测量学生的学习状况，而标准化成就测验则用来判断学生与常模相比时所处的水平。

2. 测验前的计划。

（1）确定测验的目的。

（2）确定测验要考查的学习结果。

（3）列出测验要包括的课程内容。

（4）写下考试计划或细目表。细目表是将考试具体化的最重要的工具，使得测验能够与教学的目标和内容保持一致。细目表的形式是两维表，一般纵栏表示学习结果，横栏表示课程的内容或范围。中间的栏目，就是教师根据自己的情况填上在测验中计划测量多大比例的学习结果和课程内容。

（5）针对计划测量的学习结果，选择适合的题型。自编测验包括客观题和主观题两种类型。一般来说，由于这两种题型各有优点和不足，最好加以综合使用。

3. 自编测验的类型。

（1）客观题。客观题具有良好的结构，对学生的反应限制较多。学生的回答只有对、错之分，因此教师评分也就只可能是得分或失分。这类题目包括选择题、是非题、匹配题和填空题等。

客观测验的编制虽然困难、费时，但在学校里却很流行，因为这种测验有其一定的优点：①排除了评分的主观性与不定性，教师可采用预先规定的准确而不变的记分标准，评分不仅客观，而且迅速。②测题一般经过仔细选择和分类，从而构成一个代表性的、包括一定内容和要评价的某种能力的样本，这意味着教师是按照假定学生应该掌握的一些事实、概念、原理及其应用时表现出来的方式，将教学目标准确而具体地规定下来的。这样，可以提高测验的效度。③样本具有代表性和广泛性，各个主题的分量又有轻重之别。一般来说，客观测验取样的广泛性与系统性是其他测验方式所不及的，而这一点有助于测验信度的提高。

客观测验也有其缺点或局限：①编制测验困难。许多客观测验所测量的，与其说是主要的概念、原理和关系的真正理解以及解释事实和应用知识的能力，毋宁说是对比较琐碎而无联系知识项目的认识。②不善于编制测验项目，致使学生凭借编制者无心的暗示去猜测正确的答案。③难以测量高层次的能力，如学生自动产生适当假设的能力、收集有效的实验数据的能力、构建有说服力的论据的能力、开展创造性工作的能力等等。这些能力得采用其他的测量方法。

（2）主观题。主观题则要求学生自己组织材料，并采用合适的方式表达陈述出来。这类题型包括论文题及问题解决题。教师在评分时，对学生的回答需要给出不同量的分值，而不仅仅是满分或零分。①论文题。一般较常使用的有两种类型，有限制的问答题和开放式论文。有限制的问答题，是指教师对回答的内容和长度都有规定，如平时测验中的简答题等。例如，说明西安事变中的重要人物、事情经过以及结果。开放式论文，则允许学生在内容上可以自由选材，自由发挥，而且篇幅较长。使用论文题也有不妥之处：A. 学生回答论文题需要花费很多时间。B. 在评分时，经常出现一种现象——晕轮效应，即教师对学生的总体印象影响到对论文题目的评价，导致考试信度较低。②问题解决题。通常有两种形式，一种是间接测验，是采用纸笔测验来评价学生的学业成就或能力。另一种形式则是直接测验。例如，为了考查学生学习本节内容的情况，让学生编制一份测验小学两步应用题的测题。由

于它考查了学生处理实际问题的能力，所以有时我们又把这种形式叫做操作评价。操作评价对于考查高级思维技能十分有效，但是往往费时费钱，而且主观性较大，并且效度也经常受到置疑。

尽管主观题测验存在诸多不足，但在学校测评工作中仍占较重要的地位。原因有三：①主观题考试更适合于测量学生对学科结构的领会和材料内容理解的深度。②主观题考试有利于测定学生组织各种概念、整理各种证据、构思、确凿论据的能力，批判地评价各种观念和清楚令人信服地表述这些观念的能力。③主观题考试还能使教师窥控学生的独立性与创造性思维，洞察学生的认知风格、对问题的敏感性和解决问题的策略。

主观题考试的不足之处是：①主观题考试的题目只有几个，内容的样本常常缺乏广泛性和代表性，特别是评分困难，常常十分费力，且难免有主观性，所以信度和效度往往难以令人满意；②主观题考试有可能促使学生弄虚作假、东拉西扯和离题太远；③所编主观题试题容易，可能造成使用者对评价采取马虎的态度。

4. 有效自编测验的特征。

（1）信度。信度是指测验的可靠性，即多次测验分数的稳定、一致的程度。一个人多次进行某一种测验时，如果得到近乎相同的分数，那么，可以认为该测验的信度是高的。

（2）效度。效度是指测量的正确性，即一个测验能够测量出其所要测量的东西的程度。效度的重要性大于信度，因为一个低效度的测验，即使有很好的信度，也不能获得有用的资料。

（3）区分度。区分度是指测验项目对所测量属性或品质的区分程度或鉴别能力。它是根据学生对测验项目的反应与某种参照标准之间的关系来估计的。例如，智力测验可以用年龄任务参照标准，看通过每一项目的人数与年龄的关系，各项目的通过率是否随年龄增长而增大；又如，教育成就测验可用年龄或教师评定的等级作标准，看测验项目能否把不同年级或不同水平的学生区分开来。

5. 自编测验的常见错误。

（1）教师过于相信自己的主观判断而忽视测验的信度和效度指标。

（2）许多教师对测验准备的重要性缺乏足够的认识，对测验准备不够充分，甚至没有准备。

（3）许多教师编制的测验太简单，题量太小。

自编测验虽未经标准化，但其编制也需要遵循一定的原则。

教师只有掌握教学目标，并熟悉各种形式的试题特点与性能，方能编出恰当的测验，保证评价工作顺利进行。

（二）非测验的技术

1. 案卷分析。案卷分析是一种常用的评价策略，其内容主要是按照一定标准收集起来的学生认知活动的成果。对学生的作品进行考查分析，并形成某种判断和决策的过程就是案卷分析。

2. 观察。教师通过教学过程中的非正式观察也能够搜集到大量的关于学生学业成就的信息。这种观察不只限于智能的发展，还包括学生生理、社会和情绪的发展。比如，对学生的兴趣和态度，以及学习习惯等多方面的信息。观察记录的主要形式有行为检查单、轶事记录、等级评价量表。

（1）行为检查单。教师可以使用检查单来记录其在教学中的观察结果。检查单一般包括一系列教师认为重要的目标行为，通常采用有或无的方式记录，但有时也记录一下次数。检查单把所要观察的行为分成具体细目，只要这些行为一出现，就可以在相应的条目上做出标记。这些指标便于衡量。

（2）轶事记录。轶事记录是描述所观察的事件。与检查单相比，轶事记录可提供比较详细的信息，这些记录一般按照发生时间排列的。轶事记录要求教师纯粹记载下所观察到的内容，而不要掺杂进个人的意见或观点。记录事件时，应注意以下两点：一要尽可能客观真实；二是要抓住典型特征，避免记“流水账”。

（3）等级评价量表。等级评价量表对于连续性的行为，可能更为有效。它可用于判断某种行为的发生频率，以及某种操作或活动的质量，使得观察信息被量化。评价量表在教学评价中运用得比较多，具体分几个等级可以按需要而定。为了提高评定的客观性，应具体指出各个评定等级的评判标准，以便于评定。此外，还可以多找一两个人同时评定，检查彼此的一致程度。评价量表和行为检查单有一定关系。二者都要求教师对学生的行为进行判断，可以在观察过程中或结束后使用。但是它们的评价标准不同，检查单只需要做定性的判断，而等级评价量表是做定量的判断。

3. 情感评价。许多时候，教师有必要针对学生的情绪、学习动机、个人观点等进行评价。固然，我们可以借助已有的量表，但是学校也鼓励教师自

己编制评价量表。为了获得这类信息，教师可以自行编写开放式问题、问卷等。而在对结果的评价时，教师也需要写一份详细的报告，形式类似于上文的观察报告，以便为改进教学提供认知基础。

（三）测量结果分析、诊断

通过单元或阶段测验之后，教师应对教学效果进行系统分析，反思自己的教学设计与教学行为。通过分析测验结果，找出成绩不良的问题和原因，最后实现诊断与补救的目的。

1. 问题与原因。

（1）找出存在的问题。因为目标导向教学设计的测验题都是针对目标的，如果目标是根据加涅的学习结果分类设置的，那么针对目标的测验也会反映学生能力结构方面的强与弱。因此，经过统计分析，可以发现学生在语言信息、智慧技能和认知策略三方面的掌握情况。在言语信息和智慧技能方面，又可以分析学生高水平的知识技能和较低水平的知识技能的掌握情况。

如果在试卷中有意地安排一些测验学生起点能力和构成终点能力的子能力的试题，分析这样的试卷可以诊断出学生缺乏的起点能力和子能力。所以对学生学习困难的诊断不仅应从终点目标结构（即构成能力的知识类型）方面进行诊断，而且应从起点能力与构成终点能力的子目标作出诊断。这样的测验被称为诊断性测验。

（2）分析成绩不良的原因。学习成绩不良的原因从内部和外部两方面分析。教育心理学家经过长期的研究，得出了一个影响学生成绩的内部因数的公式：两名学生相比，如果一名的智商高于另一名，而其他条件（学习动机和原有知识水平）相近，那么智商高的学生学习成绩将优于智商低的。如果两个学生智商接近，而且原有知识水平也接近，则在一定范围以内，学习动机水平高的学生的成绩会优于学习动机水平低的学生。如果两名学生智商和动机水平相近，则原有知识水平越高的学生学习起来越容易。虽然智商、动机和原有知识三者都从正面影响学习成绩，但这三者的作用是不同的。动机是努力程度，在一定范围内，努力程度高的学生的学习将超过努力程度低的学生。智商是学生的聪明程度。在一般情况下，聪明的学生学习的速度快，不聪明的学生学习速度慢。但心理学家认为动机和智商只影响学生学习的速度而不决定学习的成败。原有知识不仅决定学习难易，而且常常决定学习的成败。例如，未掌握加法的学生不能学习乘法，未掌握减法和乘法的学生不能学习除法。所以在分析学生成绩不良的原因时应从如下方面考虑：①在学习新知识时，学生原有起点能力是否具备。许多学生学习失败的重要原因是缺乏原有知识。例如，有些学生多次留级，但学习效果仍不理想，重要原因是对他们留级后的补救教学并不是从他们的原有起点上进行的。学习的失败又会影响学生的学习动机和信心，最后导致恶性循环。②学生的智商水平。智商高的学生学习速度快，智商低的学生学习速度慢。在认知学习领域内，这几乎是一条不可改变的定律。所以在分析成绩的原因时，应考虑学生学习速度上的差异。③学生的学习动机。学习动机不仅影响学生学习努力的程度，而且影响学生学习的方法。由于对知识的兴趣而激发的内在学习动机，将影响学生追求学习质量，而不是表面的成绩。出于外因所诱发的外部动机，学生可能追求表面的成绩而不求甚解。

以上都是从学生内部找原因。但学生成绩不良的原因也可能出自外部环境，主要是教师的教学。从外因来看，教师首先应看教学设计是否有问题。例如，陈述性知识向智慧技能转化必须经过变式练习，要考虑变式练习题是否充分，练习中是否有必要的反馈和纠正。

2. 诊断与补救。对于某一个学生而言，情况千差万别，这就要求教师通过诊断、测验找到某个学生在某门课学习上的特殊困难。例如，在学外语时，发音不准可能是由于受方言的干扰；在学自然时，自然的科学概念可能受自然的具体概念干扰，或者是由于从小没有养成良好的学习习惯，或者由于缺乏自信心等。对于特殊的困难，教师必须作出明确的诊断，才能有效地进行补救教学。

# 第二十章　教学反思

教学反思作为教师对自己教学决策、教学过程以及结果的觉察，也是教学监控的一种重要形式。

## 一、教学反思的含义

教学反思是教师以自己的教学活动过程为思考对象，对自己所做出的行为、决策以及由此所产生的结果进行审视和分析的过程，是一种通过提高参与者的自我觉察水平来促进能力发展的途径。这里所说的反思是一种需要认真思索乃至付出极大努力的过程，而且常常需要教师合作进行。另外，反思不简单是教学经验的总结，它是伴随整个教学过程的监视、分析和解决问题的活动。

教师反思指向教师内部世界。教师反思要求认识、评价自己的教学理念和行为，要求体验自身教育教学的经历，要求对内心活动和行为表现予以省察、调节和控制。

教师反思是以自身的教育教学活动为思考对象，对自己工作中的决策、行为及相应结果进行的审视、分析和评价。无疑，这是一种教师对自身教育教学实践所进行的一种思量。

提出并重视反思，是教师发展研究重大转变的反映。这一转变就是从重视对教师课堂行为的研究转向关注教师行为背后的心智、情感、意向等的心理活动。无疑，这一转变促使教师发展的探究从表面、浅层推向内部、深层。今天，人们普遍认同教师反思具有种种价值，如使教师超越当前琐碎事务，提升教师内在素质，促进未来教育实践，改进教育整体功能等。对于促进教师发展来说，反思已成为教师自身意义重构和教师自觉发展的重要而关键的一条途径。

## 二、教学反思的类型

（一）对于活动的反思。这是个体在行为完成之后对自己的行动、想法和做法的反思。

（二）活动中的反思。是指个体在做出行为的过程中对自己在活动中的表现、自己的想法、做法进行反思。

（三）为活动反思。这种反思是以上两种反思的结果，是以上述两种反思为基础来指导以后的活动。

这三种反思在产生用于指导行为的知识的过程中有重要意义。首先，教师计划自己的活动，通过“活动中的反思”观察所发生的行为，就好像自己是局外人，以此来理解自己的行为与学生的反应之间的动态的因果联系。而后，教师又进行“对于活动的反思”和“为活动反思”，分析所发生的事件，并得出用以指导以后决策的结论。如此更替，成为连续的过程。教师在反思过程中具有双重角色：既是演员，又是评论家。反思成为理论和实践之间的对话，是它们两者之间相互沟通的桥梁。

## 三、教学反思的过程

### （一）具体经验阶段

这一阶段的任务是使教师意识到问题的存在，并明确问题情境。在此过程中，接触到新的信息是很重要的，他人的教学经验、自己的经验、各种理论原理，以及意想不到的经验等都会起作用，一旦教师意识到问题，就会感到一种不适，并试图改变这种状况，于是进入到反思环节。这里关键是使问题与教师个人密切相关，使人意识到自己的活动中的不足，这往往是对个人能力自信心的一种威胁，所以，让教师明确意识到自己教学中的问题往往并不容易。作为教师反思活动的促进者，在此时要创设轻松、信任、合作的气氛，帮助教师看到自己的问题所在。

### （二）观察与分析阶段

这时，教师开始广泛收集并分析有关的经验，特别是关于自己活动的信息，以批判的眼光反观自身，包括自己的思想、行为，也包括自己的信念、价值观、目的、态度和情感。获得观察数据的方式可以有多种，如自述与回

忆、他人的观察模拟、角色扮演，也可以借助于录音、录像、档案等。在获得一定的信息之后，教师要对它们进行分析，看驱动自己的教学活动的各种思想观点到底是什么，它与自己所倡导的理论是否一致，自己的行为与预期结果是否一致等，从而明确问题的根源所在。这个任务可以由某个教师单独完成，但合作的方式往往会更有效。经过这种分析，教师会对问题情境形成更为明确的认识。

### （三）重新概括阶段

在观察分析的基础上，教师反思旧思想，并积极寻找新思想与新策略来解决所面临的问题。此时，新信息的获得有助于更有效的概念和策略办法的产生，这种信息可以来自研究领域，也可以来自实践领域。由于针对教学中的特定问题，而且对问题有较清楚的理解，这时寻找知识的活动是有方向的、聚焦式的，是自我定向的，因而不同于传统教师培训中的知识传授。同样，这一过程可以单独进行，也可以通过合作的方式进行。

### （四）积极的验证阶段

这时要检验上阶段所形成的概括的行动和假设，它可能是实际尝试，也可能是角色扮演。在检验的过程中，教师会遇到新的具体经验，从而又进入具体经验第一阶段，开始新的循环。

在以上四个环节中，反思最集中地体现在观察和分析阶段，但它只有和其他环节结合起来才会更好地发挥作用，在实际的反思活动中，以上四个环节往往前后交错，界限不甚分明。

## 四、教学反思的成分

### （一）认知成分

认知成分是指教师如何加工信息和做出决策。在人的头脑中，大量的相互关联的有关事实、概念、概括和经验的信息被组织成一定的网络，成为图式，可以有效储存和快速提取，构成了个体理解世界的基础。莱因哈特和格里诺对专家教师和新教师对课堂事件的解释做了对比研究，结果表明，专家教师在教学决策过程中体现出更深刻的、具有丰富联系的图式，这些图式使得他们能够准确判断哪些事件是值得关注的，并从记忆中提取出有关的信息，以便选择最恰当的反应策略，这是使得他们能够自动化地处理各种问题的基础。

（二）批判成分

批判成分是驱动思维过程的基础，包括经验、信念、社会政治取向以及教师的目标等，更强调价值观和道德成分，比如教育目标是否合理，教育策略和材料中所隐含的平等与权力问题等。它影响到教师对情境的理解，影响到教师关注的问题以及问题的解决方式。研究者发现，反思过程中，教师不再像以往只关注解决问题，而是更关注提出问题，他们对这些没有确定答案的、非线形的问题更感兴趣。

（三）教师的陈述

研究者提出，要反映教师自己的声音，它包括教师所提出的问题，教师在日常工作中写作、交谈的方式，他们用来解释和改进自己的课堂教学的解释系统，这些就是教师陈述的基本成分。它可能包含一些认知成分和批判成分，但重点是指教师对做出各种教学策略的情境的解释，这种解释可以使教师更清醒地看到自己的教学决策过程。

## 五、教学反思的方法

（一）通过审视教学日志进行反思

教学日志中记录了日常发生的各种教学行为，其中对成功、失败或困惑事件的记录一般更为详细。回顾数周、数月或一学期的教学日志，审视这些曾发生的原始资料，会发现自己的某种反应模式及其反思对学生的影响，进而形成新的理念，指导自己的今后工作。

（二）通过对照教育理论进行反思

首先，要认识到教育理论的重要性和意义，理论是教师有效工作的指针，是教师发展的基石。其次，要善于学习教育理论，学习要结合自己日常工作，尤其要结合工作中面临的问题、困惑和挑战。当有了一定的理论积累，反思时就可以比照理论要点和已有实践，或充实自己的教学行为，或提升自己的实践经验，或修正自己的工作路线，或体悟对理论的原有认识。

（三）通过与同事交流进行反思

这是群体性反思，教师反思与集体反思同时进行。如，来自不同学校的

教师聚集在一起，相互观摩彼此的教学，交流各自的教学案例，共同品味案例中蕴涵的各种含义、分享发生其中的种种体验。交流时，首先提出课堂上发生的问题，然后共同讨论解决的办法，选择的案例应该具有敏感度，即应是热点、难点、重点的问题，能有共同兴趣。对案例要有解剖性的解读，各人要提出自己的应对策略、解决方案。在群体成员共同审视下，对案例形成某种理性共识，得到的方案为所有教师及其他学校共享。这有助于指导教师成功处理今后可能发生的类似问题，并有可能引发出某种规律性的认识。

（四）利用学生和家长的反馈进行反思

现代教育是开放、民主的教育。教师的教育教学要重视自己的学生及其家长的各种反映，通过认真收集他们提供的反馈信息来反思自己的工作。如，一周结束了，可以通过某种形式了解学生对本周教育教学活动的看法，教师要花一定时间整理学生回答的资料，并分析和反思。对学生家长，也可以在一学期中组织数次类似的调查，据此进行反思。这样的反思常能发现盲点性的问题，它们影响着教育教学，却还没有被意识到或受到应有的重视。

（五）借助教研员和骨干教师的帮助进行反思

有时，教学行为与效果的关系较为隐蔽，如果缺乏丰富的经验积累和一定的理论素养，会难以对其有正确认识。此时，反思需要作专题研讨，向学科教研员和骨干教师请教，建立课题组开展目的明确的行动研究，通过高起点、深层次的探究来获得真知。

## 六、教师反思的内容

（一）行动（实践）

行动可以是教师的一次具体课堂教学，也可以是某个单元或某段时间的教学，还可以是数年乃至整个成长过程，它既包括教师外显的行动本身，也包括教师内隐的各种心理活动和相应观念。

（二）回　顾

教师收集自己过去的各种教育教学方面的实践资料，如教案、计划、工作笔记、班级日志、自传等，概括自己的经历和体验，得出自己的感受和得失，并予以明确表达。

（三）分析与评价

教师对通过回顾得到的资料进行分析，每次分析围绕具体主题，如自己的教育观、学生观、师生关系观、某教学方法、某教育措施等，进而作出判断和评价。分析和评价时固然要找出“问题”所在，但确定“好”的成分或部分也同样重要，两者都是后继重建的重要参考，且从正、反两方面影响着教师的原则性知识或教师的个人理论。

（四）重　建

这既指教学在技术层面上的重建，也指教师头脑中相应的原则性知识的重建。

技术层面上的重建涉及具体操作，与今后应该如何做有关。原则性知识的重建涉及理清已有观念，或把已有经验概念化，或形成相应的观点和理念，这些与今后如何思考有关，它会对反思的其他环节起到指导作用。

## 七、教师反思的注意点

（一）准备充足的材料

一定数量的教育教学素材是教师反思的必要基础。这需要教师的自身积累，也需要环境为此提供必要的帮助。如，组织教师相互听课后，鼓励为任课教师提供听课教师的笔记。又如，有条件的学校，可以为教师的日常任课和活动提供录像服务。

（二）提高评价的素养

一定的教育评价能力是教师反思的又一必要基础。无论是“寻根究底”的反思，还是“在行动中反思”，都需要一定的教育评价能力。要突破对教育评价的狭隘理解，拓宽教师的评价视野，提升教师的评价素养，使教师对自己的实践及其对学生的影响能有较深刻全面的分析和判断。

（三）抓住重建这一核心

重建是教师反思的重要环节，是反思的落脚点和归宿。在鼓励个人重建的同时，要看到个人经验局限性带来的不利影响。对此，有必要提倡教师“借用外脑”，可组织合作的、集体的活动，如集体备课、听课、说课、评课；可组织结对子的互帮互学、校内校外的观摩学习等，为教师的个人反思提供

体会、领悟、交流的平台，提高反思中重建这一环节的品质和效果。

（四）营造反思氛围

反思体现了一名专业人士应有的素质。反思应该成为教师的专业生活的组成部分。不要把教师反思仅仅作为某个时期或为了某个目的而实施的一项措施。学校要努力营造开放、合作、和谐的学校文化氛围，同时通过一定的管理制度和机制，努力促成教师反思的日常化。

需要指出的是，随着心理学对元认知研究的深入和认识的深化，教师反思也应该重视对教师元反思的探究。我们认为，对教师反思过程中主体自身的自我意识、自我体验、策略组织等心理活动予以深入探究同样具有重要的意义。

# 第二十一章　教学理论

## 一、认知主义的教学理论

认知主义的教学理论强调以学生为中心，以认知能力的形成为目的，主张教学应该从过去重视教材知识结构和学习结果转变到重视认知结构、学习的内部认知加工过程、学习策略和思维策略的培养，倡导过程中心、结构中心、学生中心的教学心理思想。

### （一）加涅的指导学习教学理论

1. 加涅将教学目标归纳为智慧技能、认知策略、言语信息、动作技能和态度这五种学习结果。加涅认为，这五种学习结果是跨学科的，并要求学校的每一门学科都要按照五种学习结果制订具体的教学目标。

2. 教学是经过设计的支持内在学习的外在事件。加涅认为教学过程一般由九个教学事件构成：引起注意、告知目标、提示学生回忆原有知识、呈现刺激材料、提供学习指导、引导学习行为、提供反馈、评价表现、促进保持与迁移。教师应根据学习结果的类型和学习的阶段规划不同的教学事件，选择最适当的教学方法。

3. 如果教学目标设置合理而且陈述得明确、具体、可观察和可测量，那么教学结果的测量和评价问题就自然解决了。

4. 加涅认为教师是教学的设计者和管理者，也是学生学习的评定者。学习的发生有内部条件和外部条件，内部条件指的是学生在学习前具有的最初的经验或已有的知识，外部条件则是指由于学习内容的不同而构成的对学生不同的条件。教学应该根据不同类型的学习及其产生的条件来进行，好的教学应该使这些内部条件和外部条件的提供都经过计划安排，在学习过程中都有很好的管理指导。

### （二）布鲁纳的结构教学理论

1. 强调发展学生的智慧。布鲁纳对学生既重视知识的传授，更强调智力

的发展。他甚至把学生的智力发展和国家的命运联系起来。

2. 注重学习各门学科的基本结构。他认为，不论我们选教什么学科，务必使学生理解该学科的基本结构。他认为注重基本结构、原理、概念的教学有以下作用。①可以使学科更容易理解。基本原理弄懂了，特殊问题就能迎刃而解。②能更好记忆科学知识。只有有结构、有系统地储存知识，才有助于提取知识。③可以促进迁移。领会基本的原理和观念，有助于通向适当的迁移。④可以缩小高级知识和初级知识之间的间隙。他深信，由于充分理解了某知识领域的结构，高深的概念可以适当地教给年龄较小的学生，以缩短高级知识和初级知识之间的间隙。

3. 教学内容是学生对学科基本结构的理解。他把发现学习看成是最有意义的学习形式。学生的学习过程不仅是主动地对进入感觉的事物进行选择、转换、储存和应用的过程，而且是主动学习、适应和改造环境的过程。因此，学生应该充分发挥自己的主观能动性，亲自去发现、探索所学的知识和规律，使自己成为发现者。他还主张为了促进发现学习的产生。布鲁纳的结构教学理论强调教学要调动学生学习的主动性，要重视学习的认知过程和认知结构的形成，具有积极的意义。

4. 倡导“发现教学法”。布鲁纳认为认识是一个过程，而不是一种结果，教学的主要目的不是要学生记住教师和教科书上所讲的内容，而是让学生参与建立该学科的知识体系的过程。因此，他认为学生是主动积极的探究者。布鲁纳主张每一门学科的教学要让学生自己思考，参与知识的活动过程。该教学法主要由两个步骤：①学生依据所获得的感性材料，借助推理和直觉引起的思维的飞跃，提出试探性的假设。这是一个人把新获得的信息与在过去的经验的基础上建立的内部世界模式（即原有的表征系统）相联系的结果。②学生用更多的感性材料对试探性的假设作检验。

5. 教学原则。依据自己的教学理论，布鲁纳提出了教学活动中应该注意的四条原则：（1）动机原则。布鲁纳认为学习和问题解决取决于学习者作出选择的探索活动。教学必须对学习者的这种探索活动起促进和调节作用。（2）结构原则。布鲁纳认为任何观念、任何问题或任何知识都可以用很简单的结构化形式表达出来，以便学习者理解。（3）序列原则。序列原则指在组织教材和进行教学时，要根据学生的发展水平、动机状态和知识背景来确定所学材料的最佳顺序。不存在对所有学习者都适应的序列。（4）反馈原则。布鲁纳承认外在强化对学习行为可能具有的激发和维持作用，同时认为外在强化对学生长远的学习过程并无裨益。他十分重视学习者的内在肯定和奖励，并认为教学应该强调学习者的内在动机和奖励。

（三）奥苏贝尔的同化教学理论

同化教学理论是基于奥苏伯尔的有意义接受学习理论而建立起来的一种教学理论。该理论主张教学要遵循从一般到个别，再呈现具体材料以重组学生认知结构要素的教学顺序，并提出先行组织者的教学策略。

1. 教学要采取“逐渐分化、整合协调”的方式。“逐渐分化”是要求教师先讲授最一般的、包摄性最广的概念，然后根据具体细节对它们逐渐加以分化，这种讲授方式与学生认知结构中表征、储存知识的方式是一致的。如果教师在教学中，按照这个原则来组织和系统地安排教材，就可能出现最理想的学习和保持效果。“整合协调”是要求学生对认知结构中现有要素重新加以类推、分析、比较和综合，从而明确新旧知识的区别和联系，消除可能引起的混乱。。他认为，教师应引导学生努力探讨观念之间的联系，指出其异同，从而明确新旧知识的区别和联系，以取得学习和保持的最佳效果。

2. 在教学过程中采用“先行组织者”的教学策略。它的指导思想就是通过提高学生原有认知结构的可利用性、可辨别性和稳定性，来促进学生学习过程中的认知同化。先行组织者是先于学习任务本身呈现的一种引导性材料，它比学习任务本身具有更高的抽象和概括水平，并且能与学生的认知结构中原有的概念和新的学习任务发生关联。先行组织者可以分为陈述性组织者和比较性组织者，陈述性组织者是为新知识提供最适当的类属者，它与新知识产生一种上位关系；比较性组织者用于比较熟悉的学习材料中，以增强新旧知识之间的可辨别性。先行组织者的主要功能是在学生能够有意义地接受学习新内容之前，在新旧知识之间架设起“桥梁”，即使新知识与原有知识清晰地联系起来，为有意义地接受学习新知识提供认知框架或固着点。

## 二、人本主义的教学理论

人本主义的教学理论认为学习不仅仅是一个认知过程，更是一个情感体验和人格影响的过程。人本主义心理学家更注重启发学生的经验和创造潜能，注重为学生创造一个良好的环境，强调情感和动机因素在教学活动中的地位和作用，突出教学的人文精神和对学生全面发展的关注。因此，人本主义心

理学家倡导“寓情意教学于认知之中”的教学心理思想，无论是什么学科的教学，都应该采取知、情、意、行四者合一的全人化教育取向。

人本主义教学理论的主要形式是“非指导性教学”。非指导性教学的核心和关键就是要促进学生的学习和自我实现。它主张以人的本性为出发点，将教学视为促进自我实现的工具，以此开发创造潜能，培育个性，最终培养知、情合一的完整的人。在教学过程中，教师起促进者的作用，教师通过与学生建立融洽的关系，促进学生的成长。非指导性教学是一种无结构的教学。教学目的、内容、进程和方法等由学生自己讨论决定，学生有绝对的选择自由，个人可以无拘无束地提出自己的问题、发表自己的意见，一切活动由学生自己发现、自行组织。其教学过程以解决学生的情感问题为目标，通常包括五个阶段：①确定帮助的情境。教师要建立一种有利于学生接受的气氛或问题情境，鼓励学生自由地表达自己的情感。②探索问题。教师鼓励学生自己来界定问题，帮助学生澄清和评估自己的问题或感受。③开发学生思维。教师让学生讨论问题，尽情地发表自己的观点或看法，给学生提供帮助。④计划和抉择。由学生计划初步的决定，教师帮助学生明确这些决定。⑤整合。学生获得较深刻的见解后，会形成较为积极的行动，教师对此要给予支持。人本主义教学原理可被运用于课堂和教学实践中：

1. 对学生给予积极肯定。
2. 将学生本人与学生的行为分开。
3. 为学生提供选择和机会，鼓励学生个人的成长。
4. 为学生提供资源，鼓励学生努力学习。

总之，人本主义教学理论把教学活动的重心从教师引向学生，把学生的思想、情感和行为看做是教学的主体，从而促进了个别化教学运动的发展。

### 三、建构主义的教学理论

建构主义的教学理论认为，教师是学生知识建构的帮助者、促进者和支持者，而不是知识的提供者和灌输者；学生是知识建构的主体，而不是知识的被动接受者或被填灌的对象。教学必须从学生已有的知识、态度和兴趣出发，精密地设计能够给学生提供经验的教学情境，这些经验应能与学生已有的知识发生相互作用，使他们能建构自己的理解，然后在教师的指导下，由学生自己去建构自己的知识。

（一）教学设计原则

1. 把所有的学习任务都置于为了能够更有效地适应世界的学习中。

2. 教学目标应该与学生的学习环境中的目标相符合，教师确定的问题应该使学生感到就是他们本人的问题。

3. 设计真实的任务。真实的活动是学习环境的重要的特征。就是应该在课堂教学中使用真实的任务和日常的活动或实践整合多重的内容或技能。

4. 设计能够反映学生在学习结束后就从事有效行动的复杂环境。

5. 给予学生解决问题的自主权。教师应该刺激学生的思维，激发他们自己解决问题。

6. 设计支持和激发学生思维的学习环境。

7. 鼓励学生在社会背景中检测自己的观点。

8. 支持学生对所学内容与学习过程的反思，发展学生的自我控制的技能，成为独立的学习者。

9. 学习的需要和目的常常清晰地呈现在学生面前。

（二）教学设计内容

1. 教学目标分析对整门课程及各教学单元进行教学目标分析，以确定当前所学知识的“主题”。

2. 情境创设。创设与主题相关的、尽可能真实的情境。建构主义认为，学习总是与“情境”相联系的，在实际情境下进行学习，可以使学习者能利用自己原有认知结构中的有关经验去同化和索引当前学习到的新知识，从而赋予新知识以某种意义；如果原有经验不能同化新知识，则要引起“顺应”过程，即对原有认知结构进行改造与重组。总之，通过“同化”与“顺应”才能达到对新知识意义的建构。在传统的课堂讲授中，由于不能提供实际情境所具有的生动性、丰富性，因而将使学习者对知识的意义建构发生困难。在教学设计中，创设有利于学习者建构意义的情境是最重要的环节或方面。

3. 信息资源设计。信息资源的设计是指确定学习本主题所需信息资源的种类和每种资源在学习本主题过程中所起的作用。为了支持学习者的主动探索和完成意义建构，在学习过程中要为学习者提供各种信息资源（各种类型的教学媒体和教学资料）。利用媒体和资料并非用于辅助教师的讲解和演示，而是用于支持学生的自主学习和协作式探索。对于信息资源应如何获取、从

哪里获取，以及如何有效地加以利用等问题，则成为主动探索过程中迫切需要教师提供帮助的内容。

4. 自主学习设计根据所选择的不同教学方法，对学生的自主学习作不同的设计：

（1）如果是支架式教学，则围绕上述主题建立一个相关的概念框架。框架的建立应遵循维果斯基的“最邻近发展区”理论，且要因人而异（每个学生的最邻近发展区并不相同），以便通过概念框架把学生的智力发展从一个水平引导到另一个更高的水平，就像沿着脚手架那样一步步向上攀升。

（2）如果是抛锚式教学，则根据上述主题在相关的实际情境中去确定某个真实事件或真实问题（即“抛锚”）。然后围绕该问题展开进一步的学习——对给定问题进行假设，通过查询各种信息资料和逻辑推理对假设进行论证，根据论证的结果制订解决问题的行动规划，实施该计划并根据实施过程中的反馈补充和完善原有认识。

（3）如果是随机进入教学，则进一步创设能从不同侧面、不同角度表现上述主题的多种情境，以便供学生在自主探索过程中随意进入其中任一种情境去学习。

（4）不管是用何种教学方法，在“自主学习设计”中均应充分考虑上节所述体现以学生为中心的三个要素：发挥学生的首创精神、知识外化和实现自我反馈。

5. 协作学习环境设计。学生们在教师的组织和引导下一起讨论和交流，共同建立起学习群体并成为其中的一员。在这样的群体中，共同批判地考察各种理论、观点、信仰和假说；协作应该贯穿于整个学习活动过程中。教师与学生之间，学生与学生之间的协作，对学习资料的收集与分析、假设的提出与验证、学习进程的自我反馈和学习结果的评价以及意义的最终建构都有十分重要的作用。进行协商和辩论，先内部协商（即和自身争辩到底哪一种观点正确），然后再相互协商（即对当前问题摆出各自的看法、论据及有关材料并对别人的观点作出分析和评论）。通过这样的协作学习环境，学习者群体（包括教师和每位学生）的思维与智慧就可以被整个群体所共享。在此环境中学生可以利用各种工具和信息资源来达到自己的学习目标。在这一过程中学生不仅能得到教师的帮助与支持，而且学生之间也可以相互协作和支持。学习应当被促进和支持而不应受到严格的控制与支配。交流是协作过程中最基本的方式或环节。协作学习的过程就是交流的过程，在这个过程中，每个学习者的想法都为整个学习群体所共享。交流对于推进每个学习者的学习进程，是至关重要的手段。协作学习环境的设计应包括以下内容：

（1）能引起争论的初始问题；

（2）能将讨论一步步引向深入的后续问题；

（3）教师要考虑如何站在稍稍超前于学生智力发展的边界上（即最邻近发展区）通过提问来引导讨论，切忌直接告诉学生应该做什么（即不能代替学生思维）；

（4）对于学生在讨论过程中的表现，教师要适时作出恰如其分的评价。评价内容主要围绕三个方面：自主学习能力；协作学习过程中作出的贡献；是否达到意义建构的要求。应设计出使学生不感到任何压力、乐意去进行，又能客观地、确切地反映出每个学生学习效果的评价方法。

6. 强化练习设计。根据小组评价和自我评价的结果，应为学生设计出一套可供选择并有一定针对性的补充学习材料和强化练习。这类材料和练习应经过精心的挑选，即既要反映基本概念、基本原理又要能适应不同学生的要求。以便通过强化练习纠正原有的错误理解或片面认识，最终达到符合要求的意义建构。

7. 意义建构。意义建构是教学过程的最终目标。其建构的意义是指事物的性质、规律以及事物之间的内在联系。在学习过程中帮助学生建构意义就是要帮助学生对当前学习的内容所反映事物的性质、规律以及该事物与其他事物之间的内在联系达到较深刻的理解。

在传统教学设计中，教学目标是高于一切的，它既是教学过程的出发点，又是教学过程的归宿。通过教学目标分析可以确定所需的教学内容和教学内容的安排次序；教学目标还是检查最终教学效果和进行教学评估的依据。但是在建构主义学习环境中，由于强调学生是认知主体、是意义的主动建构者，所以是把学生对知识的意义建构作为整个学习过程的最终目的。在这样的学习环境中，教学设计通常不是从分析教学目标开始，而是从如何创设有利于学生意义建构的情境开始，整个教学设计过程紧紧围绕“意义建构”这个中心而展开，不论是学生的独立探索、协作学习还是教师辅导，学习过程中的一切活动都要从属于这一中心，都要有利于完成和深化对所学知识的意义建构。正确的作法应该是：在进行教学目标分析的基础上选出当前所学知识中

的基本概念、基本原理、基本方法和基本过程作为当前所学知识的“主题”（或曰“基本内容”），然后再围绕这个主题进行意义建构。这样建构的“意义”才是真正有意义的，才是符合教学要求的。

（三）教学模式

1. 随机通达教学。由于事物的复杂性和问题的多面性，要做到对事物内在性质和事物之间相互联系的全面了解和掌握，即真正达到对所学知识的全面而深刻的意义建构是很困难的。往往从不同的角度考虑可以得出不同的理解。为克服这方面的弊病，在教学中就要注意对同一教学内容，要在不同的时间、不同的情境下、为不同的教学目的、用不同的方式加以呈现。换句话说，学习者可以随意通过不同途径、不同方式进入同样教学内容的学习，从而获得对同一事物或同一问题的多方面的认识与理解，这就是所谓“随机进入教学”。

显然，学习者通过多次“进入”同一教学内容将能达到对该知识内容比较全面而深入的掌握。每次的情境都是经过改组的，每次改组都有不同的学习目的，都有不同的问题侧重点。这种反复绝非为巩固知识技能而进行的简单重复。因此多次改组的结果，绝不仅仅是对同一知识内容的简单重复和巩固，而是使学习者获得对事物全貌的理解与认识上的飞跃。因为在各次学习的情境方面会有互不重合的方面，而这将会使学习者对概念知识获得新的理解。这种教学避免抽象地谈概念一般如何运用，而是把概念具体到一定的实例中，并与具体情境联系起来。每个概念的教学都要涵盖充分的实例（变式），分别用于说明不同方面的含义，而且各实例都可能同时涉及其他概念。在这种学习中，学习者可以形成对概念的多角度理解，并与具体情境联系起来，形成背景性经验。这种教学有利于学习者针对具体情境建构用于指引问题解决的图式。

随机进入教学对同一教学内容，在不同时间、不同情境下、为不同的目的、用不同方式加以呈现的要求，正是针对发展和促进学习者的理解能力和知识迁移能力而提出。

（1）随机通达教学的原则。

第一，教学活动必须为学习者提供知识的多元表征方式。

第二，教学设计应注意构建由概念与案例交织组成的“十字交叉形”，使用多个案例理解复杂知识，揭示抽象概念在非良构领域中的细微变化，以保证知识的高度概括性与具体性的结合，使知识富有灵活性。

第三，教学材料应避免内容过于简单化。

第四，教学应基于情景、基于案例、基于问题解决，强调学习者对知识的建构，而不是信息的传递与接受。

第五，作为学习材料的教学内容应该是高度联系的知识整体，而不是孤立的、分割的。

（2）随机通达教学的环节。

第一，呈现基本情境。向学生呈现与当前学习主题的基本内容相关的情境。

第二，随机进入学习。取决于学生“随机进入”学习所选择的内容，而呈现与当前学习主题的不同侧面特性相关联的情境。在此过程中教师应注意发展学生的自主学习能力，使学生逐步学会自己学习。

第三，思维发展训练。由于随机进入学习的内容通常比较复杂，所研究的问题往往涉及许多方面，因此在这类学习中，教师还应特别注意发展学生的思维能力。其方法是：教师与学生之间的交互应在“元认知级”进行（即教师向学生提出的问题，应有利于促进学生认知能力的发展而非纯知识性提问）；要注意建立学生的思维模型，即要了解学生思维的特点（例如教师可通过这样一些问题来建立学生的思维模型：“你的意思是指?”，“你怎么知道这是正确的?”，“这是为什么?”等等）；注意培养学生的发散性思维（这可通过提出这样一些问题来达到：“还有没有其他的含义?”“请对 A 与 B 之间作出比较?”，“请评价某种观点”等等）。

第四，小组协作学习。围绕呈现不同侧面的情境所获得的认识展开小组讨论。在讨论中，每个学生的观点在和其他学生以及教师一起建立的社会协商环境中受到考察、评论，同时每个学生也对别人的观点、看法进行思考并作出反应。

第五，学习效果评价。包括自我评价与小组评价，评价内容与支架式教学中相同。由以上介绍可见，建构主义的教学方法尽管有多种不同的形式，但是又有其共性，即它们的教学环节中都包含有情境创设、协作学习（在协作、讨论过程中当然还包含有“对话”），并在此基础上由学习者自身最终完成对所学知识的意义建构。这是由建构主义的学习环境所决定的。如前所述，建构主义的学习环境包含情境、协作、会话和意义建构等四大要素。既然上

述各种教学方法都是在建构主义学习环境下实施的，那就不能不受到这些要素的制约，否则将不成其为建构主义理论指导下的教学过程。

综上所述，建构需要经历一个不断深化的过程。知识的学习主要的是看所获得的知识的质量，看能否把知识灵活地迁移运用到各种相关的情境中。为此，在教学中，教师必须采用有效的教学策略促进高级知识的获得，其核心任务是深化学生对知识的理解。“为理解而教”是当今学习和教学理论的一条重要信念。在这样的教学中，学习者需要围绕有生成性的、可进行深度挖掘的主题领域进行持续的学习活动，对知识形成深层的、灵活的理解，其具体表现是学习者能够综合运用与该主题相关的知识，以灵活的、有创见的方式从事有关的活动，比如解决某个问题，做出某种决策，在新情境中使用原有的概念等。

2. 情境教学。情境教学观强调研究自然情境中的认知，强调按照真实的社会情境、生活情境与科学活动改造学校教育活动，使学生有可能在真实的、逼真的活动中，通过观察、概念工具的应用以及问题的解决获得文化适应。认为知识是个人与社会或自然情境之间联系的属性以及互动的产物，学习不仅仅是获得事实性知识，还要求进行思维和行动，要求将学习置于知识产生的特定自然或社会情境中，将参与视为学习与教学的关键成分，并要求学习者通过理解和经验的不断相互作用，在不同情境中进行知识的意义协商。

（1）基于情境的行动。情境理论认为，人类活动是复杂的，包括社会、自然和认知因素。人们不是根据内心关于世界的符号表征行动的，而是通过与环境直接接触与互动来决定行动，并且，人们经常对情境进行反思。

（2）合法的边缘参与。情境教学观强调的重心由居于权威的专家概念转移至教学共同体中学习资源的复杂结构概念。基于情境的学习者必须是教学共同体的合法参与者，而非被动的旁观者。同时学习者的活动必须在共同体工作的情境中进行。

（3）实践共同体的建构。情境教学观把社会性交互作用视为情境教学的重要组成成分，因而提出“实践共同体”的概念。

（4）情境教学设计的基本要求。研究者提出了情境教学设计的基本要求是：提供真实与逼真的领域，以反映知识在真实生活的应用方式；提供真实与逼真的活动，为理解与经验的互动创造机会；提供接近专家以及对其工作过程进行观察与模拟的机会；在学习中为学习者扮演多重角色，产生出多重观点提供可能；构建学习共同体与实践共同体，共同支撑知识的社会协商性建构；在学习的关键时刻应为学习者提供必要的指导与搭建“脚手架”；促进对学习过程和结果的反思以便从中吸取经验；提供对学习的真实性、整合性评价。

情境性学习认为，情境通过活动来合成知识，即知识是情境化的，并且在部分程度上是它所被应用的活动、背景和文化的产物。

情境性学习认为，人的学习决定于人的社会存在，而不是决定于周围的事物、现象。知识不是个人的认知结构，而是随着时间而发展的社会团体的创造。

情境性认知和情境性学习观念强调学习、知识和智慧的情境性。作为一个关于学习实质的理论体系，这些学习观念对以技术为基础的教学设计具有重要的启示。

情境性教学是情境性学习观念在教学中的具体应用。

情境性教学倡导教学要以解决学生在现实生活中遇到的问题为目标。主张采用真实性任务，设置与现实问题情境相似的教学情境，引导学生展开与现实中专家解决问题相类似的探索过程，获取隐含于情境之中的知识、工具，并在学习过程中来评价学生的学习。

这种教学的过程与现实的问题解决过程相类似，所需要的工具往往隐含于情境当中，教师并不是将提前已准备好的内容教给学生，而是在课堂上展示出与现实中专家解决问题相类似的探索过程（甚至有人主张教师不要备课），提供解决问题的原型，并指导学生的探索。

情境性教学不需要独立于教学过程的测验，而是采用融合式测验，在学习中对具体问题的解决过程本身就反映了学习的效果。或者进行与学习过程一致的情境化的评估。

学习和认知基本上是情境性的，“知什么”与“知怎样”应该是融为一体的。由此产生了这样一个问题：我们应以何种深思熟虑的方式，使活动与情境跟认知与学习整合起来。为解决这一问题，首先应该改变习惯了的学习观，因为，对待学习活动的不同看法会导致截然不同的学习结果。教育若忽略认知的情境性本质，分割知与行，就无法达到提供有用、健全知识这一教育自身的目标。

与情境性认知相关联的另一个概念是分布式认知。分布式认知是指认知

分布于个体内、个体间、媒介、环境、文化、社会和时间等之中。例如，笔算比心算相对容易一些，这是因为在笔算中，个体能够将心算过程中的中间结果通过纸笔暂存于外部环境，减小了工作记忆的认知负荷。在笔算过程中，认知分布在个体头脑与外部环境之中。根据分布式认知的理论，人们提出了分布式学习的概念。分布式学习是一种教学模式，学习是在学习共同体的个体之间分布完成的。它允许指导者、学习者和学习内容分布于不同的非中心的位置，使教与学可以独立于时空而发生。这对合作学习、远程教育具有重要的理论意义。

3. 认知学徒制。认知学徒制就是指知识经验较少的学习者在专家的指导下参与某种真实性的活动，从而获得与该活动有关的知识技能。在这种学习活动中，任务是真实的，环境是真实的，知识技艺是蕴涵在真实活动之中的，徒弟学到的是可以解决实际问题的本领。借助“认知学徒关系”，学习者可以在真实性的活动中逐步内化更为高级的知识技能。从初学者或新手变成一个专家或是老手，从一个实践共同体的边缘进入到中心，进行更核心的参与。认知学徒制主张通过真正的领域活动中获取、发展和使用认知工具来进行领域学习。

认知学徒制通过允许学生获取、开发和利用真实领域中的活动工具的方法，来支持学生在某一领域中的学习。“学徒制”概念强调经验活动在学习中的重要性，并突出学习内在固有的依存于背景的、情境的和文化适应的本质。在认知学徒制中，必须使思考过程变得更加明显。当师傅的思维更接近于学徒，而学徒的思维对师傅则一目了然时，那么，学习才有可能逐渐地同时既完善行动又改进潜在的过程。

认知学徒制模式包括四个构件：内容、方法、序列和社会性。应该承认，认知学徒制模式的组成成分并不是新的，但是将它们组合在一起，则能定义一个适合不同课堂和师生角色的有效学习情境。

（1）认知学徒制模式的基本构件。

①内容。学校通常特别关注某门学科的概念、事实和程序。然而，为了能在任何场景中都能有效地运作，学生还需要其他的内容类型。

②方法。教学方法应给予学生在一定的背景中进行观察、参与、发明或发现的机会。为此，在该模式中包括了大量系统地激励学生进行探索和独立活动的方法，如：教师的指导，即由教师提供线索、反馈和暗示，搭建脚手

架，以支持学生学习如何执行任务；然后，教师“淡出”，即逐渐将其对学习的控制权移交给学生。

③序列。学习是分阶段进行的，学习者需不断构建专家在实际操作中所必需的多项技能并发现技能应用的条件。这需要一种逐渐复杂的任务序列和不断变化的问题解决情境的序列，以及对学习进行分级，以便让学生在注意细节以前，发展一种对全局的知觉。

④社会性。学习环境应该再现运用所学知识的真实世界的特征，即技术的、社会的、时间的和动机方面的特征。然而，只有通过在一定背景中遭遇学科重要知识，大部分学生才能学习何时、何处和怎样将这些知识运用于其他情境。例如，在真实世界中，人们必须与他人一起工作，因此，认知学徒制模式要求学生共同工作，通过协作解决问题，完成任务。社会性交互是认知学徒制模式的重要组成成分。学习者处于一种“实践的共同体之中”，该共同体具体体现学生应获得的信念和行为。随着学生作为一个初学者或新手逐渐从该共同体的边缘向中心移动，他们会变得比较积极，更多地接触其中的文化，因而就逐渐进入专家或熟手的角色。

（2）认知学徒制模式的设计。

①具有具体目标并建立相应的程序；

②激发活动的动机；

③提供持续的挑战感，不害怕挫折，不轻易失望与厌倦；

④提供直接参与感，产生对环境的直接体验和亲自完成任务的感觉；

⑤提供适合学生任务的工具；

⑥避免分心与中断，以干扰和破坏主观体验。

⑦强化社会性的互动和反馈；

（3）认知学徒制模式学习的若干特征。

①工作是一种驱动力。在传统的认识学徒制模式学习中，学徒逐渐掌握完成任务的方式。在这一学习过程中学习的动机主要不是为了一步步接近一个遥远的、象征性的目标（诸如获得一份证书），而是为出色完成工作而进行学习的直接价值。

②认识学徒制模式是从掌握相对简易的技能开始的，因此很少出错。

③学习的重点是亲自动手操作。因此，这种学习包括的主要是“做什么”的能力，而不是“说什么”的能力。

④实际操作的标准是镶嵌在工作环境中的。对学习者能力的判断是自然地、持续地在工作背景中显现的。

教师和教学在这种学徒制的学习中通常是无形的。学徒获得的有关行动的指示基本上不是来自教师的教学，而是来自对如何从事同一工作的观察。

4. 抛锚式教学。抛锚式教学要求建立在有感染力的真实事件或真实问题的基础上。确定这类真实事件或问题被形象地比喻为“抛锚”，因为一旦这类事件或问题被确定了，整个教学内容和教学进程也就被确定了（就像轮船被锚固定一样）。在学习中，学习者首先看到一种问题情境，他们要先运用原有的知识去尝试理解情境中的现象和活动，在此基础上，教师逐步引导他们形成一些概念和理解，然后让他们用自己的理解方式去体验和思考问题。在此过程中，学习者常常要进行合作、讨论。

抛锚式教学与情境学习、情境认知有着极其密切的关系。抛锚式教学的主要目的是使学生在一个完整、真实的问题背景中，产生学习的需要，并通过镶嵌式教学以及学习共同体中成员间的互动、交流，即合作学习，凭借自己的主动学习、生成学习，亲身体验从识别目标到提出和达到目标的全过程。

抛锚式教学是使学生适应日常生活，学会独立识别问题、提出问题、解决真实问题的一个十分重要的途径。

抛锚式教学使用的“锚”是有情节的故事，而且这些故事设计得有助于教师和学生进行探索。在进行教学时，这些可作为“宏观背景”提供给师生，利用真实的宏观背景去再创背景中学习的优势。

（1）抛锚式教学的原则。

①学习与教学活动应围绕某一“锚”来设计，所谓“锚”应该是某种类型的问题情境地。

②课程的设计应允许学习者对教学内容进行探索。

环境的不同特征支持着各种特殊有机体的活动，同样，不同类型的教材也支持着不同类型的学习活动。作为教学支撑物的“锚”的设计在于促进建构主义学习观所强调的学习活动类型。

③智能模拟

智能模拟能为教学提供有效的支撑。这种技能模拟有以下好处：有利于激发学生的动机，积极进行“what…if”问题的思考；有助于学生用系统方式组织自己的活动。

④合作学习

抛锚式教学的目的之一是有助于创设能导致合作学习的环境。采用这种教学模式的教师对此都十分关注，这是因为：

支撑物中描述的问题十分复杂，凭单个学生的力量是非曲直可能完全解决的，为此，合作学习必不可少；支撑物的视觉本质又使学生易于参与小组学习，即使们阅读欠佳也无妨。事实表明，抛锚式课程对于学业不够理想的学生无疑是一个福音，因为，该课程有助于此类学生在小组学习中作出自己的贡献，从而赢得同伴的尊重。

（2）抛锚式教学由这样几个环节组成。

①创设情境——使学习能在和现实情况基本一致或相类似的情境中发生。

②确定问题——在上述情境下，选择出与当前学习主题密切相关的真实性事件或问题作为学习的中心内容（让学生面临一个需要立即去解决的现实问题）。选出的事件或问题就是“锚”，这一环节的作用就是“抛锚”。

③自主学习——不是由教师直接告诉学生应当如何去解决面临的问题，而是由教师向学生提供解决该问题的有关线索（例如需要搜集哪一类资料、从何处获取有关的信息资料以及现实中专家解决类似问题的探索过程等），并要特别注意发展学生的“自主学习”能力。自主学习能力包括：确定学习内容表的能力（学习内容表是指，为完成与给定问题有关的学习任务所需要的知识点清单）；获取有关信息与资料的能力（知道从何处获取以及如何去获取所需的信息与资料）；利用、评价有关信息与资料的能力。

④协作学习——讨论、交流，通过不同观点的交锋，补充、修正、加深每个学生对当前问题的理解。

⑤效果评价——由于抛锚式教学要求学生解决面临的现实问题，学习过程就是解决问题的过程，即由该过程可以直接反映出学生的学习效果。因此对这种教学效果的评价往往不需要进行独立于教学过程的专门测验，只需在学习过程中随时观察并记录学生的表现即可。

（3）抛锚式教学的方法。抛锚式教学并不把现成的知识教给学生，而是在学生学习知识的过程中向他们提供援助和搭建脚手架。例如：当学生在解决某一问题时，不知道如何做时，教师就会及时地参与教学：他首先鼓励学生运用他们的直觉接近问题，然后向他们提供获得进步所必需的援助。这经常包括在课本和其他的信息源中发现相关的材料，或鼓励学生相互学习，以

达到尽快解决问题的目的。

抛锚式教学的教师为了帮助学生处理成功应付各种挑战所必需的复杂概念，常常为学生搭建脚手架。在抛锚式或情境地性教学中，任何一个问题都存在着多种可能的解决方案，多种解决问题的可能性往往产生于学生有趣而深入的讨论。

①由学生担任教学的指导者。在课堂上，通常由学生作为教学的指导者。在教师们离解题思路太远时，作为指导者的学生会及时地给予他们帮助。教学的真实性、问题的复杂性、解决问题所富有的挑战性以及作为指导者的学生所拥有的丰富知识，这一切都给成年人留下了深刻的印象。与此同时，学生也在角色的置换中获得新的体验：成功有助于增强自信，激发进一步学习的需要和兴趣；与成年人的交流以及被成年人的认同则有助于学生的社会成熟。

抛锚式教学的一个重要目标是帮助学生发展对自己体验的表征，以便为正迁移创造条件。

②让学生自己生成项目。抛锚式教学以专门设计的“锚”作为支撑物以启动教学。抛锚式教学鼓励学生自己生成学生项目。然后围绕学生自己生成的真实项目组织教学。

③抛锚式教学中的教师角色。抛锚式课程中，教师应从信息提供者、转变为“教练”和学生的“学习伙伴”，即教师自己也应该是一个学习者。为激励和支持学生的生成性学习，教师必须是灵活的。他们不应该仅仅遵照预先制订的课堂教学计划，此外，教师也不可能成为学生所选择的每一个问题的专家，应该学生一起做一个学习者。

教师必须从学习者的观点出发去切身地体验这些课程，教师允许学生尽自己的最大可能指导自己的学习进程。为了使学生适应这种方法，教师必须在学生以建构主义的方式解决问题时，给以真正需要指导。当教师无法确定如何向学生提供指导，以便让学生重组问题并将问题置于一个全新的、更为有效的问题解决进程时，教师应努力坚持不让学生过于直接的解决问题。

5. 支架式教学。支架式教学形象地说明一种教学模式：教师引导着教学的进行，使学生掌握、建构和内化所学的知识技能，从而使他们进行更高水平的认知活动。在支架式教学中，教师作为文化的代表引导着教学，使学生掌握和内化那些能使其从事更高认知活动的技能。这种掌握和内化是与其年龄和认知水平相一致的，但是，一旦他获得了这些技能，便可以更多地对学习进行自我调节。教学支架扩展了学习范围，使学习者能完成一些在其他条件下不可能完成的任务。所以，这种支架式教学是一种教学模式，它要求为学生提供一定的帮助，使他们能够完成不能独立完成的任务。

支架式教学应当为学习者建构对知识的理解提供一种概念框架。这种框架中的概念是为发展学习者对问题的进一步理解所需要的，为此，事先要把复杂的学习任务加以分解，以便于把学习者的理解逐步引向深入。

在课堂上，支架式教学一般采取的方式有：把学生要学习的内容分割成许多便于掌握的片段，向学生演示要掌握的技能，提供有提示的练习，在学生准备好之后让他们自己活动等。

在支架式教学中，教师的作用在于，为学生自己完成任务提供恰到好处的支持和帮助。教学支架应该考虑学生的需要，当学生需要更多的帮助时，教师就进一步提供“支架”；当学生需要较少的帮助时，教师就撤销“支架”，以便学生能独自完成任务。如果教师提供的帮助太多，学生独立思考或操作能力就得不到充分发展；相反，如果提供的帮助不够，学生又会因失败而泄气。所以，有效的教学支架必须是灵活的，必须适应学生通过最近发展区的需要。给予教学支架的目的就是使学生最终能够独立完成任务，帮助他们顺利通过最近发展区。因此，应当尽力弄清每个学生的最近发展区，即确定每个学生的两种水平：一是他们能够独立而有效地完成作业的水平，二是他们在指导下能够有效地完成作业的水平。这种做法有助于制订教学计划，以促进学生实现其潜在水平。例如，如果知道学生能够独自完成“异分母分数的加法运算”，那么在帮助下，他们可能会完成“异分母分数的减法运算”，甚至不久之后，他们将无需帮助也能完成。

因此，支架式教学强调营造合作性的学习情境使学生们相互指导和帮助。也就是说，教师应当通过教学或合作性学习情境的创设，来促进儿童跨越其最近发展区，从而促进儿童认知的成长与发展。通常，教师是能够指导学生的，但实际上，学生们自己也可以相互指导。教师应当鼓励学生在结对学习或小组学习中相互支持。其具体途径可以是：示范行为以供学生模仿；在学生表现出所期望的行为时给予奖励；给予学生其作业情况的反馈，允许他们对自己的作业做出修正和改进；为学生提供必须学习的信息；提出一些需要学生积极阐述予以回答的问题；为学生组织和理解新知识提供必要的认知结

构，这种结构可能是宏大的，如一种理论、世界观或哲学，也可能是简易的，如指明一个概念。

（1）支架式教学的环节（过程）。

①预热。围绕当前学习主题建立概念框架，这是教学的开始阶段，将学生引入一定的问题情境，并提供可能获得的工具。

②探索。教师放手让学生自己决定自己探索的方向和问题，选择自己的方法，独立地进行探索。这时，不同的学生可能会探索不同的问题。首先由教师为学生确立目标，用以引发情境的各种可能性，学生引入一定的问题情境，让学生进行探索尝试，这时的目标可能是开放的，但教师会对探索的方向有很大影响。在此过程中教师可以给以启发引导，可以做演示，提供问题解决的原型，也可以给学生以反馈等，但要逐渐增加问题的探索性的成分，逐步让位于学生自己的探索。

③协作学习。进行小组协商、讨论。讨论的结果有可能使原来确定的、与当前所学概念有关的属性增加或减少，各种属性的排列次序也可能有所调整，并使原来多种意见相互矛盾、且态度纷呈的复杂局面逐渐变得明朗、一致起来。在共享集体思维成果的基础上达到对当前所学概念比较全面、正确的理解，即最终完成对所学知识的意义建构。

④效果评价。对学习效果的评价包括学生个人的自我评价和学习小组对个人的学习评价，评价内容包括：A. 自主学习能力；B. 对小组协作学习所作出的贡献；C. 是否完成对所学知识的意义建构。

（2）支架的分类。

①互动式。A. 教师示范。教师通过演示如何解题，为学生提供一个专家工作的具体实例。例如，在学生自己尝试一种新的画法之前，美术教师可以演示如何利用透视法作画。B. 出声思维。有能力的教师在模拟解题的过程时，可以大声说出自己的思维过程。这一技术有助于学生在自己绞尽脑汁思考问题的同时，直接读取教师的思维方法。C. 提出问题。当学生解决问题时，教师可以通过提出问题向学生提出援助，帮助学生集中注意并提供新的思路。

②非互动式。A. 改变教材。例如，改变任务要求，一个体育老师在教授射击技术时，可以先降低靶子，然后随着学生技术熟练程度的提高，再逐步升高靶子。B. 书面或口头的提示与暗示。例如，一个幼儿园的教师在教孩子

扎鞋带时，可以用喜欢的形象进行提示：小兔子绕着小洞跑，一下子从小洞里钻了过去。

支架式教学与以前所谈的指导发现法相似，都强调在有教师指导的情况下的发现。但支架式教学则同时强调教师指导成分的逐渐减少，最终要使学生达到独立发现的地位，将监控学习和探索的责任由教师为主向学生为主转移。

可见，学习还不简单是学习者个人完成的认知活动，同时更是一个社会建构的过程。学习是通过活动参与而实现的文化的内化。在此过程中，教师和更为成熟的社会成员可以为学习者提供学习的“脚手架”，引导、帮助学习者完成自己所不能独立完成的活动。学习者之间也可以互相提供支持和帮助，互为脚手架。借助这种“认知学徒关系”，学习者可以在真实性的活动中逐步内化更为高级的知识技能。

## 四、行为主义的教学理论

### （一）斯金纳的程序教学理论

斯金纳认为，教学应该以操作条件作用和积极强化为原则，重新安排教学的程序。在斯金纳看来，新的教学改革必须在教材的安排上，注重学生的自我强化，发挥学生的积极性；新的改革必须使学生学习的每一步都受到强化，使之形成复杂的行为模式，光靠教师个人的时间和精力肯定是不够的，有必要使用机械装置及利用机器辅助教学。

1. 教学机器及程序教学模式。教学机器是一种台式机械装置，机器里装配着各种机械的和精密的电子仪器，放进机器的教学程序是印在纸带上的按一门学科内容分成一系列逻辑地联系着的知识项目，编制成一套几百甚至几千个严密地渐次加深的问题框面。学生正确地回答了前一框面的问题，就前进到一个新的框面，学完一个程序后，可再学另一个程序。

2. 程序教学的基本原则。斯金纳在提出了程序教学的基本原则。①小步子呈现原则。框面以由易到难的小步子呈现，两个步子之间难度差很小。②积极反应原则。要求学习者对每一个学习问题都作出主动的反应。③即时反馈原则。在每个学生作出反应后，即给予“及时确认”或“及时强化”，以提高学生的信心。④自定步调原则。让学生按自己的速度和潜力完成整个教学程序，强调个体化的学习方式。（5）低错误率原则。教学中尽量避免可能

出现的错误反应，提高学习效率。

（二）新行为主义教学理论

1. 掌握学习教学模式。掌握学习是由布卢姆提出的一种确保所有学生都能达到一定学习水平的教学模式。其指导思想是：在适当的学习条件下，几乎所有人都能学会学校所教的知识。该教学模式包括两部分：掌握学习的准备和掌握学习的操作。

（1）掌握学习的准备。掌握的含义一般体现为明确的课程目标（长期的）和单元目标（短期的）、与目标相对应的总结性测验和形成性测验以及学业成绩标准。掌握学习的准备包括以下步骤。第一，把整个课程计划分成一系列较小的学习单元，确定每一单元的教学目标，并安排好单元的序列，使单元间紧密衔接，以便于学生的学习能循序渐进，不断深入。第二，编制与单元目标相对应的形成性测验，以帮助学生找出学习中的错误和误解；规定掌握标准，以确定学生在该单元学习上达到的程度。第三，制订好三种掌握计划：初始教学计划、“反馈—矫正”计划和教学时间计划。

（2）掌握学习的实施。掌握学习指导的基本原则是为掌握而教。教师采用集体教学形式，根据单元教学目标教授每一个单元。重要的是这一单元教完后，教师不应紧接教授下一单元，而是进入反馈—矫正环节。这是掌握学习的一大关键。这一环节包括：对全班施行形成性测验。对形成性测验结果进行分析：分析学生掌握与否；找出学习困难所在；分析困难原因。根据学生困难所在，教师提供各种供学生自己选择的学习材料和矫正措施。学生根据自己的选择进行矫正学习。已掌握该单元的学生可自由进行巩固性活动，或者充当未达到掌握水平的学生的“小老师”。

（3）评定掌握等级。在教材全部学完后，教师对全班进行总结性测验，对每个学生的学习成绩作出成绩评定，其得分即学生学习该教材的成绩。所有达到或超过预定的掌握水平标准的学生都能得到 A 等。

2. 个别化教学系统。凯勒创立的“个别化教学体系”，目的是避免单一的演讲式教学和呆板的时间安排，允许学生的学习在保证对教材真正掌握的前提下按照适合自己的速度前进。个别化教学系统能给学生以更多的个人选择机会，被称为适应个人的教学系统。其教学程序包括以下步骤：

（1）每门课程通常划分为若干个学习单元，每个单元包括一般导言、一张列出所有要达到的目标的表格、一份建议程序（包括阅读注释或参考教材中的特定部分)。

(2) 自定进度。在限定时间内,学生可按自己意愿控制单元学习的进度。

(3) 掌握。每个学生在学完某个单元之后,必须接受各要点的提问考察,只有对这些知识点达到高度掌握之时(通常达到90%或更高些的正确率)才能被准许进入下一单元学习。教师或监督者只记录每个学生通过的单元测验,等级由每个学生在一学期或一季度内学完的单元数确定。对于成功完成各单元学习的学生,给予听报告、看电影和参加演示的优先权,以资鼓励。

(4) 学生相互辅导。个别化教学系统为增强学生之间的沟通,指定已通过该门课程的学生担任新的辅导员。学生辅导员主要负责给学生个别辅导、帮助解决疑难问题、测验评分和向教师提供反馈信息等。

(5) 指导。在各个单元学习指导中提出了学习目标和学习建议,指出了可利用的资源及有关实验。

(6) 自由式讲课。学生对教师的讲课不是非参加不可,而是自愿参加。授课目的是启发指导和补充提高。

个别化教学系统能激发学生的学习动机,调动学生的积极性,使其有共同参与感,有效地促进了教学个别化,增强了学生之间的相互影响。个别化教学系统一般更适应于年级较高、独立性较强的学生。

3. 以计算机运用为基础的教学。随着现代化教学手段的运用,特别是计算机辅助教学手段的运用和计算机信息网络的出现,面向个别差异的教学方法将会出现更为迅速的发展,甚至产生革命性的变化。以计算机为基础的教学已成为最重要的适应个别差异的教学形式。

计算机辅助教学(简称CAI)是将程序教学的基本思想和方法同现代电子计算机系统结合起来的一种个别化教学形式。它是学生通过与计算机系统相连的终端设备,与计算机系统一系列的教学程序相互作用,从计算机系统中的这些教学程序中获得知识和技能。教师在教学活动中一般不直接参与。其作用主要体现在程序教材的编制上,为学生提供具有自我验证功能且相对真实的学习环境。学生无须教师作为中介,能直接操纵控制计算机来获取信息。因此它们适合学生自行学习课外内容和巩固原有的内容,学习地点和时间不受限制,这就要求学生必须具有较高的独立性和主动性。

多媒体教学是传统计算机辅助教学的进一步发展。它是多媒体教学的一个有机组成部分,是指将多媒体计算机用于教学活动中,通过计算机对文字、

声音、图形、图像、动画和活动视频等多种教学媒体信息综合处理和控制，并使各种信息之间建立起联系，从而在CD光盘上储存，使之能够在不同界面上进行流通的综合性教学系统。

### 五、生成性教学理论

1. 生成教学。生成学习模式与其他理论最大的不同在于，生成学习模式既可以用于指导学生的学习过程，又可以用于指导教师的教学过程。他认为，生成教学的过程就是引导学生使用他们的生成过程建构意义和行动计划的过程。理解的教学就是在教材的各个部分（字、词、句、段、单元）之间以及教材与学生的知识、经验之间生成关系的过程。生成教学的过程同时也是引导学生主动积极地在课堂上建构意义即建立语法关系和实用关系的过程。维特罗克认为生成教学的基本过程具有普遍适用性。

生成教学分为两个实践性步骤。首先，生成教学始于教师对学生的学习模式、有关的先前知识和对教材的信任状况的了解。其次，生成教学强调教师要有强烈的责任心去督促学生通过修正以前的概念生成新意义或理解。

2. 生成与元认知、学习策略的教学。维特罗克认为，对学习策略、元认知的研究，使迁移的传授和思维技巧的传授，深深扎根于课堂的学科教学中，并且成为独立的教学过程。他认为学习策略、元认知的传授能有效地促进注意、动机、记忆和理解，也能促进学习无能者的学习。而在学生有能力生成重要的关系之后，应教给自我控制过程，以针对不同的课文和不同的学科，选择合适的策略，建构恰当的关系。